colección
**BFV** ■ Biblioteca de la Filosofía Venidera

dirigida por ☐ Fabián Ludueña Romandini

colección
**BFV** ■ Biblioteca de la Filosofía Venidera

Esta colección quiere abarcar en su espíritu obras que, como quería Walter Benjamin, intenten reflejar no tanto a su autor sino más bien a la dinastía a la cual éstas pertenecen. Dinastías que otorguen los instrumentos para una filosofía por-venir donde lo venidero no sea sólo una categoría de lo futuro sino que también abarque lo pasado, suspendiendo la concepción moderna del tiempo cronológico a favor de una impureza temporal en cuyo caudal pueda tener lugar la emergencia de un pensamiento inactual e intempestivo, capaz de mostrar la potencia filosófica oculta en todas las tradiciones del conocimiento. Filosofía, entonces, como el arte de la fabricación de nuevos conceptos, donde la novedad es siempre entendida tomando en cuenta su anacronismo fundamental y su perpetua inclinación a la polémica.

Diseño y composición: Gerardo Miño

Edición: Agosto de 2018

Código IBIC: HPS [Filosofía social y política], HRAB [Filosofía de la religión]
Código Thema: QDTS [Filosofía social y política], QRAB [Filosofía de la religión]

ISBN: 978-84-17133-38-2

Cualquier forma de reproducción, distribución, comunicación pública o transformación de esta obra solo puede ser realizada con la autorización de sus titulares, salvo excepción prevista por la ley. Diríjase a CEDRO (Centro Español de Derechos Reprográficos, www.cedro.org) si necesita fotocopiar o escanear algún fragmento de esta obra.

© 2018, Miño y Dávila srl / Miño y Dávila editores SL

Página web: www.minoydavila.com
Facebook: http://www.facebook.com/MinoyDavila
Mail producción: produccion@minoydavila.com
Mail administración: info@minoydavila.com
Oficinas: Tacuarí 540
(C1071AAL), Buenos Aires.
tel-fax: (54 11) 4331-1565

DIANA SPERLING

# La difherencia
Sobre filiación y avatares de la ley en Occidente

A Carlos.
A mis hijos.
A mis nietos.

# Índice

- 13 PRÓLOGO. La ley: separación y distancia
  por *Juan Bautista Ritvo*
- 21 Deudas y gracias
- 29 CAPÍTULO I. La tiranía del sentido
- 31 - Exilio y escritura
- 35 - Metáfora y filiación
- 38 - Vivir habrás de vivir...
- 45 CAPÍTULO II. Tiempo y relato
- 46 - El heredero como intérprete
- 47 - Fabricar la herencia
- 50 - ¡Suéltame, pasado!
- 54 - Tra(d)ición y filiación
- 56 - Inventar la tradición
- 65 - Exilio y paternidad
- 81 CAPÍTULO III. Escuchar, leer, partir
- 90 - ¿Quién escribe?
- 99 - Jaque a Abraham
- 106 - Extranjero fuiste... y extranjero serás
- 109 - Incesto vs. filiación
- 112 - El tiempo de la ley
- 118 - Letra y ligadura
- 133 - Instituir la carne, cocinar el lazo

| | |
|---|---|
| 139 | CAPÍTULO IV. De familias y propiedades |
| 139 | ▪ Paternidad como *performance* |
| 141 | ▪ Políticas maternas |
| 148 | ▪ Falta y resto |
| 149 | ▪ Nuevamente, Abraham... |
| 151 | ▪ Vacío y silencio |
| 159 | ▪ Letra, nombre, padre |
| 162 | ▪ Lo imposible, lo prohibido |
| 163 | ▪ La letra con padre entra |
| | |
| 167 | CAPÍTULO V. Nadie sabe lo que puede un texto |
| 177 | ▪ De jardines y pirámides |
| 184 | ▪ La letra es una fiesta |
| 188 | ▪ ¿Texto sagrado? |
| 191 | ▪ Ganarse el pasado |
| 195 | ▪ La cocina de la herencia |
| 196 | ▪ La letra: falta y resto |
| 201 | ▪ D'os es inconsciente... |
| 202 | ▪ Escribir la voz, hablar la letra |
| 204 | ▪ Carne, espíritu y letra |
| 215 | ▪ Letra y música |
| 222 | ▪ El poder del vacío, el vacío de poder |
| | |
| 227 | CAPÍTULO VI. Corpus |
| 235 | ▪ Idoletría |
| 239 | ▪ Excurso: Conversaciones leoninas |
| | |
| 243 | CAPÍTULO VII. ¿Madre hay una sola? |
| 243 | ▪ Nacer (como) otro |
| 245 | ▪ Para que haya uno, deben ser tres... |
| 253 | ▪ Tecno-compulsión |
| 258 | ▪ Del deseo a la demanda |
| 263 | ▪ Cuentas que cuentan |
| 268 | ▪ Lecturas, otra vez |
| 272 | ▪ Dejad que los dioses huyan de mí... |

| | |
|---|---|
| 283 | CAPÍTULO VIII. Genocidios de guante blanco |
| 283 | ▪ Economía filiatoria |
| 288 | ▪ El padre está desnudo |
| 291 | ▪ ...Y la serpiente triunfó |
| 297 | ▪ Hablamos... |
| 303 | ▪ El (otro) libro de los pasajes |
| 304 | ▪ Mujeres de ley |
| 315 | CAPÍTULO IX. Ganar la herencia conlleva pérdida |
| 315 | ▪ Estanque |
| 323 | ▪ Extranjerías |
| 334 | ▪ El juego de D'os |
| 337 | BIBLIOGRAFÍA |

## LA LEY: separación y distancia
### por Juan Bautista Ritvo

> "El judaísmo contemporáneo vive principalmente del redescubrimiento del carácter antinómico y paradójico de su propia tradición. No hay ninguna «cadena» tradicional, ninguna religión que ligue la sucesión de interpretaciones a un fundamento «sosegado». Ninguna interpretación que dé como resultado la explicación exhaustiva del arca, del Principio. Si algo «establece» esa tradición, es su propia ausencia de fundamento."
>
> (Massimo Cacciari)

La apuesta de Diana Sperling en este texto consiste en separar la Torá de las encarnaciones más habituales de ella: de la historia empírica e incluso arqueológica; pero también de la religión considerada como dominio de lo sagrado, es decir, de la inmanencia sin distancia y sin diferenciación, de la cual solo puede librarse el creyente gracias al sentido único y absoluto nombrado *Dios* y que Sperling vuelve, conforme a las mejores exégesis, en algo impronunciable: *D'os*.

Sin duda el racionalismo, el materialismo, la ortodoxia, sea judía, sea cristiana, tienen mucho que objetar, y yo no voy a exponer esas razones que parten todas, sin excepción, de que el mundo es un ámbito *comprensible*.

Y lo comprensible siempre reduce y hasta rechaza lo inconmensurable, el origen sin origen, la infinitud más infinita que la infinitud matemática; así se generan, así genera el texto, tres separaciones, entre lo divino y lo humano, entre uno y otro sexo, y entre las generaciones.

Para la religión, para "la religión verdadera" diría Lacan, con un punto de humor, la humanidad es imagen de lo divino, los sexos pueden unirse y hasta fundirse en la esencia del amor, las generaciones se comunican sin resto a condición de que conserven los restos y el duelo sea el umbral de la madurez, es decir, de la resignación.

La ley de la separación impera en el territorio de lo imposible de poseer: el desierto; es por eso que el exilio no es un estado transitorio sino definitivo, ontológicamente definitivo.

Quien pronuncia estas palabras –exilio y desierto– queda consagrado, en un sentido peculiar del vocablo: queda separado de lo sacro y del horror que es su auténtica composibilidad.

Freud, quien se llevó por delante, al leer la historia de Moisés, el buen sentido metodológico mientras producía un texto que posee una falsa apariencia de unidad –los fragmentos, espléndidos y arbitrarios, se dispersan como cohetes en la noche– quiso saldar su deuda con la espiritualidad judía con medios quizá torpes, pero que encubrirían una verdad tan irrefutable como mitigadora de cualquier *extravagancia*, de cualquier *entusiasmo funesto* (la conocida *Schwärmerei* kantiana): lo que funda en el origen viene de lejos y de afuera, inconcebible, aunque concebir lo inconcebible como inconcebible no es declararlo, lisa y llanamente, inconcebible, según reza la lección de Fichte.

Quizá el judaísmo sea una herida incurable.

■ ■ ■

Es Maimónides[1] quien da una respuesta singularmente judía al encuentro del Sinaí.

La voz de Dios *atruena*; mas el trueno, como el sonido destemplado del Shofar, no admite la división en elementos discretos y comunicables. Aquí aparece la misión de Moisés, que él ejecuta a regañadientes ("¿por qué a mí?" dice este agonista que no se resigna a la heroicidad), la tarea de interpretar y retransmitir la

---

1   Maimónides, *Guía de Perplejos*, edición de David Gonzalo Maeso, Trotta, Madrid, 2001, p. 330/331.

Ley, él, que era tartamudo, a diferencia de su hermano, elocuente y dado a las imágenes. De un lado la voz original e insegmentada; del otro, la voz del mandamiento que como don debe ser recibido mediante *una* versión, no *una* cualquiera, pero nunca *una*. Entre ambos mundos, la separación radical.

Se puede argüir: la remisión del texto de ley a la ley que prolifera en interpretaciones, es algo propio de toda textualidad. Pero en el judaísmo esto es no solo sabido; el dispositivo íntegro de la lectura bíblica, la lección que puede transmitir el maestro, está gobernada por tal reconocimiento que obliga a la elipsis, el rodeo, el sin sentido, la ironía, el humor en los cuales el intérprete nunca está del todo seguro de asertar aunque no le tema a la dilucidación dilusiva, es decir, engañosa, porque alguna verdad, finalmente, alcanzará al discípulo lector.

Valga un ejemplo realmente extraordinario, conmovedor. Cacciari transcribe una historia del Talmud:

"El Señor del Mundo permite a Moisés asistir a una lección de Akiba ben Josef. El gran rabino sabe entender el sentido de las propias coronas y de los rizos de las letras de la Torá. Moisés siente que desfallece frente a tanta sabiduría, sin embargo Akiba afirma que su doctrina le fue consignada a Moisés en el monte Sinaí. Su saber deriva de Moisés, pero Moisés no lo entiende. Moisés le pide entonces al Señor que le muestre la recompensa que espera Akiba. «Y Él dijo: voltéate. Y Moisés se volteó y vio que vendían la carne de R. Akiba en el mercado. Y Moisés dijo: Soberano del mundo, ¡ésa es su recompensa por una enseñanza semejante! Y Él respondió: ¡Cállate! Son mis planes»."[2]

(Se advertirá: el remate de la anécdota, insólito y tan judío, es digno de Kafka: una salida no solo inesperada, también humorística.)

---

2 Cacciari, Massimo, "Edmond Jabès en el judaísmo contemporáneo, una huella", en Revista *Confines*, Buenos Aires, Año 1 N° 2, Noviembre 1995.

¿Se trata de mitos? Con seguridad, podemos contestarle al racionalista clásico; el despliegue de la sabiduría está posibilitado por un relato que instituye un fundamento sin fundamento en el comienzo de las cosas; es imposible prescindir de un primer término que tras su mención queda expulsado por un segundo que, él sí, hará serie. La religión transforma el primer expulsado que subsiste como segundo en un nombre autotransparente: *D'os se vuelve así Dios*. El inconsciente también.

La autora cita oportunamente un texto de Norberto Rabinovich:

"Pero en la situación analítica el lugar de Dios, ese desconocido que envía enigmáticos mensajes al sujeto, es el inconsciente."

El inconsciente no funciona sin el nombre de Dios; no obstante, cuando tal nombre reduce su potencia a la pura nominación del tetragrama, el inconsciente puede navegar, en la estela de las generaciones, entre el nihilismo y el amor, entre el respeto y la invención.

El parricidio original y fundante se limita –más allá del odio que engrandece al odiado–, a erigir un cenotafio, es decir, una tumba vacía que es, sin embargo, un mojón.

■ ■ ■

No es por azar que Sperling remita a Kant.

En sus desarrollos se apoya en Rogozinski para mostrar que la clásica oposición tajante de la heteronomía con la autonomía en el territorio de la ética es cuestionable. No hay ética autónoma, y si la hubiera se hundiría irremediablemente en el nihilismo pasivo.

¿No fue Hegel, lo indica Rogosinski, quien sostuvo que la introducción del Soberano Bien por parte de Kant cuestiona el principio de autonomía?[3]

---

3   Rogozinski, Jacob, *Le don de la Loi, Kant et l'énigme de l'éthique*, Collège International de Philosophie, PUF, Paris, 1999, p. 219.

Sperling, en este sentido, hace un distingo que vale la pena profundizar: no es la autonomía del sujeto sino la de la voluntad la que sostiene el discurso ético kantiano.

Podemos decirlo de otra manera, la que también practica su texto; el salto ético, la decisión, está más allá del conocimiento: la ética comienza allí donde la ontología se resquebraja.

Y aquí aparece el punto decisivo en el cual la perspectiva judía dialoga con Kant: ¿se puede fundar la adhesión a la ley en el amor? Diálogo que toca lo esencial del cristianismo, proclamado religión del amor.

La posición de Kant, difícil de reducir a términos didácticos y simples por la constante problematización a que sometió la encrucijada ética, fulge con la mayor intensidad en el §24 de la segunda parte de la doctrina ética elemental, que pertenece a *La metafísica de las costumbres (Metaphisyk der Sitten)*[4] y que trata de los dos grandes principios de las leyes del deber, la atracción (*Anziehung*) y la repulsión (*Abstossung*). La atracción funda el amor recíproco; la repulsión lo hace con el respeto que los hombres se deben entre sí.

Curioso: que el respeto se funde en el rechazo que conserva las distancias, sin duda por temor ante el odio que suscita la proximidad del prójimo, y que el equilibrio entre ambas fuerzas es difícil, inestable, por no decir literalmente imposible, lo prueba el formidable §46 de la misma sección, en el que muestra cómo el mayor ardor del amor pierde proporcionalmente el respeto; del mismo modo, agregamos por nuestra parte el corolario obligado, que el incremento del respeto ahoga el amor. Dado que ambos momentos son necesarios para la amistad, esta no puede ser más que una idea regulativa, no una experiencia realizable.

Si prolongamos estos términos veremos cómo la ética deja de ser esa disciplina académica y encubridora del hastío cuando no de la cobardía. En cuanto a la lección judía, el lector podrá encontrar, en las referencias a Kant de este libro, múltiples sugerencias.

---

4   Kant, E., *La metafísica de las costumbres*, Altaya, Madrid, 1996, p. 317. La cercanía con Freud no necesito subrayarla, sobre todo con respecto a la *Ausstossung* freudiana y su significación positiva: la negatividad, una vez más, funda la positividad.

De mi parte, prefiero decir algo enigmático. Arnold Schoenberg escribió, como es sabido, su ópera *Moises und Aron* con escrúpulos que nunca venció y que están tocados por la pregunta: ¿cómo prestar imagen sonora y visual a un mensaje que cuestiona constantemente las imágenes?[5] En el atolladero, Schoenberg escribió el libreto del último acto, pero renunció a musicalizarlo. El silencio es también una lección, de las más altas.

■ ■ ■

La Ley es el tema central del libro, que evoca entre otros textos clave, el ensayo de Derrida sobre la *fuerza* de la ley.

¿Cuál es su misteriosa autoridad, invocada por Montaigne, por Pascal?

Sin duda la fuerza inspiradora de heteronomía se dice de varias maneras, digamos para imitar a Aristóteles.

No es la misma la fuerza propia del derecho, su violencia garantizada por el monopolio de la coacción física que asume el Estado moderno, que la que impone el mandato ético.

(En el campo de las costumbres étnicas, hay otra fuerza, sin duda muy temible, que ordena otorgar justicia solo a los miembros de la propia tribu.)

La fuerza ética más que *utópica* –es decir, irrealizable–, quizá sea *atópica*, exilia, al que la obedece, de la polis, al menos en el instante de escuchar la voz inarticulada de la Ley.

■ ■ ■

Por último, quisiera puntualizar una cierta discrepancia.

Meschonnic, una referencia indudable para Sperling, dice algo que esta cita con aprobación y que creo hay que discutir: que en el

---

5  Aaron exalta las imágenes; Moisés las invalida aunque por su tartamudez necesite del orador, listo para la puesta en escena.

paganismo se desconoce la distancia entre naturaleza y cultura y por eso rige la fusión de lo sagrado.

Meschonnic, quien ha defendido, frente al furor nacionalista, las peculiaridades heterogéneas de las lenguas, de las culturas, aquí tiene un desliz al que llamaría militante.

En primer lugar, el paganismo es el fantasma de la antigüedad que retorna en el interior del cristianismo, obsesionado por expulsar esa voluptuosidad fúnebre que lo agobia hasta hoy.

La religión griega (y también la romana) no opone, salvo en la ilustración que comienza con los sofistas pero que permanece en el ámbito de la *intelligentsia*, la naturaleza a la cultura sino el mundo olímpico al mundo ctónico[6], el primero posee sus jerarquías y Zeus, más allá del humor iconoclasta de los poetas, siempre ha procurado la temperantia, vocablo que emplea Ovidio en sus *Metamorfosis*, obra que no se entiende si se la reduce a la fusión.

El judaísmo, como está en el linde, desde su exilio literal puede (y debe) practicar la justicia con los otros universos, incluso con el cristiano, porque si bien la figura del *cuerpo místico* de Cristo es rechazable por razones que el texto de Sperling despliega, la idea misma de la encarnación tiene visos insoslayables: es el pasaje de lo invisible –el *spiritus* que es soplo y aliento vital– a lo visible, el cuerpo, la figura del cuerpo, siempre vulnerable, siempre tocada por aquello que toca.

---

6   Burkert, Walter, *Religión griega, arcaica y clásica*, ABADA, editores, Madrid, 2007, p.273.

## Deudas y gracias

Este no es solo un libro sobre la filiación: es, más que nada, un libro filiado. La filiación no es su "tema" sino su estructura, su modo mismo de nacimiento y existencia.

Las deudas que aquí afloran son incontables y, por ende, imposibles de registrar con total fidelidad. Si algo caracteriza a la transmisión es lo no sabido: no somos dueños de lo que legamos, ni tampoco tenemos plena conciencia de lo que heredamos. Los hilos de los textos se entremezclan, a veces de manera brumosa, transportando a través del tiempo palabras, voces, letras cuya procedencia se nos ha vuelto oscura e irreconocible, pero cuyos ecos resuenan aquí y allá, entre las páginas de lo que escribo y lo que me escribe.

Mi gratitud es inmensa: para con los autores y pensadores de los que me nutro, a la distancia y desde el pasado, mas también con mis interlocutores actuales. Diálogos fructíferos han promovido muchas de las ideas que aquí despliego. David Kreszes (Z"L), Claudio Glasman, Norberto Rabinovich, Pablo Cúneo, Juan Ritvo, Alberto Silva son algunos de los que me han posibilitado pensar desde otras ópticas y enriquecer mis recorridos.

Muchos amigos y personas cercanas colaboraron para que este libro fuera posible: Marina (Maru) Gorali me ha proporcionado material jurídico invalorable, acompañado de su mirada crítica y su agudeza lectora. Silvia Moos, quien generosamente me facilitó la estadía en su bellísima casa junto al mar donde, en medio del silencio y la soledad, pude avanzar largos tramos en la composición de mi texto. Buri Abud, el "mensajero de los libros", y Maricarmen Castany, cuya maleta venía una y otra vez de Europa cargada de volúmenes para mí. Betty Giliberto, mi "hada madrina" de las transcripciones, desgrabando paciente y dedicada mis clases y conferencias, de las cuales extraje buena parte del material que aquí registro. Ana Pirosky, mi "asesora" en las traducciones del francés, corrigiendo y mejorando páginas enteras. Jana Jeifetz, mi maestra de hebreo, siempre dispuesta a escuchar y resolver mis dudas con su sabiduría y su pasión...

En el verano de 2014 di un breve seminario sobre filiación, donde apunté a una primera formalización y puesta en orden de la pregunta que no dejaba de acuciarme desde tiempo atrás. Incontables recorridos se han sucedido desde entonces: lecturas y escrituras, elaboraciones que –a sabiendas o no– giraban en torno al mismo eje y que fueron complejizando mi pensamiento al respecto. Esos recorridos los hice en gran parte acompañada de –además de los colegas o interlocutores ya mencionados– mis alumnos y lectores, quienes soportaron y auspiciaron, amorosamente, mis vacilaciones, mi "pensar en voz alta", mis derivas a veces desorganizadas... Su escucha, sus cuestionamientos y sus aportes han alimentado estas páginas en forma invalorable.

Mi marido, sostén inclaudicable de mi trabajo y de mi vida, con su respeto a mi silencio, a mis períodos de encierro y de retirada de la vida familiar; mis hijos, amores incondicionales y fecundos, cada uno en su maravilla, con sus elecciones y sus características, cuyo crecimiento y desarrollo me muestra día a día la gloria de la sucesión; y mis nietos, flor y fruto de mi existencia, dicha incesante, rostros y nombres de mi felicidad... Ellos, mi familia, los que ponen en acto y a la vista la filiación y a los que no podría estar más agradecida.

Y, finalmente, mis padres: los que, sabiéndolo o no, me dotaron de las palabras, las preguntas y las herramientas para hacer esto que hago, los que me proveyeron de símbolos y lecturas, de escenas y fiestas, de rituales y abrigo. A ellos, que hace tiempo ya han partido, mi gratitud tardía y perenne.

# La difherencia

> "Deseoso es el que huye de su madre".
> (José Lezama Lima)

El padre quiere matar al hijo que quiere matar al padre.

¿Cómo desanudar este ovillo para permitir que la especie continúe? Desde la aparición del hombre en la Tierra ese drama no ha cesado, ni habrá de cesar: es la estructura misma de lo humano, tal como Freud lo revela. El hijo tiene algo del padre, tanto como el padre contiene al hijo. Tal vez por eso, filicidio y parricidio se entremezclan, se combaten y se implican. Deseos de muerte que, paradójicamente, constituyen la trama de la vida.

El hilo de la filiación, una madeja intrincada. A veces, da puntadas sin hilo. Otras, el hilo se anuda alrededor del cuello, ahorcando. ¿Cómo, pues, sortear los peligros inherentes a tal lazo ambiguo y resbaloso, cómo no permitir que la estructura se vuelva destino?

El nudo en su más mortífera expresión es precisamente eso, el nudo de la tragedia, el núcleo del *pathos* trágico. Es ahí donde el vínculo padre-hijo se vuelve contra sí, como un perro que se muerde la cola, impidiendo que la historia avance, poblando de cadáveres la escena y empapando de sangre las descendencias. "El destino de las estirpes trágicas" es un tema que desvela a Platón en su *Fedro*, texto ocupado y preocupado por dos cuestiones que nos habrán de convocar en estas páginas: la paternidad (¿de los textos, solamente?) y la escritura.

Las obras trágicas ponen a la vista la gravedad del asunto y lo intrincado del laberinto, pero de algún modo quedan enredadas en su propia madeja. Demasiado comprometida con lo mítico y lo icónico, la tragedia padece –término propio de su vocabulario: proviene de *pathos*– un encierro del que no puede escapar porque carece de las categorías de pensamiento que permitirían un abordaje diferente del problema que allí se denuncia y que, con variantes y matices, no ha cesado de acosar a la humanidad a través de las épocas. De ahí que Legendre exprese su alarma ante la renegación del lazo filiatorio, renegación que llega a su paroxismo con el régimen nazi y se prolonga por distintas vías en la sociedad científico-técnico-gestionaria post hitleriana (Legendre, 1990: 205 y ss; 1998: 339 y ss.)[1].

La tragedia pone en escena el *agon*, lucha a muerte entre dos. Simetría y especularidad son los rasgos agónicos por excelencia: uno contra otro, para que uno viva el otro debe morir. El triunfo de uno será indefectiblemente a costa de la derrota y aniquilación del contrincante. Y lo especular, como su nombre lo indica, transcurre en la dimensión imaginaria. Dimensión que condena al encierro y a la reiteración incesante de lo mismo, como en un enloquecedor laberinto de espejos. Nuestra cultura occidental hereda en gran parte ese paradigma. Si nuestra herencia fuera solo esa, no accederíamos a vías de resolución de tan arduo, ancestral y elemental conflicto: al fin y al cabo, los personajes trágicos se eliminan uno al otro y, a la postre, la Grecia luminosa sucumbe a los avatares de la historia, incapaz de dar cabida a lo diferente, a la alteridad, al movimiento de los tiempos...

Habrá que buscar entonces en una tradición otra[2] que, si bien afectada por el mismo peligro latente –ya que, como se dijo, es de estructura– se construye alrededor de una experiencia diversa y, por ende, de un repertorio distinto de nociones. Una alteridad –la de tal tradición– no exterior ni exótica, sino integrada –bien o mal,

---

1   Esta idea es desarrollada por el jurista en buena parte de su producción, y está ejemplarmente expresada en un capítulo de su seminario sobre filiación.
2   Muchos dirigen su mirada a Oriente, en cuyas configuraciones culturales encuentran modos de pensar y estar en el mundo sin los peligros y las trampas de la cultura occidental. Sin duda, se hallarán ahí elementos de sumo provecho, pero mi interés se centra en cómo y desde dónde se forjaron las categorías de pensamiento y las formas de acción de nuestro complejo y mixto Occidente.

admirada y/o repudiada– a nuestro complejo histórico-cultural que llamamos Occidente[3]. Un conjunto de modos de comprender el mundo, el tiempo, lo divino y lo humano que permiten transitar el mismo complejo estructural por otras vías. Una tradición textual que tramita el problema construyendo una narrativa que, desde el inicio mismo, funciona de referencia para toda la cultura occidental, a la par de las magnas obras griegas (pero, a diferencia de estas, en gran parte renegada). Una cultura donde ese conflicto, insoluble e ineliminable, se hace texto, escena, metáfora: vía de entrada en y de lo simbólico, única forma de instalar la equivocidad, de horadar la supuesta completud de lo imaginario y de disolver el mortífero pegoteo especular.

Si de algo se declaraban orgullosos los griegos era de que, a diferencia de los pueblos bárbaros, ellos no tenían emperador. No dependían de leyes dadas por los dioses, sino que se jactaban de ser autores de su propia legalidad (De Romilly, 2004). Una suerte de autonomía sin contaminación de heteronomía[4]. La democracia helena aparecía así a sus ojos como un estamento superior en todo sentido a los imperios del entorno. Sin embargo, el temprano fin de la cultura griega –ya sus estribaciones helenísticas implicaron la disolución de tal esplendor– pone a la vista algo que los propios protagonistas no podían advertir: que tal vez, esa falta de un gran Otro, una autoridad inapelable y por fuera de toda negociación humana, conllevaba no un "progreso" sino el más grave riesgo de desaparición de su cultura. Será muchos siglos más tarde que el estructuralismo echará luz sobre la cuestión: para que haya dos, es preciso que sean tres. Es menester un tercer término –el casillero vacío, lo llama Deleuze– para que los lugares se distribuyan sin su-

---

3   Me permito remitir a mi libro *Genealogía del odio* (2007), donde despliego esta contradictoria y rara forma de recepción.

4   Sabemos que, bien leída, la distinción kantiana entre ambas no es una mutua exclusión sino una compleja imbricación: la Ley es dada, viene de otro, y "debe ser acogida en mi voluntad". La heteronomía funda e impregna la autonomía. Esa excesiva valoración del plano autónomo que erradica lo heterónomo es una de las formas de la ilusión de autoengendramiento y de desconocimiento de la alteridad constitutiva de lo humano.

perponerse, para que los elementos de un conjunto se relacionen y circulen sin eliminarse. Tercer término que sostiene el conjunto en su armazón pero que no pertenece a él. Instalación de la diferencia. Alteridad radical. Única posibilidad de lo simbólico, eso que en su *Moisés* Freud llamó "un progreso en la espiritualidad".

## CAPÍTULO I ■
## LA TIRANÍA DEL SENTIDO

Vivimos, los humanos, sometidos a la tiranía del sentido. Peor aun, anhelándola[5]. El sentido supone, necesariamente, un sujeto que lo posee, lo conoce y lo administra. Ese sujeto –sea rey, sacerdote, padre o líder– se vuelve nuestro amo ya que de su palabra y su gesto depende que el sentido ingrese a nuestras vidas. Someternos a él es a la vez temible y tranquilizador: *alguien* sabe. El dueño del sentido lo será, por tanto, de nuestras decisiones, de nuestros saberes, de nuestro ser. Eso es lo religioso, en el plano que Spinoza llama superstición: llenar con algo –imaginario, claro– el vacío de sentido en que consiste la existencia.

El sentido encarna, pues, en algo o alguien: institución, personaje, objeto o lugar que, así, deviene sagrado. Los monumentos, los templos, las efigies son, en gran medida, sitios de concentración de sentido; es alrededor de esos núcleos que se despliegan los círculos concéntricos de lo sagrado (Colodenco, 2006). Pero la extrema cercanía conlleva peligro: la condensación sacra es de un poder muy superior a lo que cualquier humano puede manejar[6]. Así se configuran las jerarquías: los más altos dignatarios (el soberano o el sacerdote) son quienes están preparados para vérselas

---

5   Spinoza dice que "los hombres aman su esclavitud como si fuera su libertad", tal vez porque la libertad arroja a la intemperie, retira toda (imaginaria) garantía y exige responsabilidad.
6   Cercanía y sacrificio son dos términos, en hebreo, que provienen de la misma raíz. Veremos más adelante las implicancias de esta vinculación etimológica y los peligros de un exceso de acercamiento, específicamente en el episodio de la muerte de los hijos de Aharón.

con semejante poder, poder del que de este modo participan en forma directa, y que los inviste de un rango de superioridad en relación al resto del grupo. Son estos dignatarios los encargados de "bajar" el sentido a las masas (como quería Platón del filósofo en la *República*). El poder y lo sagrado "contaminan", se transmiten por contacto: de ahí la costumbre presente en todas las culturas de tocar en forma reverencial los objetos sacros (y a la vez, el tabú de ese contacto fuera de las ocasiones ritualmente establecidas). El sentido que habita, puro y concentrado, en tales objetos, es propiamente lo sagrado.

Pero el objeto puede ser –y a menudo lo es– un cuerpo. Cristo, el ungido (en hebreo *mashiaj*, término que se traduce por "mesías"), contiene la divinidad en su forma humana. La encarnación[7] –esa idea que, al decir de Steiner, repugna al pensamiento judío– es de algún modo continuidad de cierta concepción mítico-pagana que entiende que el dios habita allí. Las montañas, los ríos o los árboles son y han sido, para culturas diversas, dioses. De ahí que la Torá ordene al pueblo (salido de Egipto, patria de la idolatría) que al entrar a la tierra prometida debe, antes que nada, "derribar los altares, los monumentos y las *asherot*" (árboles sagrados para los canaanitas). Ese es también el motivo por el cual la primera de las plagas con las que el dios bíblico aflige a Egipto sea convertir el agua en sangre; no el agua de una fuente cualquiera, sino la del Nilo, río que para los egipcios era una deidad y, por tanto, sagrado. Paso a paso, capítulo tras capítulo, el texto bíblico no narra otra cosa que el "desencantamiento" del mundo, en una persistente campaña de destituir lo sagrado (que va siempre, como advirtió Spinoza, unido a la superstición, es decir, lo imaginario). Destituir lo sagrado es vaciar de sentido. O, como veremos, para la especie hablante que somos, separar sentido de sonido.

---

7   Volveremos sobre las paradojas de la encarnación, especialmente en el cristianismo, y las consecuencias –políticas, religiosas, textuales, jurídicas– que ellas conllevan.

## Exilio y escritura

De modo que, para la comprensión de los autores bíblicos, lo sagrado, la magia, el sentido y la dominación van indefectiblemente de la mano. La narrativa que allí encontramos no tiene otro objeto que liberar de tal sumisión. La "gesta de liberación" que forma el núcleo de la historia bíblica es mucho más que la anécdota de la salida de Egipto. O, para decirlo en otros términos, esa anécdota constituye como metáfora (más precisamente, sinécdoque) el carozo mismo de lo desacralizado, a cuyo alrededor se despliegan los círculos concéntricos (y descentrados, valga la paradoja) de la libertad entendida de modo existencial.

Porque desaparecido el poder del sentido único, abatido su supuesto amo, vaciado su santuario, desinvestidas las estructuras que custodiaban ese reservorio, el centro estalla, se fragmenta, se astilla, disemina infinitas posibilidades de creación e interpretación. Pero para que ello ocurra es preciso recorrer aún un largo camino. Algunos hitos solamente, puntos a unir para visualizar algo del diseño que comienza a configurarse en esas páginas.

Moisés acude al llamado de la zarza que lo llama por su nombre. La zarza no es el dios, ni su lugar de residencia ni su representación: tan solo un punto en el espacio que opera de referencia, un "allí" para que el hombre pueda hacerse presente ante el llamado, decir "heme aquí", la respuesta que Adán no supo dar y que Abraham articuló por primera vez. La voz que emana de la zarza le dice: "quítate tu calzado, porque el lugar que estás pisando es tierra consagrada". Nadie sabe ni supo nunca cuál fue ese lugar; aun si imaginario –como muchos o casi todos los lugares sagrados de las diversas tradiciones–, a nadie se le ocurrió nunca marcarlo con un mojón, monumento recordatorio o altar, ni indicar en el mapa "aquí Moisés se encontró con D'os"[8], marcación propicia para

---

8   Esta notación del nombre divino tiene por función agujerear y descompletar tal nombre, poner en evidencia que no se trata de un dios a la manera mítica, Uno-todo, sino del lugar de la falta; de hecho, es una manera aproximada de transliterar el tetragrama (IHVH), impronunciable e inasible. Si escribo "Dios"

la venta de objetos cúlticos alusivos y otros comercios fetichistas habituales (pero, ¿el comercio no es, de suyo, una forma de fetichismo?). En efecto, tal punto en el espacio tenía carácter de santo (*kadosh*), consagrado⁹, señalado, en el momento y mientras durara ese acontecimiento particular. Una vez concluido este, el lugar volvía a su carácter habitual (que no profano, ya que la categoría de profano se corresponde dualísticamente con la de sagrado, dualismo ausente en este marco).

La zarza, pues, arde pero no se consume. ¿Qué puede significar tan extraño fenómeno? Si seguimos la línea que vengo proponiendo, *la zarza no se consume porque el sentido no se consuma*. Del mismo modo que la forma en que D'os se nombra, ante el requerimiento de Moisés: *Ehié asher Ehié*, traducible aproximadamente por "Seré lo que Seré". En esa expresión, D'os *no es*. Es decir, no tiene carácter de ente, no puede aprehenderse ni poseerse, no es siquiera algo *presente* ante Moisés. Levinas lo resume magistralmente en su análisis de Ex. 33: es el momento en que el líder, cansado de ese pueblo díscolo y contumaz, le pide a D'os una señal, una asistencia concreta. "Déjame ver Tu rostro", implora, para recuperar fuerzas y la fe en la misión que le ha sido encomendada. La respuesta divina es contundente: "No verás Mi rostro –no puede verMe el hombre y seguir con vida–, sino que verás Mi espalda". Verás, pues, mi "haber pasado". El filósofo afirma: D'os es un pasado que nunca fue presente. Solo lo que es presente resulta objeto de posesión: no se puede poseer el pasado, y menos aun el futuro. *D'os se nombra como tiempo*: un flujo que se despliega hacia delante, un porvenir inapresable. Su nombre no es un sustantivo, no es sustancia. Es, simplemente –y nada menos que– el Nombre, ese que se verterá

---

hablo más de Zeus –que es una de las formas de la palabra "dios" en griego– que del dios bíblico, esa ausencia que dicta la Ley.

9   Consagrado implica separado, designado circunstancialmente para un uso o función específica (la copa de *kidush*, por ejemplo); es decir, la consagración es obra humana. En contraposición, lo sagrado lo es por naturaleza, se refiere a la "sustancia" o esencia de la cosa. Así, consagrado es una categoría legal-cultural, mientras que sagrado lo es naturalista. Ver Benveniste, 1983, donde registra la etimología legal del término "santo": proviene de *sanctus*, sancionado.

en la escritura impronunciable, inefable, del Tetragrama. Cuatro letras –IHVH– que resumen todos los tiempos posibles sin agotarlos ni completarlos[10], ya que la indecibilidad de tal escritura la vacía de sentido. ¡Escándalo mayúsculo! ¿Un dios sin sentido? ¿Una deidad pura marca y, para colmo, vacía?

La zarza arde y no se consume porque el sentido no se consuma. El Nombre dice de una ausencia, un borde, un tiempo abierto (Deleuze, 1996)[11]. D'os, en ese contexto, no tiene (el) sentido sino que marca una dirección (la otra acepción de "sentido"). Esa imposibilidad de fijar un significado, de aquietar el fuego o el tiempo, encuentra su correspondencia en la vacilación de Moisés, un hombre tartamudo, torpe de lengua, incapaz de decir y cerrar una frase con elegancia, imposibilitado de aprehender el significado de un dicho y expresarlo como completo. Si bien acosado, de a ratos, por su herencia egipcia y la mentalidad idolátrica que ella implica, es un extranjero, por lo que sabe que el sentido, si lo hay, resulta fluctuante, indecidible, diaspórico, en perpetuo desplazamiento, inapresable en una figura o cosa. En ese aspecto, Moisés –al igual que antes Abraham– es cabalmente un humano: fallido, dividido, contradictorio. Tal condición se expresa metafóricamente en su tartamudez. Lo que emite Moisés –al igual que este D'os– no es un dicho, sino siempre un (inacabado) decir.

La promesa de liberación (Croatto, 1997) cuyo logro se encomienda a Moisés tendrá, como condición necesaria, el largo desvío por el desierto y la instancia clave de la entrega de la ley en el Sinaí. Otro hito en esta escalada desmitificante: allí D'os se revela... como letra. Única "corporización" de esta deidad cuya presencia no es

---

10  El tetragrama IHVH, impronunciable, contiene los morfemas de pasado, presente y futuro.

11  Solo en base a esta concepción de la temporalidad –tiempo abierto, futuro no destinal– puede pensarse la idea mesiánica como aquello que consiste, precisamente, en la no-llegada, en la espera que construye porvenir pero no lo cierra. Espera activa pero sin garantías. Si la diferencia fundamental entre judaísmo y cristianismo es pensar al mesías como no advenido (judío) o como ya aparecido (cristiano), la implicancia inevitable es que se trata de dos modos radicalmente diversos de entender el tiempo y, con él, todas las nociones vinculadas a la humana existencia.

nunca la del objeto, de lo asible o apropiable, de lo co-presente al sujeto (y por ende dominable), sino esa peculiar forma de presentarse que implica ya su ausencia, su retiro. Zarza y nombre, dos modos de lo imposible de fijar. Dos presentaciones de la ausencia. Esa letra –y ese nombre-letra– tiene como destino la transmisión; no podrá sobrevivir sino a costa de rodar de una generación a otra, con los riesgos y las ventajas que tal movimiento incesante conlleva. La letra teje, hila y filia.

¿Qué relación, entonces, hay entre el sentido, lo sagrado, la letra y la filiación? ¿De qué manera este recorrido nos ilustra al respecto?

Sigamos avanzando, aun si es un camino regado de obstáculos, con demoras y rodeos, difícil de asegurar de antemano, con mojones que –como los médanos en el desierto– no permanecen inmóviles sino que se desplazan, dibujando una y otra vez senderos alternativos e, incluso, atajos engañosos o vías sin salida. Más de una vez debemos guiarnos por señales casi indescifrables, arbustos de fuego o voces que llaman. Caminamos por el desierto. Estamos expuestos a la sed, las visiones ilusorias y el extremo cansancio, pero también tenemos por delante un horizonte abierto y la posible libertad. Desde el comienzo mismo –con Adán y Eva y la expulsión del paraíso– todo es asunto de irse, perder para ganar, cortar lazos esclavizantes. Pero, para problematizar aun más la constelación de términos que se va delineando: ¿qué relación hay entre la sumisión al sentido y la adherencia a la tierra? ¿Qué vínculo entre despegarse de uno y exiliarse de la otra?

La letra desaloja el sentido, a la vez que lo posibilita. El Tetragrama es inacotable e imposible de ceñir, ya que solo dice la temporalidad en su despliegue. Si esa es, como propongo, la estructura de lo mesiánico –en el principio, un vacío del origen; en el final, una no-llegada–, la narrativa que cuenta tal despliegue no podría cerrarse en un "happy end", un alcanzar la tierra prometida donde finalizaría todo desplazamiento.

Se suele decir que el pueblo judío ha sobrevivido durante milenios sin tierra propia porque su verdadero territorio es un libro. Si la Torá es, fundamentalmente, una narrativa de viajes, una *road novel*, en la que nunca se llega al destino planeado, habrá que extraer las consecuencias que esto tiene para la lectura. Y para la vida.

## Metáfora y filiación

Freud, en *Tótem y tabú*, narra lo que debe haber ocurrido, dice, en el comienzo mismo de la cultura. En ese mito inventado *ad hoc* los hijos se crean como tales, al matar y devorar al mono tirano que –gracias a ese acto– surge como padre. El relato enseña que no hay más padre que el padre muerto, es decir, no hay hijo sino a condición de matar (simbólicamente) al padre. Como bien señala David Kreszes, ese relato pone a la vista "la estofa paradojal del lazo filiatorio". Freud señala que "en el acto de devoración (del padre), los hermanos forzaban la identificación con él, cada uno se apropiaba de un fragmento de su fuerza". Dice David Kreszes: "El forzamiento de la identificación dice de la no naturalidad de la operación pero, además, de su fragilidad y precariedad... La 'apropiación de un fragmento de la fuerza del padre' establece un lazo horizontal entre los hermanos, pero fundamentalmente produce un lazo filiatorio con el Otro paterno" (Kreszes, 2006). Me detendré en un par de elementos que David señala especialmente: la fragmentación y la desnaturalización. Al devorar al padre, los descendientes lo crean como tal y se crean como hijos (y como hermanos) a través de una operación que, alegóricamente narrada, implica devorar el (dueño del) sentido y (com)partirlo, deshacer su (supuesta) unidad. Solo se pueden constituir como hijos –y por ende como sujetos– si cortan lo que parecería entero e indivisible, y por ende, lo desacralizan. Lo sagrado por definición es entero y completo, natural (en tanto no puede ser nunca creación humana), y contiene la totalidad del sentido. *Desacralizar, fragmentar, cortar: es lo que la letra hace con el sentido.* Los monos, aún-no-humanos, aún-no-hablantes (Lemérer, 1999), solo advendrán a la condición de seres de lenguaje a partir del crimen. Si el padre no se hace letra, no será padre sino a lo sumo genitor y, en el peor de los casos, déspota, filicida. Padre de la horda. Pero si la letra es la vía de la metáfora, "matar al padre" no significa otra cosa que metaforizarlo. Metáfora de metáfora. Y metá-fora significa llevar más allá, trasladar, sobrepasar una frontera. Descentrar, desarraigar (del sentido literal). Desplazar. Gracias a esa operación, el padre deviene *ivrí*[12].

*Matar al padre* es el acto necesario para que la filiación funcione. Para evitar que el padre mate/aplaste al hijo. Pero —y esto es lo que Layo y tantos padres mítico-trágicos no logran comprender— el anuncio del oráculo acerca de la amenaza que para él implicaba el nacimiento del hijo tiene la misma estructura y el mismo carácter metafórico que la advertencia de D'os a Adán: "si comes del árbol prohibido, morir habrás de morir" (Gén. 2, 17). La literalidad es la vía del error, ya que impide percibir el carácter equívoco del lenguaje[13]. Ni Edipo matará a Layo, ni D'os matará a Adán. En ambos casos, oráculo y advertencia dicen de la necesidad de un conocimiento por venir: el hijo confrontará a Layo con su condición finita, le hará saber que es mortal; el saber del fruto que "abre los ojos" de Adán es el de su índole humana, es decir, prometida a la muerte. Si Edipo finalmente mata a Layo es porque la tragedia no ofrece alternativa: como dice Vernant, el protagonista cree que entiende lo que el oráculo le anuncia pero su comprensión está totalmente descaminada (Vernant, 2002). Creer en el sentido, en la literalidad del anuncio, lleva a Layo a la consumación de lo que más teme.

---

12  *Ivrí*, que se traduce habitualmente por "hebreo", viene del verbo *laabor*: venir de otro lado, atravesar fronteras, trasladarse. Vale recordar la célebre frase de Freud en relación a lo novedoso y resistido de sus teorías que no encajaban en las disciplinas conocidas, cuando afirma que él, por ser judío, está "acostumbrado a atravesar fronteras". Volveremos sobre esto cuando aparezca la figura de Abraham.

13  Un rasgo característico de las psicosis y de algunas patologías específicas como el autismo es la literalidad —la imposibilidad de metaforizar—. Es decir, la no separación de sonido y sentido. Tal operación separatoria —condición esencial en la constitución del sujeto— requiere la función del Nombre del Padre, de modo que si este está forcluido no habrá manera de ingresar a la subjetividad. Volveremos, por distintas vías, a este punto. Agradezco a Norberto Rabinovich las conversaciones y enseñanzas en relación a este punto.

La palabra oracular se vuelve una profecía autocumplida. Layo se cree dueño y señor del sentido pero, de hecho, está preso de él. Omnipotente, se quiere inmune al tiempo y a la muerte; un hijo vendría a notificarle que las generaciones se suceden, que no hay más inmortalidad que tal sucesión, que el padre muere y el hijo sigue viviendo y que los lugares en la cadena filiatoria no se invierten ni se superponen. Matar al padre no dice otra cosa que advertir que ese Otro no es completo y absoluto. Aceptarlo, diría Lacan, como castrado, gesto fundante para el sujeto ya que solo esa verdad permitirá su propia constitución. Si así no fuera, quedaría anulado por la monolítica consistencia del progenitor. Sin embargo, nada de esto es automático ni "natural": es preciso un primer momento en que esa investidura funcione como absoluta, una primera instancia de "fe religiosa" en el Otro, para poder luego separarse, distanciarse, agujerear esa totalidad. "El hijo matará al padre" y "morir habrás de morir": dos frases que solo establecen la estofa temporal de lo humano, enunciaciones que *crean* el tiempo. Tiempo y lenguaje son inescindibles: hablamos porque somos mortales (es decir, temporales), nos reproducimos sexualmente por el mismo motivo. Palabra, tiempo, sexo y muerte, hilos de la trama que teje nuestra humana condición. Si la tragedia de Sófocles pone en escena lo que Freud articulará como el complejo nuclear del inconsciente es porque (la prohibición de) el incesto, allí consumado, es cuestión de lugares[14]. Lugares en la cadena de la temporalidad que se diferencian por los nombres: padre, hijo, madre. Cortes en un *continuum*; cortes que, de no producirse, hacen que el tiempo se vuelva un barro amorfo, una obscena "naturalidad" en la que chapoteamos y nos hundimos como especie. La narrativa bíblica del diluvio ilustra magistralmente esta amenaza.

---

14    Deleuze señala que "asesinato e incesto son crímenes de la especie hablante". En efecto, los animales no asesinan: matan. Y desconocen por completo la diferencia de lugares del parentesco, no tienen hijos sino crías.

**Vivir habrás de vivir...**

En el pensamiento hebreo las generaciones están asociadas a la historia, como lo dice la propia palabra, el mismo término para ambas nociones. En griego, de donde viene el latín, la naturaleza (en latín *natura*, de *nascere*, proceso natural), es lo que produce la generación, el nacimiento de la vida. En hebreo, las generaciones no están asociadas a la naturaleza sino a (el relato de) la historia, a la(s) *toledot*[15]. Y esto abre un abismo en la comprensión de lo humano; el texto bíblico propone pensar las generaciones desde su primera aparición, todavía ni siquiera humanas, pero ya en función de la historia a la que apunta la narración. Literalmente, el texto dice: "Estas son las generaciones (*ele toledot*) de los cielos y la tierra, cuando fueron creados, el día que IHVH Elohim hizo la tierra y los cielos" (Gén. 2, 4)[16]. La frase "cuando fueron creados" es una traducción posible de un término inusual y enigmático: *behibaram*, donde la h (*hei*) aparece más pequeña que las otras letras. Pero en hebreo se escribe: b.h.b.r.a.m. Las mismas letras que formarán, anagramáticamente, el nombre del primer patriarca. Es recién allí, en el acto divino de cambiarle el nombre mediante la inclusión de la h, que este signo "se agranda" y adquiere su verdadera dimensión, realiza la potencia que encerraba ese minúsculo grafismo. Porque no puede haber historia cuando se trata solo de cielos y tierra: esos espacios constituyen el escenario para la existencia del humano, que será el protagonista de las *toledot*, las generaciones en un sentido histórico[17].

---

15 De la misma raíz provienen niño (*ieled*), nacer (*nolad*), y todos los términos asociados.
16 No es casual que lo que en hebreo se llama Be'reshit, "En el principio", primer libro de la Torá o Pentateuco, la traducción que pasa por el griego y el latín haya titulado Génesis... Los títulos son, siempre, sintomáticos, como veremos en el caso específico y clave del supuesto "Sacrificio de Isaac". Por razones de claridad expositiva utilizaré los títulos de los cinco libros de la Torá como la tradición occidental los conoce.
17 "Las sociedades de la Prehistoria eran orales... En ausencia de la escritura, no existe conciencia de la existencia de la mente, ni lógica formal, ni clasificaciones abstractas de las cosas del mundo... La persona no se define a través de un 'yo'..., que exige tener conciencia de la propia mente y de los propios deseos y cambios en el tiempo (...). No busca los cambios, que le producen inseguridad, ni se

La estructura narrativa de la Torá –en especial de Génesis– no hace sino reproducir la de la vida misma. La frase *ele toledot* (estas son las generaciones/ la historia/la narrativa de...) (Croatto, 1985: 43-51) articula el relato encadenando la sucesión de generaciones según el principio de que lo anterior deja paso a lo que le sigue, de que el hijo viene después del padre, de que lo que nace implica y anuncia, en su propio nacer, la muerte de lo precedente. Así, cada vez que se nombra al nuevo protagonista de la narración, el texto pone en escrito lo que la vida misma produce: el protagonismo pasa del padre al hijo, el padre se retira de la escena para dejar lugar a lo nuevo, "mi hijo viene después de mí (muerte)"[18]. Esa es la ley fundamental a la que podemos remitir y referir toda otra ley. La muerte del padre en función –y en beneficio– de la nueva vida[19]. Desde el comienzo de la narrativa de la creación del hombre, tal ley se pone de manifiesto: la orden-bendición de IHVH a Adán es "fructificad y multiplicaos". Ese es el propósito de la aparición de esta nueva y singular criatura, el humano. Pero esa frase expresa ya la necesidad de prolongar su existencia a través de la procreación en su modo de reproducción sexuada, ya que el texto dice: "varón y mujer los creó". No como hermafrodita[20], al estilo del personaje

---

aventura en territorios desconocidos... En las sociedades orales, el tiempo y el espacio son percibidos de forma distinta a como los percibimos quienes tenemos escritura..." (Hernando, 2016). Escritura, historia, conciencia de sí y del tiempo, sucesión de generaciones, resultan entonces factores íntimamente ligados.

18  La estructura filiatoria se teje con los hilos de la prohibición de incesto y de la temporalidad irreversible; el derecho romano y luego el canónico se ocupan de legislar al respecto, estableciendo las prohibiciones de unión según la distribución de los lugares de parentesco, tal como los códigos y manuales los representan sirviéndose de la figura del Árbol genealógico. Legendre desarrolla sus consideraciones sobre la línea y el cómputo, Ego y desplazamiento: "...a medida que el sujeto... que ocupa... el lugar del Ego (en la figura del árbol genealógico) está impulsado hacia arriba, según el curso habitual, otros sujetos advendrán desde abajo. De este modo, pueden percibir lo inmóvil de la estructura presentificada por el cuadro de los lugares nombrados, recorriendo los sujetos los lugares a manera de viajeros" (Legendre, 1996: 276).

19  De ahí que, cuando muere antes el hijo que el padre, el sentimiento generalizado es que se trata de algo "contra natura", un hecho desgraciado que no respeta la sucesión y el encadenamiento "normales".

20  Ese ser unitario y completo será dividido por Zeus a modo de castigo por su soberbia. En tal concepción, la unidad es completa y perfecta y precede a la división, que es siempre una pena y una maldición.

platónico en su diálogo *Banquete*, sino como especie conformada por esa distinción de géneros. La alteridad –con la falta que implica– es parte constitutiva de la existencia desde el momento inicial. Ninguna eternidad individual se promete aquí: por el contrario, se exige la reproducción según las leyes de la diferencia y la división –esas que organizan el texto desde los primeros versículos, alegóricamente ejemplificadas en la distinción entre día y noche, seco y mojado, luz y oscuridad, etc.–, como advirtiendo que la subsistencia de la vida depende de mantener tales distingos. No porque no aparezca, una y otra vez, la tentación de ignorarlos: el texto está bien advertido de esa pulsión mortífera, y es por eso que la ley no cesa de insistir. Cuando esta ley se desconoce y se transgrede, sucede lo peor: el Diluvio es su figura. El barro, el magma, la mezcla informe. El fin de lo vivo.

Las diferencias que organizan el texto bíblico –y la existencia del mundo– son las que se establecen en tres planos: entre lo divino y lo humano, entre los sexos y entre las generaciones. Estas tres barreras implican, sintéticamente, la separación del hombre en relación a la naturaleza. La discontinuidad es inherente a la cultura. De ahí que lo sagrado, mezcla y confusión de natural y humano (Meschonnic, 2004), sea una categoría inaplicable al texto bíblico y al pensamiento judío. La "ley de la separación" –es decir, la ley en tanto forma, que consiste solo en eso: separar, dividir, delimitar; o sea, la ley *como* separación– constituye entonces la ley primera, estructural y fundante. Específicamente en la que sostiene la división de generaciones, solo dice: el hijo no ocupará el lugar del padre, ni viceversa. Es decir, no simultáneamente, porque los lugares no son espaciales sino temporales. Ahí es donde la tragedia edípica se desarrolla: en el intento de cada protagonista de empujar y desplazar al otro, como en la encrucijada en la que Layo y Edipo, sin conocerse, se disputan el paso. Ni hijo ni padre quiere apartarse, hacer lugar al otro: típica escena agonística, núcleo del *pathos* trágico, la imposibilidad de hacerse a un lado y dejar pasar (en todos sus sentidos posibles) precipita lo peor. Uno de los dos contendientes debe ser eliminado[21]. El pegoteo generacional se narra, en los textos clásicos, como superposición, lugares encimados, carencia de hiato y de *différance*. De ahí que la advertencia divina a Adán, "morir habrás de morir", solo enuncie la verdad complementaria de la primera orden: fructificad y multiplicaos. Ambas frases son anverso y reverso de lo mismo, la ley de la filiación, es decir, de la discontinuidad, la finitud y la temporalidad.

Esa es la ley que el Faraón –como ejemplo de padre mítico, omnipotente y absoluto– no reconoce, ya que su ambición es (al igual que Urano, Cronos, Zeus, Layo o tantos de la misma estirpe) eternizarse en el poder, lo cual conlleva necesariamente eternizarse en la existencia. Tal idea de inmortalidad va de la mano con la de autoengendramiento: quien no ha nacido de otro, no puede dar nacimiento a otro en una relación de sucesión. De modo que cuando esto ocurre, cuando el hijo nace a pesar de los designios omnímodos del padre, este desea matar a su descendiente: anular ese testimonio vivo de su propia finitud. Las narrativas míticas abundan en ejemplos, con diversos nombres y protagonistas, pero repitiendo idéntico motivo. Sin duda, el mito enuncia algo de la estructura del inconsciente humano, de sus deseos oscuros y sus pulsiones ineliminables. El deseo de inmortalidad y las inconfesables fantasías de matar al vástago nos habitan, junto a la conciencia de nuestra condición mortal y al amor inconmensurable a la descendencia. Pero si hay, en todos nosotros, pulsión de vida y pulsión de muerte inextricablemente enlazadas, es indudable que se entabla entre ellas una lucha que, según cuál de las tendencias sea más fuerte y cómo se tramiten, determinará la marcha de la historia.

El Faraón, en su carácter divino, se ve a sí mismo como autocreado, ya que para la cultura egipcia es nada menos que un dios[22].

---

21 Este nudo trágico es el que inspira a Vernant (2002) la idea de que Edipo, al regresar a Tebas para recuperar el trono que por sucesión le pertenece (aunque él no lo sepa), lo hace por la vía equivocada: "Edipo retrocede demasiado", dice el helenista, ya que el joven no va a ocupar ese sitio como sucesor legítimo, sino que se sube al trono y al lecho de su madre *en lugar de* su padre.

22 El Faraón es el que dice: "Mío es mi Río y yo me he creado…" (Ezequiel 29, 3).

El D'os de los hebreos es el que se presenta a Moisés, en la zarza ardiente, con la célebre frase *Ehié asher Ehié*, no "Soy el que Soy", como quieren algunas (malas) traducciones (ya que en hebreo no es posible conjugar el verbo ser en presente), sino "Seré lo que Seré". Esta enigmática locución (Éx. 3, 14) que, como vimos, no es un nombre, en el sentido sustantivo convencional: es la expresión de la temporalidad, el despliegue mismo del tiempo que no refluye sobre sí[23] sino que se proyecta hacia adelante, ilustra la estructura misma de la sucesión generacional[24]. Así, cuando esta deidad envía a Moisés a exigir al Faraón la libertad de los hebreos, le indica que vaya en nombre de dicha ley[25]: la ley de la temporalidad, es decir, de la finitud, de la existencia humana como ligada indefectiblemente al nacer de otro. La ley de la filiación. La tarea del profeta es enfrentar al soberano egipcio con su carácter finito. Llevarle la mala nueva, lo que Legendre expresa con la frase: "el mundo está organizado genealógicamente".

Si no queda más remedio que morir para que el tiempo siga su curso, entonces todo tambalea. El padre no estará para vigilar y controlar todas las acciones del hijo (o, platónicamente, el autor

---

23  *Soy el que soy* tiene estructura de frase ecuacional, donde sujeto y predicado se reflejan especularmente y se cierran, como pinzas, el uno sobre el otro. Congela el tiempo, lo coagula en un presente idéntico a sí mismo. Tal frase sería tal vez más indicada para describir al dios aristotélico, ese motor inmóvil para nada interesado en la historia. El dios de la zarza, por el contrario, es el "D'os creador del tiempo", como dicen los textos litúrgicos. *Seré lo que seré* no es una repetición: envía siempre al futuro y no refluye nunca hacia atrás. Como si cada *seré* empujara desde atrás al otro, o corriera a sus espaldas sin alcanzarlo nunca. Esta conjugación –como modo de la temporalidad– que parece repetición pero no lo es, ya que su fórmula misma es el despliegue de la diferencia, constituye a mi modo de ver la estructura de la filiación.

24  Podríamos suponer que en esta frase se basó Derrida para formular su célebre noción de *différance*, lo que difiere y *se* difiere, lo que hace diferencia espaciando el tiempo.

25  Moisés, angustiado, se resiste al mandato y opone sus objeciones y dudas: "…Está bien, iré y les diré a los hijos de Israel: 'El D'os de vuestros padres me ha enviado a vosotros', mas si entonces me preguntaren cuál es Su nombre, ¿qué les diré?", y D'os le responde: "Así dirás a los hijos de Israel: *Ehié* (Seré) me envió a vosotros…" (Éx. 3:14,15). Un *Seré* que, en tanto porvenir, se despliega desde el pasado: el D'os de vuestros padres. Es pues *en nombre del tiempo* que Moisés emprende la marcha, y ese es el mensaje para sus hermanos y para el soberano que los esclaviza.

para garantizar el sentido de su texto[26]); en algún momento, debe pasar la antorcha y retirarse de la escena. Entonces, ¿cómo guiar al descendiente? El recurso más efectivo es la narración: desde la cuna, no solo relatarle al hijo la(s) historia(s) de su comunidad específica, sino *incluirlo* en esa historia. Instituirlo, hacerlo parte de la lógica de la representación de la que depende la reproducción de la especie. Hacer de su nacimiento no un hecho natural, sino cultural. Un suceso de lenguaje. Nombrarlo en la cadena, enlazarlo como parte de la narrativa milenaria que lo sostiene. Darle lugar como punto o nudo en el tejido de palabras que confieren inteligibilidad al mundo, mirado desde la particular perspectiva de su tradición. "Contarás a tus hijos..." es el mandato que riega por doquier el texto bíblico. "En el judaísmo –dice Jonathan Sacks– las historias no están grabadas en piedras o monumentos, por más magníficos que sean. Son contadas en la casa, alrededor de la mesa, de padres a hijos como el don del pasado al futuro" (Sacks, 2015). Don de ligadura. Así lo entiende también Amos Oz, escritor "laico" si los hay, en su hermoso libro escrito en colaboración con su hija historiadora (Oz y Oz-Salzberger, 2014).

El niño juega. Arma conjuntos, distribuye piezas en tiempo y espacio, construye puestas en escena. Reproduce, a su modo, las escenas de las que él forma parte, da materialidad y volumen a las narrativas que sostienen su existir. Encuentra, así, la "racionalidad", la causalidad que le asegura que no viene de la nada (Le Poulichet, 1996), que es algo y alguien para el mundo, que su estar aquí *makes sense*[27]. Interroga el deseo de aquellos que lo han traído a la existencia. El niño se enlaza a la cadena de la vida mediante la representación; en suma, todos los humanos somos niños, ya que lo social como tal, para funcionar, no puede prescindir de esos mecanismos. La representación, mediante la cual se vela el vacío, la nada del origen, es la instancia de "domesticar la sinrazón", de

---

26  Tal como expresa el filósofo en su diálogo *Fedro*, al cual volveremos una y otra vez.
27  Utilizo la expresión en inglés porque me parece fiel a lo que intento transmitir: el sentido no preexiste a las cosas ni a las narrativas, sino que son estas las que lo fabrican, lo producen y ubican a las cosas en su seno.

civilizar el inconsciente, de imprimir legalidad a lo caótico. Como IHVH en los primeros versículos del Génesis.

En referencia a la metodología de la Cábala, Andrés Claro –en un tono muy benjaminiano– dice: "Su hermenéutica es un comentario que redime el pasado, la escritura del padre, al ponerla en relación con el presente desde el cual se interpreta" (Claro, 2009). Escritura del padre, materia del tiempo que, para configurarse, requiere de la interpretación: solo ella redime el pasado al renovarlo y abrirlo a la recreación.

**CAPÍTULO II** ■

TIEMPO Y RELATO

Se escribe siempre en el desierto. La palabra se recorta sobre el fondo brumoso de lo indecible.

Se escribe en el terreno de la nada, de la ausencia, de la falta. Se escribe para escandir esa nada y crear en ella lugares donde refugiarse, para trazar hitos de un posible itinerario. Se escribe donde no hay propiedad posible y donde las dunas cambian, una y otra vez, de aspecto y de lugar. El desierto es el territorio de lo imposible de poseer. Nada allí arraiga, salvo la letra. En hebreo –la lengua del exilio, la lengua *como* exilio– solo hay raíces en el lenguaje. Lo demás es desarraigo. *Akarut*.

Pero en la arena, la letra conlleva su borradura. Por eso, la memoria: fijar lo que se desvanece, guardar lo que –al igual que Abel, el hombre sin descendencia– está destinado a desaparecer como un soplo[28]. Si toda la narrativa bíblica acontece en el desierto, si es allí mismo, en ese territorio de intemperie y desarraigo, donde es entregada la Ley, si el grupo que deambula durante cuarenta años entre médanos y breves oasis no llega nunca –ni siquiera al finalizar la Torá, al término de Deuteronomio– a la tierra prometida, entonces nos es lícito suponer un nexo estructural entre texto y desierto, entre escritura y exilio, entre tierra de nadie y donación de la ley. Pero más aun: si, como intento mostrar, los dos grandes

---

28  El nombre significa "lo que se desvanece"; eso es lo que dice el comienzo de Eclesiastés: "Evel avalim", que se traduce habitualmente como "vanidad de vanidades".

ejes narrativos del texto bíblico son escritura y filiación, padre y letra, se advierte que ambos ejes se articulan sobre el telón de fondo del exilio, entendido no como avatar geográfico o traslado espacial, sino como condición nuclear de la existencia. Exilio que no sería otra cosa que la metáfora de nuestra definitiva e irreversible expulsión del (imaginario) Edén, la pérdida de la naturaleza, la caída del sentido único, la irremediable desacralización que conlleva el fin de la idolatría. Somos humanos, es decir, animales hablantes, legales, temporales, sexuados, finitos, salidos del paraíso del sentido completo y arrojados a la equivocidad y la conciencia de la falta. Como diría Levinas, estamos obligados a ser libres. Estamos condenados a interpretar.

**El heredero como intérprete**

El hombre es el animal que hereda. Heredar significa: incluirse en la cadena de la transmisión por el lenguaje, transmisión no genética ni biológica y, por lo tanto, no natural. La idea de herencia en la naturaleza es ya una formación cultural, una atribución metafórica o acepción ampliada (como cuando decimos que un perro se ríe o una tortuga saluda)[29] de la verdadera herencia, la humana.

Que la herencia sea no natural implica, de inmediato, que se trata de un hacer, un arte de lo ficticio. Un artefacto. La herencia se fabrica, es producto de un arte o una *tekne*; no sucede espontáneamente, no se tramita por la sangre ni por los genes ni por cualquier otro fenómeno que prescindiría de la intervención activa de los legadores y legatarios. De hecho, ese *hacer heredante* va *contra* la naturaleza, cuya modalidad consiste en la repetición mecánica de lo mismo, por tanto, en la in-diferencia. La herencia, por el contrario, se basa en, supone y requiere la diferencia: cada humano es

---

29   Desde las fábulas de Esopo hasta los cuentos y canciones infantiles, la antropomorfización de los animales es un recurso para mostrar situaciones humanas. La ciencia, a veces, adopta (¿sin saberlo?) estrategias similares. De ahí, por ejemplo, el tristemente célebre darwinismo social. Y volvemos –por vías inesperadas– al continuum naturaleza-cultura, a lo sagrado...

otro en relación a quien lo engendró, el hijo se ubica en un lugar distinto al del padre en la cadena filiatoria. La alteridad es en principio cuestión de lugares, lo que constituye condición necesaria y posibilitante de múltiples consecuencias. Es esa discontinuidad entre generaciones –que traduce la otra discontinuidad fundante, entre el animal y el hombre[30]– lo que hace imperioso *fabricar* una continuidad, siempre vacilante, siempre inconsistente, siempre en riesgo.

Así como Levi-Strauss definió la prohibición de incesto no como mero pasaje sino como salto entre naturaleza y cultura, podríamos decir que la cultura arrastra ese salto, ya apropiado e incorporado a su configuración misma. Entre una generación y otra, un salto pone todo en peligro y a la vez, promete; cada nuevo hijo es una apuesta, una decisión, un acto. Entre padre e hijo, un abismo: la posibilidad de que esa sucesión no advenga. De ahí –de la no necesariedad de la descendencia–, la necesidad del nombre.

La herencia, entonces, lejos de ser algo perfectamente definido e identificable, un elemento de superficie lisa y simple, es una intrincación: la multivocidad es su marca, lo rugoso y plegado su aspecto, la inconsistencia su estofa. ¿Cómo acercarnos a tan extraño –y a la vez íntimo– objeto?

En la herencia se entretejen lo antiguo y lo nuevo, la memoria y el olvido, lo conocido y lo inédito, lo seguro y el desafío, lo que nos es dado y lo que hacemos con (o en contra, o a pesar de) ello, la recepción y la creación. En suma: la tradición y la invención.

**Fabricar la herencia**

"Fabricar al hombre es decirle el límite. Fabricar el límite es poner en escena la idea del Padre, dirigir la Interdicción a los hijos de uno y otro sexo. El Padre es primeramente asunto de símbolo, una cosa teatral, artificio vivo que deja maltrechas a la sociedad de

---

30  Esa "herida" que el lenguaje inflige al humano al separarlo para siempre e irreversiblemente de la animalidad, herida que ciertos enfoques contemporáneos niegan mediante una vuelta a la consideración puramente biológica del hombre.

los sociólogos y a la ciencia de los biólogos", dice Pierre Legendre (2008: 27). Es que, tal como afirma el autor, "el mundo está organizado genealógicamente". Es decir, en y por el lenguaje, la más etérea y efímera –y a la vez, la más persistente– de las realidades. El hombre despliega su existencia entre dos nadas: el antes de su nacimiento y el después de la muerte. ¿Cómo sostenerse en pie, cómo no caer en el abismo que se abre bajo la especie, dónde apoyarse? La tradición sería esa cuerda tendida sobre el abismo; lo que implica que en cualquier momento se puede cortar y arrojarnos al vacío.

La tradición es la suplencia de esa naturaleza añorada por el hombre. Hace de prótesis ahí donde estamos absolutamente separados de aquello que sabemos que va a producirse siempre igual. Los humanos *no sabemos*, no podemos saber qué va a ocurrir: estamos exiliados del Paraíso, o sea, del reino de lo idéntico y previsible. Necesitamos, por tanto, algo que nos acote, nos enmarque y nos posibilite algún tipo de previsibilidad. Es decir, una suerte de permanencia que no sea la mera repetición. La tradición dibuja un horizonte: abre lo posible pero a la vez cerca el infinito; permite así la aparición de lo inscribible y, por ende, de lo borrable. Habilita –y exige– la decisión. El modo en que la tradición opera y se expresa es el ritual: los ritos –religiosos o laicos– "dicen", en tanto lenguaje simbólico, qué de lo pasado debe conservarse y transmitirse, a su vez, a la generación venidera. Decir inevitablemente afectado por la interpretación, que incluye la distorsión, el olvido, la elección en parte –o en apariencia– injustificada, la selección, entre inconsciente e intencional, del material disponible. Arma, en fin, el relato.

La tradición, según Yerushalmi, no es un hilo de seda que se desenrolla, sino una cadena de eslabones discontinuos. "...Un pueblo 'olvida' cuando la generación poseedora del pasado no lo transmite a la siguiente, o cuando ésta rechaza lo que recibió o cesa de transmitirlo a su vez, lo que viene a ser lo mismo... Lo que llamamos olvido en el sentido colectivo aparece cuando ciertos grupos humanos no logran –voluntaria o pasivamente...– transmitir a la posteridad lo que aprendieron del pasado" (Yerushalmi, 1989). Hannah Arendt, en un texto donde analiza lo ocurrido con los intelectuales franceses y la Resistencia, cita como encabezamiento una frase de René Char: "Nuestra herencia nos ha sido legada sin testamento", frase que la pensadora entiende como la quintaesencia de esa orfandad, esa inanidad que caracterizó a la época.

"El testamento –dice Arendt– al decir al heredero su legítima voluntad, lega las posesiones pasadas a un futuro. Sin testamento o, para resolver la metáfora, *sin tradición –la cual selecciona y nombra, transmite y preserva e indica dónde están los tesoros y cuál es su valor–* parece no haber ninguna continuidad legada en el tiempo y por tanto, humanamente hablando, ningún pasado ni presente, sólo un sempiterno cambio del mundo y el ciclo biológico de los seres vivos... La pérdida, quizás inevitable en términos de la realidad política, fue consumada por el olvido, por un fallo de la memoria... Y esto es debido a que *la rememoración, que es solo un modo del pensamiento,... es impotente fuera de una trama preestablecida de referencia*, ya que la mente humana solo en rarísimas ocasiones es capaz de retener algo totalmente desconectado. Así los primeros que no pudieron recordar cómo era el tesoro fueron aquellos que lo habían poseído y que *lo encontraron tan extraño que no supieron cómo nombrarlo*" (Arendt, 1995; las itálicas son mías, D.S.).

Cuestión de nombre[31], en efecto: es que el nombre muestra en toda su crudeza nuestra extranjería, nuestra pérdida, nuestro exilio constitutivo. Entre el nombre y la cosa, solo distancia y ajenidad. La tradición es esa red referencial de la que habla Arendt, esa distribución de lugares que (nos) significan y nos dan existencia en la historia. Solo en ese contexto –y recordemos la connotación de tejido que el término porta– las palabras dicen y permiten decir. El lenguaje nos pierde y nos ubica.

Pero, si el lenguaje y la tradición nos alejan para siempre de la naturaleza –o, mejor dicho, denuncian esa lejanía originaria e

---

31 Volveremos sobre el nombre, cuestión ardua y resbalosa que da origen a malentendidos, simplificaciones y banalizaciones varias. Cuestión que navega en un territorio mixto, entre la filosofía, la lingüística, el derecho, la religión y el psicoanálisis, al menos..., territorio donde a veces los términos se deslizan en una maraña confusional realizando analogías y asociaciones ilícitas.

irreductible–; si se trata en efecto de una creación, un artefacto, una ficción, ¿es la tradición un artificio? ¿Es producto de la voluntad y el ingenio de los hombres? Y si esto es así, ¿no cae toda herencia en lo arbitrario? ¿Cuál sería el sustento, el valor, la autoridad de aquello que antaño algunos han inventado, tal vez para engañarnos o someternos? ¿Cuál el valor de verdad que esa transmisión porta? ¿Por qué debo respetar o acatar lo que otros, tan humanos como nosotros mismos, han impuesto?

Estos interrogantes lastran toda herencia, aquello que, siguiendo a Arendt, "se recibe y se cuestiona". Importa mantener la tensión entre los dos términos, sin resolverla a favor de uno y eliminando el otro. Para cuestionar, se debe antes recibir. Recibir, lejos de reducirse a una pura pasividad, conlleva una decisión. Como se dijo: no se trata de lo que viene por la sangre o los genes –en cuyo caso nada hay que se pueda hacer–, sino de lo que se configura en la red significante en la cual nosotros mismos estamos insertos, como hablados y como hablantes[32]. Pero recibir es reconocer a otro del cual viene eso que me llega; asumir el estatuto de no ser primero ni autoengendrado, no ser *original*. En toda herencia se juega lo que Harold Bloom ha denominado "angustia de las influencias", una suerte de dolor narcisista por saber que hubo otro antes, que nada podría yo escribir (ni pensar, ni inventar, ¡ni tan siquiera ser!) sin ese antecedente. A la vez, esa antecedencia nos provee del texto que habremos de "traducir", leer a contrapelo, deformar lo suficiente como para que deje de ser el mismo o quede apenas reconocible; toda tradición conlleva lo que el mismo Bloom llama "mala lectura creadora". Toda lectura, un asesinato (¿del padre?).

### ¡Suéltame, pasado!

El conflicto entre continuidad y discontinuidad corre paralelo al que separa y liga heteronomía y autonomía. La tradición

---

[32] Ubicar al herencia en el plano de la cultura, es decir no biológico, en modo alguno significa adherir a la dicotomía cuerpo/espíritu con el consiguiente desprecio de lo corporal. Volveremos en extensión y en detalle sobre este punto fundamental.

ha sido siempre –¿*tradicionalmente*?– puesta bajo el signo de la heteronomía, mientras que la invención ostenta, en principio, las glorias de la autonomía. En cada época –pero en la actual tal vez de modo exacerbado–, el rechazo a la tradición parece un imperativo, un gesto "*cool*", un requisito para considerarse (pos)moderno. Habitar –como reza un titular de la revista *Causeur*– "un mundo sin pasado". Sacudirse la naftalina, esos viejos "valores" y ritos, esos discursos arcaicos para gestar –¡vaya paradoja!– rituales nuevos[33], para ser autosuficientes y desconocer toda antecedencia en el saber… "Padre" pasa a representar el nombre de la opresión y lo irracional, de la arbitraria imposición de modales vacíos y jerarquías dominantes. La bandera de la igualdad arrasa con toda diferencia: ni sexos, ni generaciones, ni lugares han de distinguirse, en una cruzada que confunde "igualdad de derechos" o isonomía con "igualdad" a secas, noción sustancialista y, por ende, peligrosa y potencialmente totalitaria. Esa noción de igualdad que ocupa tan enfáticamente los debates actuales tiene, en efecto, una larga historia, que sus defensores parecen ignorar. La igualdad –en ese sentido banal y "modernoso"–, igual que la tan trillada identidad, apunta a definir una esencia más que a determinar relaciones estructurales, relaciones entre lugares (como sería el caso de igualdad ante la ley: no importa quién o qué seas, importa puntualmente la inconsistencia del sujeto ante la legalidad, cuya función es situarlo y protegerlo). La igualdad a secas, pues, es lo que se esgrime para reivindicar la "tolerancia": aunque seas negro, o pobre, o mujer, te voy a aceptar en mi país. Es el argumento de Shylock: ¿acaso los

---

33 El ritual, por definición, formaliza una conducta o una visión del mundo de un grupo; esa visión ha tomado muchas generaciones en constituirse, y el ritual es su modo de inscripción en los individuos que forman parte del grupo, así como de inscripción de los individuos *en* el grupo, como miembros de él. Es obvio pues que un ritual no es de creación individual ni voluntaria ni consciente, sino siempre e indefectiblemente –al igual que la lengua– parte de una herencia. De entre la extensísima bibliografía sobre la compleja cuestión del ritual, que ha constituido en las últimas décadas un campo de estudios con nombre propio (Rituals studies), menciono solo algunos textos a manera de guía: el clásico estudio de Hubert y Mauss, 1899; van Gennep, 1986; Bell, 1992; Bell, 1997; Turner, 2009.

judíos no sangramos si nos hieren? Decir que hombre es igual a mujer, hijo a padre, lejos de contribuir a la justicia, la embarra: la ley implica y requiere de las diferencias, precisamente para regir igual para todos los diversos. De lo contrario, estamos a un paso del totalitarismo: siempre es posible encontrar a uno que en esencia no sea *tan* igual... como bien lo ha demostrado el nazismo[34].

Es preciso revisar y sacudir esas falsas antinomias que cité más arriba. No se podría establecer entre los elementos de tales pares –continuidad/discontinuidad, heteronomía/autonomía, alienación/separación– una relación de oposición lisa y llana, término a término, como si fueran en efecto sustancias acabadas; más bien, son aspectos o momentos de un movimiento complejo, caras que (al modo de una cinta de Moebius) se co-implican y señalan un recorrido, siempre aporético. Mezcla indesmezclable pero que permite, sin embargo, la diferenciación de sus componentes. Una pobre lectura pretendidamente "kantiana" ha querido convertir heteronomía y autonomía en nociones cristalizadas, separándolas y enfrentándolas en relación a la ley y a la voluntad. Leyendo Kant a la letra, salta a la vista que la ley –el imperativo categórico, única ley de la voluntad o razón práctica– tiene el carácter de don, viene de otro, se impone al sujeto para que éste "la acoja en su decisión" (Kant, 2003 [1785])[35]. Así, es esa heteronomía primera la que funda al sujeto, *imponiéndole* elegir y actuar. Será en esa instancia, en la asunción de tal ley como imperativo inscripto en su razón donde se configure la autonomía, *no del sujeto* (siempre insuficiente, siempre imposibilitado de conocer la cosa en sí, siempre sujetado y, por ende, siempre lastrado de alteridad y constituido así por cierto grado de heteronomía) *sino de la voluntad*, que ya no dependerá para sus acciones de monarcas o autoridades humanas externas, sino de la ley que estructura su carácter de ser racional[36]. Es fun-

---

34  Ver para esto el maravilloso artículo de Levinas, 2001. Cf. también Milner, 2007.
35  Como estudio imprescindible sobre la cuestión, ver Rogozinski, 1999, contra la banalización de las lecturas kantianas de café... y de algunas versiones académicas consagradas.
36  He aquí el gran paso kantiano: desencarnar ese otro, birlarle al amo del momento –político, religioso o académico– la autoridad, desarticular la concepción infantil

damental comprender que la "ley de la razón" es *la forma misma de la razón,* no un contenido que podría agregarse o quitarse. La razón no es otra cosa que una legalidad. Parafraseando a Lacan, para quien "el inconsciente está estructurado como un lenguaje", diríamos que para Kant, la razón está estructurada como legalidad. De ahí la autonomía: la ley es, a un tiempo, dada, donada, áltera, y estructural. Esa "extimidad" de la ley es lo que hace imposible oponer heteronomía y autonomía como términos sustanciales e independientes. Terreno de lo indecidible –pues ningún parámetro objetivo, ningún conocimiento fenoménico ni comprobación científica me garantiza la verdad de mi decisión–, la autonomía se dibuja como apuesta y riesgo, anclada sin embargo en la donación de una palabra brújula[37]. Lo que el sujeto haga con eso –con aquello que le es dado, lo convoca y le exige– es su responsabilidad; o sea, deberá hacerse cargo de su ligadura con la ley, con el lenguaje y con lo social.

El desarrollo kantiano muestra a las claras que la alteridad que convoca y sitúa –y por ende funda al sujeto– *no es un otro personal;*

---

que necesita de un padre de carne y hueso para prohibir o permitir. En su texto "¿Qué es la Ilustración?" Kant se explaya sobre esa madurez del hombre basada en la ley, que implica el fin del sometimiento a un otro soberano que cree estar por encima de la ley o encarnarla. Cf. al respecto el artículo "Imperativo y Shemá" en Sperling, 2008. Valga también apuntar, al pasar, que ahí precisamente –y curiosamente– radica el error de lectura de Lacan en su célebre "Kant con Sade": Lacan parece atribuirle al imperativo categórico un contenido, el sadiano, y olvida (!!!) que la ley kantiana es pura forma, cosa que Kant mismo se ocupa de demostrar *ad absurdum* cuando hace la prueba de identificar el imperativo con máximas supuestamente universales (no asesinar, etc.) y deja en evidencia la imposibilidad de tal operación. En ese empecinamiento de sostener el vacío consiste lo revolucionario del pensamiento kantiano y lo que diferencia no solo al imperativo categórico del hipotético y de la máxima, sino fundamentalmente de toda ética anterior, sea finalista, hedonista, pragmática, etc. Es tal vacío lo que acerca la ley kantiana al D'os bíblico (como sostendrá el filósofo en una de sus últimas y poco leídas obras, *La religión dentro de los límites de la mera razón*) y a los así llamados Diez Mandamientos: pura enunciación, prohibición de apropiarse... no solo de la mujer o los bienes materiales del prójimo, sino de (todo lo) del prójimo. Los objetos explícitamente prohibidos en ese decálogo son contenidos circunstanciales que no llenan la forma, la prohibición en sí misma. En suma: si el contenido puede ser poseído, la forma nunca lo será.

37  Tal vez no sea descaminado relacionar esta palabra brújula con las nociones lacanianas de *nombre(s) del padre* o *significante amo.*

se trata de lo áltero de la ley, en tanto inapropiable. No es lo mismo *hacerla mía*, que "hacer la mía"[38] con aquello que no me pertenece. Si la ley me perteneciera formaría parte del mundo de los objetos, el consumo o la economía[39]. Más bien –como en relación al lenguaje– *el sujeto es de la ley*, y no a la inversa. Como dijo Legendre, "fabricar al hombre es decirle el límite". Y el límite es Otro. ¿Cómo podría, ese límite que me da existencia, venir de mí mismo?

### Tra(d)ición y filiación

La heteronomía fundante requiere entrar en la lógica de la representación, esa "envoltura estética" (Legendre) inherente a su funcionamiento: es decir, ser puesta en escena, en narrativa. Diversos campos de la actividad humana se hacen cargo, cada cual a su manera, de decir la heteronomía y hacerla operar: el estado, la religión, el arte son algunos de los que –a sabiendas o no– producen tan delicada operación: introducir la alteridad fundante y custodiar sus efectos[40]. Tal alteridad no se aprehende ni se soporta como pura abstracción sino que necesita del recubrimiento mítico para entrar en vigencia, para inscribirse en el sujeto y operar. Alguna personificación, cierta carnadura le es consustancial, no como accidente o suplemento, sino como parte de su estructura. El valor del mito radica en su performatividad. Se hace presente aquí el anudamiento entre imaginario y simbólico. En un juego

---

38 Debo a Claudio Glasman esa ingeniosa observación.
39 Si pensamos al D'os bíblico como un nombre de la ley, también a su respecto rige tal inapropiabilidad: una divinidad de nombre impronunciable y de imagen imposible no puede ser objeto de posesión. De ahí –entre otras razones– la condena a la idolatría que hilvana todo el texto, y –en consecuencia– el imperativo de no apropiación que, modalizado en numerosas formas "positivas", es el único significado de los Diez Mandamientos. Volveremos sobre el punto.
40 Se trata, dice Legendre (1993), de "una reflexión sobre el orden del ser viviente. Esto significa que los Estados provenientes de la tradición clásica europea tienen a cargo ordenar el principio de vida, de la misma manera que los poderes de las sociedades antiguas o salvajes tenían idéntica tarea. La función parental de los Estados es, pues, esta operación por la que se organiza la reproducción de las generaciones en las sociedades modernas. Ella se traduce en un conjunto de normas que movilizan las representaciones religiosas y políticas comunes a la cultura europea..." (la traducción es mía, D.S.).

de semejanzas y diferencias, la ley es "totemizada": está adentro y afuera, es propia y ajena, me obliga y me sostiene. La devoro y me devora. Separarse de ella sin cortar amarras del todo –sin desligarse–, pero generar la distancia que permita leerla. He ahí la cuestión: ¿podrá la heteronomía dar lugar a la autonomía? ¿Advendrá la discontinuidad en la pista misma de la continuidad? ¿Qué estrategias instrumenta el hombre para salir airoso de ese atolladero?

Michel de Certeau atribuye a Freud la genialidad de "postular, en el origen de los pueblos, una violencia genealógica (una lucha entre padres e hijos) de la que el rechazo es el trabajo de la tradición (ella oculta el cadáver), pero de la que los efectos repetitivos son visibles a través de camuflajes sucesivos (hay huellas)" (De Certeau, 2007: 26). Así, tradición, asesinato (del padre), violencia y ocultamiento van de la mano. La historia, sabemos, se construye con y sobre y entre cadáveres; la escritura no es sino de restos. Más aun: "violencia genealógica" es un sintagma elocuente que dice a las claras que *la genealogía en sí conlleva violencia*. No habría, no podría existir una sucesión pacífica, armoniosa, serena y sin estrago: he ahí el salto, la diferencia que, como vimos, forma el hueso mismo de lo humano. Si nos clonáramos –en lugar de reproducirnos sexualmente– se trataría de un paso de lo mismo a lo mismo, la muerte estaría expulsada y no habría lenguaje. Pero si en la reproducción humana hay repetición, no es de lo mismo sino, como señala de Certeau, *de los esfuerzos por borrar las huellas*; mas cada huella que se borra deja a su vez un rastro, un resto, el testimonio de la borradura y de su inscripción imposible e incesante.

"Un momento de discontinuidad establece, por así decirlo, una filiación, una filiación con sus historias" (Benasayag y Charlton, 1992). La discontinuidad es parte del proceso de recepción, no su contrario; la filiación, por ende, incluye esos saltos, esas interrupciones, esos desvíos a los que habremos de llamar *interpretación*. Sabemos: toda herencia está, de suyo, afectada de fallas, borraduras y reescrituras. Si la tradición "oculta el cadáver" es porque es preciso que haya a quien matar, y que esa muerte sea significada –incorporada, diría Freud en *Tótem y tabú*– aun bajo el modo de la negación, en un relato del cual depende nuestra existencia. "El hombre necesita una razón para vivir", dice Legendre, y esa razón la proveen los mitos, las narrativas, los cuentos del origen, que ponen en escena el principio de causalidad, nos nombran y nos alojan en una historia común. Pero: si la tradición oculta, distorsiona, desplaza (en el sentido de la *Entstellung* freudiana), como un sueño que nos aleja irremediablemente de "eso" acontecido[41] –o que se supone tal–, ¿por qué no desprendernos de ella? Nuevamente, ¿qué verdad hay en ese juego de disfraces, en esas trampas de la memoria? Pues bien, es precisamente tal trabajo de distorsión lo que recupera y vela, una y otra vez, de modos digeribles, el vacío originario. Porque es eso en lo que consiste la violencia: en la destitución del origen, en la puesta a la vista de la nada que nos precede, en la expresión horrorizada ante el abismo y el denodado intento de ocultarlo. Somos *hijos de*, pero podríamos no haber venido al mundo. Hemos sido llamados[42], de manera que nuestra existencia depende de la efímera voz de otro, de la frágil trama del deseo y del lenguaje. La violencia genealógica, otra vez, es la que la filiación ejerce sobre la naturaleza, arremetiendo contra la repetición y el sinsentido (o lo que es lo mismo, el sentido coagulado) para instituir lo que tambalea.

**Inventar la tradición**

En suma: la tradición es verdadera, en tanto está permanentemente sujeta a una interpretación que la vuelve a poner en marcha[43]. Tal verdad no se basa en la literalidad de los hechos –supo-

---

41 O como el relato del sueño, que creemos que nos aleja del sueño "verdadero". Esa evanescencia no es posterior ni suplementaria, sino que pertenece a la estofa misma del soñar.
42 Importa aquí la anfibología del término: llamar como convocar, pero también como nombrar. De este llamado de otro depende la posibilidad de que yo *me* llame, es decir, de que porte un nombre con el que me identifico. Como afirma Juan Ritvo, "me llamo como he sido llamado". Yo parafraseo: me llamo como, y *porque*, he sido llamado/a.
43 "La historia puede transmitir auténticas verdades a través de figuras de ficción, de alegorías y de mitos. Y un talmudista del siglo IV aseguraba que el bíblico Job no existió, sino que fue una fábula. (...) la teoría de un Job ficticio fue debi-

niendo que la hubiera– sino en esa potencia generadora (*toledot*), en esa fuerza performativa que toda tradición debe tener para mantenerse viva (y mantenernos vivos). Pero, ¿cuál es el comienzo? ¿Cuál el huevo y dónde la gallina? ¿Podrá una perspectiva histórica desvelarnos el misterio?

La historia arrastra lo mítico a sus espaldas. No puede haber historia sin un antecedente que convoque e impulse. A esa voz otra o a esa alteridad divinizada la llamo *mito*. Es una autoridad investida[44], punto cero necesario para que se actualice la historia (en lo individual y lo grupal; recordemos que según Freud la cultura trabaja con las mismas herramientas que el individuo, de ahí la relación entre ontogénesis y filogénesis): el hombre necesita estar autorizado en su existencia por una voz que lo llame (en el doble sentido mencionado de nombrar y convocar), una potencia que le asegure que fue esperado, que fue deseado, que tiene un sitio en el mundo y un lugar en la sucesión. Solo a condición de haber sido llamado podrá generar su propia historia[45]. De lo contrario, estará condenado –como Edipo– a volver y volver al sitio de donde ha salido, retorciendo el tiempo sobre sus goznes en busca de ese primer instante, ese fulgor que debería haberlo puesto en camino, esa ligadura que –si funcionara adecuadamente– lo sostendría pero a la vez lo soltaría. En la historia edípica parece no verificarse esa

---

damente incluida en el Talmud. ¿Por qué razón no fue tachada de blasfema o sin valor? Porque… el Talmud anticipó y admitió nuestra premisa: las fábulas pueden contar la verdad… Job existió, haya o no 'realmente' existido. Existe en las mentes de incontables lectores, que hablaron de él y argumentaron acerca de él durante milenios. Job, como Macbeth o Iván Karamazov, existe en tanto que verdad textual" (Oz y Oz-Salzberger, 2014: 63).

44 Esa autoridad es el ropaje con que se viste y se vela el vacío de la Ley kantiana, heteronomía fundante de la autonomía. Pero también es, para el niño, la imagen de su padre todopoderoso e infalible. Momento indispensable en la constitución de la subjetividad: creer, literalmente, para poder luego cuestionar, cuestionamiento que implica en primer lugar el derrumbe de la infalibilidad de ese padre. La tradición, en tanto inscripción, provee las herramientas para soportar ese agujero y no ser tragado por él. Podríamos llamarla "cuna de relatos": la canasta que aloja y protege a Moisés en el vasto y riesgoso fluir del Nilo. Recordemos que esa pequeña arca, en hebreo, se denomina *tevá*, que significa también "palabra".

45 La escena de la entrega de la Ley en el Sinaí –con la tan vapuleada y malentendida noción de "pueblo elegido"– podría leerse bajo esta óptica.

"estofa paradojal del lazo" que tan bien describe David Kreszes, esa doble función de ligadura y desligadura que le compete a lo filiatorio: Edipo queda, literalmente, "pegado", contracara trágica de haber sido, antes, expulsado (de la sucesión, de su lugar en la cadena y, por ende, de la vida).

Tal vez el personaje bíblico de Abraham ilustre el punto adecuadamente: la voz divina que lo llama y le ordena salir de su casa natal[46] –como más tarde lo hará con Moisés, desde la zarza ardiente– es la precisa mixtura entre lo que viene dado y lo que hacemos. Es, en efecto, una voz otra, investida y autoritativa; pero es una autoridad/alteridad que manda y permite –por más paradojal que parezca– *fundar otra historia*, romper con lo dado, iniciar. En la expresión que usa D'os ("vete de tu tierra a una tierra que te habré de mostrar") aparece el núcleo problemático, la clave de la cuestión: *Abraham estaba ya en camino hacia esa tierra*, Canaán, con su padre; D´os no habría necesitado mostrarle el lugar como una novedad. Pero es solo después de la muerte del padre –acaecida en los últimos versículos del capítulo anterior– que el futuro patriarca habrá de hacer *su* camino; así, esa tierra a la que se dirige *es y no es* la que su padre había elegido.

Hay quienes sostienen que Abraham estaba loco, y que esa voz era producto de un delirio. No descartaría demasiado rápidamente tal versión. El peligro es, nuevamente, caer en una falsa antinomia: creer en la realidad objetiva (¿historiográfica?) de esa voz, o ridiculizar el relato atribuyendo la voz a un delirio psicótico. Propongo en cambio pensar que en toda fundación hay, en efecto, un grano de delirio (y tal vez, en todo delirio un grano de verdad). Al fin de cuentas, el término "vocación" dice algo de eso: un vocativo, un llamado se me impone, viene a mí –Heidegger diría que es "el llamado del ser" convocando al poeta (imagen tal vez sacada, sin decir la fuente, de los textos bíblicos, donde ese llamado se dirige al profeta [Zarader, 1990])–, como don que me obliga. La verdad de ese llamado, es obvio, no radica en su "realidad fáctica" sino en

---

46    Génesis 12, 1: "*Lej lejá*", es decir, "ponte en marcha, vete". Me extenderé sobre el punto más adelante.

sus efectos. Al fin y al cabo, somos siempre hablados; la alteridad nos habita. Desconocer esta división implicaría concebirse como un yo autoconsciente, transparente y de omnímoda voluntad.

Cuando Moisés baja del Sinaí portando la Tablas de la ley, nimbado de una luz que hace fulgurar su rostro, también lo hace *en nombre de*. ¿Es Moisés un impostor[47], un hábil mago que supo producir truenos y relámpagos para que el pueblo creyera en su investidura y en la existencia y el poder de Aquél que lo había investido? Delirio, imaginación, invención: sí, algo de todo eso habita en cada tradición, en el sentido de que aquello que nos precede es construido, ficcionalizado, para dotarlo de potencia y ponerlo a circular. Cuando Moisés atribuye su mandato a "el D'os de vuestros padres", una divinidad que ha hecho un pacto mucho tiempo atrás con los patriarcas, produce una *retroyección autorizante*. Es el peso de lo arcaico, de lo consagrado por los siglos y bañado por las aguas de la historia –por más imaginaria que sea– lo que pondrá en marcha un proceso, a modo de sostén y garantía. Es, propiamente, lo mítico en tanto fundante. Moisés instituye una tradición echando esa instancia fundadora a sus espaldas; se ubica a sí mismo como eslabón de una cadena, se inventa padres (Le Poulichet, 1996)[48]. Posicionarse como hijo le permitirá, a su vez, ser padre y trasmitir la ley[49].

---

47  El tema es abordado en un curioso texto anónimo, *Tratado de los tres impostores: Moisés, Jesucristo, Mahoma*, que circuló en forma secreta a fines del siglo XVII, obra furiosamente antieclesiástica, donde se sostiene "el origen puramente humano y político de las grandes religiones por obra de impostores". Cf. la edición de El cuenco de plata (2006), magníficamente prologada y traducida por Diego Tatián.

48  En el fondo, todo padre es un invento, es decir, una ficcionalización, una investidura (que no es lo mismo que impostura). Como señala Legendre, el padre es un artificio, pero uno verdadero, que opera e instituye. A su vez, devenir padre es un proceso de inscripción en la cadena sucesoria y de autorización. Lugar intermedio –tan bien mostrado por Juan Ritvo, en coincidencia con los desarrollos del jurista francés (Legendre, 1996)– que abarca tres generaciones: "un padre es un sujeto que se sitúa como hijo entre dos, entre su propio padre y su hijo del cual está separado por la más profunda de las disimetrías" (Ritvo, 2004: 90). Volveré una y otra vez sobre este punto y sobre el texto de Ritvo, con el que el mío está en gran medida en diálogo.

49  Operación nada sencilla, por cierto, para un hombre criado como egipcio. Ver "La lengua partida" y "Cojeras, cegueras" (Sperling, 2008), asunto del que hago aquí

Claro que el mito es, como la tradición, un término para nada unívoco. Palabra-valija, encierra las virtudes y los peligros que cada época, cada corriente y cada pensador le quiera endilgar. Miles de páginas se han escrito al respecto, para atacarlo o defenderlo. Dado que no es un objeto duro y compacto sino –como casi todo lo que se expone en estas páginas– una construcción de lenguaje, guarda infinidad de matices y ambivalencias. *Pharmakon*, remedio y veneno, bueno y malo, capaz de construir y destruir... Resulta imposible hacer aquí un análisis exhaustivo de sus significados y connotaciones, pero es preciso apuntar al menos un par de líneas para ubicar su sitio en estos desarrollos.

En su conferencia de 1989 en la Cardozo Law School (editada luego como libro), Derrida apela a autores de la tradición filosófica y legal de Occidente para exponer "el fundamento místico de la autoridad". Intenta mostrar que "aquello que autoriza el juicio" y que da base y razón de ser a la ley escapa al dominio de la ley

---

una breve síntesis: en Éx. 4, 24-26, Moisés sufre un repentino ataque por parte de D'os. El hombre se encuentra en camino de regreso a Egipto: ha huído de allí tras matar a un capataz egipcio que flagela sin piedad a un esclavo hebreo. El retorno a la tierra del Faraón es en cumplimiento del mandato divino de ir a liberar a sus hermanos, misión a la que ha opuesto, en principio, gran resistencia (como todo profeta que, al ser llamado, intenta primero desligarse de la tarea, no solo por el riesgo que implica sino por no sentirse capacitado para tan alto designio). Moisés pernocta en una posada junto a su mujer, Zipora, y a su hijo, y allí aparece "un enviado de D'os que quiere matarlo". La amenaza es conjurada por la acción de Zipora, quien circuncida al niño y arroja el prepucio a los pies de su esposo, mientras dice: "novio de sangre eres para mí". Episodio más que enigmático que, a mi entender, puede leerse como un acto filiatorio. La ambivalencia de Moisés, (egipcio, judío), el "incircunciso de boca", debe resolverse a fin de habilitarlo para la tarea. Si bien, seguramente, ha sido circuncidado –los egipcios practicaban la circuncisión en las castas reales y él fue criado como nieto del Faraón–, no había sido ingresado en el pacto hebreo, literalmente, *brit milá*, que significa a la vez pacto de circuncisión y pacto de palabra. Dado que no era posible volver a cortar su prepucio, Zipora, sabiamente –las mujeres saben...– ejecuta el corte en el hijo y sitúa al padre en relación a ese acto. Es decir, anuda filiatoriamente al pequeño, lo inscribe en la genealogía del padre con lo que, en el mismo gesto, designa a Moisés como padre hebreo; así, el hombre queda ligado a su linaje, simbólicamente ingresa al pacto y, por ende, queda habilitado para la misión, que no es otra que transmitir la Ley... del pacto, de la palabra y del corte. Resulta claro que la "amenaza" divina es, una vez más, un modo de anoticiar al sujeto de la imposible completud y de la necesidad de la castración simbólica, sin la cual la Ley no podría regir.

misma. Ese fundamento no está sometido a la transparencia de la razón ni a la manipulación humana. Tal como demuestra la expresión en inglés *"enforce the law"*, el derecho tiene en su cimiento a la fuerza, no como un agregado posterior o secundario, para obligar a su cumplimiento, sino como condición de posibilidad. Pero esa fuerza escapa al juicio: es ella la que funda a este. Ese punto es donde se ubica lo místico y/o mítico, lo que vengo señalando como la heteronomía fundante e inherente a toda autonomía.

"El surgimiento mismo de la justicia y del derecho, el momento instituyente, fundador y justificador del derecho implica una fuerza realizativa, es decir, implica siempre una fuerza interpretativa y una llamada a la creencia. (...) La operación que consiste en fundar, inaugurar, justificar el derecho, *hacer la ley*, consistiría en un golpe de fuerza, en una violencia realizativa y por tanto interpretativa que no es justa o injusta en sí misma, y que ninguna justicia ni ningún derecho previo y anteriormente fundador, ninguna fundación preexistente, podría garantizar, contradecir o invalidar por definición. Es... lo místico, lo que Pascal y Montaigne llaman *el fundamento místico de la autoridad*" (Derrida, 1997: 32-33; itálicas en el original)[50].

Subrayo la expresión "llamada a la creencia": ese es el punto del mito, no sujeto a comprobación o verificación alguna sino, por su lugar en la estructura, expresión de una alteridad a cuyo deseo

---

50 La Cardozo Law School es una de las más prestigiosas universidades de Derecho en EE.UU.; se trata de una Yeshiva school, pero *yeshiva* es en la tradición judía una institución de estudios talmúdicos, cuyo inicio se ubica en la época de la destrucción del Segundo Templo. El fundador de esta universidad fue el Juez de la Corte Suprema Benjamin Cardozo, iniciador –junto con James Boyd White– del movimiento Law and literature. Esta corriente de pensadores y actores del Derecho pone a la vista la relación entre los dos campos, ya sea vista como la ley en la literatura (obras como la de Kafka, Melville, Dickens y otros autores) en tanto tales obras echan luz sobre nociones legales más que los códigos o los textos oficiales del derecho, ya sea como investigación de la literatura en la ley, entendiendo al jurista o al juez como escritores y narradores que hacen uso de estrategias literarias para los procedimientos legales. La corriente, de gran vitalidad en el mundo actual, tiene representantes ilustres no solo en EE.UU. sino en Europa, como Francois Ost y otros. Legendre está vinculado a los mismos presupuestos. En la Argentina, su exponente mayor fue Enrique Marí.

obedece la existencia de lo fundado. No hay, pues, nada antes, ni investigación al respecto. Punto de partida y de anudamiento, es mito instituyente a partir del cual se construye la historia[51]. Veladura del vacío sin la cual la palabra y la ley no podrían surgir[52]. No existe sociedad alguna, antigua o contemporánea, que no se autocomprenda a partir de un mito fundador, un relato de los orígenes, una escena –escrituraria o pictórica, imágenes narrativas y/o visuales–, que ubique y ordene los elementos del mundo, del tiempo y del espacio, a fin de que los miembros del grupo puedan hallar y habitar su lugar en relación a ese, El Lugar. Es allí donde Legendre sitúa la Referencia (fundamento mitológico de la Ley, representado en emblemas y figuras consagradas por la cultura y tramitadas por el derecho, el arte, la filosofía...), aquello no sometido a manipulación ni cambio, no inventado por el hombre (conscientemente) ni sujeto a negociación entre pares. Es, propiamente –dice el jurista– "*lo indisponible* para el sujeto". La asimetría caracteriza la relación del humano con esa instancia fundante.

Pero la función instituyente del mito es una de las caras de la moneda. La contracara es su posible efecto destituyente. ¿De qué depende que prevalezca una de estas fuerzas? ¿Lo que define su carácter es el mito mismo, o este sería un objeto neutro cuyos efectos (al igual que se pretende de la ciencia) dependen del uso que se haga de él? No me parece posible responder a tan arduos interrogantes; la literatura sobre el tema es más que abundante, y relativamente accesible. Tan solo intento plantear la complejidad que el asunto implica y acercar, a lo sumo, alguna conjetura al respecto.

Puede ser de utilidad volver al mito freudiano del padre de la horda y a las reflexiones de M. de Certeau. Si el mito de *Tótem y tabú*

---

51 A esta "pantalla de textos, relatos e imágenes" con valor fundacional, Legendre la llama dogmática, término que en el Derecho no tiene ninguna connotación negativa ni peyorativa. La dimensión dogmática es, para el jurista, "la dimensión de las evidencias sostenidas por la ficción, evidencias cuya fuerza es tal que no necesitan ninguna prueba para que se reconozca su verdad" (Legendre, 2008b).

52 La segunda parte del libro de Derrida es un comentario al texto de W. Benjamin "Para una crítica de la violencia", de lectura imprescindible cuando se trata de analizar el fundamento del derecho y la relación entre este y ley, justicia, violencia.

funciona como inicio de la cultura, es gracias al vacío que instala. *La fundación del vacío*, en el doble sentido –objetivo y subjetivo– de la expresión. Diría: lo que hace institución es lo que horada, lo que agujerea, señalando así un lugar al que estamos referidos pero al que no se vuelve (porque no hay nada ahí), poniendo a la vista la extranjería del ser hablante, su estar-ya-y-desde-siempre en otro lado. El vacío marca un borde, fija distancia y límite, dice lo imposible. Por el contrario, el mito se vuelve destituyente –de la cultura, del sujeto– cuando ofrece llenado y compacidad. Es esa plenitud lo que deviene objeto de nostalgia. Lo que parece no reconocer frontera entre lo que fue y lo que es, entre –por ejemplo– el imaginado pasado divino del humano y su presente mortal, sino que ve en esa (supuesta) caída solo la degradación de una esencia que se podría recuperar. Llenar ese espacio que, por definición, es vacío, dotar de consistencia esa figura conlleva el peor de los peligros: confundir la Alteridad y la Referencia con un ser concreto que, por obra de tal confusión, no puede sino devenir déspota, soberano omnímodo, tirano. Olvidar, en suma, que la Alteridad es un lugar, no una persona, por más elevada que sea o se la suponga. El mito instituyente prohíbe y empuja hacia afuera, diferencia lugares; el mito destituyente es incestuoso. La historia no podría comenzar sin esa imposibilidad de (volver a) el origen, origen que a su vez requiere ser incluido en el relato en que él es fundado *après-coup*.

Paradoja más que fructífera, que requeriría largos y pacientes análisis y que aquí solo puedo enunciar: el mito instituyente destituye al Otro como totalidad, como amo del sentido, como sustancia compacta; el destituyente, por su parte, lo instituye y lo sostiene como tal.

Hay quienes afirman que Éxodo debería ser el primer libro de la Torá, ya que es allí donde se narra la saga mosaica (quizás, momento inicial de lo hebreo). Sin embargo, los redactores y compiladores bíblicos han actuado sabiamente al anteponer el libro de Génesis donde figura la narrativa de los patriarcas, personajes que tal vez no han sido más que creaciones literarias de un líder genial –ese que en los libros se unifica bajo el nombre Moisés y que, a su vez, puede ser pensado como personaje literario–, pero a los que debía dotarse de cierta "realidad" para que operaran en la lógica del texto.

Si Éxodo resulta el texto de la fundación de un pueblo y de su gesta liberadora, es porque tiene el antecedente de una saga mítica que le provee los rasgos identificatorios de los que se valdrá ese grupo heterogéneo y disímil para su constitución. Como los hermanos de la horda, cada individuo ha devorado un fragmento de esos supuestos padres (los patriarcas) en el establecimiento de un lazo frágil pero eficaz[53]. El texto que cierra el Génesis, primero de los cinco libros de la Torá, es elocuente: narra los postreros momentos de Jacob, el último de los tres patriarcas. Ya en su lecho de muerte llama a sus hijos para bendecirlos; lo hace con todos salvo con Iosef, su hijo preferido, a quien no bendice en forma directa sino a través de los hijos de este. El anciano entonces, en un gesto insólito, otorga su bendición (*berajá*, en hebreo: tema que hilvana todo el relato bíblico) a sus nietos Efraím y Menasé[54]. El relato

---

[53] Lo que han devorado, tal vez, sean solo –y nada menos que– fragmentos textuales, retazos de una narrativa que los ubica en la saga genealógica. De hecho, la corriente crítica de exégesis bíblica da cuenta de la multiplicidad de fuentes que forman parte de este texto recibido por la tradición como "uno". *Corpus*, sí, –y el término no es azaroso– forjado a partir de trozos y restos a lo largo de los siglos, y que la paciente labor de los escribas reúne sin homogeneizar, "cose" sin ocultar del todo las costuras. A la inversa –pero confirmándola por esta inversión– de la fantasía freudiana: no hay padre 'uno' luego cortado y repartido, sino pedazos que se atraen y se com-ponen en una figura caleidoscópica. El texto de Gérard Haddad (1984) sobre el tema puede dar algunas pistas respecto de esta operación de introyección de la letra y su eficacia.

[54] Resulta fascinante poner en serie los distintos modos de escenificar lo mismo: un padre bendiciendo a sus hijos. Jacob es hijo de Isaac, a quien engañó cuando este, ya muy viejo y ciego, convocó a su primogénito Esaú para bendecirlo. Como se recordará, Rebeca, la esposa del patriarca, induce a su hijo dilecto, Jacob, a hacerse pasar por su hermano mayor para recibir la bendición de primogenitura. La escena que describe detalladamente el episodio (Gén. 27) es de un exacerbado dramatismo, a la vez que semeja una comedia de enredos. Lo que importa aquí, puntualmente, es que el propio Jacob al envejecer parece ser consciente de la posibilidad de engaño, y él mismo genera una modalidad que se sale de los carriles normales y esperables, pero con pleno dominio de la situación: ni la vejez ni la pérdida de la vista han mermado su capacidad de decisión. Ambas escenas, en suma, muestran un desvío de la supuesta tradición, ya que no solo no es el primogénito quien resulta bendecido con los mayores dones (en la Torá, en efecto, nunca hereda el primogénito), sino que además, en el segundo caso, ni siquiera el bendecido es el hijo sino los nietos. Jacob parece subir la apuesta y dar

parecería mostrar que de eso se trata la herencia: de ir más allá, de abrir el horizonte, de señalar un camino *in absentia*. Apuesta y salto, acto y decisión. Levinas afirma –en contra de Heidegger– que "el hombre es un ser para más allá de su propia muerte". Es en ese más allá –no de orden teológico ni "metafísico", sino temporal y terrenal– donde se pone a prueba lo simbólico: allí donde falta la sustancia, donde el tiempo depende solo de lo que se inscriba en él, donde la incertidumbre y el infinito se conjugan.

El humano es el animal que tiene nietos. Hijos de hijos, pura metáfora. La tradición revela ahí su carácter inventivo, su estofa literaria y su estructura simbólica. Pedirle comprobación objetiva o consistencia factual es una necia forma de idolatría; desautorizarla por su "irrealidad" o su sesgo arbitrario –gesto caro a los cientificismos tan en boga, desconocedores del inconsciente– es el infantilismo del que sigue exigiendo que su papá sea infalible, olvidando que, en efecto, el padre es cuestión de símbolo.

## Exilio y paternidad

Devenir símbolo no es cosa fácil: el proceso mediante el cual el genitor se hace –en el mejor de los casos– transmisor de la ley conlleva múltiples y dramáticos avatares, que conciernen a todos los implicados en el asunto. Es ese devenir el que no tuvo lugar en la tragedia sofoclea, donde el padre no adviene al lugar al que es convocado por la ley de la filiación sino que, demasiado adherido a su ambición y su narcisismo, resulta incapaz de renunciar al lugar dominante de la escena. Podríamos entender los mecanismos filiatorios basados en tal renuncia si comparamos la narrativa trágica con la bíblica, para encontrar allí alguna pista que nos conduzca a tratar de responder la pregunta que Freud formula como nuclear

---

un paso más en relación a lo ocurrido en la generación anterior: al reemplazo del mayor por el menor le superpone el reemplazo del hijo por los nietos. Ejemplo sumamente ilustrativo de cómo la tradición se traiciona para continuar, y la herencia dibuja recorridos inéditos para llegar a destino.

para el psicoanálisis: ¿qué es un padre?[55] Pregunta que va de la mano con el interrogante por la tradición.

Freud formula la cuestión de un modo peculiar; literalmente, dice en su *Moisés y la religión monoteísta*: "¿Cómo *se escribe* una tradición?" (Freud, 2015 [1939], en adelante citado como *Moisés*; el destacado es mío, D.S.). En la pregunta misma ya se está refiriendo a una tradición registrada de un modo específico, a una escritura. En el mismo movimiento, se pregunta por la escritura y se pregunta por el padre dando así la pauta de que padre y escritura, de algún modo, se co-implican. Un padre, cuando está por morir, hace un testamento[56]. De modo que la escritura del padre es lo que pone a los hijos en lugar de hijos, no solo en presencia del progenitor sino, fundamentalmente, para cuando él no esté. Es el testamento que echa de menos René Char, y al que se refiere Arendt: el texto que nombra y ubica lo que se lega. La escritura es marca de ausencia. Todo escritor lo sabe: cuando el escritor escribe, el lector no está presente. Cuando el lector lee, el autor no está presente. La escritura señala algo que se ha perdido, que se ha separado, que se ha distanciado: implica un duelo. Pero, también, organiza, ordena, orienta, es una brújula para aquellos que la reciben. A su vez, toda escritura –como el duelo– implica un trabajo creativo, una composición, una interpretación.

¿Qué es un padre? La pregunta que insiste y desvela a Freud a lo largo de toda su producción tiene, en su elaboración, tres momentos fundamentales: a) su concepción del Edipo; b) *Tótem y tabú*, y c) el *Moisés*.

La concepción del Edipo[57] es conocida pero, para el desarrollo que nos interesa aquí, vale recordarla sumariamente: Edipo es el

---

55  Teniendo en cuenta los tres tiempos en que se desarrolla la concepción freudiana del padre, es posible que este haya sido, también –del mito y la tragedia a la Biblia–, el derrotero de pensamiento que el mismo Freud siguió.
56  Menos en la Argentina y algunos otros países, donde los hijos son herederos obligatorios, pero de todos modos eso está *escrito en la ley*. Entre ley y padre –como entre padre y tradición, y padre y escritura– hay un vínculo inextricable.
57  La narrativa de Edipo se encuentra en múltiples fuentes griegas: relatos míticos diversos, reelaborados por la tragedia de Sófocles (*Edipo rey*) que Freud toma como fuente.

niño cuyo padre –Layo, el poderoso rey de Tebas– no desea, porque el oráculo le ha dicho que si tiene un hijo, este lo va a matar y se va a acostar con su esposa (es decir, ocupará su lugar en el trono y en el lecho, dato no menor ya que conlleva el anoticiamiento de la pérdida de potencia del soberano, incluyendo la viril[58]). Su descendiente será pues un vástago que va a terminar con el poder de un hombre que se cree omnipotente. Por eso Layo, cuando de todas maneras nace su hijo, decide mandarlo a matar. Edipo es salvado por el siervo de Layo[59], que se apiada del niño y, en vez de matarlo, lo abandona en el monte Citerón, no sin amarrar sus pies a fin de que en última instancia sea devorado por algún animal; de ese modo el siervo cumpliría la orden del monarca, pero evitando ser el asesino. De ahí lo recoge un pastor igualmente piadoso y lo entrega a una pareja estéril, los reyes de Corinto, que lo adoptan y lo crían. El niño crece felizmente, convencido de que ellos son sus progenitores, hasta que el oráculo le dice que está destinado a matar a su padre. Aterrado, y con la firme intención de evitar el cumplimiento de tan funesto anuncio, huye de esa casa[60]. Ignorante de su real ascendencia, se encuentra en una en-

---

58   Ha sido abundantemente documentada la costumbre de varias civilizaciones antiguas –del Medio Oriente pero también de Mesoamérica– conocida como "el sacrificio del dios-rey". Cuando la fertilidad de la naturaleza declinaba, se atribuía la causa al rey que, por su condición divina, era el dador de vida a toda la comunidad. Esa declinación de los bienes naturales se veía como concomitante con la pérdida de vitalidad del soberano, su envejecimiento (cuyos signos eran las canas, las arrugas, deterioro de la dentadura o impotencia sexual), y el único medio de renovar el ciclo de la vida era la matanza ritual del rey. Cf. Frazer, 2011 (1890), y otros textos del mismo autor, así como de investigadores actuales. Las excavaciones realizadas en la antigua Sumeria (Ur de los Caldeos era una de las zonas de ese territorio) han mostrado que tales sacrificios se realizaron hasta épocas bastante tardías, alrededor del 2.300 a.e.c. Muchas veces, el rey era sustituído por otra persona designada especialmente –un esclavo, extranjero o paria–, lo que el griego designa como *farmacós*. Se advertirá la semejanza de este ritual con el mito freudiano de *Tótem y tabú*… De modo que la declinación de la energía y la potencia era un fantasma bien concreto para un rey: anunciaba su muerte sacrificial.
59   Más adelante volveré sobre tan horrible escena para ver cuál fue la actuación de la madre, Yocasta, en la entrega del hijo.
60   Como se advierte, la mecánica parece semejante al relato bíblico –el alejamiento del hogar paterno– pero la lógica es opuesta: no es lo mismo la orden que recibe Abraham, *lej lejá*, que la huída de Edipo.

crucijada del camino con su verdadero padre, a quien desconoce, disputan acerca de quién tiene el privilegio de pasar primero, y Edipo mata a Layo. Edipo es un parricida sin saber que lo es. En base a esta narrativa, Layo sería un cierto modelo de padre, aquél donde la violencia filicida se expresa en su máximo grado –diría: literalmente–, y retorna (¿acaso podría ser de otra manera?) como violencia parricida.

En un segundo tiempo, *Tótem y tabú* es el texto donde Freud construye una suerte de mito para explicar el origen de la cultura. Recordemos: muy sintéticamente, cuenta que en una época originaria de la humanidad, antes de que los hombres fueran hombres, "debe haber ocurrido algo así": hay una manada de monos en la cual domina uno grande y poderoso que se considera dueño de las hembras del grupo, de modo que impide que los monos pequeños tengan relaciones con ellas; si los jóvenes se acercan, el mono grande los mata o los castra. Los monitos hacen una alianza entre ellos y deciden matar al grande para terminar con ese dominio absoluto. Lo matan, lo trozan y se lo devoran. Después, con el andar del tiempo –no entraré aquí en las consideraciones específicas, que se encuentran narradas con detalle en la obra freudiana–, les sobreviene la culpa por haber matado a ese ser que, en virtud de tal acto –su asesinato y la culpa subsiguiente– se constituye en padre. La culpa es también motivada por el amor que en algún momento se experimentó hacia ese macho, amor mezclado –en una compleja ambivalencia– con el odio y el deseo de vencerlo. Los ahora hijos, olvidando de algún modo su responsabilidad en el crimen, en un gesto reparador convierten a ese padre muerto en un animal tótem, en una suerte de reverenciada divinidad, que tiene autoridad sobre ellos y que les da la ley: es decir, la prohibición. El pacto que han hecho los monos –que así han devenido hermanos, justamente a partir de este crimen cometido en común–, es un pacto de filiación (y de fratria), una alianza: pertenecen todos al mismo clan –se reconocen como descendientes del mismo ancestro, representado por el tótem– y, por ende, sujetos a la ley de ese personaje, no pueden ejercer la violencia unos contra otros, para lo cual deben evitar que cualquiera de ellos vuelva a ocupar el lugar de ese padre. Ninguno se apropiará de las hembras del grupo. Ese lugar queda vacío[61].

Esto es de la máxima importancia: el fin de la omnipotencia de ese mono grande requiere que quede el lugar vacío, lo cual obliga a los hijos a irse de su casa paterna – ¿ecos del *lej lejá*?[62]–, y a buscar mujeres por fuera de la manada, instancia que señala el comienzo de la exogamia, prohibición de incesto y de parricidio: he ahí el inicio de la cultura.

Estas dos aproximaciones a la cuestión del padre–mito y tragedia de Edipo y *Tótem y tabú*– no lo satisfacen a Freud. Veinticinco años después escribe la que será su última obra: *Moisés y la religión monoteísta*. Ni siquiera es una obra unitaria: son tres ensayos publicados en distintos momentos pero que posteriormente se recopilan y se publican juntos. (La tríada vuelve y vuelve: tres momentos, tres partes de su última y decisiva obra, tres generaciones...).

---

61 Numerosos problemas aparecen en esta narrativa: más allá de la corrección o no de las fuentes antropológicas usadas por Freud, lo que interesa aquí es una cuestión de estructura. Concretamente: el relato involucra una temporalidad sucesiva, un orden de los hechos. 1°, el mono grande amenaza a los pequeños; 2°, estos lo matan y devoran; 3°, experimentan una culpa que es causa de remordimientos y de la transformación de ese muerto en un animal totémico, cuya matanza e ingestión estará prohibida, con lo que el animal muerto deviene padre prohibidor; 4°, como consecuencia, ese lugar de omnipotencia y dominio quedará vacante para garantizar así la vigencia del pacto exogámico, que incluye las prohibiciones de parricidio e incesto. Hasta aquí, el relato que, por más ficcional que se quiera, supone una sucesión de etapas pero cae, de algún modo, en una circularidad viciosa. Porque, ¿cómo podría surgir ese sentimiento de culpa antes de la aparición de la ley? Ya que la culpa es, sin duda, un efecto del carácter legal del ser humano. Y la prohibición es ya asunto de la cultura, como bien señala Lévi Strauss. Hablar de prohibición es estar ya en el terreno de lo simbólico, del mismo modo que hablar de ausencia o vacío, ese lugar que deja el padre muerto y que nadie debe ocupar (no hay falta sino en el lenguaje). El problema, entonces, consiste en que para explicar una determinada situación se usan elementos que se dan por supuestos, pero deben a su vez ser explicados. ¿Cómo habría cultura antes de la cultura, símbolo antes del símbolo? La entrada en la legalidad –es decir, la relación a lo prohibido– es la entrada al y del lenguaje, cuyo origen es inexplicable ya que no es pensable siquiera un antes del lenguaje, un estadio previo a lo humano.

62 Desarrollaré una lectura más precisa de este episodio bíblico fundamental en las páginas que siguen.

En su *Moisés*, por fin, el autor parece comenzar a vislumbrar de qué se trata esa figura que lo obsesiona. Es en este texto donde Freud –recordemos– se plantea esas dos cuestiones que articulan todo el recorrido: *qué es un padre*[63] y *cómo se escribe –y se transmite– una tradición*[64]. Hay entonces un nexo insoslayable entre padre, escritura y transmisión/tradición. Lo interesante también es que después de haber recorrido todas las literaturas míticas del entorno mesoriental y de la antigüedad –Freud tiene una gran curiosidad histórica y un considerable conocimiento antropológico– encuentra la clave para estas preguntas –que son el núcleo fuerte del psicoanálisis– en la tradición judía –más específicamente, en la *escritura judía*–, leída a contrapelo[65]. Pero es ahí, en la estructura

---

63   Como dice Juan Ritvo (2005), se trata de "una pregunta sin la cual no hay, propiamente hablando, *sujeto*". Pero, agrega Ritvo, el padre por el que se pregunta es "el padre humillado... el padre que nunca está a la altura de su papel, sin que se sepa exactamente cuál sea este papel... en la medida en que el individuo de la época..., tomado entre múltiples, ambiguos y deshilachados modelos, no tiene más remedio que apostar con los medios a su disposición". Es en consonancia con ese padre humillado, "el padre en harapos", decía David Kreszes (2004) que puede emerger un hijo como sujeto. Es ahí donde la pregunta se torna, como precisa Ritvo, en "qué es para un hijo el haber tenido un padre".

64   Es indudable, y Freud mismo no deja de expresarlo en sus cartas, que la interrogación no solo se refiere a un personaje de la antigüedad sino que alude a su propia situación: el peligro que se cierne sobre el psicoanálisis a partir del surgimiento del nazismo (recordemos que Freud está exiliado en Londres, expulsado de su patria por el poder nazi) le plantea la urgencia de la transmisión para que no se pierda aquello que ha creado, esa nueva disciplina de que se reconoce como padre. Freud se identifica, entonces, con Moisés, y también con Yojanan Ben Zakai, el sabio que luego de la caída del Segundo Templo es autorizado a partir de la Jerusalén dominada por Tito y funda en Yabne la primera academia talmúdica para el estudio de los textos bíblicos.

65   Obviamente, Freud no es un lector sumiso (¡de lo contrario no habría creado el psicoanálisis!), es decir, no es un lector apegado a la anécdota que la tradición canoniza. También los textos griegos son para él objeto de una mirada diferente a la tradicional, esa glorificación idealizante tan hegeliana que dominaba en la época. Lo que Freud busca en los textos de la tradición –griega, judía o la que fuere– es la falla, lo no dicho, las inconsistencias, las ruinas, lo que "la buena conciencia" no quiere ver o las lecturas devocionales no toleran. No por nada, se considera a sí mismo "un hereje" (así lo dice en su correspondencia). Es esta peculiar mirada lo que hace de él, como dice Harold Bloom, un "poeta fuerte". Freud es un iconoclasta: recordemos que su *Moisés* comienza anunciando que derribará del altar a la figura más venerada del pueblo judío. Podría decirse que todo el trabajo de un análisis no es más que eso: bajar del pedestal al padre, *id est*, a toda figura idealizada, a toda autoridad divinizada, a todo soberano absoluto, a

de ese texto bíblico, donde Freud encuentra, por fin, las pistas que le pueden ayudar a responder las preguntas que lo desvelan desde el comienzo.

¿Por qué justamente ahí? Está claro que en este punto nada tiene que ver lo religioso[66], ni importan en absoluto las consideraciones acerca del judaísmo de Freud en términos de su origen, sus adhesiones ideológicas, sus conflictos con los aspectos rituales, etc. Tampoco importa que sus tesis históricas no se sostengan documentalmente o que la antropología freudiana esté cuestionada. Lo que interesa es ver que *es en la estructura del armado de la tradición judía como escritura donde Freud puede hallar respuestas a esas preguntas.*

Freud sostiene que en todos los mitos, pero muy en particular en *la escritura* de la tradición judía[67], es donde se transmite –dice literalmente– "una verdad forzosa, una verdad ineludible". Algo que atraviesa los siglos y los milenios para todos los humanos, pero que no puede decirse sino a través de ocultamientos, rastros encubiertos, distorsiones, deformaciones... como en el sueño. Así, descubre en esa escritura los mismos mecanismos que en la actividad onírica. Lo que uno sueña *es verdad*, porque el inconsciente no miente. Aun cuando –o precisamente *porque*– se presenta bajo formas ficcionales, enmascaradas: el relato del sueño ya no es lo que se soñó (¡como si fuera posible recuperar ese origen!). El

---

toda palabra que se pretenda única. Eso es, en síntesis, lo judío de Freud. Como de Spinoza, y tantos otros... Cuenta un *midrash* (relato alegórico sobre ciertos pasajes bíblicos) que el padre de Abraham, Teraj, pagano de Ur de los Caldeos, era fabricante de ídolos. Una noche el joven entró a la tienda de su padre y, armado de un palo, destruyó todas las imágenes que su padre había hecho, salvo una; luego puso el palo en la mano de esa estatua. Al día siguiente, cuando Teraj entró a su tienda y vio el desastre, llamó indignado a su hijo y le preguntó si él había sido el autor del hecho, a lo que el pequeño, astutamente, respondió: No, fue ese ídolo, ¿no ves que tiene el palo? Teraj respondió irritado: pero ¿cómo sería eso posible si es solo una estatua? A lo cual el hijo contestó: entonces, si son figuras fabricadas por tus manos y por tanto inanimadas, ¿cómo es que crees en ellas? (Un comentario malévolo podría decir: Teraj no *cree*, solo las vende...).

66   Ese "judío sin Dios" nunca dejó de reconocerse como judío ni de reivindicar su pertenencia a esa tradición (Fuks, 2014).
67   Si insisto en destacar *la escritura* es porque entiendo que es justamente ahí, en lo que tiene de materialidad y estrategia discursiva –y no en el contenido de lo que se cuenta– donde radica la clave de lo que nos ocupa.

interés no reside por tanto en ese contenido "original", sino en los mecanismos de deformación y encubrimiento que allí operan.

Recogiendo hasta aquí las redes y resumiendo el recorrido freudiano: a) en *Tótem y tabú* el padre es asesinado y devorado: nacimiento de la cultura (exogamia, prohibición de incesto y de parricidio), y de la figura misma de padre[68]. El padre se convierte en ley prohibidora después de muerto; b) en Edipo el hijo mata al padre. De nuevo un parricidio. Pero estos –tanto el de la horda como el de Edipo– son padres[69] que se sienten amenazados por sus hijos, por lo que intentan matarlos. Filicidio y parricidio son –como sugerí al inicio de estas páginas– el ping-pong que se juega en la especie humana, donde parecería que lo que predomina en la relación es la rivalidad, el deseo de muerte, la omnipotencia y otras pulsiones que poco tienen que ver con la imagen edulcorada del papá con su hijo que nos vende la sociedad bienpensante, en una escena digna de un aviso publicitario de prepaga médica. c) En el *Moisés*, la hipótesis de Freud es que el hombre era egipcio, un sacerdote de la religión monoteísta impuesta por un faraón que es destituido. Esa religión monoteísta –estrictamente hablando, monolátrica– tiene muy poca aceptación porque va en contra de

---

68 "Esa famosa 'declinación' (del padre), ¿no ha comenzado desde el inicio de la humanidad con *Tótem y tabú*? El 'festín caníbal' fue su primer símbolo, que cada generación repite a su manera, inventando siglo tras siglo nuevas presentaciones del parricidio, siempre más civilizadas (...) El parricidio, por tanto la declinación del padre, es la condición renovada de nuestro Simbólico, siempre cambiante e inestable, y nuestra época no se aparta de la regla", dice Gerard Pommier. Y agrega: "La historia de la 'horda primitiva'... no habrá sido un mito más que en los tiempos de su descubrimiento, el tiempo de su puesta en forma tentativa por Freud... Porque ese 'mito' es la realidad psíquica de cada niño, que se inventa un lobo, un animal fóbico que totemiza, tal como en los primeros tiempos de la horda. En la invención titubeante que fue esa del 'Padre de la horda primitiva', la declinación del padre por totemización fue una obligación para los hijos, si querían salir del confinamiento a 'un grupo homosexual'" (Pommier, 2014).

69 Tal vez estrictamente habría que considerarlos genitores y no padres, atendiendo a la tan mentada frase lacaniana de que "padre es una función", es decir, no un individuo que procrea sino quien ocupa un determinado lugar, el del agente de la prohibición/castración. Los personajes de los dos primeros momentos freudianos –la horda y Edipo– son ilimitados y omnipotentes, no han sido atravesados por el límite ellos mismos por lo que no podrían "decirle el límite" –o sea, transmitir la ley– al hijo.

todas las costumbres y de la religión egipcia oficial, que incluye el culto a los muertos, la magia, las imágenes por doquier, la creencia en la divinidad del Faraón. Los egipcios no la toleran: no quieren deshacerse de sus mitos y costumbres, la jerarquía sacerdotal que tiene el poder no está dispuesta a renunciar a sus privilegios y, por lo tanto, esa nueva manera de pensar, esa religión más ascética y despojada es prohibida y su líder, perseguido y acusado de sedición. De manera que Moisés huye para salvarse de la muerte que, seguramente, sería su destino[70]. Dice Freud que, en realidad, cuando huye, este Moisés lleva a la rastra a un grupo –los semitas que están en Egipto–, y se encuentran en el desierto con otro grupo posiblemente también semítico que adora a otro dios, que es un dios local, volcánico, el dios cruel. Es el que se nombra como El-Shaddai (literalmente, "el dios de las montañas"). Se produce allí, en un sitio llamado Kadesh, una serie de altercados. Hay una revuelta contra Moisés porque intenta imponer a dicho grupo esa religión mucho más rigurosa, y lo asesinan. Ese episodio tal vez sea lo que está narrado –en forma encubierta, claro– en el texto bíblico como la revuelta encabezada por Coraj quien, junto con Datán y Abiram, prestan oídos a las protestas del pueblo y le disputan el mando al líder (Núm. 16). Pero también, dice Freud siguiendo a Sellin, un biblista alemán del siglo XIX, en el dramático episodio narrado en el capítulo 25 de Números, en forma igualmente disfrazada. En esos rastros que va dejando el texto se autoriza Freud (como en los relatos del sueño, en sus fallas y pistas encubiertas) para decir –al igual que en *Tótem y tabú*, en relación al asesinato del padre de la horda–: *algo de esto debe haber ocurrido*. El asesinato de Moisés es tapado y deformado por la narrativa.

Hay otro personaje circulando por el texto: un sacerdote midianita. Recordemos que, según la Torá, Moisés se casa con la hija de Itró, alto sacerdote de Midián. A ese otro personaje también se lo

---

[70] Si ponemos esta narrativa freudiana en relación con la bíblica –aunque sean en cierto modo incompatibles pero, curiosamente, coherentes– esta sería la segunda vez en la historia del personaje que se salva de una muerte segura: la primera, apenas nacido, a manos del Faraón y sus personeros.

denomina con el nombre de Moisés, y la tradición unifica luego las dos figuras bajo ese nombre. Por un tiempo se impone la religión midianita[71], que es una religión más primaria, pero mucho más tarde, y como en el mito del padre de la horda[72], la culpa por el asesinato del líder hace que retorne la religión monoteísta que este había llevado al desierto –en un primer momento, olvidada y reprimida– y que, dotada de nuevo impulso a raíz de la culpa, prospere. Se produce un compromiso (el pacto de Kadesh) donde se escribe una suerte de contrato que va a ser el origen de las Escrituras. Hay, pues, dos grupos: el que viene de Egipto y el de Midián. Cada uno de ellos, con su líder. Aparentemente el Moisés de Midián, dice Freud, nunca pisó Egipto, y el de Egipto nunca estuvo en Midián. De manera que hay –al menos– dos Moisés. También hay –al menos– dos dioses: el Atón egipcio, primera figura monoteísta (que es el que intenta imponer esa nueva religión del Moisés egipcio) y el dios violento de los volcanes, El Shaddai. Luego habrá dos reinos, el del norte y el del sur, Israel y Judá… Freud no se equivoca cuando ve la permanente dualidad que aparece en la narrativa de Moisés, ya que en la Torá de todo lo importante hay, al menos, dos versiones. Dos relatos de la creación del mundo, dos (tres, de hecho) de la creación del hombre, dos nombres para el monte Sinaí, dos narraciones sobre José y el intento de sus hermanos de matarlo, dos nombres para el suegro de Moisés, dos instrucciones para la construcción del Tabernáculo… ¡Y hasta dos versiones de los Diez Mandamientos!

Esta duplicación –o multiplicación– *es una suerte de resistencia del texto a la unificación*. Está todo dividido. Está todo partido, está todo vacilando como si no pudiera haber una verdad única, una versión absoluta. No hay un D'os omnipotente que dice *esto no sirve y esto sí*,

---

71 Esta convivencia de dos cultos religiosos –el midianita pagano y el naciente monoteísmo– y el pasaje de uno a otro puede leerse, intuyo, en la parashá Itró, Éx. 17, 1 a 20, 26, que contiene la escena de la entrega de la Torá en el Sinaí. Este pasaje constituye otro de esos rastros, pistas del texto que Freud no llegó a advertir, tal vez por no tener un acabado conocimiento del hebreo.

72 Del cual, sin duda, el *Moisés* es una extensión y ampliación, un trabajo de comentario talmúdico al interior mismo de la obra freudiana.

sino que permanentemente las dos versiones están conviviendo; ni siquiera confrontándose, porque no se trata de eliminar una para que quede la otra. El esquema bíblico no es el griego, cuya lógica es el *agon*: un término gana y el otro es eliminado[73]. Aquí en cambio, son cuestiones sujetas a interpretación. Variaciones sobre un tema, que enriquecen el conjunto y producen múltiples resonancias. (El Talmud retomará con especial fuerza esta mecánica de las versiones diversas que conviven, sin que necesariamente una prevalezca y la otra se anule. Más tarde, también la Cábala se servirá de esta lógica de lo múltiple[74]. Adelanto que tal lógica, no dependiente de la oposición ser/no ser, es por definición no ontológica, es decir, no tiene en el ser y sus conjugaciones el núcleo ni el centro, y esto debido a que en hebreo no hay verbo ser conjugado en presente. La cuestión es de máxima importancia y merecerá más de una consideración).

---

[73] La construcción del texto bíblico no está regida por la lógica del principio de identidad y de contradicción. Como en el poema o en el sueño, los contrarios conviven, se superponen, se trenzan sin oponerse. De ahí tal vez que el lenguaje bíblico le resulte tan fructífero a Freud para pensar el psicoanálisis: parecería que su lógica es similar a la del inconsciente. Y para adelantar algo sobre el tema de la lectura y la interpretación que desarrollaré más adelante: la convivencia en un mismo plano de distintas versiones remite a la metáfora y destituye la alegoría. La estrategia judía de lectura es horizontal, la cristiana –siguiendo el modelo griego– es vertical. Con respecto al modelo lógico griego, puede verse en funcionamiento por ejemplo en *Sofista*, el diálogo platónico que se considera el origen de la dialéctica ascendente. Claro que esta manera de razonar tiene a su vez nacimiento en la célebre disyuntiva parmenídea, conocida (y vulgarizada) como "lo que es es, y lo que no es no es". El texto de Parménides (Proemio a su célebre *Poema*), incluso con las dificultades de traducción e interpretación inherentes a fragmentos tan antiguos y enigmáticos, podría formularse aproximadamente como: "lo que es está siendo, y lo que no es... no te permito siquiera pensarlo". Para ahondar en la cuestión, ver Cordero, 2005. Remarco un eje fundamental en estas reflexiones: la disyunción ser/no ser (del que Shakespeare extraerá gran rédito dramático), modelo del método dialéctico y de estructura agonística, solo puede formularse y funcionar en el plano del pensamiento ontológico. Es decir, en un pensamiento articulado en una lengua donde el verbo ser –conjugado en presente– es nuclear. De modo que en culturas/lenguas sin ese eje, el pensar se armará de muy otra forma. Cf. Benveniste, 1991.

[74] Hay muchísima bibliografía dedicada a analizar esta lógica "otra", constitutiva de las fuentes judías y, diríamos, del descubrimiento freudiano. Menciono solo algunas que me parecen especialmente relevantes: Claro, 2009; Handelman, 1982; Douglas, 2006; Derrida, 1986.

Pero, además, hay otra dualidad importante: cuando Freud empieza a tratar la figura de Moisés recurre a una obra –*El mito del nacimiento del héroe*– de quien fuera su discípulo, Otto Rank. Allí Rank dice que todos los mitos cuentan que su héroe principal es hijo de una familia noble. Precisamente, porque el padre se siente amenazado en su poder por este hijo, lo echa o lo quiere matar; el hijo escapa y es adoptado por una familia humilde. Con el transcurrir de los años, el hijo recupera su prosapia, vence a su padre y funda una nueva tribu como héroe que proviene de esta noble ascendencia.

Freud señala: a nivel del mito hay dos familias. A nivel de la psicología, hay una sola. Este es el proceso de todo niño. Por un lado, todos hemos tenido la fantasía de ser adoptados: creemos que hemos nacido en una familia encumbrada y que, por diversas circunstancias, ese origen nos ha sido sustraído y nos hemos criado en un hogar más modesto. Por otra parte, cuando somos pequeños nuestro padre se nos aparece como un rey omnipotente, infalible, elevado; creemos en su palabra absoluta... Con el correr del tiempo –y si las cosas funcionan más o menos bien–, lo bajamos de ese pedestal y advertimos que es mucho más humilde y más frágil de lo que suponíamos al principio (he aquí al padre humillado de Claudel-Freud-Ritvo, o en harapos, según *Hamlet* leído por Kreszes). Esta es otra dualidad (padre elevado y poderoso/padre caído) que se suma a las que Freud menciona en la Torá.

Dice, literalmente, en su *Moisés*: "un héroe es quien se ha levantado valientemente contra su padre, terminando por vencerlo". Esta es la concepción mítica del héroe. Recordemos la figura de Jacob, que recibe el cambio de nombre cuando en la madrugada lucha con el ángel (u hombre, o personaje), representante de D'os, que le cambia el nombre y lo llama Israel[75], una de cuyas interpreta-

---

75  Luego de la lucha cuerpo a cuerpo, de la que Jacob sale triunfante pero queda herido en el muslo, el hombre-enviado (*malaj*) le pregunta: "¿Cómo te llamas? Y contestó: Jacob. Y le dijo: tu nombre ya no será más Jacob, sino Israel, porque has luchado con D'os y con hombres y has prevalecido" (Gén. 32, 28-29). Lo más llamativo del caso es que precisamente Jacob, el que vence a D'os, es el que dará nombre al pueblo. Numerosas consecuencias pueden extraerse de esta rara

ciones etimológicas es "el que luchó con D'os y prevaleció". Sería el prototipo, en algún sentido, de esta figura mítica del héroe. Pero, como siempre ocurre en la Torá, tal prototipo es resignificado y puesto al servicio de una economía textual organizada para refutar el mito (entendido como mito pagano).

De modo que, reuniendo los tres momentos del recorrido freudiano sobre la paternidad, podría decirse que *hay asesinato del padre y hay asesinato de Moisés para que sea posible escribir una tradición*. Es decir, para que haya acontecimiento: que pueda producirse algo que no dependa exclusivamente de la palabra absoluta de un monarca, de un soberano o de un uno-todo que tiene la suma del ser/saber/poder (y ¿no es eso lo que resume la noción filosófica kantiana de autonomía?). Matar al padre, simbólicamente: apropiarse de esa palabra, interpretarla y poder hacer otra cosa con eso que proviene de ahí. (Lacan luego dirá: ir más allá del padre, a condición de servirse de él). Cortar, fragmentar la palabra completa. Hacer, literalmente, una lectura. Heteronomía y autonomía, imbricándose mutuamente. La infalibilidad de la palabra paterna es mortífera: anula la posibilidad de subjetivación del hijo, como en la leyenda de Layo y Edipo. Abraham, el derribador de ídolos, es un modelo aproximado de la otra vertiente posible. Todo hijo debe advenir a ese lugar. Y todo padre, al lugar de padre en harapos para que su nombre opere y realice, siempre fallidamente, su función. La declinación forma parte inextirpable de su estructura.

Si bien la figura de Moisés es la que concita la máxima atención de Freud y se constituye en la cifra que le permite armar *après coup* el recorrido, es preciso tener en cuenta el horizonte en el cual tal personaje aparece y desempeña su rol. Si, como sostengo, la Torá no es otra cosa que un tratado sobre filiación, habrá que rastrear cuidadosamente esa pista, transitar esa huella para advertir los modos en que tan ardua composición se construye. En otras pa-

---

elección: en principio, y para apuntar solo una, el hecho de que el judaísmo se constituya como el movimiento que derriba al dios omnipotente/padre de la horda/Uno-todo (lo que Lacan llamará más tarde el Sujeto supuesto Saber). Esta, precisamente, es la clave de la lucha hebrea contra la idolatría.

labras: Moisés nada significaría si no tuviera como antecedente al primer padre del relato, padre fundador en términos estrictos ya que es él con quien IHVH establece la alianza de sucesión, esa que justamente Moisés invocará al momento de hacer valer su palabra ante los hebreos. El profeta sinaítico se reconoce y se incluye en la saga de ese extranjero; es su referencia a tal legado lo que lo habilita en su misión.

Abraham es el que ha partido, siguiendo el camino del progenitor a la vez que transformándolo. *Hace el propio camino* no desligado del padre, pero sí autorizándose a leer su palabra de una manera diferente, original y creativa. Ya no se tratará pues del padre de la horda, sino de ese padre muerto, devorado, trozado e incorporado que se convierte en metáfora, en *padre simbólico*. El que ya ha sido afectado por la castración. El que sabe que no es un uno-todo, que no es omnipotente, que no es un dios ni un monarca absoluto. En la misma línea, y como afirmando la idea, Isaac –el vástago prometido y a la vez, heredero de la promesa– es hijo de un padre ya circunciso[76]: cortado, descompletado. La Torá –sabemos– es el único caso, de todos los textos antiguos o fundantes de la cultura, que no está protagonizada por héroes, ni por reyes, ni por hijos de dioses, ni por soberanos (Croatto, 1985, y 1994). Es un texto protagonizado por padres e hijos. De hecho, el primer padre en sentido riguroso –primer patriarca, lo llama la tradición– es Abraham, que porta, en su nombre mismo, la paternidad: *ab* ("padre" en hebreo). Veremos más adelante que la *Akedá*[77] ("ligadura") es *la escena donde se fabrica un padre*. Como en una repetición que hace diferencia, marcando un paso más en el recorrido a la vez que retoma lo anterior, el final de tan dramático episodio resulta casi un quiasmo con el inicio de la narrativa de Abraham. El relato de la *Akedá* empieza

---

[76] La redacción bíblica lo muestra bien: el nacimiento de Ismael ocurre en el cap. 16 de Génesis, la circuncisión de Abraham (y el cambio de nombre) en el capítulo 17, y el nacimiento de Isaac en el 21.

[77] Con este término hebreo se designa el episodio de Gén. 22, comúnmente –y erróneamente– conocido como "Sacrificio de Isaac", denominación tendenciosa que falsea el texto y promueve una lectura teológico-moral en lugar de un abordaje estructural como el que propongo aquí.

con la escena en que padre e hijo van caminando juntos… y termina distinto: *no vuelven caminando juntos*. El hijo vuelve por sus propios medios, recorriendo un sendero diferente[78].

---

78   Dedicaré varias páginas más adelante al análisis de ese episodio nuclear.

**CAPÍTULO III** ■

ESCUCHAR, LEER, PARTIR

*El exilio es al territorio*
*lo que la interpretación al texto.*

Así, la orden de D'os a Abraham, al comienzo del capítulo 12 de Génesis –de la que la narrativa mosaica es una extensión y una herencia– establece las coordenadas en las que toda la narrativa habrá de inscribirse, una de las cuales es el imperativo de interpretar. *Lej lejá*[79] no solo manda "vete de tu tierra", sino –como iremos viendo– "abandona el sentido consagrado y coagulado para aventurarte en la apertura infinita de la letra", apertura de la que el desierto a transitar es la metáfora.

Lo judío, ahí donde empieza –con Abraham en un cierto sentido, con Moisés en otro–, nace como opuesto al imperio. El judaísmo se bate contra la estructura egipcia, sale de allí, refuta la dominación imperial para estar solamente sometido a la ley, pero no sometido al soberano de turno[80]. *Todo hijo, de algún modo, derriba a su padre como emperador.* La tradición judía y la cuestión de la filiación van mostrando rasgos comunes en su devenir. El judaís-

---

79   Expresión enigmática clave –a la que habremos de volver una y otra vez– por su compleja estructura gramatical, cuyo exacto significado resulta difícil de establecer y traducir. Literalmente (aunque en traducción aproximada) el texto dice: "Y le dijo IHVH a Abram: 'Vete de tu tierra (*lej lejá*) y de tu familia y de la casa de tu padre a la tierra que te señalaré" (Gén. 12, 1).

80   En un pasaje de la Amidá, oración que se recita de pie tres veces por día, se dice: "D'os, restablece a nuestros jueces como antaño y reina Tú solo sobre nosotros". Como autoridades del pueblo, los jueces y no los reyes. Por encima, la Ley. Spinoza es uno de los pensadores que entiende esto cabalmente (así lo expresa en su *Tratado teológico-político*): los judíos son el ejemplo más exacto de una democracia ya que no tienen más soberano que D'os (en nuestra concepción: la Ley), ante quien son todos iguales.

mo como posición es, siempre, anti-imperial (contracultural, dice Croatto), cuestionador e insumiso. Los fundadores –esos que en otras culturas son llamados héroes y que acá son meramente humanos, mortales comunes– se van de lo cómodo y conocido para aventurarse en territorios ignotos, no solo en lo geográfico sino, fundamentalmente, en lo subjetivo y existencial. Y al irse no se dirigen a los grandes centros civilizados para hacer fortuna o lograr reconocimiento, sino que se internan en lo inhóspito, avanzan por el desierto y su intemperie, se aventuran en la falta de referencias y la ausencia de mojones: trayectoria de desplazamiento guiada solo por el llamado de la Ley. Si, como afirma Croatto, "el Pentateuco es una sinfonía literaria inconclusa", un texto armado en base a una promesa que resulta incumplida, tal incumplimiento no es un descuido o un accidente: por el contrario, constituye su núcleo mismo, la única posibilidad de reactualizar una y otra vez lo que tal promesa conlleva –la sucesión de generaciones–. Texto abierto y (como dirá Spinoza) "de duración indefinida", como el tiempo de la historia.

Pero, ¿quién o qué es este personaje? Abraham es un padre fallido: por momentos parece un sometido, tiene que acatar lo que dice su mujer (volveremos aquí). Por momentos es dubitativo, no se resiste a la orden de D'os cuando todo el mundo cree que debe enfrentársele[81]; no sabe qué responderle a su hijo cuando, camino al monte Moriá, el chico le pregunta por el animal para el sacrificio... Solo atina a responder "D'os proveerá". Habla *en nombre de*[82]. Abraham tiene además algunas actitudes cobardes,

---

[81] Las lecturas de cierta tradición le reprochan a "nuestro padre Abraham" la falta de valor para discutirle a D'os la orden de sacrificar a su hijo, no haberse rebelado ante Él del mismo modo que lo había hecho ante la sentencia divina de aniquilar las ciudades de Sodoma y Gomorra. Tal lectura proviene de una ingenuidad inicial –pero cargada ideológica y teológicamente–: la de creer que lo que se prueba en el episodio de la Akedá es la fe y la obediencia del patriarca. Iremos ahí con mayor detalle en las páginas que siguen.

[82] Aquí hay ya una pista para entender qué es Abraham como padre: no tiene todas las respuestas, muestra su límite, se reconoce deudor de Otro, por debajo de una ley que ordena (tanto como provee y exige). A la vez, esta sumisión es liberadora: para él como padre, y para su hijo, ya que le permite al progenitor salirse del lugar del poder absoluto.

como hacer pasar a su mujer por su hermana para que el faraón no lo perjudique (Gén. 12, 11-20). No es, se ve, un héroe mítico. Es un hombre con problemas, contradictorio, a veces falto de "cojones", conflictuado. Pero lo más importante es que Abraham, para ser padre, debe circuncidarse. En el capítulo 17 de Génesis se desarrolla la cuestión del pacto[83]: la alianza (*brit*) entre D'os y el (futuro) patriarca requiere una firma –que es un corte– en el cuerpo de Abraham, es decir, en el órgano de la reproducción. El pacto, explica el texto, es con el hombre "y con su descendencia para todas las generaciones"[84]; excede al individuo y funda la sucesión. *Si habrás de ser padre* –parece decir la orden– *tienes que ser cortado*. Condición *sine qua non* para ocupar ese lugar y cumplir tal función. Mas también se le corta el nombre. Con apenas dos versículos de distancia, D'os le manda *cortar la carne de su prepucio pero, antes, le cambia el nombre Abram por Abraham*[85]. Abram –su nombre originario– está compuesto por *ab* (padre) y *ram* (elevado, erecto). ¡Pero los padres míticos son los elevados, altivos, soberanos! Será

---

[83] La noción de pacto requiere un análisis puntual: a diferencia de convenio o contrato, el *brit* no es un acuerdo voluntario entre iguales en términos de beneficios para cada uno, sino un ser inscripto en una legalidad que antecede y funda al sujeto.

[84] Cuando explica el descubrimiento freudiano y su importancia, no solo para el psicoanálisis sino para la cultura toda y para la subsistencia de la especie humana, Milner dice: "lo que está en juego (...) es la cuatriplicidad: la cuatriplicidad masculino/femenino/padres/hijo, esto es lo que designan tanto la calma expresión 'de generación en generación' (*ledor vador*, en hebreo) como la perturbada pregunta '¿qué le diré a mi hijo?'. Se dirá que todo grupo de seres hablantes se encuentra con la cuatriplicidad... Sí, es cierto, pero propondré esto como tesis: el nombre judío es el único que ha podido descansar solamente en la cuatriplicidad" (Milner, 2007).

[85] "Y tenía Abraham noventa y nueve años cuando se le apareció IHVH diciéndole: Yo El Shaddai, anda ante mí y sé íntegro. Y estableceré Mi pacto contigo y te multiplicaré sobremanera... Mi pacto es contigo, y serás padre de una multitud de pueblos. Y dejarás de llamarte Abram, pues tu nombre será Abraham, pues te he convertido en padre de numerosos pueblos... Y estableceré Mi pacto contigo y tu simiente después de ti en todas tus generaciones (*ledorotam*). Será un pacto eterno.. Y te daré a ti y a tu descendencia después de ti la tierra de tus peregrinaciones, toda la tierra de Canaán como posesión eterna..." (Gén. 17, 1-8). Y un par de versículos más adelante sigue: "Y circuncidaréis la carne de vuestro prepucio, y esa será la señal del pacto celebrado contigo. Al cumplir el octavo día todo varón de vosotros será circuncidado en todas vuestras generaciones..., y así Mi Pacto será en vuestra carne por siempre" (vv. 11-13).

preciso, para que este texto funcione, "bajar" al hombre del que se espera se convierta en padre fundante de una tradición diferente a la mítica. He ahí, en vivo y en directo, a un padre caído... Sin embargo, habrá al respecto un interesante juego entre caída y elevación –términos que se reiteran y se cruzan múltiples veces–, ya que este hombre común, anciano y extranjero se convertirá en un estandarte, un personaje de enorme relevancia en la historia del pueblo hebreo. Se tratará de ver en qué sentido esos términos, que parecen antitéticos, se comprenden y se conjugan según un contexto peculiar. Volveremos aquí en ocasión de internarnos en la lectura de la *akedá*.

El mismo texto bíblico explicita la etimología que hace de un padre soberano, uno fallido pero fructífero: *ab-rah-am*, "padre de muchos pueblos". Esa "h" que D'os introduce en el nombre del patriarca puede leerse como la "firma" divina: el nombre de D'os, IHVH, se apocopa en muchas ocasiones con las dos letras iniciales. Cuando alguna de estas letras aparece en el texto bíblico en circunstancias específicas, los sabios interpretan que aluden al Nombre. La paradoja es que tal inclusión de lo divino en lo humano, lejos de llevar al mortal a la esfera de la deidad o transmitirle alguna de sus características, lo que hace es introducir la falta, el agujero (que la *hei*, letra muda, connota). De modo que tal inclusión es una suerte de circuncisión en el plano del lenguaje. *Brit-milá* es "pacto de circuncisión" pero, por homofonía, es también "pacto de palabra"[86]. Este doble significado señala en forma elocuente lo que aquí está en juego.

Ambos cortes son elementos fundamentales del Pacto, cuya firma implica de por sí un corte (en hebreo se dice *lijrot brit*, literalmente "cortar un pacto". También en inglés se usa esa expresión: *cut a deal*).

---

86 El término *milá* remite a ambos significados: con grafías apenas distintas, *milá*-palabra y *milá*-circuncisión se pronuncian igual (ver Cúneo, 2008). La homofonía juega un papel importante ya que, más allá de la etimología estricta –hay lingüistas que subrayan que ambas acepciones de *milá* provienen de raíces diferentes– sabemos que las resonancias y los ecos de los fonemas son vías de expresión del inconsciente.

El mismo Abraham queda dividido, partido. O, mejor dicho, esas operaciones de corte que la narrativa expone dejan a la vista lo que un padre es y siempre ha sido: un sujeto afectado por la castración simbólica. Así, el tan meneado sintagma "la ley del padre" –que alguna vulgata y ciertos feminismos *á la mode* entienden como la atribución al progenitor de la autoridad total– muestra su verdadero significado: es en el doble sentido del genitivo, objetivo y subjetivo, que se lo debe comprender. Si un padre opera como transmisor (nunca autor) de la ley, es porque él está atravesado por ella (lo que representa la h). La ley que rige y funda al padre para que este pueda transmitirla a su descendencia. Un padre no es un uno-todo: no es Layo, no es Agamenón, no es el Faraón. En este contexto no es necesario el sacrificio del hijo. Los padres bíblicos no son amenazados por un vástago que les va a quitar la inmortalidad y el poder, ya que nunca han tenido tales atributos: por definición, en la concepción bíblica, un padre es dividido, incompleto. Mortal. Castrado.

¿En qué consiste entonces la relación padre-hijo? En la transmisión de la ley, lo que en la Torá simboliza el Pacto. Se ligan los hijos a la ley –ligadura, *akedá*– y se los desliga del propio poder, de la omnipotencia paterna. Se los pone en el camino como sucesores. Operación de diferenciación, separación que habilita.

Pero además, Abraham –se sabe– es extranjero. IHVH le promete "la tierra de sus peregrinaciones" en un futuro... más que lejano: "esta tierra se la daré a tus descendientes", promesa ligada en forma inseparable a la de la múltiple descendencia cuya condición es el corte y "andar en Mis caminos", es decir, observar la Ley. Podría entenderse entonces la promesa de la tierra como una estrategia: fijar un objetivo a largo plazo para que se realicen las acciones que llevan a él. Si no hay descendencia, no habrá tierra. Proyecto mucho más ligado a lo temporal que a lo espacial, ya que la promesa/orden de multiplicar la sucesión *crea tiempo*. En una de las fiestas de peregrinación, él lleva su ofrenda al sacerdote diciendo: "un arameo errante fue mi padre...". La extranjería de Abraham es mucho más que una cuestión territorial: es estar despojado de la propiedad del suelo[87]. Lo que nos lleva a un punto esencial: la pérdida del lugar, el exilio, el *lej lejá*, implica que no hay propiedad sobre la tierra, y esa desapropiación va en paralelo en el texto con la otra, fundamental: no hay propiedad sobre el hijo. Más aun: como sugiero que dicen los Mandamientos, no hay propiedad... a secas.

El padre que se empieza a dibujar en el texto bíblico –y es el que Freud lee– no es el padre griego (a la manera de los mitos) ni el *pater familia* romano, cuyo estatuto se definía por la propiedad de la tierra y la de los hijos. Tales figuras paternas están representadas en la Torá por un personaje clave: el Faraón, que ostenta similares características a los padres soberanos de Grecia y Roma (ya sea en sus versiones míticas, trágicas o jurídicas). Este padre abrahámico aparece despojado de todos esos atributos: ya no es propietario de nada. No está por encima, sino por debajo de la Ley.

*Primera pregunta clave:* ¿por qué, en la narrativa bíblica, D'os elige como fundadores de una nueva nación a una pareja de ancianos? Elección más extraña aun si se tiene en cuenta que uno de sus miembros, la mujer, es estéril. *Akará*, literalmente. Como la Yerma de Lorca...

En la huella de estos episodios inaugurales de la paternidad se inscribe toda la narrativa bíblica. El corte, la fragmentación, la diferencia, lo horadado, lo incompleto son rasgos que, modulados de diversas formas, hilvanarán la totalidad del relato, de principio a fin. Retroactivamente, ayudan a leer los primeros versículos del Génesis y el relato creacionista; y hacia adelante, permiten com-

---

[87] De ahí que, cuando muere su esposa Sara, en medio de sus peregrinaciones, el patriarca compra un lugar para sepultarla. El dueño de la tierra le ofrece, en un gesto de apariencia benévola, regalársela, pero Abraham insiste en pagar el precio que el propietario fije. No quiere que en el futuro los descendientes de ese propietario le reclamen nada, y tampoco desea que se le haga un favor: aspira a pagar "el precio justo", dice. De modo que en efecto, se le vende la cueva de Majpelá donde será enterrada la matriarca –instancia primera y fundante de lo que será el *kever Israel*, el entierro judío– y esa es la única tierra sobre la que tendrá título de propiedad. Podría deducirse pues que para el judaísmo, la posesión de la tierra es cuando ya nada se posee: en la muerte.

prender las estrategias político-literarias de construcción de un pueblo. O lo que Freud llama "la escritura de una tradición". Si bien es posible y necesario abordar partes específicas del texto (perícopas) para su análisis, es imprescindible tener presente que cada episodio y cada evento se inscribe en una estructura peculiar que los dota de sentido al interior del conjunto.

Se ve entonces por qué llega Freud a formular su idea del padre recién en el *Moisés*: porque es el modelo bíblico lo que le permite aproximarse a la respuesta a su pregunta inicial, esbozada a tientas (como dice Pommier) en *Tótem y tabú*, acerca del estatuto de la paternidad. Institución indefectiblemente ligada a la renuncia a la posesión[88].

Si la sociedad es producto de un crimen –el asesinato del padre–, si la cultura es producto de ese crimen primero que se oculta permanentemente y se recuerda ritualmente, es porque ahí radica esa verdad forzosa que Freud dice encontrar en los relatos, en los mitos y, especialmente, en los textos bíblicos. *La Torá es la puesta en acto (narrativo) de la muerte simbólica del padre soberano*. Matar al padre, figura en la que se imbrican indisolublemente la muerte y la sexualidad, las fantasías incestuosas y parricidas: una verdad tan dura y tan horrible que es necesario encubrirla, disfrazarla, deformarla, porque no deja de pesar sobre nosotros pues, por más insoportable que nos resulte, se nos impone y nos estructura como seres hablantes. Toda construcción de la cultura es una forma de tramitar el horror.

---

88   En la misma época en que redacta *Tótem y tabú*, Freud emprende la escritura de su primer trabajo sobre Moisés: "El Moisés de Miguel Ángel". Ya ahí la figura del profeta, plasmada grandiosamente por el escultor, ejerce sobre Freud una fascinación inigualable ("Ninguna otra escultura me ha producido jamás tan poderoso efecto"). Su texto tiene por objeto tratar de desentrañar los motivos de tal fascinación, la causa de la fuerza irresistible que emana de la estatua. Cuando mucho después escribe *Moisés y la religión monoteísta*, expresa que desearía "estudiar la índole intrínseca de una tradición y a qué se debe su particular poderío. (...) Semejante continuación de mi trabajo vendría a relacionarse con opiniones formuladas hace veinticinco años, en *Tótem y tabú*..." (Freud, 2015 [1939]: 3269). De modo que el "enigma Moisés", que encierra la pregunta por el padre, la escritura y la tradición, acompaña la vida y la obra de Freud como un hilo rojo.

¿Qué quiere decir que la sociedad es producto de un asesinato? Que, en primer lugar, *descubrimos que los padres son mortales*. Lo que el oráculo le anuncia a Layo no es, literalmente –lo hemos visto– que su hijo lo va a matar, sino que *el nacimiento de un hijo muestra la estofa mortal de los padres*. Ubica al padre en esa cadena donde primero es hijo, es decir, *él también ha tenido un padre*. Si venimos de alguien que es mortal, nosotros también lo somos. La verdad con la que se enfrenta la especie humana es la finitud. Los relatos, los emblemas, las instituciones, el arte son los modos de no sucumbir ante la amenaza de la muerte, lo que Nietzsche llamaría "consuelos metafísicos"[89].

Si los hijos de la horda incorporan esos trozos y se convierten así en hermanos –porque cada uno tiene un fragmento, como una *tessera* o parte de una contraseña–, la devoración es lo que hace que cada uno recuerde a ese padre, lo mantenga vivo y tome (digiera) sus signos de una forma particular. Partir y repartir hace lazo, funda fratria. Pero esta solo funciona si sus componentes están referidos a un término común. No hay hermanos si no hay padre del cual provienen. Esa manera peculiar de hacer con los fragmentos, producto de la devoración y de la muerte metafórica del padre, recibe –en el contexto de nuestro análisis– el nombre de interpretación. De modo que *la tradición tiene la misma estructura que la filiación: se arma con restos*. Restos que nunca se pueden unificar completamente, pedazos que no hacen un uno completo y liso. Por eso la Torá permite que convivan en el texto las versiones opuestas y contradictorias, una al lado de la otra[90]. Tal es la estructura

---

89  Así define a la tragedia, "forma bella" que los griegos encontraron para "mirar de frente al abismo" y no hundirse en él.

90  Las dos vías clásicas de abordar la lectura del corpus bíblico son: a) los comentarios de los sabios de la tradición, y b) la corriente crítica. Para la primera perspectiva (comúnmente nombrada como "ortodoxa"), no hay tal cosa como contradicciones o saltos en el texto: dado que la Torá fue dada por IHVH, cada aparente incoherencia no es sino un mensaje cifrado, un enigma a resolver en un nivel más complejo de lectura. Para la segunda vía, la perspectiva crítica, las contradicciones o diferencias que el texto contiene –ya que en esta concepción, es un texto escrito por humanos, y no un escrito divino– son producto de la multiplicidad de fuentes, en diversos lugares y épocas, respondiendo a intereses e ideologías independientes unas de otras. Estas diferencias, sostiene tal corriente,

misma de la tradición y de la transmisión. "...El padre simbólico, cuyo mito originario construyó Freud en *Tótem y tabú*, funda en cada cultura el marco del texto y del saber a los que el sujeto en tanto tal está sometido...", señala Brigitte Lemérer, pero agrega que es "con los desechos de este recorte significante –desechos en el margen cuyas huellas atormentan e infestan el texto– con los que se efectuaría el acto creador..." (Lemérer, 1999). La autora se refiere, concretamente, a la obra de Miguel Ángel y a la lectura que de ella hace el fundador del psicoanálisis: una lectura "profana" –según la propia confesión de Freud– porque toma todo aquello que los especialistas y eruditos autorizados han descartado. Freud recupera esos detalles "menores" y los "lee", los convierte en letra. Tales restos descuidados son la verdadera escritura, esa que dice del deseo del autor[91]. Pero podríamos extrapolar la reflexión de Lemérer a la obra de la tradición, es decir, a la transmisión, eso que se construye con los descartes y las faltas, lo que va quedando en el margen, diseminado y apenas visible, como migas en el mantel.

---

no fueron adecuadamente "emprolijadas" por la redacción final que convirtió en canon al conjunto de textos. Personalmente, no adhiero a ninguna de las dos vías, sino que tomo aspectos de ambas y me oriento en un sentido distinto. A mi entender –y haciendo uso de los desarrollos foucaultianos y barthesianos sobre la muerte del autor, así como de cierto Derrida y otros lectores contemporáneos– el texto tiene una lógica y una "coherencia" propias que no dependen de un autor divino, único y dador del sentido sino de la estructura de la lengua y del inconsciente, al igual que la tragedia griega. Tampoco suscribo la teoría banalizadora del movimiento crítico: ningún texto dotado de la fuerza y la pervivencia que la Torá tiene puede ser resultado de meras adiciones azarosas o superposiciones "sin orden y sin concierto". Ni causalidad (autor divino) ni casualidad: estructura. Desde esa posición de lectura, lo múltiple y diverso de su redacción no ha de leerse a nivel de la anécdota sino como su modo más propio de composición y de concepción de la escritura, con todas las consecuencias antiteológicas que ello implica. Así como Freud (y luego Lacan) propone leer el sueño como "texto sagrado", yo propongo leer el "texto sagrado" como un sueño, afectado de las mismas condiciones y operaciones. En este caso, ejemplarmente, la forma y el contenido (si es que por un momento queremos mantener tal distinción) son una y la misma cosa.

91  Es claro que "deseo del autor" es algo bien distinto, y hasta opuesto, a "intenciones del autor". El primero es inconsciente, el segundo es yoico. Freud se refería en principio al deseo de Miguel Ángel como lo que se revelaba en esos detalles, pero se puede leer también allí el propio deseo freudiano. Al fin y al cabo, es el vienés quien selecciona y lee...

Eso que, en suma, es lo dado a leer. En el arte, por el espectador; en la transmisión, por los herederos.

**¿Quién escribe?**

¿Qué ley rige al pueblo? ¿Cuál se impone en la Torá? ¿Las primeras Tablas? No. Esas son las que Moisés estrella contra el suelo; se rompen, se destruyen, se fragmentan. Vienen luego las segundas Tablas. Pero estas –las que quedan vigentes– son *otra manera de decir el parricidio simbólico: no hay palabra completa, originaria, divinizada*[92]. No hay una palabra infalible que lo diga todo. Las segundas Tablas, ¿fueron escritas por Moisés? Para colmo, no sabemos qué escuchó Moisés, lo que tradujo, lo que interpretó en esa escucha. ¿Embelleció el texto, lo cambió, hizo un *editing*? A diferencia del Bartleby melvilleano, Moisés asume el riesgo. Las palabras que Moisés transmite, ¿no son acaso la fragmentación de una voz aterradora que el pueblo no puede ni quiere escuchar? ¿No es esta una versión posible del asesinato del padre de la horda que debe ser trozado para volver como Ley, para instituirse e instituir? Pero en esa vuelta, la Ley (el padre) ya no es lo que era... ¿Qué relación habría entre esa voz continua e invasora, ese bramido informe del trueno, y el discurso articulado –y tartamudo– de la ley[93]? ¿Cómo podría la lengua "traducir" lo amorfo? Al fin y al cabo, la Torá es llamada "Los cinco libros de Moisés": sería el testimonio humano de una Revelación enigmática –del encuentro del sujeto con su verdad, como sugiere Norberto Rabinovich–, testimonio al que creemos porque nadie más escuchó tales emanaciones de la voz-

---

[92] Un conocido *midrash* cuenta que Moisés, diligente, recoge los fragmentos de las primeras Tablas y las guarda en el Arca del Testimonio, junto con las segundas Tablas, las que regirán al pueblo. El testimonio, aquí, sería de la pérdida del origen y de la completud que él conllevaría. ¡Hermoso relato que refleja con precisión el trabajo del heredero como intérprete!

[93] Significativamente, la expresión "Diez Mandamientos" no aparece en la Torá sino mucho más tarde, en el Talmud. En hebreo *Aseret Ha-divrot* significa en forma aproximada "Diez palabras" o "diez decires": un discurso organizado y ordenado, la ley hecha palabra y, por ende, arrojada a la interpretación.

trueno[94]. Sin duda –como dice A. Heschel: "Yo no sé qué pasó en el Sinaí, pero que algo pasó, pasó". O, en términos freudianos, "algo así debe haber ocurrido", algo fundante y singular, mas *esa ya no es la escritura divina –¿entera, infalible?– sino una escritura humana de una ley que debe regir siempre,* en tanto *dictum* que dice la estructura. Lo eterno –la Ley– traducido a lo temporal. Lo (imaginariamente) completo, vertido a lo partido e inacabado. Lo universal de la forma-Ley, diría Kant, modalizado en contenidos positivos, siempre parciales e incapaces de llenar esa forma absoluta.

*Segunda pregunta clave:* ¿por qué IHVH elige a un tartamudo para decir Su Ley? Parte fundamental del enigma es la autoría de las Tablas, cuestión sujeta a vacilaciones y (aparentes) contradicciones, en el seno mismo del texto. En el libro de *Éxodo* se relata la entrega de la Ley: el capítulo 20 contiene el Decálogo (sinécdoque de la Torá) que D'os da desde el Sinaí –no se habla allí de escritura, sino de "la voz"– a todo el pueblo reunido al pie del monte. Solo Moisés ha ido para recibir las Tablas, como consta, en un relato que parecería retrospectivo[95], en el capítulo 24: "Y le dijo (D'os) a Moisés: 'Subid a IHVH tú, Aarón, Nadab y Abihú y setenta ancianos de Israel, y os prosternaréis desde lejos. Solo se acercará Moisés…Y Moisés contó al pueblo lo que había dicho IHVH y enumeró todas sus leyes… Y escribió Moisés todas las palabras de IHVH…" (vv. 1-4). Continúa inmediatamente una larga lista de preceptos, tanto ordenanzas rituales como detalladas normativas sociales, y al final del capítulo 31 dice: "Cuando terminó IHVH de hablar con Moisés en el monte Sinaí le dio dos Tablas del Testimonio, piedras escritas por el dedo de D'os" (v. 18). El capítulo 32 narra el descenso de Moisés con las Tablas "hechas por D'os, de Quien era también la escritura grabada en ellas" (v. 16), las Tablas que Moisés romperá

---

94  El término hebreo *kol* puede ser traducido, según el contexto como "voz" o como "trueno".

95  He aquí una de esas "incoherencias" o fallas del texto, la no progresión lineal del relato. Es que, como en el sueño, "no hay antes ni después en la Torá", según afirman los sabios de la tradición.

arrojándolas al piso cuando ve al pueblo danzando alrededor del becerro de oro. Rotas las primeras Tablas –actitud que no recibe, por parte del Eterno, reproche ni castigo alguno–, en el capítulo 34 D'os le dice a Moisés: "Esculpe para ti dos tablas de piedra como las primeras, y escribiré en ellas las palabras que había sobre las que quebraste" (v. 1). Siguen unos párrafos normativos, y en el v. 27 se lee: "Y le dijo también IHVH a Moisés: 'Escribe estas palabras, por las cuales establezco el Pacto contigo y con Israel' (v. 28). Y... Moisés escribió sobre las Tablas...".

Como se puede observar, persiste a lo largo de todo el relato de la entrega de la Torá la ambivalencia acerca de quién escribe. Dado que en *Génesis* la vía de comunicación de D'os con el hombre es oral, la omnipresencia de lo escrito en el libro de *Éxodo* es un dato relevante: la ley (Torá) aparece asociada inextricablemente a la escritura, pero ésta a su vez se desdobla en forma permanente. D'os dicta y Moisés escribe, o D'os escribe... Más allá de los datos que pueda aportar la crítica bíblica en cuanto a las diversas fuentes que intervienen en esta narrativa –lo que explicaría, desde un punto de vista científico-historiográfico, las incoherencias–, importa el hecho mismo de que esas contradicciones se mantienen, son parte del texto y, por ende, *de la estructura de transmisión que allí se realiza*. Es que tal vez no se trate de contradicción: como intuye Freud en su *Moisés*, dijimos, el lenguaje de la Torá no está organizado por la lógica binaria; al igual que los sueños, cuya estructura no responde a los aristotélicos principios de identidad, contradicción y tercero excluido sino a una lógica mitopoética[96]. Las dos (o más) versiones de una misma cosa no se excluyen, sino que se sostienen en su tensión y diversidad. La verdad no consiste en la afirmación de una de las versiones y la negación de la otra, sino que *se construye en la circulación entre ellas*. La ambivalencia del relato es funcional a la transmisión misma, a lo que dice y cómo se dice: si la ley viene de D'os, no puede llegar al hombre sino a través de su interpretación, y ésta es la parte que le corresponde al humano. O: si *D'os*

---

96 "El habla fragmentaria –dice Blanchot– no reconoce contradicción".

*es un nombre de la ley* –su pura enunciación–, ambos, ley y nombre de D'os, comparten el carácter asemántico que tiene su expresión más evidente en lo inefable de ese nombre sin vocales: IHVH. Será la voz humana, en su lectura siempre fallida y aproximada, la que dote a esos signos de sonido y sentido. Moisés resulta, por tanto, la exacta contrapartida del campesino de Kafka[97], del mismo modo que el evento sinaítico es la refutación de Babel. ¿Quién sabe si las segundas Tablas, escritas tal vez por el profeta –y las únicas que luego se conservan–, son fieles al dictado divino? ¿Dónde estaría el original para confrontar y comparar la segunda versión? La ausencia de castigo ante la acción aparentemente herética de Moisés al romper las Tablas es un mensaje: no hay escritura sagrada, plena de un sentido único y definitivo, objeto de devoción acrítica. *La escritura es ya interpretación*, y no hay otra forma de que la ley opere. Esta escritura "mixta", concierto a cuatro manos, es evidencia de que la ley del Sinaí es una ley dialógica, forjada en el intercambio entre IHVH y el hombre, intercambio asimétrico, no exento de conflictos y disensos, contradicciones y retrocesos. De ahí que el relato de su confección y entrega se extienda a través de quince capítulos de Éxodo, relato en el que se superponen instancias de autoritarismo divino con rebeldía del pueblo, cambios de parecer tanto del hombre como de la divinidad y, en fin, esa original conjunción de heteronomía y autonomía, de inmanencia y trascendencia, certeza e incertidumbre. El Talmud lo expresa así: un joven estudioso de los textos, perplejo, pregunta: "¿Cómo he de aprender la Torá si lo que una escuela prohíbe, la otra lo permite? Las Escrituras dicen: 'Estas palabras, aquellas palabras, todas las palabras... provienen del Señor, así que procúrate un corazón de muchos cuartos para albergar las palabras de aquellos que prohíben y de aquellos que permiten, las palabras de aquellos que

---

[97] El personaje que, en el relato "Ante la ley", no se atreve a entrar al ámbito de la ley sino que espera que alguien lo autorice, en la ilusión de que al entrar captará la Ley completa y autoexplicativa. Espera vana, ya que lo que se aguarda del sujeto es que se convierta en intérprete, es decir, que no espere que la ley le diga todo, cosa imposible por definición. En suma: ¡la ley invita a romper las Tablas!

descalifican y las palabras de aquellos que consideran válido...". Magnífica lección, que la modernidad no siempre recuerda: la verdad no se presenta con un solo rostro ni queda jamás apresada en un discurso hegemónico y unívoco.

Hay un poético *midrash* que cuenta que las (primeras) Tablas están grabadas de modo tal –escritas por el fortísimo y poderoso dedo de D'os– que las letras atraviesan la piedra de un lado a otro, de manera que dichas tablas están perforadas, ahuecadas, por lo que resultan muy livianas. Cuando Moisés baja del Sinaí con ellas en sus brazos, encuentra al pueblo en plena orgía alrededor del becerro de oro. Dice el *midrash* que las letras, espantadas frente al espectáculo, huyen volando. Entonces los huecos de las letras se llenan, las tablas se convierten en pura piedra y son tan pesadas que Moisés ya no las puede sostener y se deslizan, se le caen de los brazos y se rompen en mil pedazos. No sé si Freud conocía el cuento, pero seguramente lo habría disfrutado.

Destaquemos lo que este relato alegórico sugiere: la letra horada la piedra, hace un vacío, descompleta lo macizo, única forma en que puede sostenerse. Los Mandamientos o la Torá o la Ley no pueden ser adorados idolátricamente, como pura piedra, porque si no, serían lo mismo que el becerro. La ley –por definición– está ahuecada. Además –y no es un mero detalle–, *lo que se rompe son las tablas, no el becerro*. Justamente, para no hacer de ellas un ídolo.

Abraham cortado, Moisés dividido. La ley agujereada[98]. Igual que Abraham, Moisés se va, se exilia. Es un egipcio que pierde su lugar, su poder, su tierra. Se separa de sus ancestros, si seguimos la versión freudiana. Pero aun si no la seguimos, el texto de todas maneras da cuenta de un doble origen de Moisés: nacido hebreo, se cría como egipcio. Está habitado por la dualidad. Esa dualidad se resuelve, al menos en un sentido, cuando ve que los hebreos son castigados por el capataz egipcio, a quien mata (Éx. 2, 11-12).

---

98 No es posible exagerar la importancia que la noción de agujero o vacío tiene en el armado de esta tradición: para anticipar algo que desarrollaré más adelante, valga mencionar que femenino en hebreo se dice *nekebá*: lo agujereado, que agujerea.

Su defensa de los hebreos es la instancia en la que advierte su parentesco con ellos, en una inversión de lugar significativa: pasa de pertenecer a la casta real dominante a identificarse con los oprimidos[99]. Además –vale reiterar este dato– Moisés es tartamudo[100], su habla es cortada; tiene dos lenguas, dos familias de procedencia, dos orígenes, dos nacionalidades... es doble.

Como hombre cortado[101], funda una religión del corte. Una religión que separa a los egipcios de lo que les era más caro: el culto a los muertos, las imágenes, la magia y la hechicería, todas prácticas que van de la mano con la sumisión al poder absoluto del soberano. Lo que aparece entonces es una escritura[102]; esa escritura que no puede ser adorada a la manera de la imagen.

---

99 Sería un caso (otro más...) de inversión: el mito del héroe es aquí relatado en forma descendente, ya que Moisés se cree hijo de una familia encumbrada pero su verdadero origen es un hogar de siervos. En ningún lugar del texto bíblico se explica cómo o por qué Moisés advierte que él es hebreo; esa ausencia textual invita a interpretar y a crear *midrashim*. He sugerido uno en mi *Genealogía del odio*: Moisés bebé es adoptado por la hija del Faraón, de la que Miriam –hermana del niño– es doncella en la corte. Miriam, por encargo de la soberana, debe buscar a un ama de leche para amamantar al pequeño y, para eso, trae a su madre sin revelar, obvio, el parentesco ("busca entre las mujeres hebreas que recién han parido", le dice la egipcia). Así, mediante la argucia de Miriam, Moisés es amamantado por su propia madre quien, como toda mujer en esas circunstancias, le habla y le canta a su bebé en el pecho. Moisés es pues "alimentado" en hebreo, literalmente su lengua materna, su nutrición primera que, aun si olvidada conscientemente a lo largo de su educación egipcia, pervive en su memoria inconsciente y le provee un rasgo identitario indeleble. Es usual en varios idiomas la expresión "mamó desde pequeño las enseñanzas...", donde el alimento es más y otra cosa que la mera nutrición física para remitir al aspecto identificatorio, es decir, cultural. Cuando ya adolescente Moisés sale al campo a ver las obras de las pirámides, oye esa lengua entre los hebreos esclavizados y descubre/recuerda quién es. Cf. Sperling, 2007.

100 La expresión literal es *arel sfataim*, "incircunciso de labios". Volveremos aquí para tratar de desentrañar la rica paradoja entre lo cortado y lo sin corte. Moisés es cortado en tanto desarraigado y doble, pero el corte debe ser explicitado y puesto en escena: es lo que hace el ya comentado episodio de Éxodo 4, 24-26.

101 En tanto hijo de la casa real egipcia, Moisés está circuncidado. Pero el texto establece una diferencia fundante entre la circuncisión –hecho quirúrgico anatómico– y el pacto de circuncisión, que implica la palabra y la introducción del hijo en la alianza con la Ley. De modo que el corte de Moisés debe "traducirse": de lo físico a lo institucional, para hacer del corte, ligadura.

102 Escritura y corte que como vimos son en hebreo términos íntimamente ligados y homofónicos. Volveremos al asunto.

Basado en esta narrativa, Freud sospecha fuertemente que el monoteísmo y la escritura alfabética nacen juntas[103]. Nacimiento que conlleva un giro crucial de la cultura, ya que ambos –monoteísmo y letra– se alejan de la imagen. La escritura, que comienza con el ideograma, figura que representa la cosa, atraviesa distintas etapas en la historia y termina despojándose completamente de la representación figurativa para convertirse en un signo –la letra– que no significa nada, no representa nada sino que, para entrar en una operación significante, requiere y admite infinitas combinaciones. La letra representa un sonido, un fonema o elemento combinatorio sin valor positivo sino diferencial. La letra es, pues, asemántica: no significa, pero permite la construcción de significado.

Al no haber imagen (de lo divino[104]) se termina la univocidad, comienza lo equívoco del lenguaje. La univocidad conlleva siempre sometimiento (al sentido único, digitado y dictaminado por un soberano), verdad y poder absolutos, mientras que la letra hace caer tal estado de cosas. La equivocidad del lenguaje es fundamental para el tema que nos ocupa: la herencia, es decir, la transmisión. Se transmite equívocamente. Es eso lo que representa el rasgo que el texto bíblico se ocupa de destacar: el defecto de lengua de Moisés. Ya desde el comienzo, ante la resistencia del hombre para asumir la tarea excusándose en su problema, el decir fallido de Moisés debe ser delegado en Aharón quien funcionará de vocero. Dice el tratado talmúdico *Pirke avot* (Tratado de los padres o los maestros): "D'os transmitió la Ley a Moisés, Moisés a Josué, Josué a los Sabios, los Sabios a los profetas, y así sucesivamente generación

---

103 La hipótesis sugerida por Freud ha sido luego desplegada y desarrollada por otros pensadores, entre ellos Pommier (1996).

104 Importa entender de qué se trata la interdicción: luego de afirmar Su nombre y su unicidad y de presentarse no por lo que es (conjugación imposible en hebreo) sino por lo que hace ("Yo IHVH que te saqué de la tierra de Egipto, de casa de servidumbre. No tendrás otros dioses delante de Mí."), D'os ordena: "no te harás esculturas ni imágenes de lo que hay en los cielos y abajo en la tierra y en las aguas debajo de la tierra, No te postrarás ante ellas ni las servirás", Ex. 20, 1-5. *No se prohíbe la imagen en un sentido general, sino la idolatría y el paganismo*, toda adoración de deidades de la naturaleza (astros, monstruos marinos, animales).

tras generación hasta nuestros días". En cada una de esas escalas, la lectura difiere de la anterior y modifica el supuesto "original", perdido ya para siempre[105].

El relato es elocuente: no hay ley sin interpretación. La ley no lo dice todo: requiere de la acción del intérprete para hacerla decir (como el texto mismo, sin vocales, requiere del lector para hacerlo con-sonar), y eso es Moisés, el primer profeta, intérprete fallido y vacilante, de donde la interpretación, por definición, también lo será. Pero la "falla" de la interpretación no hace sino actualizar el carácter de lo que se interpreta. Es la Ley, en efecto, lo que vacila y falla (en el doble sentido que el término tiene en el ámbito jurídico).

Decía, entonces, que el Abraham de la *Akedá* es la instancia en la que se "fabrica" un padre no-todo. Esta fuerte entrada en escena de lo fallido del padre es lo que permite que haya transmisión. El vínculo entre padres e hijos no es el cuchillo, es la palabra. Dice Solal Rabinovich, psicoanalista francesa, leyendo el *Moisés* de Freud: "El sujeto del inconsciente y la civilización comienzan donde termina la horda. Ahí empieza la historia" (Rabinovich, 2000).

Entonces: ya no un héroe, sino un padre. Un padre que ha dejado de ocupar, por un lado, la posición del soberano absoluto. Pero por otro lado, también, ha dejado de estar en la posición de hijo para poder, a su vez, ser padre y tener hijos. Recibir y cuestionar, lo que según Arendt define a la herencia. Ambos momentos son imprescindibles. La tradición (y la filiación) se configura así como una extraña mezcla entre continuidad y discontinuidad; entre tomar y soltar, entre observancia y rebeldía; entre escritura y lectura; entre palabra e interpretación.

---

105 Un conocido *midrash* –que cuenta con diferentes versiones– lo muestra a Moisés protestando ante D'os porque debe morir antes de entrar a Canaán, a cuyas puertas ha conducido al pueblo durante la larga travesía por el desierto. D'os, entonces, decide compensarlo: ya que no puede seguir viviendo (se ha cumplido su tiempo), lo lleva en un recorrido visionario por la historia futura. Así, el profeta llega a un lugar donde un sabio está impartiendo su clase a los jóvenes, unos mil años después de su muerte en el desierto. Moisés se sienta en el último banco, escucha atentamente pero no comprende, de modo que le pregunta a D'os: "¿Quién es ese hombre, y qué dice?" La respuesta divina es asombrosa: "El maestro –le dice– es el hombre más sabio de la época (Rabí Akiba) y lo que enseña es tu Ley".

Uno de los elementos fundamentales en este modo de concebir la transmisión es la pregunta; más concretamente, la obligación del padre de enseñar a su hijo a cuestionar.

En su comentario a la parashá Bo, el rabino Jonathan Sacks dice:

"La Torá hace énfasis en que los niños deben hacer preguntas. Dos de los tres pasajes de la parashá dicen lo siguiente: *Y cuando tus hijos te pregunten, '¿Qué significa esta ceremonia para Uds.,?' Entonces les dirás: 'Es el sacrificio pascual para el Señor, que pasó sobre las casas de los israelitas en Egipto y salvó nuestras casas cuando castigó a los egipcios'* (Éx. 12, 26-27). *En los días que vendrán, cuando tu hijo te pregunte '¿Qué significa esto?' le dirás: 'Con brazo fuerte el Señor nos sacó de Egipto, fuera de la tierra de la esclavitud'* (Éx. 13, 14).

Hay otro pasaje de la Torá que también trata de una pregunta hecha por un niño: *En el futuro, cuando tu hijo te pregunta, '¿Cuál es el significado de las reglas, decretos y leyes que el Señor nuestro Dios nos ha ordenado cumplir?' Le dirás: 'Fuimos esclavos del Faraón de Egipto y el Señor nos sacó de Egipto con mano fuerte'* (Deut. 6, 20-21).

El otro pasaje de la parashá de hoy, el único que no hace referencia a una pregunta dice: *En ese día le dirás a tu hijo: 'Hago esto por lo que el Señor hizo por mí cuando salí de Egipto'* (Éx. 13, 8).

Estos cuatro pasajes se han vuelto famosos por su inclusión en la Hagadá de Pesaj. Son cuatro los hijos: uno sabio, el otro malvado o rebelde, el simple y 'el que no sabe cómo preguntar'. Al leerlos juntos, los sabios llegaron a la conclusión de que 1. los niños deben hacer preguntas. 2. la narrativa de Pesaj debe construirse en respuesta a y comenzar con, las preguntas hechas por un niño, y 3. es el deber de los padres alentar a los niños a hacer preguntas, y al que no sabe aún cómo preguntar se le debe enseñar a hacerlo".

Y agrega:

"No hay nada natural en todo esto; por el contrario, va dramáticamente en contra de lo habitual de la historia. La mayoría de las culturas tradicionales consideran que la responsabilidad de los padres o de los maestros es la de instruir, guiar o mandar.

La tarea del niño es obedecer. ... En el judaísmo es lo opuesto. Es un deber religioso enseñar a los niños a hacer preguntas[106]. Es así como crecen. El judaísmo es el más raro de los fenómenos: una fe basada en hacer preguntas, a veces profundas y difíciles, que parecen sacudir los fundamentos de la fe misma".

De hecho, los principales protagonistas del texto bíblico son desafiantes y cuestionadores, no cesan de acosar a D'os con preguntas y hasta críticas. Es que, explica Sacks,

"...el judaísmo no es una religión de obediencia ciega. En efecto, increíblemente para una religión de 613 preceptos, en hebreo no existe la palabra 'obedecer'. Cuando el hebreo fue reinstaurado como lengua coloquial en el siglo XIX y había necesidad de un verbo que signifique 'obedecer', tuvo que pedirlo prestado del arameo: *le-sayet*. En vez de una palabra que signifique 'obedecer', la Torá utiliza la palabra *shemá*, que no tiene traducción precisa porque puede significar: 1. escuchar; 2. oír; 3. comprender; 4. internalizar, 5. responder".

Yo agrego: responder, en términos de hacerse responsable, de no eludir el compromiso que la convocatoria de la ley impone. Esa es la observancia, que se distingue de la obediencia precisamente porque aquella pone en juego al sujeto. La obediencia, en cambio, es siempre "obediencia debida", una forma perversa de desresponsabilización.

**Jaque a Abraham**

Abraham, el nombre del padre (ya que, como vimos, porta la paternidad en su nombre mismo), el patriarca, el fundador del pueblo hebreo, el primer *ivrí*: personaje contradictorio cuyo perfil

---

106 El aparente oxímoron que contiene esta frase es una pista útil para someter a examen las nociones convencionales de religión, fe, ritual, lastradas por siglos de prejuicios y eslogans iluministas. Tales prejuicios han construido una nueva religión: la fe incuestionable en la verdad racional y científica. Ningún texto más lúcido al respecto –no superado aún en su agudeza de observación– que el parágrafo 344 de *La ciencia jovial*, del viejo y sarcástico Nietzsche.

se irá definiendo, poco a poco, a lo largo de varios capítulos de Génesis. Su protagonismo comienza al inicio del capítulo 12, como he mostrado, cuando una voz le ordena partir. *Lej lejá*[107], "vete de tu tierra, de tu lugar natal y de la casa de tu padre a una tierra que te señalaré" (Gén. 12, 1).

¿Qué relación hay entre el *Lej lejá* y la *Akedá*? ¿De qué modo el exilio prepara el terreno para la configuración de ese nuevo modelo de paternidad que se pone a prueba en la ligadura del hijo? En la progresión narrativa encontramos hitos y pistas para comprender tales cuestiones.

"Y le dijo: 'Yo soy el Eterno que te sacó de la tierra de Ur de los Caldeos para darte esta tierra que heredarás'" (Gén. 15, 7).

Ya pasó el *Lej lejá* del capítulo 12. Acá, lo que era una orden en esa primera aparición de la fórmula, una enunciación de futuro, se vuelve una comprobación: esa salida ya ha ocurrido, ahora se trata de ver en qué consistía el proyecto, hacia dónde apuntaba. La aparente repetición que la frase contiene –*te saco de una tierra para llevarte a otra tierra*– puede parecer especular, pero encierra una clave precisa. Una es la tierra del paganismo y la otra es la tierra donde se va a establecer este nuevo pacto, de modo que tal salida revela un viraje fundamental: no solo ya no se trata de la misma tierra (en términos geográficos), sino que no habla de la tierra en el mismo sentido.

Dicho en otros términos: de lo que hay que salir es de dos cosas (que en realidad son una): la patria y la madre naturaleza. Patria proviene del latín *pater*, noción ligada al derecho romano en el que el padre es, fundamentalmente, propietario: de la tierra y de los hijos. Su estatuto paterno se define por el *patrimonio*. Toda la Torá parecería estar compuesta para refutar esta idea de paterni-

---

107 Gramaticalmente, el sintagma presenta dificultades: el segundo término es un reflexivo de incierta interpretación. Puede ser leído como *vete de ti, vete a ti, vete para ti...* Tal vez haya que dejar flotante su significado y suponer que tiene algo de todo eso, sin cerrarse en ninguna de las posibilidades. Estas perlitas de multivocidad han hecho las delicias de los rabinos y comentadores bíblicos a lo largo de los siglos y milenios.

dad que, si bien alcanza su estatuto propiamente legal en Roma, proviene de la concepción mítica, con su carga de autoctonía y naturalismo. La orden dada a Abraham lo saca de la patria y se –y lo– orienta a fundar una humanidad no basada en los vínculos de tierra y sangre, como son los propios de las culturas paganas, sino en la transmisión de la ley. El desarraigo primero (*akarut*, sustantivo del que proviene el adjetivo *akará*, estéril), el exilio, lejos de ser un dato anecdótico o accidental, es un elemento estructural. Corte fundante e instituyente. Prohibición de incesto.

Esta división entre tierra y tierra, insisto, es significativa: una es la tierra entendida como naturaleza según el paganismo (incluida la noción de madre en esos términos). Otra es la tierra entendida como un lugar donde se desarrolla la vida humana según una legalidad. No hay "propiedad natural". Una vez más: de la literalidad a la metáfora. El vínculo de este pueblo con la tierra va a ser siempre una relación contractual, indefectiblemente legal. Eso es lo que muestra el ya comentado episodio de la compra de la cueva de Majpelá para enterrar a Sara, pero que constituye una noción reiterada de mil maneras a lo largo de toda la narrativa. Cuando salen de Egipto, liderados por Moisés y, a cada paso, en las formulaciones de la ley y los mandamientos que empiezan a aparecer a partir del libro de Éxodo, se repite incansablemente la frase: *La tierra es del Señor*. Es decir: *la tierra es Mía, ustedes habitarán ahí mientras cumplan con la Ley. En el momento en que la incumplan serán expulsados, del mismo modo que lo fueron los otros pueblos que cometían las peores abominaciones*. Y tales abominaciones tienen, en el texto bíblico, caracterizaciones muy específicas: asesinato, incesto e idolatría[108]. Las tres son, en realidad, nombres diferentes para lo mismo, la idea naturalista de la inmortalidad. En todas ellas se manifiesta un impulso de apropiación del tiempo: el asesinato toma

---

108 Son las tres únicas faltas que, por su extrema gravedad, no pueden ser perdonadas y no admiten *teshuvá* (lo que habitualmente se traduce por arrepentimiento, pero yo entiendo como retorno y reparación). La *teshuvá*, según las plegarias de las Altas Fiestas, es una de las tres acciones –junto con el estudio y la justicia social– que pueden revertir el juicio divino negativo, y "convencer a D'os" de que nos perdone por las faltas cometidas.

la vida de un otro (recordemos la elocuente frase levinasiana: "el tiempo es el otro"), anula la alteridad y, por ende, la falta inherente a la finitud. Si no hay otro, soy completo y autosuficiente. El otro me enfrenta a mi incompletud. Todo asesinato, dirá Legendre, es una forma de parricidio: una renegación filiatoria[109]. El incesto aspira a volver el tiempo atrás, regresar al útero, anular el devenir. La idolatría reniega de la Referencia, lugar simbólico de alteridad absoluta, de la inaccesible totalidad, en la medida en que "fabrica" dioses de los cuales el hombre puede ser dueño y señor. Por eso el D'os bíblico, cuyo nombre dice el tiempo, es lo inapropiable, esa alteridad irreductible de la que habla Levinas. Y esa imposibilidad de apropiación es el único significado de los Diez Mandamientos.

Abraham –el más precario de los humanos[110]– es un bendito. Es el personaje sobre el cual recae una de las principales bendiciones del texto bíblico.

Bendición, en la Torá, significa "más vida". El *bien decir* es un *bien desear*. La bendición tiene que ver con el incremento de la vida, lo que requiere un lugar donde pueda prosperar esa vida según legalidad, con una descendencia numerosa y una existencia fructífera. Los hebreos, como todo pueblo de la antigüedad[111] –y no solo–, están preocupados por la preservación y prosperidad de su grupo, por lo que actualmente denominamos crecimiento demográfico. Todas las culturas antiguas compartían tal preocupación;

---

109 Cuando Caín mata a Abel y D'os llama al asesino para pedirle cuentas de su acto, el texto literalmente dice: "Las sangres de tu hermano claman a Mí desde la tierra". El plural, si bien es frecuente en hebreo –hay sustantivos que habitualmente se expresan en plural: *jaim*, vidas, *panim*, rostros, *damim*, sangres– es leído por algunos comentadores en un sentido específico: al matar a Abel, el criminal eliminó mucho más que un individuo. Es toda la descendencia que Abel pudo haber tenido y que, así, queda para siempre expulsada de la historia. No hay, para el judaísmo, peor crimen que ese: toda su concepción se basa en la sucesión de generaciones, en ella radica su gloria y su capacidad de "perseverar en su existencia".

110 Anciano, errante, casado con una mujer estéril... El vivo retrato del antihéroe.

111 Los pueblos de la antigüedad eran frecuentemente diezmados por pestes, guerras, hambrunas o catástrofes naturales, muchas veces percibidas como castigos divinos. De ahí –entre otras causas– la necesidad de crear estrategias para "reordenar" el mundo, restablecer la relación con los dioses y reiniciar los ciclos vitales. Esas estrategias son los rituales.

para tramitarla, contaban con diversos rituales de fertilidad[112]. En la Torá se toma buena nota de ello. No se trata de eliminarlos o ignorarlos, sino de resignificarlos. El judaísmo rechaza el modo pagano de tales rituales, con la concepción naturalista que implica. Si los ritos giran alrededor de la figura de la naturaleza como madre o vientre, de allí se desprendía la identificación de la mujer con lo natural[113]. Los cultos paganos consagraban esa identificación, fuertemente ligada a la autoctonía. La relación natural con la tierra era, también, un modo de concebir el tiempo: la reproducción dependía –al modo de las épocas de celo animal– de los ciclos naturales, la infinita repetición de las estaciones y la vuelta en círculo de los periodos de fecundación y parición, tal como todos los mitos de la antigüedad lo atestiguan. En esos relatos, la figura del padre es irrelevante: es la Gran Madre, Tiamat, Hera, Gea o Gaia, Pachamama o como se denomine en cada cultura, la que engendra y da a luz según un calendario circular. La entrada

---

112  El ritual es un lenguaje, por lo tanto resulta inseparable de la cultura que lo crea y practica. No hay ritual aislado: lo que hace, en su carácter performativo, es actualizar, dramatizar y "decir" los valores, expectativas y creencias de la comunidad a la que pertenece. Cuando un ritual es adoptado por otra cultura –por imposición, conquista, contagio o imitación– puede parecer el mismo, pero ya no lo será, aunque algunos de sus motivos y sus gestos resulten similares.

113  La estrecha ligazón entre inmortalidad, tiempo cíclico y diosa madre como tierra paridora y nutricia se verifica en numerosos documentos de la antigüedad. Para citar solo un ejemplo: "...(O)tro cambio crucial en la conciencia tuvo lugar en la Edad de Bronce sumeria. En torno al 2500 a.C. apareció una nueva actitud hacia la muerte: se la llegó a ver como final absoluto y como lo opuesto a la vida. El antiguo concepto lunar de muerte y renacimiento dejó de prevalecer en la conciencia sumeria, aunque hasta cierto punto continuó vigente en Egipto. (...) (Cita a Frazer) 'En un estadio temprano del desarrollo de la humanidad... los seres humanos poseen un instinto natural de inmortalidad (...). concibe la vida como una energía de tipo indestructible que, al desaparecer de una forma, debe necesariamente renacer en otra...'. La imagen de esa energía que nunca muere se plasmó en la figura de la madre dando a luz perpetuamente... (...) El gran problema de los seres humanos era entonces no 'romper' esa unidad debido a su necesidad de alimento por lo que idearon rituales que restaurarían mágicamente lo que se había perdido. Esta es la experiencia de un indio del último siglo: '¿Me pedís que labre el suelo? ¿Voy a coger un cuchillo y hundírselo en el seno a mi madre? ... ¿Voy a mutilar sus carnes para llegar hasta sus huesos? En tal caso, yo no podría entrar en su cuerpo para nacer de nuevo'" (Baring y Cashford, 2014).

en escena de lo paterno[114] conlleva necesariamente una serie de consecuencias: en primer lugar, la pérdida de autosuficiencia de la tierra; en segundo término, una relación diferente con el tiempo. Y con la ley[115]. Para el pensamiento pagano la legalidad que rige es la natural, biológica y cíclica, de ahí que los rituales se dirijan a la fecundación de la tierra, los animales y los humanos como pertenecientes al mismo orden. Pero en el nuevo paradigma se abre camino la ley del padre, la separación de la naturaleza con todo lo que ello implica de falla, de incertidumbre y, a la vez, de libertad.

En efecto: si ya no se trata de confiar solo en los ciclos indefinidamente reiterados, el tiempo adquiere una importancia fundamental al convertirse en la dimensión en la que se desenvolverán acontecimientos de algún modo impredecibles, independientes de la repetición y la continuidad. El ingreso del tiempo en la historia es la introducción de lo discontinuo. Más aun: de la muerte, ya que la concepción cíclica del tiempo es la que alienta a la base de toda idea de inmortalidad. Pero la novedosa experiencia de la discontinuidad y el despegue de la tierra madre introduce fuertemente la conciencia (aún borrosa) de la finitud. Algo de lo (supuestamente) automático de lo natural se desvanece, para dar lugar a la dolorosa necesidad de acción e iniciativa humanas. No ser producto de la tierra ni dueño de ella arroja al hombre a un estatuto de incertidumbre e intemperie que lo obliga a afrontar su condición finita y fallida, es decir, histórica.

Y ya desde el comienzo del relato bíblico se pone en marcha tal concepción. Adán y Eva en el Edén comen del fruto del árbol prohibido. Era el fruto del conocimiento de lo bueno y lo malo (no del bien y el mal, porque en ninguna lengua antigua hay sustantivos

---

114   Es preciso diferenciar cuidadosamente la figura del padre como estructural, del patriarcado como sistema social, dos situaciones que los discursos posmodernos confunden sin cesar. Volveremos sobre ello.

115   Ese es el punto de quiebre que muchos estudiosos señalan entre el (supuesto) matriarcado como derecho materno (*Mutterrecht*) y el patriarcado como la ley del padre. La bibliografía al respecto es abundante, desde el clásico texto de Bachofen, titulado precisamente *Mutterrecht* y traducido al español como *El matriarcado* hasta la literatura feminista (o pseudo) actual, pasando por Frazer, Campbell, Graves...

abstractos). Frente a esa "transgresión", D'os decide echarlos del Edén porque "no sea cosa que extiendan su mano y coman del árbol de la vida y vivan eternamente". ¿Qué viene a mostrar este episodio? Que el hombre fue creado como mortal, pero él no lo sabe. Es preciso crearle una conciencia al respecto (dicho en otros términos, debe ser afectado por la castración). Por eso, lo que específicamente se le prohíbe es creer la promesa de la serpiente: "seréis como dioses".

La serpiente es clara representante del paganismo[116]. Es ella la que invita a Eva a comer para transformarse en inmortal. Pero D'os instala el *no*, la prohibición. En esta narrativa no hay genealogía sobrehumana. No hay dioses genitores, los hombres no son descendientes de deidad alguna: no existe, entre lo divino y lo humano, continuidad de esencia ni de naturaleza. Hay un corte. Ese corte, entendido no en sentido teológico sino estructuralmente, es el corte con el naturalismo[117]: sitúa al hombre como animal legal, como ser de lenguaje. Esa es la separación que va a estar representada en el texto por los ángeles con la espada de fuego que gira a la entrada del Edén, para impedir el retorno al útero/paraíso. He aquí una de las tantas formulaciones que aparecen en el texto bíblico de la prohibición de incesto. Un padre/ley (D'os es su nombre bíblico) arranca a la nueva criatura de ese sopor, "materialismo ensoñado" como lo llama León Rozitchner[118], para arrojarlo a la vida humana, la falta y la temporalidad.

El incesto es naturalista: pretende volver al origen (mítico e imaginario) con la ilusión de inmortalidad. Pero, dice el relato, el hombre es un animal histórico y, como tal, está arrojado a la existencia (con sus connotaciones de temporalidad, diferencia

---

116  En prácticamente todas las culturas paganas hay divinidades con forma de serpiente: Egipto, ejemplarmente, pero también en otras tradiciones orientales y mesoamericanas. La connotación fálica de tal criatura ha sido puesta de relieve y analizada por numerosos eruditos.
117  Corte que no cesará de insistir a lo largo de los cinco libros de la Torá, presentado en diferentes formas y articulando entre sí narrativas que, desde lo anecdótico, podrían parecer desvinculadas unas de otras.
118  Volveré sobre las posturas de Rozitchner más adelante.

y finitud), terreno en el que está vedado –por imposible– aspirar a ese orden natural que los mitos proponen. A diferencia de la mayoría de los relatos míticos conocidos, en la Torá el hombre es un ser "fabricado": ni vástago de la deidad ni surgido de la tierra. En un rápido pero necesario recorrido, se advierte que la creación del hombre se despliega en tres momentos, a través de los cuales surge también la diferencia de los sexos. En tal desarrollo se puede leer la peculiar concepción judía del hombre y la mujer, con todas sus implicancias. Desde el inicio (*bereshit*), el humano es un ser compuesto: polvo y aliento, materia y palabra[119]. No hay allí sustancialismo ni esencialismo alguno: la esencia es, por definición, simple. Pero esta nueva criatura, compleja y hablante, consiste más en un proyecto que en un ser realizado. D'os, dice el relato, lo instala en el Edén como habitante y cuidador, de la misma manera que promete hacer más tarde con el pueblo. *La tierra es un espacio para desarrollar una vida legal, no es una propiedad ni un sustrato natural.* Adán, por tanto, no es autóctono: es un habitante que rápidamente se convertirá en un extranjero.

Y la extranjería será la estofa característica de esta criatura que somos.

### Extranjero fuiste… y extranjero serás

Volvamos a uno de los lugares cruciales de la narrativa. El pasaje del capítulo 11 al 12 de Génesis es un punto de quiebre, algo así como la in-versión de la encrucijada edípica. Abraham (todavía Avram) se encamina hacia la tierra cananea y, como vimos, ya no es el padre quien lo lleva –Teraj muere al final del capítulo 11–, sino una voz que lo llama[120] y le indica ponerse en marcha: en lo que va

---

119 De ningún modo esas distinciones pueden traducirse por la división dualista "alma y cuerpo": tema más que complejo al que dedicaré algunas páginas más adelante.

120 Volveremos sobre esta voz, tratando de ubicarla en un plano no religioso sino de estructura del sujeto. Por ahora, importa destacar que la marcha que emprende en este capítulo es en respuesta a ese llamado que se le dirige a él, en segunda persona: "vete…". Ese "tú" que nos sigue interpelando.

de un capítulo a otro, el advenimiento de cierta autonomía, de la capacidad de actuar por sí mismo como adulto y no solo en pos del progenitor. Lo que allí se produce es esa división, esa entrada en la ley del lenguaje –la equivocidad– que implica un giro en la historia (del sujeto). Hasta cierto momento, para Abraham, el padre es el garante del sentido, de la vida, de las elecciones. Muerto Teraj, la confianza de Abraham quedará desplazada a una palabra (ausente pero vigente) que lo autoriza a interpretar. Es ese padre muerto el que lo ha puesto en camino, *haciéndole lugar*. Que lo ha guiado para salir del apego a la madre (en el texto, Ur de los Caldeos, tierra pagana e incestuosa) y diseñar un horizonte indefinido y abierto, ir en busca de lo nuevo.

Una vez más: Abraham se va de una tierra a otra tierra. La palabra es idéntica, pero el significado no. En el trayecto, una "torsión de sentido" –como define Ricoeur a la metáfora– le permite hacer otra cosa con lo mismo. Torsión, operación de lenguaje que es un acto: transforma al futuro patriarca en sujeto y lo habilita como posible iniciador de un linaje sobre bases diferentes a las del paganismo. Parte –aún como hijo– de la tierra familiar –patria, dominio del padre, vientre materno–, país idólatra, al desierto (del sentido) para encaminarse a una tierra (un sentido) que debe conquistar. Se desarraiga. Literalmente: como ya se dijo, su esposa Sara (todavía Sarai) es estéril, *akará*. Al abandonar juntos la tierra paterna-materna, ambos integrantes de la pareja comparten la *akarut*. Esterilidad y desarraigo. Este término es el que se aplica al desierto, lo opuesto al Gan Eden –ese territorio irrigado y fértil del cual el primer hombre y la primera mujer son expulsados para fundar la historia–. Resulta significativo el contraste: el Gan Eden, jardín de abundantes y coloridos frutos y alimentos garantizados, no parece ser el lugar propicio para el desarrollo de la vida humana. La pura y exuberante naturaleza, ahí donde la muerte y la falta ocultan su rostro, no es el territorio de la existencia legal. En la naturaleza, diría Spinoza, no falta nada. Ninguna negatividad la acota. Es preciso separarse de ese útero nutricio, de esa madre tierra –mediante la introducción del *no*, inherente a la constitución del sujeto– a fin de devenir humano. Para el autor bíblico y para el incipiente pensamiento judío que comienza a constituirse en estos textos, el paganismo (llamado también idolatría) representa la adhesión, el pegoteo, la permanencia en las entrañas del vientre materno, el desmentido del tiempo y de la muerte mediante la idea de ser como dioses o hijos de los dioses. Paganismo e incesto son prácticamente sinónimos (de ahí que, como se vio, los tres crímenes que no tienen reparación en la ley judía son asesinato, incesto e idolatría). El Eden (con esa connotación incestuoso-pagana) es representado una y otra vez –con distintos nombres y ubicaciones– en la narrativa: como escandiendo el relato, periódicamente el o los protagonistas vuelven a experimentar la orden de irse, separarse, abandonar el nido, ponerse en camino. A la vez, el paraíso no cesa de llamar, de tentar, de aparecer bajo diversas figuraciones como un sitio al que se desea volver[121]. Toda la narrativa bíblica está organizada en torno a la tensión entre salir de ese lugar y retornar o permanecer en él. Reiteradamente, el paganismo irrumpe encarnado en personajes bien reconocibles, aunque en la anécdota tengan diversos nombres. Los *Bene-ha-Elohim* (hijos de los dioses, "varones de fama") que al comienzo del capítulo 6 de Génesis arrasan con todo límite y que, por tanto, motivan el diluvio como forma metafórica de representar los efectos de tal omnipotencia e indistinción; los constructores de Babel; los "pueblos de la tierra" (*am haaretz*) con los que los patriarcas se cruzan en su derrotero; los gigantes que habitan Canaán... Una y otra vez, figuras que muestran lo ineliminable de ese costado de lo humano, de esa tendencia circular incestuosa[122]. De ahí que, una y otra vez, a los

---

121 Por ejemplo, en una de las tantas revueltas del pueblo contra Moisés en el desierto, donde la muchedumbre invoca lo que dejaron atrás, en Egipto, imaginariamente añorado como vida de abundancia y plenitud.

122 No se trata de una oposición maniquea en términos de buenos y malos, sino de la exposición de lo doble y complejo del ser hablante. En todos los textos antiguos, "lo otro" es presentado como "el otro", exterior y enfrentado. La Torá no es la excepción: esta forma compositiva se advierte con suma claridad en las duplas de hermanos enfrentados. Caín y Abel, Isaac e Ismael, Jacob y Esaú... Incluso,

hebreos se les presente el llamado de la Ley, la exigencia de partir. De esa tierra, engañosamente rica –llamada en esta ocasión Ur de los Caldeos–, es de la cual Abraham y su esposa deben marcharse. Otro corte, para abrir la posibilidad de descendencia. La disyuntiva que se viene perfilando desde los primeros versículos de Génesis, y que adquiere rasgos progresivamente más identificables, es la que opone una concepción de lo humano basada en el parentesco con lo divino –con las consabidas connotaciones de tiempo cíclico, naturalismo, negación de la finitud, omnipotencia, anomia–, concepción propia del paganismo y, por otra parte, la novedosa idea de una humanidad sostenida en la sucesión de generaciones, la muerte, la ley y la falta, es decir, el paradigma de la filiación. De los dioses sexuados y figurativos, al D'os Ley. Esta oposición es el "hilo rojo" que estructura y atraviesa, como espina dorsal, toda la Torá y que, para un lector perceptivo, se transparenta sin cesar en y entre los pasajes aparentemente anecdóticos. La narrativa pagana es protagonizada por dioses, semidioses y héroes. La filiatoria, por padres, madres e hijos.

**Incesto vs. filiación**

No son jóvenes, y lo serán menos cuando comience, un poco más adelante en el texto, el pacto de D'os con Abraham. Surge entonces –debería surgir– inevitablemente la pregunta que adelanté: ¿por qué D'os ha elegido, como pareja fundadora de un nuevo pueblo, a un hombre y una mujer ancianos y estériles? Una posibilidad es pensar que este D'os está loco y toma decisiones insensatas (la misma sospecha que se insinúa en el relato de la *Akedá* o en la elección del tartamudo Moisés, entre otras situaciones). La otra posibilidad es considerar que esta elección aparentemente absurda es estrictamente funcional al proyecto que aquí comienza y que, de hecho, encierra como una cifra la clave estructural de tan inédita concepción.

---

en el poético pasaje de la lucha de Jacob con... ¿el ángel? ¿Consigo mismo? La ambivalencia es puesta aquí de relieve en forma notable. Volveremos al punto.

Resaltemos un dato fundamental, pero poco (o nada, hasta donde sé) advertido por los comentaristas: si en las culturas paganas la mujer ha sido siempre identificada con la tierra fértil y la naturaleza abundante y prolífica, en el texto bíblico, por primera vez en las literaturas antiguas –y mediante un adjetivo bien específico–, la mujer –futura madre del pueblo– *se identifica con el desierto*. Giro radical, pista insoslayable para entender qué se juega en la narrativa. Al contrario de todos los mitos paganos, no habrá nada "natural" en la procreación de esta pareja ni en el funcionamiento de este útero que, por seco y yermo, deberá ser abierto (así dice el texto: D'os "abre la matriz" de las mujeres estériles, ¡concretamente todas las matriarcas!) y habilitado para la maternidad. Ni madre tierra ni vaca paridora ni diosa fértil: Sara es –nada más y nada menos que– una mujer. Y con problemas. Ella también, fallida. Su posibilidad de concebir no es natural, sino que depende de la intervención de D'os. Es decir, la Ley. De modo que *lo que se funda en la concepción bíblica es la idea de la procreación humana como hecho legal y no natural*. Los humanos no tenemos crías sino hijos: y esto es, ya, cuestión de legalidad.

Cuando Sara oye el anuncio de que será madre, reacciona con una risa incrédula. El texto es elocuente:

"Y Sara lo oyó (el anuncio) en la entrada de la tienda... Abraham y Sara eran ancianos, entrados en días. Y había cesado en Sara la regla de las mujeres. Por eso Sara se rió para sí, diciendo: ¿Acaso estando ya marchita he de tener placer, siendo también viejo mi señor?" (Gén. 18, 10-12).

Ancianos y yermos... pero algo del mítico Edén, jardín frutal y fecundo, se hace presente aquí, resignificado: lo que los traductores vierten por "placer" en hebreo es *edná*, el femenino de Eden. El desierto donde reina la *akarut* es entonces parcialmente irrigado, la humedad paradisíaca hace su aparición ocasional y oportuna para posibilitar la procreación que no es, no puede ser, sin sexo, ya que *edná* refiere, claramente, al placer sexual, con la humedad que este conlleva. Ninguna concepción virginal, ni partenogénesis ni escenas míticas –como los relatos de extrañas fecundaciones o de nacimientos fabulosos típicos de los mitos–: una pareja humana, demasiado humana, atravesada por la legalidad de la existencia que, por un instante, recupera algo de la perdida juventud y funda un linaje de humanos hijos de humanos. He ahí la clave: si Sara y Abraham fueran jóvenes robustos en la plenitud de su potencia, la procreación no se diferenciaría de un hecho natural. En la lógica del texto es preciso introducir una dificultad, un rasgo que impida leer la historia en un sentido naturalista. Si en los mitos las mujeres son hembras fecundas –al modo de los animales o de las diosas–, en la Torá son solo mujeres... posiblemente estériles.

Hay, claro, la posibilidad de una lectura teológica: en esa clave, se trata de un milagro. Tal lectura es la base de lo que el cristianismo configurará como "la anunciación" –basada en esta escena bíblica– y construirá en torno a la figura de María, la virgen que concibe "sin pecado". Pero aquí ya cambiaron radicalmente las coordenadas: no solo la divinidad interviene en la procreación al modo de los mitos –un dios que fecunda a una humana: la criatura será "hijo de D'os"– sin participación alguna del padre carnal, el marido de María, sino que se inicia la larga historia del sexo como pecado y, por ende, del goce sexual como maligno y de la mujer sometida al dualismo oposicional pecadora/virtuosa (uno de los niveles en que se manifiesta el dualismo estructural del pensamiento cristiano, dualismo heredado en gran parte de Grecia). La separación radical entre cuerpo y espíritu, entre sexo y procreación, entre deseo y fecundación que, como veremos más adelante, tendrá enorme éxito en la historia de Occidente hasta la actual posmodernidad, aun bajo presentaciones de lo más diversas y, por momentos, irreconocibles. La virtud de María es su virginidad[123]; el que será consagrado como Mesías, salvador, hijo de D'os no

---

123 Este punto es otro de los lugares donde se cumple el aforismo de *traduttore traditore*: el anuncio (lo que el cristianismo llamará la Anunciación) aparece en los profetas, concretamente en Isaías 7, 14, diciendo: "he aquí que una joven dará a luz a un hijo...". El término exacto en hebreo es *almá* (joven, muchacha) y no *betulá* (virgen). En ningún lugar del texto se menciona la virginidad de la madre.

podría ser nunca, en este sistema, hijo de mujer y hombre por la vía del intercambio sexual[124]. La madre anciana pero deseante de la Torá se convierte en virgen inmaculada, y el padre entrado en años pero aún activo sexualmente, en Espíritu Santo. Los cuerpos y el deseo, borrados.

Muy lejos de esta re-versión, la Torá enfatiza los rasgos terrenales de los protagonistas y del suceso, habla de sexo y de placer, de falta y tiempo, de risa y desconfianza, de celos y rivalidad entre mujeres a causa del hombre que las fecunda... Sara ha sufrido el desprecio de su sierva Agar, con quien Abraham ha tenido a Ismael, y luego Agar padece la revancha de Sara, desairada y envidiosa de la fertilidad de la egipcia. Conflictos que nada tienen de celestiales. Es que la Torá tiene como escenario exclusivo y excluyente la vida temporal, humana y finita[125]: de ahí que en ese contexto, la sucesión de generaciones adquiera un estatuto de máxima envergadura ya que es la única forma de prolongar la existencia (de la especie) y de proyectarse en una temporalidad que exceda la vida del individuo. Como dice Levinas, "el hombre es un ser para más allá de su propia muerte", un más allá temporal y terreno, una trascendencia que se desenvuelve en un aquí-y-después.

### El tiempo de la ley

Es solo a partir de esta condición del hombre –finitud, temporalidad, cuerpo, sexualidad– que puede desplegarse la historia y

---

124 La idea de pecado sella desde el inicio del cristianismo su diferencia con el judaísmo. Para la concepción cristiana, el niño nace ya manchado, arrastrando ese "pecado original" (categoría impensable en lo judío) del que el bautismo lo redime. Claro que tal noción de pecado original que lastra toda existencia es necesaria en la lógica que gira en torno a la figura del Salvador, el que viene a lavar tales culpas no adquiridas sino adheridas al existente por el solo hecho de nacer.

125 No hay en la Torá ninguna dimensión ultramundana. Todo lo que ocurre es *en* el mundo, las acciones con sus consecuencias (nombradas como premios y castigos) son eventos terrenales. Ningún más allá ni vida celestial ni existencia después de la muerte, y ese es uno de los motivos por los que en este texto tampoco hay dualidad cuerpo/alma (se entiende de dónde viene Spinoza...). Si es que se puede leer aquí alguna trascendencia, es temporal: el tiempo por-venir. Lo que sobrepasa la existencia individual y hace lazo en la historia.

dejar atrás la imaginaria completud del paraíso-útero. Entonces podemos entender qué papel juega en el relato este D'os. "Llamo D'os –dice Legendre– a lo que ocupa el lugar de la Referencia". Pero aclara: "La Referencia no funciona sola: es necesario todo un aparato de textos y de interpretaciones para hacerla funcionar". En las tradiciones occidentales y, específicamente, en las que se han dado en llamar –acertadamente o no– "religiones del libro", D'os es el nombre de un lugar (*Ha-Makom*, en hebreo, El Lugar, una de las denominaciones de la divinidad; pero también en el Talmud es *HaShem*, El Nombre). Lejos de todo antropomorfismo teológico[126], se trata nada más y nada menos que del lugar de la Ley, lo que funda la dimensión de lo simbólico y el lenguaje separando al humano de la naturaleza, es decir, de la totalidad. La Ley es lo que anoticia al hombre de su carácter incompleto. "La Ley –dice Legendre– proviene de un lugar mítico, presentificada por un Nombre" (Legendre, 1996: 161). D'os, pues, como Referencia, es el lugar de lo imposible, de la totalidad inaccesible. D'os-Referencia es el que parte, pero no es partido. El que, indiviso, divide y separa. "La Referencia mitológica, o Referencia absoluta, es la puesta en práctica de un discurso en torno al eje del *poder de saber y de dividir*" (Legendre, 1996: 212)[127]. La Ley –como el lenguaje– corta, nombra, ubica y pone en relación.

Volvamos a Sara, esa mujer que permanecería estéril mientras estuviera ligada a lo natural, encasillada en el rol que las culturas paganas atribuyen a las hembras, rol que queda para Agar (la sierva egipcia, que representa metonímicamente un mundo idólatra);

---

126 Quizás nadie comprendió tan acabadamente el carácter a-teológico del dios bíblico como Spinoza, quien despoja a ese significante (omnipresente en su *Ética*) de toda connotación personal, de todo rasgo antropomorfo (el spinoziano es un dios que no tiene voluntad, no premia ni castiga, no elige hacer o no hacer…) y lo sostiene como legalidad que articula la totalidad intotalizable de lo existente. La paradoja es que tal pensamiento, tan despojado de lo anecdótico, estructuralista por adelantado, fue incomprendido por los mismos judíos. Pero ese es un tema complejo que requiere largos desarrollos y no puedo desplegar acá.

127 División inherente a lo humano como tal, separación y corte que instituye al sujeto.

Sara, en cambio, no podrá volverse fértil hasta que no se separe de tal imaginería: ella y su esposo, sabemos, provienen de Ur, imperio pagano; es preciso que la partida de esa tierra y de ese universo mental se exprese en el texto por todos los medios posibles. Así, su esterilidad es signo de diferencia. Sólo por la intervención de la Ley accederá a la fecundidad que, realizada en el terreno de lo humano, sexual y biológico, estará atravesada y regulada por la legalidad de la filiación. *Sara es la figura que consuma la salida del Gan Eden: en ella y en su condición de estéril se condensa la separación a la que la Torá apunta, no sin llevar consigo a la vida mundana un ineliminable resabio de la soñada felicidad paradisíaca.* A partir de ahora, el Edén, ese nombre de la dicha completa y el olvido de la muerte, se vuelve femenino (*edná*) y fugaz, ocasional y transitorio. Para decirlo en otros términos: la eternidad del instante de placer queda enmarcado en la temporalidad de la finitud y la falta. El paraíso no es un lugar espacial sino un momento, un destello, un breve relumbrar de plenitud en medio de la vida común. Como el *aleph* de Borges: un instantáneo más allá en la entraña del más acá. Parafraseando a Descartes, es una chispa de infinito en el seno de lo finito. Dimensiones heterogéneas, no espaciales (no se distribuyen en capas superpuestas), que en determinados momentos de la vida humana se intersectan. Como el tiempo-ahora benjaminiano o el relámpago que cruza el cielo en la noche oscura y permite vislumbrar, en su fulgor repentino, una verdad inasible. En este contexto, la idea del D'os cartesiano es –¡perdón, Renato!– metáfora del goce sexual. El añorado –e imaginario– jardín del Edén resulta así "civilizado", integrado al orden simbólico, incluido como contraseña del deseo en la cultura.

Sara, la mujer-desierto. Pero sabemos que en la Torá el desierto es, también, una dimensión simbólica, y no una mera significación geográfica. Desierto (*midbar*) es el nombre del territorio donde se da la Ley, único sitio en el que es posible su aparición porque allí, en las arenas, nada puede ser poseído. Pero *midbar* es un vocablo curioso: su escritura –*m.d.b.r.*– puede vocalizarse como *medaber*, hablar. Desierto y lenguaje, territorios de lo abierto, de lo imposible de poseer, de lo extendido sin fin, de lo que no se "pega" al suelo. La Ley es –como Sara– *akará*: desarraigada, fallida, no natural. Impropia, por inapropiable. La Ley separa y corta, despega: porque reparte poder y distribuye el goce, impide que hombre alguno (por más encumbrado que se crea) se erija como soberano absoluto. La única soberanía es la de la Ley: ella rige para todos y siempre.

Pero, ¿qué ley? Por ahora, un nombre compuesto: equivocidad-finitud-filiación. De manera que Sara es fecundada por la Ley; no en el sentido de la Ley como agente (una versión precursora del Espíritu Santo), sino *a causa de* la Ley. En este inédito encuadre, donde la mujer deja de ser idéntica a la tierra[128], mera materia prima informe –*hyle*– lista para ser inseminada por la semilla viril[129] que le dará su forma, su sentido y su razón de ser, todas las piezas del tablero cambian de lugar y de significación. En el texto bíblico, la tierra fértil *se incluye* en la mujer, criatura de ley y de razón al igual que el hombre, pero no la define ni la totaliza. Pero hay más: la palabra para "masculino" en hebreo es *zajar*, que remite a la memoria. El vocablo para "femenino" es *nekebá*, que significa "agujereada" a la vez que "lo que agujerea, perfora". La memoria es lo que fecunda, ya que no consiste en un apego al pasado sino en ligar las generaciones hacia el futuro. Su tarea es sostener un lazo no natural a través del tiempo. Pero poco podría hacer la memoria si no hubiera hueco, grieta, falta en la cual anidar y desplegar su tarea. ¿Estamos entonces ante el mismo cuadro que Aristóteles definió, mujer pasiva/hombre activo, hembra-surco/hombre-semilla? No, porque el hombre, a su vez, es agujereado: en esta maniobra

---

[128] De entre la muy abundante bibliografía sobre el matriarcado y los sistemas basados en la madre-tierra, resulta imprescindible el ya mencionado clásico de Bachofen pero también Robert Graves, *La diosa blanca*, el volumen ya citado de Anne Baring y Jules Cashford, *El mito de la diosa*, los textos de Detienne, *Cómo ser autóctonos*, y la crítica de Nicole Loraux, especialmente *Madres en duelo* y *Les enfants d'Athéna*.

[129] Concepción eminentemente aristotélica, pero que tiene sus orígenes en el pensamiento trágico. Así lo expresa en la tragedia sofoclea Creonte, cuando le reprocha a su hijo Hemón que llore la muerte de su amada Antígona: "Ya encontrarás –dice el soberano– otro surco para tu arado".

de reformulación de funciones, los términos se definen a partir de las relaciones que entablan y no al revés. Yo diría: nuevamente, lo judío toma las ideas míticas, las representaciones arcaicas con que los hombres han tratado de explicarse los acontecimientos vitales y las torsiona, las resignifica. Hace, con ellas, operaciones de lenguaje. Ya no se trata –una vez más– del hueco literal de la tierra a la espera del sembrador, sino de una figura de la lengua. Si ella es agujereada, horada también al hombre en su supuesta completud[130].

Todo el pensamiento judío, desde el idioma mismo, se estructura como trabajo de interpretación, lo que los sabios nombraron, justamente, con el término *pardés*[131]. O lo que Freud llamó, en los términos de su época, "un progreso en la espiritualidad".

Humanos mortales que procrean hijos humanos mortales, sin parentesco alguno con lo divino ni mezclas de dimensiones. Como diría Spinoza, el atributo pensamiento y el atributo extensión (ambos, expresiones de la sustancia, es decir D'os) no se cruzan jamás ya que constituyen dos planos de lo real que se co-rresponden, pero no intervienen el uno en el otro. Capitalizando este modelo, diríamos entonces que lo divino y lo humano, en el texto bíblico, reconocen una estrecha correspondencia, pero la vida de los hombres está regulada por una legalidad que no remite jamás a lo sobrenatural. Spinoza –como algunos de los filósofos de la antigüedad latina en los que gusta reconocerse–, es un enfático opositor a la idea de metamorfosis[132]. La legalidad que rige estric-

---

[130] Así lo muestra el relato bíblico de la creación de la mujer a partir del "costado" del hombre, hueco que lo descompleta y permite la aparición de la alteridad.

[131] PaRDeS (P.R.D.S.) es un acrónimo que resume los cuatro niveles de interpretación del texto bíblico: P. por *pshat*, "literal"; R. por *remez*, "relacional"; D. por *drash*, "alegórico", y S. por *sod*, "secreto o esotérico" (la Cábala es su expresión por antonomasia). El término *pardés* proviene del persa, y es lo que luego el latín verterá por paradiso, de donde proviene el español *paraíso*. Hay abundante literatura midráshica sobre el tema... De ahí que, una vez más, el paraíso no es para el pensamiento judío ningún lugar, ni terrenal ni celestial, sino una cuestión de lenguaje.

[132] De ahí su preferencia por Lucrecio y Epicuro, defensores acérrimos de las leyes de la Naturaleza. "Esta fijeza de las leyes de la naturaleza que nada puede modificar una vez constituido el mundo, es la marca propia del sistema (de la *Ética*

tamente el universo spinoziano no tolera esa figura tan cara al pensamiento pagano: hombres transformados en ríos, cisnes o pájaros, doncellas devenidas árboles, dioses que se hacen toros, piedras o bestias convertidas en humanos son, para el filósofo, motivo de risa o desprecio. Pura superstición. (En la misma línea, George Steiner afirma que "la idea de encarnación –un dios transformado en hombre– repugna al pensamiento judío"). El holandés se apega con rigurosa fidelidad a la letra bíblica (lo que los rabinos de su época, de mentalidad mucho más cristiana que judía, no pudieron o no quisieron advertir).

Es que desde el inicio mismo del relato, los primeros capítulos de Génesis donde se narra la creación del mundo, se trata de separar. La gesta creacionista es una tarea de distinción/separación, lo que una y otra vez expresa el verbo hebreo *leavdil*. Así como cada fruto, cada animal, cada ser vivo habrá de reproducirse "según su especie" y quedan explícitamente prohibidas las mezclas y las cruzas, así también la prohibición de incesto va de la mano con la prohibición de intercambio sexual con animales (y, claro, ¡con dioses!). Al humano lo que es del humano... con todas sus limitaciones y sus enorme posibilidades. No, definitivamente, no serán como dioses.

Este encuadre terreno y humano puede ser confundido –para quienes están demasiado imbuidos del paradigma dualista greco-cristiano, dominante en la cultura occidental– con un raso materialismo (Pablo de Tarso es, sin duda, el que, haciendo una lectura interesadamente reduccionista de las fuentes, moldea tal paradigma y lo impone con gran éxito). Pero hablar de materialismo es ya someterse al vocabulario dualista, pues ese término supone una dimensión otra, la espiritual, allende los límites del aquí-y-ahora. Tal espiritualidad estaría diseñada según vectores temporales y

---

spinoziana), aquello en virtud de lo cual la necesidad prevalece definitivamente sobre el azar y lo arbitrario. El mundo riguroso de las leyes se opone al de las mutaciones sin principio, y solo a este precio puede ser vencida la superstición". (Moreau, 2014). Valga recordar que, para el filósofo holandés, esa legalidad es, propiamente, D'os.

espaciales diferentes y, sin duda, superiores a lo material. Se reconoce aquí la herencia platónica (o, más precisamente, del platonismo): lo que el griego estableció como abismo entre el mundo sensible y el inteligible, un orden vertical que situaba a la materia en la posición inferior y al espíritu en la superior, se replica en el pensamiento occidental donde el cristianismo triunfante mantiene, aun si cambiando los nombres, la división jerárquica que dará sustento a su condena del cuerpo y su concepción del pecado. Jerarquía por completo ausente en el texto bíblico hebreo, narrativa protagonizada por vivientes humanos, dotados de cuerpo y lenguaje sin división sustancial ni diferencias axiológicas (Spinoza, otra vez, lector agudo...).

**Letra y ligadura**

> "Guardémonos de tratar desdeñosamente las invenciones de la humanidad en torno a la lógica de la filiación".
>
> (Legendre, *El crimen del cabo Lortie*)

En el episodio de la *Akedá* el patriarca recibe una orden que se enuncia como prueba: "Y aconteció después de estos sucesos que D'os probó a Abraham" (Gén. 22, 1).

¿De qué se trata este pasaje? Adelanto la línea de mi análisis: otra vez, el mito resignificado e invertido. En la literatura mítica, la "prueba del héroe" es condición *sine qua non* para su acceso a la gloria. Como los mitólogos y antropólogos muestran, el aspirante a héroe debe vencer a una bestia (dragón, Esfinge, más todas las variantes), demonio o soberano representante de fuerzas malignas. En todos los casos, el protagonista es un joven valiente cuya recompensa será la mano de la princesa[133] o figuras similares. El

---

133 Desde el texto señero de Rank, pasando por Vladimir Propp y Levi-Strauss hasta autores contemporáneos (incluyendo a R. Barthes), la bibliografía sobre el tema "estructura del mito" es enorme. Remito a ella para ilustrar este punto. Es útil subrayar aquí que los análisis estructuralistas se desarrollan en términos de "roles actanciales", o sea funciones presentes en todos los mitos que pueden estar

supuesto paralelo del modelo mítico con lo que consigna la Torá provoca numerosos interrogantes, de los que solo sugiero algunos: ¿en qué sentido este esquema puede aplicarse al análisis del texto bíblico? ¿Puede ser visto Abraham como el joven héroe de los mitos, a quien se le pide que mate al monstruo para salvar al pueblo del mal que lo aterroriza? ¿Quién o qué sería el monstruo en esta ocasión?

Veamos el texto en su complejidad:

(v. 1): "Y aconteció después de estos sucesos que D'os *probó* a Abraham diciéndole: 'Abraham'...".

La versión tradicional de los exégetas clásicos supone que lo que se prueba es la obediencia de Abraham a este dios novedoso. La palabra *nes*, que es el origen de este verbo (*nisá*: probó), quiere decir *prueba* pero también milagro y estandarte (por homofonía, ya que hay una leve diferencia de notación). Lo que se sube a un mástil como bandera, como ejemplo, como emblema para ser imitado. Una imagen-modelo a la que dirigir la mirada. Pero vimos que en el capítulo 17, al cortarle el nombre, D'os "baja" al patriarca de una posición soberana. ¿Qué significaría pues esta elevación?

Dice Legendre, analizando la problemática del narcisismo y las posibles estrategias de introducción de la alteridad que la legalidad tiene para desprender al sujeto de ese apego mortífero, que de lo que se trata es de "el alcance del principio genealógico en el imaginario social al que la reproducción está aferrada como a una roca"[134].

Y explica:

"La imagen es en primer lugar y ante todo un fenómeno de discurso. Esta es la astucia institucional de la que depende la problemática de la imagen: el ser vivo es hablado, resuena y es en el eco de esta palabra que debe venir a su lugar de ser hablan-

---

desempeñadas por personajes específicos o bien, un mismo personaje cumplir varias funciones o una función, repartirse entre varias figuras.

134   Hay una oposición estructural entre narcisismo y genealogía, el apego a sí mismo es el desconocimiento del otro.

te. La institución de la imagen es una invención mecánica... (del griego *mechané*), un medio para operar, el arte de encontrar los trucos, como por ejemplo el instrumento para izar los bultos sobre un barco, o la máquina teatral por medio de la cual los dioses pueden aparecer suspendidos en el aire. Se trata de esto: *izar al sujeto* y reemplazar su cebo narcisista por un montaje" (Legendre, 1996: 53; el destacado es mío, D.S.).

Parecería pues que el sujeto solo puede ser izado, elevado, a condición de haber sido cortado: reconocerse como hablado en el eco (y hueco) de esa palabra que lo llama y le anoticia de la alteridad. Es preciso caer –de la completud narcisista, de la autosuficiencia del déspota– para poder subir, ya fallido y descompletado, a la altura que su función le demanda. Como más tarde Jacob, Moisés y todos los personajes-padres bíblicos, afectados por una falta que los habilita[135].

Por otra parte, este es uno de los pasajes donde se registra la ambivalencia de los momentos inaugurales de una nueva concepción: entre el paganismo y el monoteísmo, entre el padre déspota y el fallido, entre el sacrificio del hijo y la construcción filiatoria. El dios que habla aquí es nombrado como *Ha-Elohim*, expresión multipresente en el texto pero problemática. Por supuesto, los traductores, políticamente correctos, vierten ese nombre como Dios[136],

---

[135] Lo dice inmejorablemente Luciano Lutereau: "¿En qué sentido puede decirse que el padre está afectado por la castración? En primer lugar, padre es quien ha sufrido una doble pérdida: por un lado, ha perdido su ser de seducción (para todas y para ninguna), en la medida en que ha tomado a una mujer como suya; por otro lado, ha perdido a su mujer, en la medida en que la convirtió en madre, es decir, ha quedado destituido de la libido que ella destinará al cuerpo del niño. Sin embargo, esa doble pérdida no lleva a la resignación. (...) la castración en el padre es equivalente a su ser de deseo. Estas pérdidas se vuelven causa de la transmisión al niño, que adopta a su padre como tal" (Lutereau, 2015).

[136] Claro que la crítica bíblica explicará esto como la pertenencia de la perícopa a la fuente E (Elohista), la que convive en gran parte del texto con la primitiva fuente J (Yahvista o Jehovista) donde D'os se nombra con el tetragrama. También los exégetas de la tradición (Rashi, etc.) han advertido esta "incoherencia", para la que encuentran explicaciones teológicas. Más allá del acierto de tales investigaciones o soluciones, me interesa rastrear en el texto otra cosa, diferente a la "intención" del o los autores. El mismo modo de nombrar a dios aparece en la parashá Itró, de los Diez Mandamientos, y en otros lugares del texto bíblico que muestran el pasaje de la concepción pagana al monoteísmo. Intuyo que estas son pistas a leer y a interrogar para tratar de dilucidar su función en la narrativa. Por

pero el sintagma tiene la particularidad del artículo (*Ha*, en hebreo, artículo definido). Sabemos que Elohim es un plural (dioses), que, a veces, funciona como nombre de la deidad monoteísta (con todas las dificultades que esto conlleva y que no podemos analizar acá) pero si es uno de los nombres del dios único, es nombre propio que no admitiría artículo. A menos que... se trate de una alusión a "los dioses", es decir, al paganismo. En cuyo caso, podría arriesgar la hipótesis de que este hombre, a caballo entre dos culturas, en pleno proceso de construcción subjetiva (lo que implica el doble y complejo movimiento de alienación y separación), todavía sometido a las viejas creencias, lo que oye es la demanda de un Otro terrible. Esos dioses de los paganos que exigían inmolar a los hijos, situación que para los personajes bíblicos es conocida. Entonces no se trataría solo, como propongo, del advenimiento de un nuevo modelo de paternidad, de una figura de sujeto inédita, sino también –y en relación necesaria con ello– de un nuevo modelo de dios. No es solo Abraham el dividido, sino la deidad misma. ¿Sería, este dios nuevo y único, una suerte de *mamuschka*? ¿Contendría en su interior –como los *agalmata* o efigies dentro de Sócrates, según su enamorado Alcibíades– la pluralidad de dioses que las tradiciones del entorno adoran?

(v. 1): "Abraham".

Este dios (de tan indecidible estatuto) llama al hombre, lo insta a responder. Todo lo que sigue es el desarrollo de la respuesta a la convocatoria que invita a Abraham a ubicarse "en el eco de esa palabra". Pero si el llamado heterónomo, el ser hablado, es condición para advenir a ese lugar de ser hablante –la autonomía, el aspecto activo de lo pasivo–, tal pasaje no está garantizado. De

---

lo general, tales marcas no aparecen en las traducciones, o si lo hacen, de algún modo son despojadas de su dificultad. Meschonnic, en su bello libro , traducción de Génesis del hebreo al francés donde intenta preservar la rítmica del original, traduce: "le Dieu" (Meschonnic, 2002). Reponer el artículo es un gran avance en relación a las traducciones previas, pero no resuelve el problema, más bien lo señala: ¿Cómo podría circunscribirse de esa forma la deidad? ¿Es posible acotar, determinar –ya que esa es la función del artículo– y sustantivar al dios que se pretende único, todopoderoso y absoluto? Agradezco a Ana Pirosky haberme llamado la atención sobre estas particularidades de la nomenclatura.

hecho, cuando al comienzo de la vida humana se le dirige a Adán el llamado (¿*Aieka?* "¿Dónde estás"?) el hombre contesta con evasivas, se desresponsabiliza por su acto y no acude al lugar señalado.

> (v. 1): "Y él contestó: 'Heme aquí' (*Hineni*)".

Abraham es el primero que da la respuesta correcta, esa que Adán aún no había podido articular. Asume y actualiza su referencia a la Ley –que es quien convoca– como viene haciéndolo a tientas y vacilantemente desde el capítulo 12, en ocasión de emprender la marcha por su propia cuenta. Sus titubeos, sus gestos no del todo dignos, sus fluctuaciones son momentos de este proceso de adquisición de autonomía que nunca es lineal ni unívoco. Pero, al dar esta respuesta precisa, señala que ya está listo para recibir el llamado de la ley y hacer su propia interpretación. El *hineni* no es signo de sumisión sino de responsabilidad subjetiva.

> (v. 2): "Y le dijo: 'Toma ahora[137] a tu hijo Isaac, tu único, a quien amas, y vete a la tierra de Moriá y ofrécelo allí en sacrificio sobre una de las montañas que te indicaré'".

Pero sabemos que Isaac no es su único hijo, de modo que esta mención –y la reiteración en las tres formas de referirse a él– tiene otra función: se le ha dicho al patriarca que la promesa se continuará en su descendencia no a través de Ismael sino de Isaac, el hijo del Abraham ya circunciso. En ese sentido, Isaac es único (heredero de la alianza). Por otra parte: ¿cómo entender semejante demanda? Esta es la pregunta crucial. En el capítulo 17, la promesa de D'os a Abraham incluye a Isaac en forma explícita y excluyente. Luego del cambio de nombre del patriarca y de la orden de circuncisión, le dice: "A Sarai tu mujer no llamarás Sarai, porque será Sarah. Y la bendeciré y haré que ella también te dé un hijo... y le pondrás por nombre Isaac (*Itzjak*) y *Yo estableceré Mi pacto con él por siempre y con su simiente después de él*" (vv. 15-20). De modo que no solo al nombre del padre, sino también al de la madre es preciso incluirle la *h*, la

---

137 La expresión en hebreo, *kaj-na*, connota más un pedido que una orden. *Na* se suele traducir como "por favor". Este matiz es de gran importancia, porque da cuenta de que no se trata de una deidad cruel y arbitraria.

falta[138], para darle lo que la *h* como representante de D'os/Ley implica[139]. Así, apartada de su carácter puramente natural, ella también queda habilitada para procrear, y el fruto de esta procreación será, ahora sí, el heredero del Pacto. ¡Resulta absurdo pues que se quiera eliminar de la historia a este hijo, ya que la continuidad de la misma depende de él! Se impone por tanto otra lectura, coherente con los motivos que articulan la narrativa bíblica en su totalidad, para la cual no faltan pistas y claves en la escritura misma.

En primer lugar, ¿qué escucha Abraham[140]? ¿Y a quién? ¿A los dioses crueles del paganismo con sus demandas sacrificiales terribles[141]? ¿Resuenan todavía en sus oídos esas voces de su historia pasada? ¿Es que no ha terminado de irse de la tierra de sus ancestros, de la casa de su padre y las prácticas idolátricas? ¿Habría, en su proceso de subjetivación, avances y retrocesos (como luego en los restantes patriarcas y en Moisés)? ¿No son esas vacilaciones inherentes a la complejidad y al desfasaje que el sujeto comporta? La prueba de la que habla el texto, ¿no consistirá precisamente en someter esa escucha a un filtro que permita distinguir entre la pulsión (el llamado de un Otro cruel y gozador, un superyó terrible) y la ley (una alteridad que funda la capacidad de decisión del sujeto, haciendo tope a esa demanda de goce)? ¿No hay siempre,

---

138  También el nombre de la mujer es cambiado: se le suprime la *iod* final y se la reemplaza por una *hei*, la misma que corta y ahueca el nombre de su esposo. Pero, ¿qué necesidad había? ¿Acaso ella, por su condición femenina, no es ya agujereada (*nekebá*)? Sí y no: lo es, digamos, biológica y anatómicamente, pero es preciso que esa condición adquiera estatuto legal para que le sea posible ser madre. También la maternidad, en el contexto bíblico, es –al igual que la paternidad– asunto de institución.

139  Como en el caso de la circuncisión de Moisés, de acto quirúrgico a hecho institucional. Parafraseando a Legendre, diría: no es suficiente cortar la carne, es necesario instituir el corte.

140  El problema de la escucha reaparece sin cesar en el texto, de muchas maneras y con múltiples connotaciones. No es posible resolverlo de un modo simple y unívoco. Así como no se sabe qué escuchó Moisés en el Sinaí, tampoco es fácil determinar la percepción de Abraham. Claro que no se trata de un relato "realista" ni de personajes psicológicos: más bien, estos textos señalan que toda escucha está, necesariamente, afectada de equivocidad.

141  Una y otra vez, y muy específicamente en Levítico, se expresa la orden "No sacrificarás tus hijos al Moloj", fórmula que resume la prohibición de esos cultos mortíferos. Toda la Torá es el mandato de abolirlos.

en distintos grados y formas, una pervivencia en el adulto de ese aspecto infantil sometido y aterrado? Sabemos que el D'os del Pacto y la promesa (del futuro nacimiento de Isaac) es IHVH (Gén. 17). ¿Dónde ha quedado ese Nombre? ¿Ha retrocedido para que los dioses paganos vuelvan a ocupar su lugar?

> (v. 3): "Y madrugó Abraham, aparejó su asno y tomó dos mozos consigo y a su hijo Isaac. Y partió leña para el holocausto, levantóse y fue al lugar que D'os le indicó".

> (v. 4): "Al tercer día alzó Abraham sus ojos y vio el lugar de lejos".

Abraham *alza su vista*, mira más allá de lo inmediato, ve a lo lejos: nuevamente, no se trata de una distancia espacial sino temporal. Es capaz, parece decir el relato –y acorde a lo que aquí se cuenta–, de construir futuro, de avizorar el tiempo que trasciende su vida individual. "Ve" en dirección a la promesa. Alzar o elevar tiene un parentesco lingüístico con la idea de bandera o estandarte, *nes*. Si bien, como dijimos, hay una diferencia ortográfica, se relacionan homofónicamente, y volverá a aparecer el término más adelante en el mismo capítulo, con un valor semejante.

> (v. 5): "les dijo entonces a los mozos: 'Esperad aquí con el asno mientras yo y el muchacho vamos allá, nos prosternaremos y volveremos a vosotros'".

> (v. 6): "Y tomó Abraham la leña del holocausto, la cargó sobre su hijo Isaac; y tomó el fuego y el cuchillo, *y ambos estaban juntos*".

> (v. 7): "Y dijo Isaac: 'He aquí el fuego y la leña; pero ¿dónde está el animal para el sacrificio?'".

> (v. 8): "Y respondióle Abraham: 'Hijo mío, D'os proveerá algún animal para el holocausto'. *Y siguieron caminando los dos juntos*"[142] (yo destaco, D.S.).

---

[142] Agrega Lutereau: "...el padre deja la huella de su transmisión, menos por la comunicación de un ideal, que por cierta ética que rescata al sujeto en aquellos momentos de vacilación; antes que un destino, el padre es un tope a la caída del sujeto" (Lutereau, 2015).

(v. 9): "Y llegaron al lugar que D'os le había indicado y Abraham erigió allí un altar; ordenó la leña. Y ató a Su hijo Isaac y lo colocó en el altar sobre la leña".

"Y ató", en hebreo, *vaiakod*, del verbo *laakod*, atar o ligar. De ahí, *akedá*: ligadura, y no sacrificio, como la tradición –a partir de la traducción cristiana– lo vierte y lo difunde. Veremos el valor de esta ligadura –valor central en la línea de lectura que propongo– que queda por completo anulado por la idea de "sacrificio".

(v. 10): "Y Abraham extendió la mano que portaba el cuchillo para matar a su hijo".

(v. 11): "Cuando lo llamó del cielo un ángel divino diciéndole: 'Abraham, Abraham'. Y éste contestó: 'Heme aquí'".

(v. 12): "Y dijo: 'No abatas tu mano sobre el muchacho ni le hagas nada. Porque ahora sé que eres temeroso de D'os ya que no escatimaste para mí a tu propio hijo'",

(v. 13): "y Abraham *alzó la vista* y vio que un carnero que estaba cerca tenía sus cuernos trabados en el matorral, por lo que fue allí, tomó el carnero y lo ofreció por holocausto en lugar de su hijo" (Yo destaco, D.S.).

Segunda aparición de la expresión "alzó la vista", vinculada con la anterior del v. 4 por el mismo motivo: al decidir, por su propia cuenta (como veremos en lo que sigue) no inmolar a su hijo sino reemplazarlo por el carnero, Abraham está diseñando el futuro.

(v. 14): "Y llamó Abraham a ese lugar *Adonai Ireh*, El Señor proveerá, de donde suele decirse hoy en día 'la montaña del Señor proveerá'".

En primer lugar, un padre no es el que tiene todas las respuestas; su saber es insuficiente. A pesar de ello debe decidir, del mismo modo que en la ética kantiana, donde la insuficiencia del conocimiento es fundamento de la autonomía de la voluntad.

En segundo lugar, en este versículo aparece nuevamente D'os, pero ahora como IHVH. Es pues luego de haber liberado a su hijo del (supuesto pedido de) sacrificio, que desaparece la figura de "los dioses" y en su lugar se instala el Tetragrama, ya no una deidad despótica que demanda inmolaciones sino D'os en tanto Referencia, que hace de este hombre un adulto responsable.

(v. 15): "Y el ángel del Eterno llamó a Abraham desde el cielo por segunda vez"...

(v. 16): "diciendo: 'Por Mí juré, dice el Eterno, que por haber hecho tú cosa semejante y no me negaste tu propio hijo único",

(v. 17): "he de bendecirte sobremanera y multiplicaré inmensamente tu simiente como las estrellas del cielo y la arena que hay sobre la playa y tu simiente poseerá el portal de tus enemigos",

(v. 18): "Y todos los pueblos de la tierra te bendecirán a ti y a tu simiente porque obedeciste mi voz""".

(v. 19): "De tal manera volvió Abraham junto a sus siervos. Y levantáronse todos y fueron a Beersheba"...

Ríos de tinta han corrido a lo largo de los siglos intentando explicar tan extraño episodio. Imposible consignar tan inmensa literatura[143], solo tomaré una línea que me parece coherente con mis hipótesis. El académico israelí Omri Boehm hace un análisis antropológico, jurídico y literario del episodio que nos ocupa (Boehm, 2007). Toma en cuenta la extensísima bibliografía sobre el tema –desde las exégesis tradicionales hasta análisis de la corriente crítica y otras fuentes contemporáneas– y señala que este es un relato que aparece en la Biblia hebrea (Tanaj), con modificaciones, tres veces: una, es este relato. La segunda, en el libro de Reyes, con el rey de Moab, y la tercera está en el libro de Jueces, con Jefté y su hija. En los tres casos aparece la idea del sacrificio del hijo.

Lo que destaca Boehm, basándose en prestigiosos comentadores clásicos y en su profundo conocimiento del hebreo bíblico, es el hecho de que hay grandes similitudes narrativas, terminológicas, gramaticales y estructurales entre estos relatos. Hace un rastreo en

---

143   Remito al hermoso libro de Colodenco, 2006.

la literatura arcaica de Medio Oriente en base a la hipótesis de que todos ellos tienen una fuente común. Esta fuente común –perdida en la noche de los tiempos y del inconsciente– es una tradición llamada "el relato del sacrificio del hijo", que hemos encontrado, también, en los mitos griegos. Lo que importa, para el desarrollo que aquí propongo, es que hay un mitema, como lo llama Levi Strauss, en relación al padre matando al hijo. No a cualquier hijo sino al más amado, al elegido. Esto implica que, igual que el motivo del Diluvio o la Creación del hombre, hay en esta narrativa un núcleo temático que es tomado por distintos textos, en distintas tradiciones y en distintos periodos históricos. Núcleo inherente a la cultura en cualquier época y lugar, pero que cada grupo traduce, entiende y reformula según sus propias coordenadas, experiencias y categorías de pensamiento.

Boehm encuentra que la historia de la ligadura de Isaac en la Torá es lo que en lenguaje técnico se denomina *reflection story*. Una historia refleja, como en espejo. Temáticamente lo mismo, pero invertido. Se invierte por completo el sentido de la historia, aunque juega con los mismos elementos. La inversión consiste en lo siguiente: todas las historias recogidas por los comentadores y los antologistas –que hacen recopilaciones de narrativas cananeas, babilonias, etc.–, tienen como protagonistas a reyes o personajes extremadamente poderosos, que tienen a su cargo la subsistencia de sus súbditos[144]. Frente a una situación de peligro o amenaza, este rey u hombre poderoso debe salvar a su pueblo. Pero para ello tiene que apaciguar a una potencia divina en cólera, como llama de Maistre a la divinidad que exige sacrificios (De Maistre, 2009). Hay un dios irritado y vengativo que por algún motivo –muchas veces desconocido por los hombres– manda como castigo una peste, una guerra, un enemigo poderoso, un monstruo aniquilador. La función de este rey es, pues, apaciguar a esa potencia. ¿Cómo? Mediante una negociación: te entrego lo más querido a cambio

---

144 En la misma línea, vale recordar lo que Severino Croatto (1985) señala: que la particularidad específica del texto bíblico radica en que sus personajes son hombres comunes, a diferencia de toda la literatura de la antigüedad protagonizada exclusivamente por soberanos o deidades.

del levantamiento de la amenaza[145]. Lo más querido es ese hijo sacrificado de los reyes en todas esas historias. Basta ir a la tragedia griega y leer el caso de Agamenón inmolando a su hija Ifigenia para ver, en un ejemplo cercano y accesible, cómo funciona tal lógica[146]. El sacrificio del hijo, como una forma ritualmente legitimada de filicidio, abunda en numerosas culturas. No solo en una lejana antigüedad –Cartago y otros pueblos (Colodenco, 2006: 379), donde se ha documentado fehacientemente la costumbre– sino más cerca en tiempo y espacio: las momias de Llullaillaco, expuestas actualmente en el Museo de Alta Montaña en Salta, Argentina, dan fe de que la inmolación de los pequeños a los dioses formaba parte del calendario ritual de la cultura. Tal vez podríamos ver la misma creencia en acto en las inmolaciones voluntarias (¿?) de los jóvenes y niños islámicos, cuyos padres entrenan a sus hijos para el sacrificio en nombre de Alá…

En el cristianismo, por su parte, la figura de Jesús –por más romantizada que resulte como efecto de los discursos del amor y el perdón– no deja de ser exactamente eso que el judaísmo intenta erradicar: el sacrificio del hijo, solo que en ese caso, en una suerte de consumación extrema, es más ni menos que el hijo de la deidad[147].

La saga sacrificial no se detiene en el hecho puntual: como es fácil advertir en el caso de Edipo, los efectos mortíferos se extienden –diría Platón en su *Fedro*– a toda la estirpe trágica. Serán sus hijos los que, de diversa manera, queden afectados por ese "destino", ya sea en la muerte que recíprocamente se infligen Etéocles y Polinices, o en la autoinmolación de Antígona. Edipo que, como

---

145  Tal como afirman los especialistas en la temática del sacrificio, una de las estrategias que este lleva a cabo es *pars pro toto*, (la parte por el todo), el pago de una suma importante pero que evitaría el arrasamiento total. La institución del diezmo –de la que nuestros impuestos son, en el fondo, una versión moderna–, tiene la misma lógica.
146  La muerte de su hija adorada, joven y virgen, es el costo que el soberano debe pagar para que la diosa haga soplar el viento que llevará las naves hasta Troya. Sin esa ayuda –que implica el perdón divino y señala que el rey ha recuperado el favor de los Inmortales– su función monárquica fracasaría y la desgracia se abatiría sobre su pueblo.
147  Valga recordar que el discurso cristiano considera el "sacrificio" de Isaac como antecedente del de Cristo, con lo que fuerza una lectura falsa de las fuentes bíblicas.

hijo, ha sido destinado al sacrificio por su propio padre, parece que como padre no tiene más alternativa que transmitir ese destino no consumado a sus vástagos, impulsando su repetición.

Si retomamos ahora el texto bíblico, encontramos las siguientes diferencias:

No hay aquí ninguna potencia en cólera. No hay ningún enojo ni amenaza, ni guerra, ni peste... salvo el sacrificio mismo. En realidad, todavía no hay pueblo. *Va a haberlo –y así afirma la promesa hecha por D'os a Abraham– como descendencia de este hijo.* Sería por tanto una incoherencia pensar que matar al hijo salva al pueblo. Solo se "salva" el pueblo (futuro, potencial) si se salva el hijo. Pero no solo si sobrevive, sino si esa vida queda ligada a algo otro que la voluntad o el capricho del padre. Si el padre actúa como soberano, con poder sobre la vida y la muerte de su vástago, no hay futuro posible. Es ese lazo de lo que se trata: una ligadura tal que conlleva una desligadura. Si la existencia misma de este pueblo depende de que este sacrificio *no* se consume, he aquí la primera "trampa" del texto, la clave que distingue esta narrativa de las otras aparentemente similares (y que requiere una lectura desde una perspectiva distinta a la anecdótica): poner, en el mismo personaje, la salvación (del pueblo) por la vida y la supuesta víctima sacrificial. Superposición imposible, en el sentido de una imposibilidad lógica.

En segundo lugar: la referencia a *estaban juntos, iban juntos, caminaban juntos...* se repite durante todo el trayecto de ida y después desaparece. Al final del episodio dice: *Y Abraham volvió junto a sus mozos...* (Gén. 22, 19). Se señala así que Isaac regresó solo, ya desligado. No de la mano de su padre, sino por su propia cuenta. A partir de ahí seguirá la historia de Isaac. (Como antes, vimos, Abraham también había debido separarse del camino de su padre). Parecería que esa separación del padre es necesaria para que haya después, precisamente, una historia (y sucesión: *toledot*) de Isaac.

Los comentaristas tradicionales dicen que Abraham sale triunfante de esta prueba porque "mostró su obediencia" –tal como dicen los vv. 14 y 18–. La prueba a la que es sometido Abraham *supuestamente* es, según Kierkegaard (2003 [1843])[148], la prueba de la fe, pero a mi entender se produce exactamente lo contrario, y esa –la subversión del sentido convencional– sería la función de la perícopa.

Boehm, basándose en elementos lingüísticos y redaccionales precisos, sostiene que hay dos tramos que constituyen interpolaciones de fuentes redaccionales posteriores: los versículos 11 y 12 son una, y los vv. 15 al 18 la otra. Tales fragmentos, dice este autor, son concretamente "agregados teológicos" que tienen por función introducir en primer plano al dios como verdadero protagonista de la historia. Esa función teológica, que imprime al texto un fuerte sesgo determinista, relega al hombre a un segundo plano. La hipótesis que propongo, basándome en los bien documentados análisis de Boehm –entre otros– y en pistas que la misma escritura provee, es que en realidad este relato muestra –en consonancia con la totalidad del texto bíblico, leído desde esta perspectiva– *la constitución de la función paterna*. De modo que, si salteamos esas líneas, se lee –en el primer tramo– lo siguiente:

> (v. 10): "Y Abraham extendió la mano que portaba el cuchillo para matar a su hijo".

> (v. 13): "...y Abraham alzó la vista y vio que un carnero que estaba cerca tenía sus cuernos trabados en el matorral, por lo que fue allí, tomó el carnero y lo ofreció por holocausto en lugar de su hijo".

La secuencia resulta perfectamente coherente desde el punto de vista redaccional y gramatical. El hebreo bíblico, según el análisis de Boehm y otros eruditos, muestra la coherencia estilística y de estrato lingüístico que estaría señalando la continuidad original entre esos fragmentos. Concretamente: si sacamos los dos pasajes (interpolaciones) en los que habla el ángel, lo que queda es una narrativa que, en efecto, tiene sus paralelos en las historias de Medio Oriente y de numerosas literaturas míticas, pero "fallada". Como

---

148 En su clásico texto, el filósofo hace una lectura cristiana del episodio en tanto su énfasis está puesto en la cuestión de la fe. Así llama al patriarca, "caballero de la fe", capaz de suspender su juicio moral y privilegiar la creencia en lo divino. Pero tal como señala Colodenco (2006), "en el pensamiento judío no es pensable la oposición entre fe y ética".

si este texto, falto de corrección y de *editing*, resultara absurdo y frustro comparado con esos otros. Pero es ahí donde pongo el acento, en esa "falla" que nos permite entender, bajo la apariencia de lo mismo, algo diferente.

Si en lo que sigue, eliminando la segunda supuesta interpolación, pasamos del v. 13 al v. 19, luego de inmolar al carnero esto es lo que ocurre:

> (v. 19): "De tal manera volvió Abraham junto a sus siervos. Y levantáronse todos y fueron a Beer Sheva"...

Quitando al ángel que representa la voluntad divina, queda un texto donde se trata, nada más y nada menos, que de un padre y de un hijo. Pero también se trata de otra cosa ante la cual ese padre y ese hijo comparecen: esa otra instancia, no teológica –pero representada en el texto por el Tetragrama–, frente a la cual se debe probar Abraham, no es otra que la Ley, que corta, que acota, que impide la omnipotencia: eso que Legendre llama "la Referencia". En ese triple gesto de ligadura-desligadura-ligadura consiste la transmisión paterna.

Podríamos decir: la prueba de la que el texto habla consiste en ver si este hombre, designado como padre, es capaz de dejar atrás la creencia en un dios arbitrario y cruel –como los padres míticos–, un dios dueño de la verdad y por ende de la vida y del sentido, y pasar a la creencia en la Ley, la Referencia que articula la vida humana en términos de sucesión de generaciones y ley del lenguaje. Se examina la capacidad del hombre para vaciar ese lugar, como quería Freud en *Tótem y tabú*. Para acceder a lo simbólico, en una instancia inaugural de aquello en lo que consistirá el monoteísmo[149]: la creencia en un dios sin imagen, pura letra, con el imperativo de interpretar que ella implica. Pero, ¿quién interpreta? El sujeto, pues *esa aptitud de interpretación es el único terreno de su soberanía*. Es su carácter de intérprete referido a la Ley lo que lo posiciona como estandarte de un nuevo modelo de paternidad.

---

149 Esta es una posibilidad de leer, en esta narrativa, el aparentemente inexplicable cambio de nombre de D'os: de Ha-Elohim a IHVH.

La *Akedá* es la puesta en escena de la Referencia, es decir, la construcción institucional de un padre en tanto tal, y de un hijo ya no incierto. "Ningún padre concreto es el dueño de lo prohibido ni dicta leyes sobre los contenidos de lo prohibido; ejerce un oficio con el fin de mediatizar y hacer vivible la relación de su hijo con la Referencia absoluta, es decir, con el principio de la Ley y de Razón" (Legendre, 1994). Es a esa ley[150] a la que el padre liga al hijo –como se expresa en su respuesta: "D'os proveerá"–, ligadura que tiene como condición desligarlo de su propia omnipotencia. En ese sentido, podríamos rescatar parte de la segunda interpolación y otorgarle derecho de ciudadanía en el texto: cuando en los vv. 15-16, la voz divina dice que "...por haber hecho tú esto y no me negaste a tu propio hijo único, he de bendecirte sobremanera y multiplicaré inmensamente tu simiente...". Por más teológica que haya sido "la intención del autor", lo que su escritura dice –*malgré lui*– es verdad: solo si el padre renuncia a la posesión del hijo para ponerlo en relación con la Ley, será en efecto padre, y se posibilitará la descendencia. Eso que los padres míticos y trágicos no han sabido hacer, de modo que esa resistencia a abandonar su lugar soberano de propietario termina atentando contra su propia sucesión. He ahí el sentido del múltiple juego entre elevar y bajar. Las numerosas formas que el texto tiene para decir la elevación, con diversos verbos y términos, remiten al hecho de que tal izamiento no es por encima de los demás –no es una soberanía sobre otros– sino que consiste en una ligadura a la Referencia.

El *ram* que se le fragmentó al patriarca en ocasión del cambio de nombre –*rah-am*– tiene la misma raíz que la palabra *terumá*, ofrenda, palabra que titula una *parashá* de Éxodo (cap. 25 a 27), en la que se narran las instrucciones para la construcción del Tabernáculo. Se dice allí que cada hebreo debía donar (ofrendar) "de corazón" (en forma voluntaria) lo que estaba en condiciones de dar. La importancia de la ofrenda no radicaba en su valor material, sino en el acto de entrega y de compromiso que el gesto implicaba. No se trataba de un acto compulsivo: la decisión era de cada uno. La donación hacía lazo,

---

150 Como sugerí antes, en eso consiste la ley del padre: en primer lugar, en que el padre mismo es ligado y constituido por la Ley, cuya transmisión está a su cargo.

contribuía a una obra en común a la cual quedaban todos ligados. Pero las ofrendas *se elevan:* se entregan a algo por encima de uno. Así, la relación del sujeto a la ley: se renuncia a la omnipotencia y se abre la opción de adueñarse de las propias posibilidades ya que, como dice Kant, "libertad es someterse a la ley". La elevación como ofrenda: fundación de la autonomía en la ligazón heterónoma.

### Instituir la carne, cocinar el lazo

Legendre insiste: *no hay más sujeto que el sujeto instituido.* Un sujeto instituido es el que es puesto en relación a la Ley. *Un sujeto,* dice el jurista, *es hijo doblemente:* hijo de sus padres e hijo de la Referencia. Porque un padre, a su vez, está en un lugar genealógico; es ligado generacionalmente y está ubicado en la sucesión. Instituir, dice Legendre, es hacer entrar al viviente en lo prohibido, es decir, en el lenguaje. Pero el lenguaje es signo de pérdida, es decir de división del sujeto[151].

En el texto bíblico, la ligadura a la Ley tiene la figura específica de transmisión del Pacto, que –sabemos– implica el corte. De ahí que la división sea parte esencial de la función del (Nombre del) Padre, como corte entre significado y significante. La separación definitiva entre la palabra y la cosa, entre el signo y el sentido. Donar los significantes para permitir que circulen y habiliten la interpretación.

He ahí la función paterna: donar y cortar (el Pacto). Ligar y desligar. Pero también y en el mismo sentido, separar al hijo de la madre. Separar al hijo de la madre y separar (al sujeto de la cosa y de sí mismo) mediante el lenguaje tienen el mismo valor[152]. Lo que hace Abraham, además, en ese acto de llevar a su hijo al monte de Moriá, es cortar el vínculo pegoteado y posesivo de Sara con

---

151 En relación a la represión primaria, constitutiva del inconsciente, "...la palabra se constituye en el primer acto represivo porque al nombrar a la cosa, la desaloja y la sustituye.... (Es...) el territorio de lo reprimido primario que era para Freud lo que originaba el psiquismo, en el momento en que el sujeto era sobredeterminado por el orden simbólico del lenguaje" (Schoffer Kraut, 2008: 28).

152 "Esa función de corte es la que protege al niño del peligro de quedar atrapado en la posición narcisista de creerse el falo de la madre, es decir, un objeto de fabricación materno, que lo puede condenar al goce de la fusión/confusión imaginaria" (Schoffer Kraut, 2008: 11).

Isaac[153], sacarlo de las faldas de su madre y ponerlo en camino hacia otra cosa. El acto judío de la circuncisión, *brit-milá*, formaliza ritualmente, una generación tras otra, tal separación[154]. También él mismo (Abraham en tanto hijo) fue puesto en camino por el *lej lejá* del capítulo 12. Así se constituye el exilio como figura privilegiada de la prohibición de incesto y la exogamia.

Resumiendo: Abraham percibe una demanda "divina" e interpreta, a su manera, que lo que está en juego no es el acatamiento literal

---

[153] "Entre los judíos, en el Antiguo Testamento, no existía la castración, existía la circuncisión, que era una forma de señalar, a través de cortarle al niño el prepucio a los ocho días, como un acto que solamente contenía la presencia de los hombres, (las mujeres miraban desde arriba qué hacían con su propio hijo), y de alguna manera le decían: con la madre no, pero quedaban disponibles, como veremos en el Antiguo Testamento, todas las otras mujeres. (...) Cuando San Agustín habla de castrar, ya no se refiere a la piel fibrosa de un pene que hay que recortar en su punta extrema sin dañarlo, liberándolo para su vida futura. En el caso del cristianismo, en San Pablo, lo que aparece es la castración del corazón y por eso se ven las imágenes de Cristo con el corazón ardiendo..." (Rozitchner, 2008).

[154] Una joven rabina francesa, perteneciente a la neo ortodoxia, lo explica inmejorablemente: "La noción de alianza en la Biblia está en realidad siempre ligada a un movimiento de ruptura. El hebreo dice: *lijrot ha brit*. Una alianza se corta... La alianza (pacto, *brit*) es la expresión de una improbable e indeseable fusión entre dos contratantes, que tejen entre ellos un lazo con la conciencia de que no harán jamás un 'uno'... Lo que está en juego en la circuncisión da cuenta precisamente de un reconocimiento de la alteridad, la materialización inscripta en la carne de una imposible fusión con un otro. En el día de su *brit-milá*, lo que se le dice al *infans* es que él es un ser aparte, particularmente, a-parte de su madre. Nunca más será uno con ella, incluso si ella es su origen. Está ya por fuera de ella y de la unidad perdida. Este mensaje es ritualizado en ocasión de la ceremonia, y es suficiente con asistir a un brit-milá para observar su coreografía tradicional. El rito comienza bastante antes del corte en sí mismo. Al inicio, la madre tiene al hijo en sus brazos hasta que un tercero, generalmente una hermana o una abuela, viene a buscar al recién nacido para llevarlo al lugar donde se realizará la circuncisión. Se asiste pues a una separación entre la madre y el pequeño, temporaria pero altamente simbólica, ya que esa instancia le notifica a la madre que el niño que se toma de ella devendrá diferente, regresará siendo un otro. En cierto modo, la circuncisión reedita, unos días más tarde del nacimiento, el corte del cordón umbilical, pero esta vez, en presencia de la comunidad y de los hombres, y no en la intimidad femenina de la sala de parto. La salida de la fusión es puesta en escena con una coreografía sagrada que dice a la madre: el niño nacido de ti no es tuyo. Muchas madres lloran en este momento de la ceremonia, no tanto a raíz de la inquietud por el bebé sino por la conciencia implícita de que ese gesto anuncia algo de la autonomía de este niño. Así se tramita el duelo de ese tiempo en que eran un todo-junto. El *infans* entra al mundo de los hombres y en lo masculino, saliendo de su madre, para que este corte sea inscripto en su carne a fin de que pueda ser un otro en relación a ese ser que lo ha fabricado" (Horvilleur, 2015).

(que es lo que exigirían los dioses paganos, cuya extirpación es el núcleo de todo el texto bíblico: "no tendrás otros dioses delante de Mí") sino su creencia en la Ley. Su escucha cambia no solo el contenido de la demanda, sino el emisor. Y por ende, su posición. Se sitúa de otro modo frente al llamado, ya no como niño indefenso preso en las redes del lenguaje del Otro, sino como adulto capaz –muy arendtianamente– de tomar la palabra (¿del padre?) que viene a él, y cuestionarla. La promesa –como luego con Jacob y con Moisés– solo podrá sostenerse en la figura de un sujeto, no de un obediente. En otros términos diríamos: D'os/Ley probó a Abraham para ver *cómo funciona en tanto intérprete*. Y solo quien está afectado por la castración puede interpretar. Se trata de averiguar –en el texto, en la historia– si este hombre es capaz de recibir una orden loca (relativamente común en el entorno y en su tiempo) y, en vez de reaccionar según la "obediencia debida", actuar sin someterse. No se evalúa su sumisión, sino su capacidad de decisión. Si D'os prueba a Abraham como padre, es preciso llevarlo hasta la situación dramática, literalmente: la puesta en escena es inherente al cambio de modelo, al viraje que aquí se requiere. Solo ahí, frente a la demanda de sacrificio, se revelará de qué es capaz este hombre, cómo tramita sus pulsiones, qué entiende de lo que escucha... El relato, pues, no habla de sacrificar al hijo para apaciguar a un dios enojado. Se trata de que ese D'os –un nombre para el lenguaje y la ley– está probando si el hombre es capaz de tomar una decisión autónoma. Solo si sabe de su falla y su finitud, si está anoticiado de su inconsistencia, puede ubicarse *ante la ley* como lector y transmisor. Y, ¿qué si no eso es un padre?

Abraham hace –y se hace– metáfora también en otro punto fundamental: al reemplazar, por propia iniciativa, a su hijo por el carnero. Es su "alzar la vista" lo que le permite ver más allá de lo inmediato, incluir el tiempo y fundar el porvenir. Como todo padre que merezca tal nombre, *apuesta al hijo*[155].

---

155  Conservo intencionalmente la rica anfibología de la expresión: pone sus expectativas en el descendiente para la continuidad de su linaje, pero a la vez lo sube a la mesa de la apuesta generacional, ese altar en el que se juega la descendencia, siempre al borde de su desaparición.

Podemos entonces comenzar a entender el porqué de la absurda elección de ese personaje del texto llamado D'os: iniciar una nueva concepción de la paternidad (y por ende, de lo humano) con una pareja anciana y estéril. Todo sucede como si hubiera sido necesario romper el paradigma reinante –el naturalismo conocido hasta entonces– por medios inéditos (que solo literariamente se pueden tramitar). Ni tiempo cíclico, ni mujeres-tierra, ni jóvenes padres heroicos, ni fertilidad natural: el orden pagano queda totalmente subvertido. *Lej-lejá*: "El que parte se parte[156]. "El que parte del Otro se parte de sí", dice Claudio Glasman (2006: 41). Tal partida (y partición) es la a-parición del sujeto que, indefectiblemente, resulta dividido; pero es, también, la entrada en escena de la metáfora. Se trata de ir de la tierra... al texto.

En la resignificación mítica radica el valor y la novedad de esta narrativa. Si solo viniera a confirmar lo que ya se conoce –la figura de un D'os violento y caprichoso que exige sacrificios, el padre que ofrenda a su hijo para obtener algún premio de parte de esa "potencia en cólera"– el relato no aportaría nada, no tendría relevancia alguna para la cultura ni habría sobrevivido por siglos y milenios como texto fundante de la cultura. Lo que aquí leemos es una operación propiamente literaria e interpretativa: así como Platón recurre a los mitos para exponer nociones novedosas –entre otras, fundamentalmente, su oposición al mito– pero que no puede instalar sino echando mano a relatos ya conocidos y fuertemente arraigados en la cultura de su época, los autores bíblicos mojan su pluma en leyendas y figuras que forman parte de la mentalidad de su tiempo y entorno para, desde ahí, subvertirlas. Toda escritura es desde el inicio una reescritura (como las segundas Tablas), todo texto un intertexto. Esta tensión es lo que no cesa de subtender el corpus y es lo que nos debe orientar en relación a la composición del relato bíblico.

---

[156] Lo que se juega aquí, literalmente, es una partida. La apuesta de un padre que –como dice Ritvo– "no tiene más remedio que *apostar* con los medios a su disposición". Para lo que aquí analizamos, vale la multivocidad del verbo partir: irse, alejarse, cortar, jugar (la partida). Así lo ilustra maravillosamente, ya desde el título, una bella *nouvelle* de Virginia Cosin, *Partida de nacimiento* (2011).

La estrategia conocida como *reflection story* va a reaparecer en otros sitios. En el libro de Éxodo va a ocurrir como en el caso de Abraham: vuelve a producirse esta operación resignificante sobre la tierra. D'os se presenta a sí mismo en el primero de los Diez Mandamientos diciendo: *Yo IHVH, que te saqué de la tierra de Egipto, de la casa de servidumbre, para llevarte a otra tierra...*

Este es el esquema: te saco de una tierra (en sentido literal), para llevarte a otra que ya no es especular. El término es el mismo, su significado no, tal como ocurre con la otra presentación de su Nombre: *Ehié asher Ehié*. El tiempo (y el lenguaje) introduce un desfasaje, impone la no coincidencia de la cosa consigo. *Différance*, diría Derrida. Toda la Torá es una narrativa de desplazamiento[157]. Es decir, una *metá-fora*. La promesa de llegar a la tierra prometida permanece –lo vimos– incumplida en la Torá, y este incumplimiento es parte esencial de su paradójico cumplimiento. Hay, entonces, una tierra sustancial, concreta y monolítica[158], de la cual se es expulsado –como lo fueron Adán y Eva del paraíso– pero no para llegar a otra tierra como su reflejo idéntico (que sería un ir de lo mismo a lo mismo) sino para marcar una dirección que es metáfora del tiempo y no del espacio.

Concretamente: lo que introduce la división en este sujeto llamado Abraham es la temporalidad. Ocurre como en el estadio del espejo cuando el niño se reconoce en su imagen: es él pero ya no es él. Para llegar a ser él mismo debe dividirse. Diferencia, división y distancia de esa imagen que tiene que re-incorporar como un sí mismo, mediante una compleja operación de identificación, pero en la que nunca el pequeño logra "pegarse" del todo consigo. Entre uno y

---

157 La rica polisemia del término desplazamiento, que no podemos desarrollar acá, aparece en los distintos términos de la lengua alemana y en los usos que Freud hace de ellos: *Verschiebung, Entstellung*, entre otros, aluden no solo al traslado entre lugares sino a deformación, desnaturalización, cambio, desviación... Operaciones en el campo del lenguaje, más que en el terreno espacial. De Certeau hace un rastreo preciso de la cuestión en el cap. IX de *La escritura de la historia* (1993), donde lleva a cabo un análisis del *Moisés* de Freud lleno de preciosas revelaciones.

158 Creación mítica, paraíso imaginado *après coup*, totalidad sin tiempo ni falta.

otro, no solo hay espacio: hay un tercero, hay palabra y hay tiempo[159]. Ese tiempo es el hilo de la ligadura genealógica. Verse en el espejo es el acceso primero a la lógica de la representación[160], indispensable para conformar al sujeto en tanto social, es decir, legal y hablante.

La sucesión de generaciones depende de la división de sujeto. El pasaje de un apego a lo literal, por parte de Abraham (el acatamiento a la palabra paterna y la obediencia debida), a la posibilidad de interpretar y hacer metáfora, es decir a usar ese nombre como guía pero no como mandato omnímodo, es lo que habilita a Abraham como padre. Todo padre es un intérprete –en tanto transmisor de una ley equívoca–, pero porque ha sido hijo, y todo hijo lo es... o debería serlo, para constituirse en sujeto. Todo hijo debe advenir a la capacidad y a la posibilidad de interpretar la palabra del padre. De lo contrario se permanece en la alienación de la palabra del otro, que se convierte así en un Otro tiránico y gozador. En el texto bíblico –como deseablemente, en un análisis o, sencillamente, en la vida–, el Otro deja de ser un dios enojado que exige sacrificios a fin de mantener su poder y su completud, para pasar a ser el transmisor de la falta (de sentido –la letra–), única herencia habilitante.

*Lej lejá*: vete de tu padre... para recuperarlo de otro modo, para convertirlo en símbolo. Agrega Glasman: "Todo sujeto, en tanto hablante, es hijo del significante y en tanto tal, un exiliado tanto del Otro como de sí". Abraham parte como hijo, y se transforma en padre. En eso consiste la sucesión de generaciones.

---

[159] Acerca de esta compleja relación entre imagen, tiempo y lenguaje, ver la obra fundamental de Legendre, *De la société comme Texte* (2001).
[160] El término mismo ya anuncia la temporalidad: re-presentación, volver a presentar lo que ya no es presencia. La representación incluye la ausencia.

## CAPÍTULO IV ■
## DE FAMILIAS Y PROPIEDADES

**Paternidad como** *performance*

Legendre se (y nos) pregunta: "¿En qué consiste la quintaesencia de la familia desde el punto de vista de la norma genealógica?", es decir, más allá o más acá del "psicologismo contemporáneo... que está a punto de ahogar esa interrogación bajo un fárrago de teorías, solicitadas como productos de mercado...", teorías y mercado que, con gran ligereza, ofrecen "nuevas configuraciones familiares" y "nuevas parentalidades" como si se tratara de objetos aptos para el consumo, "familias *prêt a porter*". Para intentar responder, el jurista toma un bello relato de Virgilio en la *Eneida* donde encuentra "la puesta en escena de tres generaciones: Eneas, futuro fundador de Roma, abandona Troya... (y) lleva en sus espaldas a su padre Anquises; su hijo Ascanio le da la mano, mientras su mujer Creúsa lo sigue a distancia..."[161]. Esta representación literaria, dice,

"sitúa muy bien la problemática de la ficción familiar, ficción en el sentido de que se trata de hacer existir estructuralmente la cadena de las generaciones cerrándola por los dos lados: la deducción en el eje del tiempo corresponde a un cierto eslabón,

---
161 Se trata –dice el jurista– de "la complejidad de las elaboraciones jurídicas, destinadas a fabricar la separación. (...) La representación de las tres generaciones, ... puesta en escena por Virgilio a través de Eneas cargando a su padre y dando la mano a su hijo, (ficción que...) presentifica para Eneas su apuesta de hijo en relación con su padre Anquises, relación a partir de la cual él puede situarse como padre de su propio hijo Ascanio" (Legendre, 1996: 134 y ss.). Este diseño de la paternidad está en consonancia con el propuesto por J. Ritvo, ya enunciado.

el de la generación que ve la luz. (pág. 134) (...) El Edipo es un mecanismo eminentemente frágil. No obstante, *su función es universal*: por doquier, *en todos los sistemas jurídicos, es necesario un artificio que cierre la cadena de las generaciones, es decir, que delimite una generación en relación con la precedente y la siguiente, ponga cara a cara los términos en presencia en la diferenciación de los sujetos.* ¿Qué términos? Los padres y el niño, esencialmente, esos dos términos... En suma, *se trata de producir cada generación como eslabón de la cadena. Un mundo no delimitado por las generaciones estaría loco, no daría ninguna cabida al sujeto...*" (Legendre, 1996: 138; yo destaco, D.S.).

Y agrega:

"Una generación no existe por sí misma: no es una clase de edad ni una promoción escolar o militar, sino una síntesis de por lo menos dos generaciones, y en realidad, de tres generaciones: el hijo tiene que ver con su padre y con el padre de su padre. (Se trata del) conteo combinado de los padres y las madres de los que cada sujeto es... el producto significativo. (El relato de Virgilio alude a) el lazo vital, al círculo cerrado en el interior del cual opera el trayecto subjetivo y reglamenta la genealogía para producir un sujeto que no sea loco. (...) Cada padre tiene a su padre en la espalda..., y si su propio padre inconscientemente no lo abandona, si un hombre en tanto que hijo no despide subjetivamente a su padre, no será nunca un padre completo, un padre diferenciado de su padre".

La "cadena de generaciones" –*shalshelet hakabalá*, literalmente, "cadena de transmisión y recepción"– es una expresión recurrente en las fuentes judías. El relato bíblico del *lej lejá* condensa en pocas líneas esta verdad irrefutable.

La puesta en escena, como en la *Akedá* (llevar al hijo hasta el altar del sacrificio para después poder bajarlo, a fin de que sea elevado y se pueda izar como sujeto, en otra ocurrencia del juego elevar/bajar), es imprescindible en tanto *performance*. La justicia es performativa. La Ley debe tener una visibilidad y una actividad de y en los cuerpos para que realmente "muerda" en algo del sujeto. Para sentirse concernido por la letra de la ley es necesario este pasaje de los cuerpos por la escena, y de la palabra por los cuerpos. De manera insuperable lo dice Legendre:

> "Las grandes prohibiciones se fundan y despliegan sus efectos no solo mediante enunciados jurídicos explícitos, sino más comúnmente mediante formas y puestas en escena que tienen por característica el desbordar la palabra. La teatralidad necesaria para el funcionamiento de la normatividad maneja lo inhablable" (Legendre, 1994: 25).

El planteo de Legendre está en consonancia con la noción de *nomos* de Robert Cover[162], un "mundo normativo" construido y habitado por relatos, única forma que el sujeto tiene de incluirse y verse concernido por la legalidad que lo sostiene. Pero, ¿qué ocurre cuando no opera la transmisión, cuando se rompe la cadena, cuando –y porque– el (supuesto) padre no se advierte fallido? O: ¿de qué depende que tal operación se realice? ¿Quiénes son los actores de tal drama?

**Políticas maternas**

En principio, las semejanzas: Edipo e Isaac son "niños envueltos", atados con sogas que, supuestamente, los destinan a la muerte. Edipo, apenas un bebé, sufre la apretada ligadura de sus pies al ser abandonado en el monte Citerón para impedir que escape (¡un niño de esa edad no podría ni caminar!). Otro monte, el de Moriá, es escenario de las ataduras de Isaac, en ocasión de ser llevado allí por su padre para cumplir con la orden divina de sacrificarlo. Otro personaje crucial en estas cuestiones resulta insoslayable: Moisés, destinado en principio a morir por un decreto del Faraón (la figura bíblica equivalente del padre filicida de la tragedia), salvado de la muerte por factores bien específicos.

---

[162] Juez de la Corte Suprema de EE.UU., perteneciente a la corriente *Law and literature*. Volveremos al punto.

Es que no se trata solo de padres e hijos, sino también de madres. Sigo en algunos puntos a León Rozitchner en su análisis de los distintos mitos edípicos. Sostiene el filósofo que es preciso distinguir cuidadosamente el Edipo griego, el judío y el cristiano. Atribuye a Freud la influencia decisiva del mito bíblico –aunque él creyera que hablaba del griego–, y a Lacan una lectura cristiana que llevó aguas para otro molino, desfigurando y transformando lo judío en otra cosa. La deformación –que lleva al terror, al sometimiento, a la muerte– comienza, según Rozitchner, por el desprecio del cuerpo y de lo materno, de la mano del cristianismo. En su conferencia (en la Universidad de las Madres de Plaza de Mayo, es decir, en el marco de una reflexión sobre los crímenes de la dictadura militar y de cómo esos crímenes afectaron a los hijos y las madres) dice:

> "En los cuarteles, donde... secuestraban, mataban a los embriones, a los nonatos, a los niños, madres y mujeres... imperaba una concepción de madre, una cierta existencia imaginaria de madres, que era la Virgen María. La Virgen María es la patrona del Ejército. Entonces podríamos tratar de comprender qué tipo de madre es aquella en la cual se apoya el terror para imponer..., a aquellas madres que no son como la Virgen, sino que son las madres en las cuales podemos reconocer el cuerpo gestador, viviente, el cuerpo placentero... Esta cultura (occidental y cristiana) a la cual nosotros pertenecemos se ha dedicado ferozmente a encubrir, como ninguna otra lo ha hecho, el lugar de lo materno y de lo femenino" (Rozitchner, 2008).

Es en la lectura cristiana de las fuentes judías donde se lleva a cabo ese drenaje, esa sustracción del cuerpo sexuado de la madre –tan presente en todas las matriarcas, "sujetos de deseo" como dice Kristeva[163]– con la referencia al placer y a la sexualidad inherente a la vida y su reproducción. En el cristianismo, sigue León, "la

---

163 Ver su bello análisis del *Cantar de los cantares* y de su protagonista, la Sulamita, de la que la autora dice que es la primera mujer en la literatura universal cuya voz deseante se hace oír, en Kristeva, 1995.

madre es una madre virgen, que por lo tanto excluyó de sí misma todos los caracteres sensuales, sensibles, acogedores, placenteros, húmedos, fragantes de su cuerpo en relación con un hijo que primero fue concebido porque existió una relación carnal con un hombre que la penetró, en cuyo abrazo se fundieron, y en una síntesis biológico-histórica aparece la nueva criatura". Yo agrego: al ser fecundada por esa entidad llamada Espíritu Santo, María es "abusada", utilizada para fines por completo ajenos a su deseo y su participación. Mero receptáculo pasivo, como la Rosemary de Polanski... Da lo mismo que se trate de dios o el diablo. No es casual que ese hijo tenga por destino una muerte horrible, un sacrificio consumado –eso que no se realiza con Isaac– en nombre de toda la humanidad... como si ese acto extremo y final pudiera devolverle algo de lo humano que nunca tuvo (un hijo que se cree, dice Rozitchner, "hijo de dios, condenado a la eternidad, y por lo tanto desaparece como hijo vivo"), ya que le fue sustraído en la gestación y el nacimiento. María –al igual que numerosas mujeres trágicas como Yocasta o Medea[164]–, entrega a su hijo al altar sacrificial, en nombre de un poder terrible... Acto mortífero que la Torá prohíbe expresa y reiteradamente: "No sacrificarás tu hijo al Moloj".

La Sagrada familia tiene entonces una extraña configuración: una madre virgen y asexuada, un padre abstracto y un hijo martirizado. Sostiene León que "si el triángulo judío era neurótico, el cristiano es psicótico"...

Habría pues en principio, en los mitos fundantes, tres clases de madre: la griega, la judía y la cristiana. Yocasta es la que, literal y concretamente, entrega a su hijo en manos del esclavo que se encargará de matarlo[165]. La reina no puede, o no quiere, o no

---

164 "No hay gran cosa que diferencie a la reina Medea de la virgen María, las dos lanzan al mundo hijos muertos" (Quignard, 2017).
165 Sófocles, *Edipo rey*. Si toda teoría lleva la marca de quien la elabora, era inevitable que Freud leyera esta historia desde su "cabeza judía". Perspectivismo, diría Nietzsche. De modo que Freud "olvida" ese dato, la acción mortífera de Yocasta, porque tiene internalizado y naturalizado otro modelo materno, el de la madre judía, cálida, nutricia y acogedora. De ahí que, según Rozitchner, el Edipo freudiano resulte bien diferente al griego.

sabe poner freno al designio del tirano Layo, su esposo. El gesto filicida apunta a preservar el poder del soberano, que se siente amenazado por ese hijo. Yocasta parece pagar gustosa el precio de la omnipotencia masculina: es ella quien necesita sostener allí arriba, erecto, ese ideal.

En drástico contraste con esa historia, la madre judía salva a su hijo Moisés depositándolo en una cesta segura que lo mantendrá a flote en el Nilo, bajo la atenta vigilancia de Miriam, su hermana mayor. Ya sabemos cómo sigue el cuento: el bebé es recogido del río y adoptado por la hija del Faraón, etc. Por fin, la madre cristiana es la virgen, que también entrega su hijo a la muerte, aunque los argumentos sean en apariencia bien distintos. Pero, ¿lo son? ¿No se trata también aquí de sostener la consistencia y el poder absoluto de un soberano/dios que no puede admitir su finitud?

Si el acto de Yocasta es político, según Rozitchner, el de la madre de Moisés no lo es menos. Es ella la que burla el decreto de muerte del Faraón y, para colmo, pare y amamanta a quien será el artífice de la derrota del imperio. Del mismo modo que antes todas y cada una de la matriarcas –Sara, Rebeca, Raquel y Leah– quienes, por diversos medios y argucias, definen cuál de sus hijos será el heredero del Pacto. Y decidir la continuidad de la promesa que funda al pueblo es un acto de alta densidad política. Es que, en el judaísmo, no existe la división característica de lo griego (y de allí, de toda la cultura occidental): la que opone lo político a lo familiar, el ágora al *oikos*, la polis al hogar. División que se ha naturalizado al punto de hacernos creer que es la única manera de lo social. Pero, ¿qué ocurre con las madres –y en general, con las mujeres– cuando ese no es el orden?

Si, como sostiene Nicole Loraux (2004)[166], las mujeres trágicas son las que expresan en el ámbito del teatro lo que queda expulsado de la polis –ya que la tragedia es el margen del régimen mascu-

---

166   En el análisis de esta autora, las madres son bien distintas a Yocasta. Por el contrario, son ellas quienes, contrariando las órdenes del poder político, reclaman su derecho a llorar a sus hijos muertos en la guerra. Es desde esa perspectiva que la autora encuentra en las Madres de la Plaza una figura política de primera magnitud, donde la fuerza de lo materno se opone y derriba el poder del tirano.

lino–, no podría aplicarse ese esquema a la narrativa bíblica. No hay allí polis ni ágora, sino informes extensiones de arena sin demarcación; tampoco *oikos*, hogares de piedra o mármol, más bien precarias tiendas en las que es preciso compartir el poco espacio que sirve de refugio en la intemperie. En semejante paisaje, carente de monumentalidad, privado de templos y palacios, de edificios y torres, todo transcurre según una lógica horizontal y cercana. El fuego que por la noche convoca y reúne, el pastoreo típico de los grupos nómades, el alimento compartido, la música y los cantos que por un momento disipan el miedo de la noche... Pero no se trata de primitivismo: es una sociedad perfectamente organizada y regida por un único soberano, el D'os de la Ley. En ese contexto, no podría erigirse hombre alguno con un poder supremo por encima de los otros. Se requiere de la ciudad, los edificios y las glorias palaciegas para constituir la monarquía (lo que ocurrirá en el judaísmo mucho después, y será visto por los autores bíblicos posteriores, los profetas, como una degradación de ese estado democrático del desierto. Spinoza lo explica con su habitual claridad en el *TTP*). En ese marco, pues, no sería posible relegar a las mujeres al harén, el serrallo, a la cocina o a los fondos de la residencia. Y si es que ellas cocinan, lo que se cuece en sus ollas es más que el alimento gastronómico: es la transmisión misma. Así lo deja en evidencia, ejemplarmente, la historia de Jacob y Esaú[167]...

Al constituirse de ese modo el escenario de la vida en común, queda desarticulada la clásica división entre exterior e interior, esos dos ámbitos en los que se desarrollan, característica y respectivamente, las actividades de los hombres y las mujeres. Si el ágora (literalmente, "el afuera") es el lugar masculino, el oikos –con el fuego y el calor del hogar– es el destino de las féminas. El

---

[167] Valga resaltar lo que esta historia tiene de terrenal y cotidiano: todo se resuelve a partir de las preferencias culinarias del patriarca. Es su deseo de comer carne, preparada y adobada de cierta manera, lo que define, en última instancia, la bendición y la herencia. Como mostraré más adelante, esta narrativa de intensa vivacidad es el pasaje de la Torá más notoriamente sensorial, el único donde, en pocos versículos, intervienen todos los sentidos. Magnífica lección bíblica: lo más "espiritual" –la transmisión del Pacto con IHVH– depende del estómago y el paladar...

desarme judío de esa oposición queda evidenciado en el lenguaje mismo: el término hebreo para "rostro", lo que se ve y se muestra, lo externo, es *panim*, término que integra a su vez –según la escritura consonántica– el vocablo *bifnim*, interior[168].

A los casos paradigmáticos y fundantes de las matriarcas se suman las figuras de la ya mencionada Miriam, cuya intervención decide la crianza de Moisés; la esposa de este, Tzipora, quien en el desierto circuncida a su hijo para filiar al padre (Éx. 4, 24-26); la de Tamar, quien mediante una inteligente estrategia logra que el poderoso Yehudá desista de su indiferencia a su derecho y reconozca, frente a todos los testigos, "ella es más justa que yo" (Gén. 38, 26); y de tantas otras mujeres que, orgullosas de su femineidad y su diferencia, deciden el rumbo de la historia[169]. Como la narradora de *Las Mil y una noches*, ellas vencen a la muerte y le tuercen el brazo al déspota.

De modo que las madres judías "le ponen tope al terror", como dice Rozitchner de las de Plaza de Mayo. Pero en el contexto bíblico, ese terror no viene de los hombres de su grupo, sus esposos o padres –como Layo con respecto a Yocasta– sino del imperio en medio del cual ellas y sus esposos deben sobrevivir. Hombres y mujeres enfrentan solidariamente y con los recursos a su alcance la opresión del poderoso, que los amenaza a ellos y, fundamentalmente, a su descendencia. No habría, en este contexto, la tan socorrida oposición entre matriarcado y patriarcado, entre derecho materno y dominio paterno... Oposición que puede resultar maniquea y apta para manipulaciones varias –de los medios, de ciertos grupos o intereses– o reducciones fáciles, pero que es preciso cuestionar y desarticular una y otra vez.

La intrincación mujer/política no es un mero hecho circunstancial ni marginal: por el contrario, forma parte del núcleo mismo

---

168 Agradezco a la rabina Silvina Chemen haberme hecho notar esto, que es mucho más que un "detalle".
169 Ya no en la Torá sino en los restantes libros del Tanaj (Biblia hebrea), las figuras de Ruth, Esther, Judith, mujeres que hacen frente al poder del tirano de turno y dan vuelta el curso de los acontecimientos.

del asunto porque está ya en el lenguaje. Más aun, en el nombre mismo de la Ley. Si El Nombre (HaShem) condensa en apretada cifra el completo significado del tiempo y la sucesión, de la humana condición y de la historia, es ahí donde se debe ubicar lo femenino materno en intensa y nodal alianza con lo paterno como dos hilos entrelazados o dos notas armónicas en la organización de lo judío.

El Nombre es, sabemos, el Tetragrama. Impronunciable, compuesto de cuatro consonantes... que tienen la rara característica de poder funcionar como vocales, en determinados contextos. De modo que esas letras, al poseer la doble condición, orientan las formas posibles de leer, por lo que constituyen lo que los lingüistas han denominado *matres lectionis*... ¡Literalmente, "madres de lectura"! (Scholem, 1999). Y no se trata de una mera figura retórica, sino de una función que las madres bíblicas cumplían firmemente.

Si hubiera que buscar una campeona o un modelo de madre judía, dice Amos Oz, entre las múltiples figuras que el texto ofrece deberíamos elegir a Hanna, la (estéril, en principio) madre del profeta Samuel.

> "Hanna rezaba fervorosamente por tener un hijo y prometió que lo entregaría al servicio de Dios. Parió y cumplió. (...) 'Y cuando lo hubo destetado, lo tomó con ella, junto con tres novillos, una efá de harina y un odre de vino, y lo llevó a la casa del Señor en Shiló; y el niño, niño era...'. Esta es la madre de cada una de las madres judías, que alguna vez llevó a su hijo de tres años de edad... al *jeder*, la escuela primaria hebrea. En todas partes, desde el Yemen a Lituania, dale al niño algo bueno para comer y envíalo a aprender el alfabeto. Aun mejor, enséñale los rudimentos en casa, si puedes. Mujeres que enseñaban a sus pequeños las letras hebreas en la mesa de la cocina, un puntal de la premoderna alfabetización femenina (...). Es Hanna... el más temprano eje de las dos caras de la maternidad judía: gran ternura física y temprano envío a la escuela... Es... el camino de Samuel... el que siguieron tantos hombres judíos a través de los tiempos: destete de la leche de la madre, a continuación la sina-

goga-escuela, las almendras y pasas para chuparse los dedos, y el *alef-bet*. Y el camino seguido por Hanna tiene la conmovedora dualidad de tantos futuros padres judíos: mi niño no es solo mi niño, pertenece a Dios –o incluso sin Dios, al estudio– y debo renunciar a él, en un profundo y crucial sentido, a una tierna y temprana edad" (Oz y Oz-Salzberger, 2014: 85 y ss.).

Y, ¿qué sino esta renuncia es la dramatizada en la *akedá*?

**Falta y resto**

Pero volvamos al texto *princeps* y a su articulador principal, el Tetragrama: poco o nada se ha reparado en esta característica del nombre divino en la Torá, pero entiendo que hay aquí una perla de valor superlativo.

"El espacio del significante, el espacio del inconsciente, es un espacio tipográfico... ese significante particular, el Nombre del Padre, ...funda el hecho mismo de que haya ley...", dice Lacan (1999), y reafirma el vínculo entre letra, padre y ley que ya en Freud era una fuerte intuición cuando, en su "El block maravilloso", homologa al inconsciente con una escritura. Asimismo Pablo Cúneo, comentando un trabajo de Leopoldo Müller, recuerda que "en la tradición hebrea la castración, que da acceso a la palabra, a la procreación, a la cultura, se marca a través de la representación gráfica de la letra" (Cúneo, 2008). Es la *hei* que corta el nombre del primer padre y que, junto con la circuncisión de su prepucio, se convierte en *ot brit*, señal del pacto. O, literalmente, *letra del pacto*, ya que en hebreo *ot* significa ambas cosas: señal y letra. La entrada al pacto, la ligadura a la Ley, se produce como escritura: a través de la letra. Pero si esa letra que se inscribe y marca, abriendo el mundo del significante, es el Nombre del Padre (en la Torá, el Tetragrama), ¡parecería que no puede leerse sin la intervención de la madre! Porque es ella la que guía la lectura: las cuatro consonantes permanecen mudas, impronunciables, si la madre no interviene haciéndolas con-sonar, decir, producir sonido y habilitar sentidos. Lo materno que alberga y contiene, entibia el ámbito en el que la Ley habrá de regir. *Din* y *rajamim*, dicen los sabios, los dos atributos con los que D'os crea el mundo: Ley (*din*) y contención (*rajamim*, lo que se suele traducir por compasión o misericordia), palabra que proviene de *rejem*, útero. Lo paterno y lo materno funcionando juntos, el rigor y la calidez complementándose. Si el mundo hubiera sido creado con solo uno de ellos, continúan los maestros de la tradición, no se podría sostener.

Se suele hablar de "lengua materna", aquella que se mama junto con el pecho, leche nutricia de los primeros tiempos de la existencia. Pecho del que el bebé, *infans*, habrá de separarse en la época de su entrada al lenguaje, cuando su boca no sea solo o ya no más el órgano del tomar y comience a convertirse en el de fonación. Así, el niño crece y se hominiza en el juego complementario de esos dos términos imprescindibles: madre-lengua y padre-letra.

Pero esta idea de la mujer como protagonista de la historia, diferente pero sin inferioridad jerárquica en relación al hombre, está ya desde los primeros capítulos de Génesis cuando, en una de las versiones de la creación del humano, el texto dice que D'os –al advertir que "no es bueno que el hombre esté solo"– crea a la mujer como "una ayuda enfrentada". La expresión en hebreo, *ezer kenegdó*, es elocuente: lo que se pone enfrente (*keneged*), al mismo nivel y por tanto puede oficiar tanto de colaboración solidaria como de rival... Serán los actos y las decisiones de las criaturas los que inclinen la balanza hacia uno de esos lados, o mantengan la alternancia inherente a la relación de pareja.

**Nuevamente, Abraham...**

Desvío: ¿cómo ha llegado el patriarca a esta crucial situación? ¿De dónde viene Abraham? Los comentaristas dirían: de Ur de los Caldeos. Sí, en el caso de que tomemos esta narrativa literalmente, como un hecho más o menos real y verificable, o atendiendo solo a la anécdota. Pero si lo leemos como una construcción literaria, la pregunta es "de qué lugar en el texto viene", y por ende la respuesta es otra: Abraham viene del capítulo 11. El mismo capítulo que comienza con la breve y densa narrativa de Babel. Abraham viene de allí, sigue la saga filiatoria de Shem, "bordea" Babel, atraviesa ese momento mítico y se convierte en el primer *ivrí*, el primero que traspasa, lleva más allá (el nombre que le ha sido dado), traslada la herencia de su padre y, en ese camino, recibe incluso otro nombre. *Hace metáfora*. Por eso es el primer padre: eso significa ser el primer *ivrí*. *El padre como metáfora* implica el despegue del sentido único. Fin de la idolatría. Han sido derribados los íconos de Teraj. Este derrumbe va de la mano con la destrucción de la torre y del poder vertical absoluto y concentrado, la apertura de un camino horizontal, diaspórico: interpretación. Como señala Pablo Cúneo, "Al fin de cuentas, ¿no es la tradición judía una gran metáfora paterna con la que Occidente no sabe todavía qué hacer?"[170]

Pero retrocedamos todavía un paso más. Al final del capítulo 10, terminado el diluvio, los sobrevivientes salen del arca y empieza nuevamente la genealogía (*toledot*, en su múltiple acepción de relato/sucesión/historia). Noé y sus hijos, y los descendientes de los hijos, dice el texto. O sea, los que volverán a poblar la tierra ya organizados de esta manera, según sucesión genealógica. Uno de los hijos de Noé es Sem (en hebreo, Shem)... Y termina el capítulo diciendo:

> (v. 32): "Estos fueron los hijos de Noé, según su progenie, en sus países. Y de allí salieron los pueblos que se dispersaron en la tierra después del Diluvio".

La expresión "se dispersaron" (*nifredu*) da cuenta de que lejos de constituir un castigo, la dispersión es el proyecto inicial: poblar los rincones del mundo, resquebrajar el apego a una tierra-toda. Los campos de concentración intentarán retrotraer ese proyecto al estado de compacidad. Lo concentracionario, dicen algunos juristas, es el signo del siglo XX, con todo lo nefasto que ello tiene y lo que implica en tanto retorno de la mítica autoctonía. En el texto bíblico predomina la idea de dispersión, en tanto ruptura naturalista

---

170 Comunicación personal. Ver también Wechsler y Schoffer Kraut, 1993.

(otro modo de nombrar la prohibición de incesto). Pensamiento diaspórico y en extensión. "¿Qué significa ser judío? ¿Para qué existe eso?... –dice Maurice Blanchot (2008)–: eso existe para que exista la idea de éxodo y la idea de exilio como movimiento justo; eso existe, a través del exilio y gracias a la iniciativa del éxodo, para que la experiencia de la extrañeza se afirme ante nosotros en una relación irreductible...". Éxodo, diáspora, exilio: diversos nombres de la extranjería y, por ende, de la justicia, en la medida en que lo justo implica siempre alojar al diferente, al desarraigado y al desposeído en contra del dominio del poderoso.

**Vacío y silencio**

Hay silencios denigrantes y hay silencios dignos. Hay silencios que ocultan y silencios que denuncian. Hay silencios infames y silencios éticos. Hay silencios de indiferencia y silencios de homenaje. Hay silencios musicales y silencios que chirrían. Hay silencios amenazantes y silencios liberadores. Hay silencios elegidos y silencios impuestos. Y cuando hay silencios impuestos, es que hay o hubo un silenciador.

La Biblia hebrea comienza con la *bet*, segunda letra del alefato (alfabeto hebreo). A lo largo de las épocas, muchos se han preguntado por qué una narración que comienza "en el principio" (*Bereshit*) carece del supuesto principio, la *alef*, primera letra. Gershom Scholem, el célebre historiador de la Cábala, explica que toda la Revelación divina –es decir, todo el texto bíblico– se contiene y condensa en esa letra que falta[171], esa *alef,* una letra muda que marca el movimiento de la glotis al iniciar la fonación. Ese silencio inicial no es, pues, una nada, sino el instante que precede al habla, silencio como condición de posibilidad de todo decir. Entrada del humano

---

[171] Como señala Lacan, "Puede haber en la cadena de los significantes un significante o una letra que falte, que siempre falte en la tipografía. (...) la importancia de la falta de ese significante particular..., el Nombre del Padre, dado que funda el hecho mismo de que haya ley..." (Lacan, 1999). Agradezco a Pablo Cúneo haberme dado a conocer este fragmento. La alef del inicio, ¿el Nombre del Padre que posibilita la ley, lo que en términos bíblicos se denomina revelación?

al lenguaje. Porque sin ese silencio, sin esa respiración, el discurso puede volverse un pegoteo informe, mera expresión de "sonido y furia". La *bet* significa "casa" (*bait*) y tiene un diseño peculiar: tres lados cerrados y uno abierto, el que se dirige hacia adelante. Los sabios talmúdicos entienden que así se delimita el terreno de la vida humana: no importa lo que está por encima, ni por debajo, ni atrás, en un pasado mítico, sino lo que se despliega en la horizontalidad[172], frente a tu rostro, como un camino invitante para el comienzo de la marcha. Imagen más temporal que espacial. La *alef*, por el contrario, se dibuja como las aspas de un molinete: no marca una dirección sino que apunta en todas. Parecería entonces que, para comenzar una obra, una historia, un relato, es preciso proyectar un rumbo y diseñar un recorrido posible, aunque sin destino asegurado ni garantía de llegada. Camino no exento de rodeos y avatares, de retrocesos y accidentes, pero única vía de asumir la existencia del sujeto y de la historia.

"Era toda la tierra de una misma lengua y pocas palabras", cuenta el relato bíblico al comienzo del capítulo 11 de Génesis, en el episodio de la torre de Babel. Sus soberbios constructores aspiran a dominar el mundo desde esa atalaya valiéndose no de flechas y lanzas, sino del arma más poderosa: la lengua. Porque quien impone "una sola lengua" y decide cuáles son las "pocas palabras" que se pueden y deben decir, maneja los pensamientos y las voluntades. Desde ese texto multimilenario hasta *Farenheit 451* de Bradbury y tantos otros, se sabe que ningún intento de censura –sea o no explícito– prevalece en el tiempo. Por más férreo que sea el poder del momento, tarde o temprano y por su propia

---

172 Más adelante, el texto dice: "Los mandamientos que te prescribo hoy no te son ocultos ni están lejanos. No están en el cielo para que digas: '¿quién subirá por nosotros al cielo para alcanzarlos y podamos cumplirlos?' ni están allende los mares..." (Deut. 30, 11-14) El hombre no debe perder tiempo ni fuerzas en indagar los misterios ocultos en el fondo de los océanos, en los mundos celestiales ni en los tiempos del origen: todos esos ámbitos son aptos para la magia, la hechicería y las supersticiones. Es de ese terreno mítico de donde la Torá intenta desarraigar la existencia. Tampoco –factor fundamental– necesita de un "representante" de D'os para que le "baje" la ley, sino que cada uno debe hacerse cargo de su lectura e interpretación.

naturaleza, el lenguaje rompe la cárcel del sentido[173]. La torre, finalmente, es destruida, las lenguas multiplicadas y los ambiciosos constructores, vencidos y dispersados. Lo que el relato bíblico pone a la vista es que la lengua siempre es política. Lo humano, por su carácter social, implica indefectiblemente políticas de la lengua y, por ende, políticas del silencio.

Hannah Arendt define lo político como "el espacio de visibilidad" donde cada sujeto se muestra, actúa entre-otros. Espacio en el que la palabra ocupa un lugar eminente, ya que es esa visibilidad la que exige a cada quien hacerse cargo ante los otros de su decir, así como de su callar. De modo que toda acción que se realice en ese ámbito del entre-otros –o sea, del discurso– es inevitablemente política. Señala lúcidamente Andrés Claro:

> "...Es que 'El mito de Babel' no es hoy un mito entre otros, sino un pequeño relato que despliega una posvida poderosa... (olvidado por los comentaristas durante siglos) pero que adquiere una vigencia inaudita desde mediados del siglo XX, en medio de una conmoción del orden político epistemológico en la que se vive aún. Su olvido y reaparición ... (estarían vinculados al) cuestionamiento o derrumbe de un orden que parece exhausto. (Hay) un cierto pensamiento moderno (que) ha relegado... el mito de Babel a los extramuros de su orden racional, universalizante y totalizador, orden que se siente amenazado y tiende a excluir los efectos de la diferencia e inconmensurabilidad de las lenguas" (Claro, 2012).

Junto con este recelo, y como su exacta contracara, hay –dice Claro– "una desconfianza radical ante la posibilidad y efecto de las instituciones totalizantes y sistemas cerrados de pensamiento (...) y una percepción creciente de la falsa transparencia de las comunicaciones mediáticas, económicas, administrativas e informáticas". La lengua única –transparente, unívoca, sin dobleces, transmisora

---

[173] Desde autores emblemáticos como Spinoza y Nietzsche hasta los contemporáneos Blanchot, Derrida, Foucault, Deleuze y... claro, Freud y todo el psicoanálisis, han dejado en evidencia esta imposibilidad.

inmediata del sentido– es, por definición, teológica (por más laica y *progre* que se pretenda), sea que se intente ejercer desde los medios masivos, los estamentos gubernamentales, las academias científicas o las corporaciones financieras. Todas, sin excepción, al ubicarse en esa postura de propietarios del significado hacen iglesia, como actualizando la tan difundida (y falsa) etimología de religión: *re-ligare*. Eso que la torre intenta fundar.

Volvamos –una y otra vez– a la frase inicial del relato:

(v. 1): "Y era toda la tierra de una sola lengua y de pocas palabras".

El repertorio lingüístico era muy acotado. Una lengua pobre, limitada y reduccionista, incapaz de dar cuenta –siempre aproximada, claro– de la infinita riqueza del mundo y, por ende, contraria a la obra de la Creación. Una lengua que se pretende suficiente. El intento de pegar los nombres a las cosas, suturando el abismo insalvable entre ellos. La ambición de una palabra autoexplicativa, transparente. Lo opuesto al proyecto divino, ya que la dispersión a la que este apunta es territorial, familiar y lingüística.

(v. 2): "Y ocurrió cuando venían desde el Oriente"...

"De Oriente" traduce la expresión hebrea *mikedem*, que también significa *desde antes* y se consigna por primera vez en el relato del Edén. Implica una noción espacial y temporal. *Mikedem* vuelve a aparecer cada vez que el relato habla de personajes de estas características, representantes del pensamiento mítico. Como si viniesen *de antes*... Vienen de una concepción que este texto intenta desarticular, reemplazar por otra. Provienen (de ese pensamiento) del origen, que en la concepción bíblica va a ser abolido.

Estos hombres que vienen *mikedem* hallan un profundo valle, se afincan allí y dicen *entre ellos*:

(v. 3): "Hagamos ladrillos cociéndolos al fuego"...

En una traducción estricta, el texto dice: *ladrilleemos* ladrillos... La repetición de verbo y sustantivo a partir de la misma raíz es un recurso típico de la redacción bíblica, que produce interesantes efectos de resonancias y aliteraciones. Es la primera vez que aparece la idea de *ladrillo* como elemento de construcción, sustituyendo a la piedra. ¿Inicio de la industria?

(v. 3): "...y usaron los ladrillos como piedra y betún como argamasa".

Las palabras, entonces –por la contigüidad en el relato–, son como ladrillos, pero pegoteados. La argamasa impide que entre uno y otro haya luz, aire, espacio. Palabras-bloque, duras y compactas, *fabricadas por el hombre*[174].

(v. 4): "...y dijeron: edifiquemos una ciudad y una torre cuya cúpula llegue al cielo y nos haga famosos"...

Pero "que nos haga famosos" es una expresión que no traduce en forma precisa lo que la escritura consigna. *Naasé lanu shem* en hebreo significa, literalmente, *hagámonos un nombre*. "Fabriquémonos un nombre" así como fabricamos ladrillos y palabras. El término clave del pasaje es *shem*. Nombre común (sustantivo) y nombre propio. Sem (Shem) es el descendiente de Noé (antepasado de los semitas, el que da nombre a ese grupo humano) con el que termina el capítulo anterior, cuyos hijos, siguiendo el plan divino para repoblar el mundo después del diluvio, se dispersan por la faz de la tierra. En el rechazo a la dispersión que escenifica la construcción de Babel hay una pretensión de retorno a la mismidad, donde este *shem* quedaría reunificado, orientado hacia la concentración de poder y la renegación de la diferencia. Pero también, un rechazo a aquello de lo que provienen: la generación que los precede (al menos, en cuanto a su ubicación en el relato). Los constructores no se reconocen como "hijos del Nombre"[175] sino

---

174  La concepción bíblica afirma que, a la inversa, el hombre es producto del lenguaje que, indefectiblemente, viene de otro. En eso consiste el ser hablado que posibilita convertirse en hablante.

175  Resulta pertinente recordar aquí una vez más el aserto lacaniano: "más allá del padre... a condición de servirse de él". Los constructores de la torre suponen que pueden eludir tal condición, inherente a la constitución del sujeto, y aspiran a ser "ellos mismos" sin antecedencia alguna, *self made men*, sin deuda. El único "pasado" que parecen reconocer es el de *mikedem*, el origen mítico que

que pretenden fabricarse un nombre por su propia cuenta. Ilusión de autoengendramiento, renegación filiatoria[176], desconocimiento de la deuda simbólica, movimiento de regreso a la cultura míticopagana.

La suma del poder pasa por el poder sobre el lenguaje, como lo demuestran el nazismo y todos los regímenes totalitarios. La primera medida de un régimen de ese tipo es establecer qué se puede decir y qué no: los "autos de fe", la quema de libros, las hogueras inquisitoriales, las cámaras de gas o los gulags de toda clase intentan reducir a cenizas la alteridad, en sus cuerpos y en sus decires. Ya se sabe: "comienzan quemando libros...". Babel es un anticipo escalofriante de lo que sería el totalitarismo, en cualquiera de sus versiones.

Según la perspectiva de Severino Croatto (para quien, como vimos, la Torá construye una tradición contracultural), se trata en las fuentes bíblicas judías de forjar una política anti-imperial, tomando –para invertir y resignificar– los elementos de las culturas poderosas del entorno. Todos los imperios construyen torres y pretenden "llegar hasta el cielo"[177]: ostentar el poder máximo, vertical, unívoco, absoluto. Las torres imperiales llevan grabado en su base el nombre del emperador o divinidad que emprende su construcción; baste revisar los libros de historia y arqueología para hallar múltiples ejemplos. La altura celestial y la palabra única, divinizada, van de la mano. La dispersión, la traducción y

---

los emparenta con los dioses y que, por ende, no es un pasado temporal sino un tiempo fuera del tiempo.
176  Sigo aquí en parte el análisis de Derrida, tomado y enriquecido también por Claro. Me ocupo extensamente de la cuestión en mi libro *Filosofía de cámara* (2008), "Paradojas del nombre", texto del que ofrezco aquí una apretada síntesis (cf. Derrida, 1985; hay una excelente traducción al español de Jorge Panesi).
177  A lo largo de los siglos el esquema se repite: basta revisar la historia de la fundación de Nueva York y la feroz competencia entre los grandes magnates para ver quién construía el edificio más alto, para lo cual ponían en acción mecanismos varios de espionaje, robo de proyectos y otras maniobras, a fin de superar aunque fuera en algunos centímetros el plan del rival (cf. Fernández Eric, 2010). La Trump Tower es el ejemplo más actual y bizarro. Las connotaciones fálicas son demasiado obvias como para consignarlas aquí. Remito al excelente estudio de Wechsler y Schoffer Kraut, 1993.

la equivocidad son lo contrario, desarticulan el dominio porque permiten –y reclaman– la interpretación.

No solo en un plano político: todo régimen religioso autoritario[178] se basa en esta manera de apropiarse de los significantes. La teología tiene a la base una concepción del sentido único[179], encarnado en una voz, un cuerpo, un aparato o una clase que administrará ese sentido a los fines de afianzar su poder[180].

El relato bíblico cuenta que baja D'os (v. 5), ve lo que está haciendo este grupo y dice:

(v. 6): "He aquí un pueblo y una lengua para todos ellos. Esto ya lo han empezado a hacer. ¿Acaso nada les impedirá hacer cualquier cosa que proyecten?".

En primer lugar, D'os *baja*. Antropomorfismo que tiene función de inversión: los constructores quieren subir, como si el poder estuviera arriba; pero IHVH no se deja alcanzar por ese supuesto ascenso, ya que no es un lugar físico ni espacial. Por otra parte, el escándalo parece consistir en que "nada les impedirá...", no habrá límite ni freno a su omnipotencia[181]. Si no hay brecha alguna entre la palabra y la cosa, no habrá ningún intervalo entre el propósito y su realización. "¡Quiero todo, y lo quiero ya!", como se suele

---

178 Se trata, claro, de lo teológico político: se sabe hasta qué punto los dos planos están íntimamente ligados y espejándose uno al otro.
179 Esta es una de las razones por las que el judaísmo no es una religión: todo el texto bíblico y sus comentarios –el Talmud, la Cábala, el Midrash y la infinidad de obras dedicadas a la lectura de esos textos fundantes, que se suceden a lo largo de los siglos– dan cuenta de la imposibilidad de reducir tamaña diversidad a la unicidad de sentido. De ahí que no sea posible aquí la idea de encarnación. Esto no obsta para que haya prácticas rituales basadas en tales textos, o incluso, actitudes y creencias religiosas. Pero se sabe: lo religioso es la posición del lector y su modo de abordaje, no el texto. Como dice Lacan, "la religión empieza cuando se deja de leer".
180 Contra esta estructura jerárquica se levanta Spinoza, especialmente en su *Tratado teológico-político*, donde sostiene el derecho de cualquier lector informado a hacer su propia lectura e interpretación de las Escrituras.
181 La formulación de este pasaje es semejante a la que utiliza D'os cuando expulsa a Adán y Eva del Edén: "ya comieron del árbol del conocimiento, no sea que extiendan la mano y coman también del árbol de la vida...". En ambos casos, se trata de la Ley que dice el límite y pone freno a la omnipotencia.

parodiar la actitud del niño caprichoso[182]. Estos personajes han tomado muy en serio la promesa de la serpiente. Omnipotencia, inmediatez, univocidad y autoengendramiento van de la mano.

(v. 7): "Bajemos entonces y confundamos su lengua, para que no puedan entenderse más entre sí".

El término Babel, que designará la torre, es puesto por IHVH, en otra inversión destacada: no serán los constructores los que se autonombren, ya que el nombre proviene de otro. Ley, límite, alteridad son inherentes a la existencia humana. La no inmediatez entre proyectar y hacer, la posibilidad de reflexionar y evaluar, el tiempo de espera –eso que el ritual formaliza– son elementos fundamentales de la cultura.

(v. 8): "De tal modo IHVH los dispersó allí sobre la faz de la tierra, y ellos cesaron de edificar la ciudad".

Confusión de lenguas (un nombre para la equivocidad), dispersión territorial en horizontalidad, fin del proyecto verticalista autoritario, restablecimiento filiatorio (como se verá dos versículos más adelante): efectos de la intervención de una deidad que no es otra cosa que letra. IHVH. Efecto de ligadura, ya que el v.10 retoma la genealogía renegada por los constructores: "Esta es la genealogía de Shem...". De modo que el nombre rechazado (¿el Nombre del Padre?) no ha cesado de marcar la historia[183]. Ahí donde los soberbios personajes suponen deshacerse de él, no dejan de confirmarlo: "hagámonos un *shem*", en lugar de "ubiquémonos en el lugar de herederos y descendientes de Shem, para hacer *con* el nombre". Porque, como señala Juan Ritvo, "me llamo como he sido llamado".

Hay comentadores que sostienen que esos primeros nueve versículos del capítulo 11 son una interpolación, un agregado que

---

[182] Pero que también, como se verá más adelante, constituye un rasgo de la posmodernidad, tal como los avisos publicitarios lo expresan: "Podés ser lo que quieras", "Soy todo", "No hay límite"..., ya se trate de zapatillas deportivas, computadoras o perfumes. ¿Volvemos a ser niños? ¿Dónde están los padres que nos transmitan la falta y operen la castración?

[183] Remito al lúcido ensayo de Cúneo, Pablo, "El verdadero Aleph de Borges", elsigma.com/literatura, 16/2/2017.

interrumpe el relato eje (la descendencia de Noé). Tal vez desde la crítica bíblica pueda sostenerse tal hipótesis, pero lo que importa aquí es advertir la función que este fragmento cumple en la estructura del texto y cómo, en ese sentido, resulta un núcleo de condensación semántica[184]. Sí, claro que interrumpe, pero no es casual. Es, como dice Claro, para actualizar en el texto lo que la acción de IHVH hace con la torre: la interrupción de la totalidad. Finalizado el episodio babélico, todo parece recuperar su rumbo. Génesis 11, 10 continúa lo que contaba el capítulo anterior. Reanuda la narrativa filiatoria pero mostrando que la filiación no es una línea continua, sino que tiene brechas, discontinuidades, interrupciones, contradicciones, quiebres, dispersiones.

Si, como sostengo, lo que el judaísmo viene a traer al mundo (en su batalla contra la concepción pagana y la autoctonía que le es consustancial) es la ley de la filiación, resulta lógico el "odio inextinguible" de que se le ha hecho y hace objeto a lo largo de las épocas por parte de una cultura que nada quiere saber del Nombre del Padre. Los judíos son literalmente, herederos y transmisores del Nombre. S(h)emitas. El antisemitismo sería entonces, con todo rigor, un atentado al nombre que una y otra vez nos recuerda nuestra falla y nuestra finitud.

### Letra, nombre, padre

"El lenguaje separa", dice Legendre (1996: 141)[185]. El inconsciente es un pegoteo, ahí no hay linealidad temporal. Los lugares no

---

184  He desarrollado esta hipótesis en otros lugares: entiendo que estos fragmentos que los comentaristas consideran interpolaciones o fósiles son, en realidad, como el grano de arena a cuyo alrededor se forma la perla: corpúsculos que condensan y concentran en un microcosmos –como el aleph, precisamente– la estructura macro.

185  "...la palabra se constituye en el primer acto represivo porque, al nombrar la cosa, la desaloja y la sustituye. (...) entre el deseo y su realización alucinada hay un eslabón intermedio... (se trata de) un desencuentro primordial que está signado por el instante mítico en que la cosa deviene real cuando es perdida... La aparición ininterrumpida de un nuevo significante aparece como promesa de 'palabra plena', que termina destituida en su condición de ser no tanto 'plena' cuanto pura 'promesa' (...) en efecto, porque algo falta es por lo que algo se

están diferenciados. "No hay antes ni después en la Torá", dicen los sabios. Y en consonancia, explica Legendre:

"...El inconsciente se libra a interpolaciones de textos, a ensamblajes que desafían la cronología, etc. Así, mi calidad de hijo no implica que inconscientemente, en la economía subjetiva de sus propias relaciones edípicas con sus padres (mis abuelos), mi padre no me ponga en lugar de padre o de hermano. ...Para el inconsciente está el bloque de mujeres si se puede decir, de modo que una mujer en posición jurídica de esposa venga al lugar de la madre, de la hermana, de la hija de un hombre" (1996: 138).

Es el terreno de la indiferenciación, tal como los sueños lo atestiguan una y otra vez con sus operaciones de condensación y desplazamiento. "El sujeto humano, por su estatuto de sujeto inconsciente, no está nunca en verdad, totalmente diferenciado; se queda a medio camino". La reproducción humana no sería posible si quedara librada solo a ese terreno.

"La partida se juega por forzamiento jurídico, es decir, *por montajes institucionales que oponen a la lógica del inconsciente la lógica del tercero excluido* (...) La genealogía hace triunfar el principio de no contradicción contra la otra lógica, la del inconsciente, que ignora este principio" (1996: 139; itálicas en el original).

Así, hay dos registros:

"La lógica del inconsciente de las identificaciones edípicas, y la lógica del tercero excluido, según la cual no se puede ser a la vez hijo y padre de su padre. Los procedimientos genealógicos organizan los trayectos de la subjetividad entre esos dos registros, el vaivén del sujeto entre esos dos polos en el interior de su círculo. (...) El jurismo civiliza o ...socializa el inconsciente, imponiendo no una legalidad arbitraria cualquiera, sino la ley

---

quiere decir" (Schöffer Kraut, 2008: 28 y ss). Es en esa tarea de separar de la cosa (materna) donde se pone de relieve "la relación que la función paterna tiene con la palabra" (idem: 46).

del principio de no contradicción: la operación se obtiene por el efecto de un montaje jurídico muy preciso, que constata el desafío edípico inconsciente, lo pone en escena y por decirlo así lo lleva a buen puerto, al puerto de la Razón".

Las narrativas bíblicas tanto como la *Eneida* y otras obras fundantes de la cultura muestran "cómo un sistema jurídico maniobra el inconsciente". Si la Torá es el lenguaje del inconsciente, es a la vez el lugar donde adviene la Razón: IHVH es (el nombre de) la Referencia, instancia que opera la separación y el despegue estableciendo lugares en la cadena filiatoria, anterioridad y posterioridad, a modo de una linealidad que no admite vuelta atrás. Los "montajes de la ficción jurídica" no se desentienden del Edipo, sino que lo toman y lo "intervienen", lo ordenan y lo interpretan para que su persistencia, ineliminable, quede férreamente subsumida y sometida al régimen de la diferencia. "Se trata –agrega el jurista en su obra sobre el cabo Lortie– de volver a pegar los pedazos de la escena edípica y de hacer entrar al hijo parricida bajo la Ley, es decir, ayudar a ese hijo, nacido de una madre, a nacer también del padre" (1996: 159).

Volvamos por un momento al comienzo de la saga de padres bíblicos: la "h" –que como vimos, es el nombre de D'os metido como una cuña en medio del nombre de Abraham– es lo que divide a Abraham en dos y que, al dividirlo, lo relaciona consigo mismo, de esta manera desfasada y distanciada (introduce la alteridad). Esa pequeña y enorme letra se convierte así en el lugar de umbilicación de la inmanencia (lo horizontal) con la trascendencia (con algo que viene de otro lado y que no va a estar como objeto a disposición del sujeto, pero que lo constituye). Lo trascendente, pero no en términos teológico-religiosos sino en términos legales, lo que Legendre llama, como vimos, Referencia. Si se nos permite un oxímoron, podríamos decir: una trascendencia estructural. Es aquello de lo cual el sujeto no se puede apropiar: la ley del lenguaje. El punto de almohadillado o nudo del capitoné, como lo llamaría Lacan. El lugar del Poder absoluto, por el cual estará regido y del cual debe estar separado para ingresar al género humano. Pero es preciso recordar que, como connota la h, es un lugar vacío...

**Lo imposible, lo prohibido**

Nuestro acceso al mundo no es inmediato, sino mediado por el lenguaje, esa *pantalla de las palabras*, que desnaturaliza; cuando decimos *naturaleza*, ya estamos mentando una creación de la cultura. En tanto seres hablantes y culturales, estamos desarraigados, exiliados de ese (imaginario) origen absoluto, puro, entero, completo, prístino. Somos, en suma, extranjeros. Seres legales. Es decir, filiados. Esto es lo que opera el padre como función en relación al lenguaje y en relación a la (madre) naturaleza. Se entiende pues que en las culturas paganas –y no solo: la pervivencia de esta figura en el Occidente cristiano es bien notoria– madre y naturaleza se confundan, se identifiquen. Sin duda, esa identificación no es arbitraria ni antojadiza: traduce una figura del inconsciente. Pero el trabajo (¿el malestar?) de la cultura, en todo tiempo y lugar, es de separación; se trata de introducir al niño en el orden simbólico, el ámbito de la falta y la incompletud. El lenguaje (y, específicamente, la letra) es la vía por la que se realiza esta operación: separa de la naturaleza, y esta es, como venimos viendo, una de las figuras de *la prohibición de incesto*.

Porque la prohibición es cosa del lenguaje. Instituir es hacer entrar en la lógica de lo prohibido. Solo los humanos tenemos prohibición, y esta es el núcleo duro de la Ley. El *no*. La negatividad es inherente a la constitución del sujeto. Solo los humanos, que tenemos lenguaje, sabemos de lo prohibido. Estamos ligados a esa Referencia que es lo que nos sitúa en lugares generacionales y en relación a lo prohibido, en base a esa ley primordial llamada prohibición de incesto. Ley no dictada por nadie, ley pura forma –solo instala *la prohibición como tal*, es decir, es condición de posibilidad de toda ley– cuyos contenidos (el o los objetos interdictos) son variables y propios de cada cultura.

Relata Safouan:

"Se cuenta que luego de una batalla victoriosa, un general acampa con su ejército para descansar al pie de una montaña. Al alzar la mirada, ve a un hombre sentado por encima de él, sobre la montaña. Encolerizado, sube para interpelar al hombre: *¿Quién es usted para permitirse estar sentado por encima de mí? Sire*, responde el hombre, *me pregunta quién soy sin decirme quién es usted. –Soy el jefe de ese ejército que está allá abajo*, responde. *Ajá; y ¿Quién está por encima de usted? El mariscal, por supuesto*, dice. *Ah... ¿y por encima del mariscal? Solo el rey está por encima del mariscal... ¿Y por encima del rey? Nada está por encima del rey. Bueno*, le contesta el hombre, *yo soy esa nada*, mostrando así el punto donde todos somos iguales" (1995: 155).

Esa nada es la Referencia, representado en el cuento con una prosopopeya. Aun el más poderoso de los hombres sigue siendo un humano ligado genealógicamente. Toda la Torá está compuesta para afirmar esto; de ahí la confrontación permanente entre los personajes mitológicos –"varones de fama", gigantes o héroes–, y los padres, simples humanos fallidos. Las dos líneas en perpetuo conflicto que enmarcan el relato bíblico.

### La letra con padre entra

Un tratado talmúdico (Ketubot, 50a-b) dedica varias páginas a dilucidar la cuestión de cuál es el momento indicado para que los niños comiencen su educación formal en la escuela. Las posturas son de lo más diversas, desde un rabino que sostiene que tal formación no debe ser antes de los doce años, hasta otro que plantea que debe ser a los seis. Luego de confrontar varias opiniones, la Guemará (segunda parte del Talmud) ofrece la declaración de Rav Ketina quien dice que un padre que introduce a su hijo en la escuela antes de los seis años "andará siempre detrás de él pero nunca lo alcanzará", ya que el chico avanzará tanto en sus estudios que sus pares no podrán igualarlo. Pero otros sabios opinan que la frase alude al cuidado que el padre debe tener con respecto a la salud de su hijo, a fin de que el estudio no resulte una tarea excesiva que lo debilite. Rav. Steinsaltz, el más célebre talmudista de la actualidad, compara estos antiguos textos con las opiniones de la psicología contemporánea según la cual, dice, la decisión debe estar necesariamente ligada a la madurez física, mental y emocional del pequeño. La opinión más aceptada es la que indica iniciar a los niños a la edad de tres años en el aprendizaje de las letras, a los cinco años en la lectura de la Biblia, a los diez en la Mishná y a los quince en el Talmud.

Independientemente de las varias respuestas a la pregunta que titula el comentario talmúdico, dos factores a destacar para nuestro desarrollo: a) la cuestión de la alfabetización de los hijos es ya considerada como de primera importancia por los sabios en la época talmúdica, es decir, entre los siglos II y V de la era común. Y b), el método talmúdico, consistente en argumentos y contraargumentos que despliegan el problema y no llegan necesariamente a una conclusión única que elimine las opiniones diversas. Más bien, abre la problemática y sienta algunas bases para proseguir pensando y debatiendo. Ambos puntos se complementan: se trata de criar niños con capacidad de lectura y, por ende, de interpretación y argumentación. ¿Qué otra cosa han sido los talmudistas, si no hijos tempranamente educados en el estudio de los textos, sus variaciones y disensos? Como señala Jonathan Sacks, en una escuela talmúdica –desde esos siglos tempranos hasta ahora– se considera un mérito especial que los alumnos planteen preguntas que pongan al maestro en apuros[186]... De la misma forma que se espera que el hijo llegue a desafiar y cuestionar a su padre. Para lo cual es preciso munirlo de las herramientas adecuadas ("enseñarle a preguntar"), ya que no se trata de un mero y estéril enfrentamiento o de una transgresión salvaje, sino de "ir más allá"...

Lo que se plantea desde el vamos es la alfabetización temprana y obligatoria: de los 3 a los 13 años se estudia. Sin distinción de clases. Padre-hijo, maestro-discípulo son los pares que constituyen el eje

---

186 El más valorado de los estudiantes es el capaz de producir un *jidush* (de *jadash*, nuevo), una interpretación original e inédita, del cual el maestro mismo pueda aprender.

de las estructuras bíblica y talmúdica, y de allí, del judaísmo entero como cultura. "Padres" y "maestros" comparten la etimología: *horim* y *morim*. Del mismo modo, *moré* (maestro) y Torá (que significa a la vez ley y enseñanza) provienen de una raíz común. Lectura, ley y paternidad se co-constituyen. Abraham es el anti-Layo.

Los pequeños judíos se entrenan para leer e interrogar, no para la guerra o la caza, como en la mayoría de las culturas antiguas. La figura del padre se arma sobre ese fondo de lectura. Padre es el que enseña a interpretar, el que está dispuesto a bajarse del pedestal y ofrece al hijo las armas para la batalla (contra él). La figura cabalística del *Tzim-tzum* es la metáfora precisa: D'os se retira (para crear el mundo), se corre de la escena pero deja el texto. Exacto modelo de paternidad. Toda la narrativa bíblica está armada de esa manera, como muestra Croatto[187]. La frase *eile toledot* ("estas son las generaciones de...") puntúa y periodiza la historia de un modo peculiar: el protagonista de un pasaje cede su lugar al hijo que continuará la saga, el heredero del Pacto[188]. La etapa siguiente estará protagonizada por ese hijo, cuyo nombre porta indefectiblemente el del padre (Itzjak *ben* Abraham, Isaac hijo de Abraham...). Este armado de la historia como sucesión genealógica, como un "pasar la antorcha" de padres a hijos, es lo que se dramatiza ritualmente en el *bar-mitzvá* cuando el padre pone en manos de su hijo el rollo de la Torá que el joven, por primera vez, leerá en público e interpretará por su cuenta.

En ese aspecto, no solo el progenitor es el transmisor y legador de la letra. *El padre es la letra:* separa de la cosa, de la mater-materia. Inaugura el orden simbólico. Si "padre" en hebreo, como vimos, se dice *ab*, ese es el comienzo del abecedario. Literalmente, el padre

---

[187] El autor afirma que en la narrativa de Éxodo se superponen y se acompañan tres capas: narrativa, genealógica y de itinerarios. Es decir, el desplazamiento es a la vez temporal, espacial y literario.

[188] "La fórmula *eile toledot* aparece diez veces en el libro de Génesis, seguida de un nombre que define el contenido de lo que se describe como 'historia/generaciones'. (...) El nacimiento del hijo que es tema del período siguiente es el hecho central de las toledot principales, y es el que separa en un 'antes' y un 'después' (la vida del padre)" (Croatto, 1994).

es el *alef-bet*. En su función de letra el padre pone en escena lo asemántico. Separa de la madre, *id est,* del sentido.

## CAPÍTULO V
### NADIE SABE LO QUE PUEDE UN TEXTO

"Nadie hasta ahora ha determinado lo que puede un cuerpo."

(Baruj Spinoza)

Entre cuerpo y texto, una ligazón inextricable. Por lo que venimos viendo, la letra se inscribe en el cuerpo, no a la manera de castigo como en "La colonia penitenciaria" kafkiana ni al modo de tatuaje o estigma, sino como *ot brit*: la letra del pacto, o el pacto de la letra[189]. Solo si la carne es enmarcada por el lenguaje se constituye como cuerpo, ingresa en la legalidad, la prohibición y la sexualidad. De lo contrario, es puro organismo, "carne cruda".

De las infinitas obras en que la cuestión de la escritura se aborda, elijo enmarcar este desarrollo entre dos textos que considero cruciales en la historia del tema en Occidente: *Fedro* de Platón y "El arte de narrar" de Walter Benjamin. Veinticuatro siglos separan a uno del otro. En el medio, en los márgenes, en las continuaciones, todas las variables, meandros y avatares que sea posible imaginar.

Otro vértice de la cuestión podría estar señalado por el aforismo de Goethe, tan apreciado por Freud: lo que heredes habrás de ganártelo, porque lo que no te ganes lo cargarás como un peso toda la vida.

*Fedro* –junto con *Banquete* y *República*– es un diálogo de la época media de Platón en la que el filósofo da forma a sus posiciones más características e históricamente recordadas: la doctrina de las ideas, la del alma y la del amor. En *Fedro*, a partir de 274 c, tiene lugar el relato mítico (y crítico) que Sócrates cuenta al joven Fedro

---

189  Cf. Cúneo, 2008, y sus observaciones acerca de la letra *tav* que desarrollaré unas páginas más adelante.

sobre el origen de la escritura. En este relato aparecen ligados algunos términos que nos interesan especialmente: paternidad, letra, en forma explícita, pero implícitamente hace referencia a ausencia, presencia, auxilio o desamparo.

<sup>274c</sup> "SÓC. — Tengo que contarte algo que oí de los antiguos, aunque su verdad sólo ellos la saben. Por cierto que, si nosotros mismos pudiéramos descubrirla, ¿nos seguiríamos ocupando todavía de las opiniones humanas?

FED. — Preguntas algo ridículo. Pero cuenta lo que dices haber oído.

SÓC. — Pues bien, oí que había por Náucratis, en Egipto, uno de los antiguos dioses del lugar al que, por cierto, está consagrado el pájaro que llaman Ibis. El nombre de aquella divinidad era el de Theuth. Fue éste quien, primero, descubrió el número y el cálculo, y, también, la geometría y la astronomía, y, además, el juego de damas y el de dados, y, sobre todo, las letras. Por aquel entonces, era rey de todo Egipto Thamus, que vivía en la gran ciudad de la parte alta del país, que los griegos llaman la Tebas egipcia, así como a Thamus llaman Ammón. A él vino Theuth, y le mostraba sus artes, diciéndole que debían ser entregadas al resto de los egipcios. Pero él le preguntó cuál era la utilidad que cada una tenía, y, conforme se las iba minuciosamente exponiendo, lo aprobaba o desaprobaba, según le pareciese bien o mal lo que decía. Muchas, según se cuenta, son las observaciones que, a favor o en contra de cada arte, hizo Thamus a Theuth, y tendríamos que disponer de muchas palabras para tratarlas todas. Pero, cuando llegaron a lo de las letras, dijo Theuth: "Este conocimiento, oh rey, hará más sabios a los egipcios y más memoriosos, pues se ha inventado como *un fármaco de la memoria y de la sabiduría*". Pero él le dijo: "¡Oh artificiosísimo Theuth! A unos les es dado crear arte, a otros juzgar qué de daño o provecho aporta para los que pretenden hacer uso de él. Y ahora tú, precisamente, padre que eres de las letras, por apego a ellas, les atribuyes poderes contrarios a los que tienen.

Porque es olvido lo que producirán en las almas de quienes las [275a] aprendan, al descuidar la memoria, ya que, *fiándose de lo escrito, llegarán al recuerdo desde fuera, a través de caracteres ajenos, no desde dentro, desde ellos mismos y por sí mismos.* No es, pues, un fármaco de la memoria lo que has hallado, sino un simple recordatorio. Apariencia de sabiduría es lo que proporcionas a tus alumnos, que no verdad. Porque habiendo oído muchas cosas sin aprenderlas, parecerá que tienen muchos conocimientos, siendo, al [b] contrario, en la mayoría de los casos, totalmente ignorantes, y difíciles, además, de tratar porque han acabado por convertirse en sabios aparentes en lugar de sabios de verdad".

FED. — ¡Qué bien se te da, Sócrates, hacer discursos de Egipto, o de cualquier otro país que se te antoje!

SÓC. — El caso es, amigo mío, que, según se dice que se decía en el templo de Zeus en Dodona, las primeras palabras proféticas provenían de una encina. Pues los hombres de entonces, como no eran sabios como vosotros los jóvenes, tal ingenuidad tenían, que se conformaban con oír a una encina o a una roca, sólo con que dijesen la verdad. Sin embargo, para ti la cosa es diferente, [c] según quién sea el que hable y de dónde. Pues no te fijas únicamente en si lo que dicen es así o de otra manera.

FED. — Tienes razón al reprenderme, y pienso que con lo de las letras pasa lo que el tebano dice.

SÓC. — Así pues, el que piensa que al dejar un arte por escrito, y, de la misma manera, el que lo recibe, deja algo claro y firme por el hecho de estar en letras, rebosa ingenuidad y, en realidad, desconoce la predicción de Ammón, creyendo que las palabras escritas son algo más, para el que las sabe, que un recordatorio [d] de aquellas cosas sobre las que versa la escritura.

FED. — Exactamente.

SÓC. — Porque es que es impresionante, Fedro, lo que pasa con la escritura, y por lo que tanto se parece a la pintura. En efecto, *sus vástagos están ante nosotros como si tuvieran vida; pero, si se les pregunta algo, responden con el más altivo de los silencios. Lo mismo pasa con las palabras.* Podrías llegar a creer como si lo que dicen fueran pensándolo; pero si alguien pregunta, queriendo aprender de lo que dicen, apuntan siempre y únicamente a una y la misma cosa. Pero, eso sí, *con que una vez algo haya sido puesto por escrito, las palabras ruedan por doquier,* igual entre los entendidos que como entre aquellos a los que no les importa en absoluto, sin saber distinguir a quiénes conviene hablar y a quiénes no. Y si son maltratadas o vituperadas injustamente, necesitan siempre la ayuda del padre, ya que ellas solas no son capaces de defenderse ni de ayudarse a sí mismas.

e

FED. — Muy exacto es todo lo que has dicho.

276a SÓC. — Entonces, ¿qué? ¿Podemos dirigir los ojos hacia otro tipo de discurso, hermano legítimo de éste, y ver cómo nace y cuánto mejor y más fuertemente se desarrolla?

FED. — ¿A cuál te refieres y cómo dices que nace?

SÓC. — Me refiero a aquel que se escribe con ciencia en el alma del que aprende; capaz de defenderse a sí mismo, y sabiendo con quiénes hablar y ante quiénes callarse.

FED. — ¿Te refieres a ese discurso lleno de vida y de alma, que tiene el que sabe y del que el escrito se podría justamente decir que es el reflejo?.

b SÓC. — Sin duda. Pero dime ahora esto. *¿Un labrador sensato que cuidase de sus semillas* y quisiera que fructificasen, las llevaría, en serio, a plantar en verano, a un jardín de Adonis[190], y gozaría al verlas ponerse hermosas en ocho días, o solamente haría una cosa así por juego o por una fiesta, si es que lo hacía? Más bien, aquellas que le interesasen, de acuerdo con lo que manda el arte de la agricultura, las sembrará donde debe, y

---

190 Los jardines de Adonis eran unos cultivos superficiales que se hacían en ocasión de una festividad, las Adonias, en las que las mujeres plantaban hierbas de cultivo rápido en unos cestos que portaban en sus procesiones. Lo sembrado florecía y perecía en pocos días.

estará contento cuando, en el octavo mes, llegue a su plenitud todo lo que sembró.

FED. — Así es, Sócrates. Tal como acabas de expresarte; en un ᶜ caso obraría en serio, en otro de manera muy diferente.

SÓC. — ¿Y el que posee la ciencia de las cosas justas, bellas y buenas, diremos que tiene menos inteligencia que el labrador con respecto a sus propias simientes?

FED. — De ningún modo.

SÓC. — Por consiguiente, no se tomará en serio el *escribirlas en agua, negra por cierto, sembrándolas por medio del cálamo, con discursos que no pueden prestarse ayuda a sí mismos*, a través de las palabras que los constituyen, e incapaces también de enseñar adecuadamente la verdad.

FED. — Al menos, no es probable.

SÓC. — No lo es, en efecto. Más bien, los jardines de las letras, ᵈ según parece, los sembrará y escribirá como por entretenimiento; y al escribirlas, *atesora recordatorios, para cuando llegue la edad del olvido, que le servirán a él y a cuantos hayan seguido sus mismas huellas*. Y disfrutará viendo madurar tan tiernas plantas, y cuando otros se dan a otras diversiones y se hartan de comer y beber y de todo cuanto con esto se hermana, él, en cambio, pasará, como es de esperar, su tiempo distrayéndose con las cosas a las que me refería.

FED. — Uno extraordinariamente hermoso, al lado de tanto ᵉ entretenimiento baladí, es el que dices, Sócrates, y que permite entretenerse con las palabras, componiendo historias sobre la justicia y todas las otras cosas a las que te refieres.

SÓC. — Así es, en efecto, querido Fedro. Pero mucho más excelente es ocuparse con seriedad de esas cosas, cuando alguien, haciendo uso de la dialéctica y *buscando un alma adecuada, planta y siembra palabras con fundamento, capaces de ayudarse a sí mismas*

277a *y a quienes las planta, y que no son estériles, sino portadoras de simientes de las que surgen otras palabras* que, en otros caracteres, son canales por *donde se transmite, en todo tiempo, esa semilla inmortal*, que da felicidad al que la posee en el grado más alto posible para el hombre.

FED. — Esto que dices es todavía mucho más hermoso.

SÓC. — Ahora, Fedro, podemos establecer un criterio sobre aquellas cosas, una vez que estamos de acuerdo sobre éstas.

FED. — ¿Sobre cuáles?

b SÓC. — Aquellas que queríamos ver y que nos han traído hasta este punto, cuando examinábamos el reproche que se hacía a Lisias por escribir discursos, y a los discursos mismos, por estar o no estar escritos con arte. Ahora bien, por lo que se refiere a tener o no tener arte, a mí me parece que ha quedado suficientemente claro. (....).

SÓC. — Pero el que sabe que en el discurso escrito sobre cualquier tema hay, necesariamente, un mucho de juego, y que *nunca discurso alguno, medido o sin medir, merecería demasiado el empeño de haberse escrito*, ni de ser pronunciado tal como hacen los 278a rapsodas, sin criterio ni explicación alguna, y únicamente para persuadir, y que, de hecho, los mejores de ellos han llegado a convertirse en recordatorio del que ya lo sabe; y en cambio cree, efectivamente, que en aquellos que sirven de enseñanza, y que se pronuncian para aprender –escritos, realmente, en el alma– y que, además, tratan de cosas justas, bellas y buenas, quien cree, digo, que en estos solos hay realidad, perfección y algo digno de esfuerzo y que *a tales discursos se les debe dar nombre como si fueran legítimos hijos –en primer lugar el que lleva dentro de él y que está como originado por él*, después, todos los hijos o hermanos de éste que, b al mismo tiempo, han enraizado según sus merecimientos en las almas de otros–, dejando que los demás discursos se vayan enhorabuena; un hombre así, Fedro, es tal cual, probablemente, yo y tú desearíamos que tú y yo llegáramos a ser.

FED. — Precisamente lo que estás diciendo es lo que quiero y pido con todas mis fuerzas.

SÓC — Bueno, ya nos hemos entretenido como corresponde con los discursos. Ahora ve tú y anuncia a Lisias (…) Y lo que hemos de anunciar es que si, sabiendo cómo es la verdad, compuso esas cosas, pudiendo acudir en su ayuda cuando tiene que pasar a probar aquello que ha escrito, y *es capaz con sus palabras de mostrar lo pobre que quedan las letras*, no debe recibir su nombre de aquellas cosas que ha compuesto, sino de aquellas que indican su más alto empeño". (Los destacados son míos, D.S.)[191] d

Walter Benjamin, por su parte, cuenta:

"Cada mañana se nos informa sobre las novedades del planeta. Y, sin embargo, somos pobres en historias singulares. ¿A qué se debe esto? Se debe a que ya no nos llega ningún acontecimiento que esté libre de datos explicativos. En otras palabras: ya casi nada de lo que sucede redunda en provecho de la narración, casi todo en provecho de la información. Porque si se puede reproducir una historia preservándola de explicaciones, ya se logró la mitad del arte de narrar. Los antiguos eran maestros en este arte, Herodoto a la cabeza. En el capítulo catorce del tercer libro de sus Historias está la historia de Samético. Cuando el rey egipcio Samético fue vencido y tomado prisionero por el rey de los persas Cambises, Cambises se empeñó en humillar al prisionero. Dio órdenes de hacer parar a Samético al costado de la calle en la que harían su entrada triunfal los persas. Y además dispuso las cosas de tal forma que el prisionero pudiera ver pasar a su hija como sirvienta yendo con una vasija a buscar agua a la fuente. Mientras todos los egipcios se quejaban y se lamentaban ante ese cuadro, Samético permanecía parado solo, inmóvil y sin pronunciar palabra, los ojos fijos en el suelo; y

---

[191] Como era de esperar, estas pocas páginas señeras en la historia de Occidente han merecido miles de comentarios, que sería imposible citar o reseñar acá. Remito solo, y a modo de ejemplo, a uno de los más célebres y cautivantes: el que le dedica Derrida en "La farmacia de Platón" (1975).

cuando al poco tiempo vio que su hijo era conducido junto con otros para ser ejecutado, siguió sin conmoverse. Pero cuando después reconoció a uno de sus criados, un viejo hombre empobrecido, en la hilera de los prisioneros, se golpeó la cabeza con los puños y dio señales del más profundo dolor. En esta historia se ve lo que es un verdadero relato. El mérito de la información pasa, en cuanto esta deja de ser novedad. Ella solo vive en ese momento. Debe entregarse a él y explicarse sin perder tiempo. Pero con el relato sucede otra cosa: no se agota, sino que almacena la fuerza reunida en su interior y puede volver a desplegarla después de largo tiempo. Así, Montaigne volvió al relato del rey egipcio y se preguntó: ¿por qué el rey se queja recién al ver a su criado y no antes? Montaigne responde: Como ya estaba lleno de dolor, bastó un mínimo incremento para que este rebalsara. Esa es una forma de entender la historia. Pero la misma también admite otras explicaciones. Cualquiera puede trabar conocimiento con muchas de ellas, si plantea esta pregunta en el círculo de sus amigos. Uno de mis amigos dijo, por ejemplo: 'Al rey no lo conmueve el destino de lo monárquico; porque ese es el suyo'. Y otro: 'En el escenario nos conmueven muchas cosas que no nos conmueven en la vida; este criado solo es un actor para el rey'. Y un tercero: 'El dolor intenso se acumula y solo sale a la luz cuando la persona se distiende. El reconocer al criado fue la distensión'. 'Si esta historia hubiera sucedido hoy', dijo un cuarto, 'entonces en todos los diarios dirían que Samético quiere más a su criado que a sus hijos'. De lo que no cabe duda es de que todos los periodistas la explicarían en un abrir y cerrar de ojos. Herodoto no la explica ni con una palabra. Su relato es el más seco. Por eso esta historia del antiguo Egipto puede provocar asombro y reflexión aún hoy, después de milenios. Se parece a las semillas que durante miles de años estuvieron herméticamente cerradas en las cámaras de las pirámides y conservaron su capacidad de germinar hasta el día de hoy" (Benjamin, 2011).

Se habrá notado que ambas narraciones –la platónica y la benjaminiana– transcurren en el mismo escenario: Egipto. Y que, en ambas, se trata de sembrar, de semillas y de discursos. Y de padres. Temas que insisten en Platón, donde siembra y paternidad (los discursos como vástagos, el sembrador de semillas[192] –figura usada en múltiples textos como metáfora de padre, con bases lingüísticas evidentes–, el padre del escrito, los jardines efímeros o aquellos cuyos frutos permanecen hasta la vejez...) se entretejen. Egipto, notablemente, es la tierra de la escritura jeroglífica, uno de los antecedentes de la alfabética. Platón, en un juego fantasioso y plenamente literario, ubica ahí el origen de las letras que, en realidad, vienen de Fenicia. Es del alfabeto fenicio de donde provienen el griego y el hebreo. Pero el país de las pirámides tiene un alto valor simbólico y mítico tanto para Grecia como para Israel: como el filósofo expresa en varios de sus diálogos (*Timeo*, tal vez, es donde aparece con más fuerza la imagen), Egipto constituye la cuna del conocimiento, lugar admirado y de algún modo añorado... Por el contrario, para los hebreos se trata del territorio de la esclavitud: su nombre cifra todo aquello de lo que deben alejarse. Servidumbre, idolatría, incesto, reyes divinizados, culto a los muertos, tiempo coagulado... Epítome de lo malo. También, siguiendo la línea de análisis que propongo, tierra de la amenaza filicida por parte de un soberano que no solo manda matar a los niños hebreos, sino que no hesita en arriesgar la vida de su propio hijo con tal de mantener su poder. La muerte de los primogénitos, en ese contexto, no es obra de un dios vengador sino una consecuencia lógica del "corazón endurecido" del Faraón. De modo que en estos textos que aquí se confrontan, paternidad y escritura, relato y filiación se imbrican de extrañas maneras.

---

[192] Como hace notar Pablo Cúneo en su ya citado artículo "La letra del Pacto...", "el término latino *Sator* que significa: sembrador, cultivador, plantador, autor, padre. De la raíz del mismo, *sero*, ... surgen semilla (en latín, *semen*), simiente, seminal..., engendrar, procrear". Muy cerca, curiosamente, el hebreo *zera*, semilla, que también se usa reiteradas veces en el texto bíblico con el sentido de descendencia.

En *El susurro del lenguaje*, Barthes dedica un capítulo a "La muerte del autor", dentro de un apartado titulado "De la obra al texto". Allí sostiene que la noción de obra –acabada, monumental, completa– ha dejado paso en la modernidad a la más flexible y porosa idea de texto (recuperando con este término la connotación de tejido). Dice:

> "Cuando se cree en el Autor, este se concibe siempre como el pasado de su propio libro: el libro y el autor se sitúan por sí mismos en una misma línea, distribuida en un antes y un después: se supone que el autor es el que nutre al libro, es decir, que existe antes que él (...); mantiene con su obra *la misma relación de antecedente que un padre respecto a su hijo*. Por el contrario, *el escritor moderno nace a la vez que su texto*. (...) Hoy día sabemos que un texto no está constituido por una fila de palabras de las que se desprende un único sentido, teológico en cierto modo (pues sería el Autor-Dios), sino por un espacio de múltiples dimensiones en el que se concuerdan y contrastan diversas escrituras..." (Barthes, 1987: 68 y ss.; yo destaco, D.S.).

Y prosigue:

> "Una vez alejado el Autor, se vuelve inútil la pretensión de 'descifrar' un texto. Darle a un texto un Autor es imponerle un seguro, proveerlo de un significado último, cerrar la escritura". De modo que el padre sería el dueño y, por ende, el garante del sentido. Y un par de páginas más adelante, agrega: "La obra está inserta en un proceso de filiación. (...) Se considera al autor como padre y propietario de su obra. (...) El Texto, en cambio, se lee sin la inscripción del Padre".

Insiste entonces en una relación a pensar entre autor y padre, letra y paternidad. Pero siempre que se habla de padres e hijos está en juego la cuestión de la herencia y la filiación. Habría, en la concepción barthesiana, también –como en los constructores de Babel– cierta renegación filiatoria: si "el escritor moderno –dice– nace a la vez que su texto", equivale a decir (en ese desarrollo) que el padre y el hijo nacen juntos… Claro que un hombre *nace* como padre a la vez que nace su hijo: es este hecho el que le procura ese "segundo nacimiento", que inaugura la paternidad. ¡Pero ello no implica que desaparece toda anterioridad! Si el padre se va descubriendo y desarrollando como tal al unísono con el crecimiento del hijo, la imagen vale también para el escritor y su producción. Sin embargo, hay un gestador, un "sembrador" –para usar la figura platónica y benjaminiana– que, si bien fructificará a la par de su siembra, la antecede. Ha sido su acto el momento inaugural de un proceso cuyos resultados son inciertos, pero que se ha puesto en marcha en un punto temporal previo a la existencia del fruto. Padre y autor quedan así posicionados como sujetos: productor y producto, efecto de su acto a la vez que causa del mismo. Sin embargo, esta aparente circularidad no es tal: si como dice Arendt, siguiendo a Agustín y a Kant, "lo propio del hombre es comenzar", se trata (nuevamente) de un inicio que no dice todo, o que apenas abre la posibilidad del decir, como la *alef* bíblica. Inicio a-teológico. Paternidad.

**De jardines y pirámides**

La letra muda, como muerta, en Platón, y la semilla en las pirámides en Walter Benjamin: junto a las momias, paradójicamente, algo de la vida late y se preserva. ¡La muerte como telón de fondo de la escritura! Se sabe que uno de los sitios donde se registran las primeras escrituras fueron las lápidas. Inscribir el nombre del muerto, la marca de los antepasados, sería, entonces, el origen de lo escrito. Dato histórico que arroja un rico saldo metafórico: toda escritura implica un duelo, una pérdida, la necesidad de convertir en símbolo lo que se ha ido en lo real, de enlazar de algún modo lo vivo con lo muerto. Así lo dice Schiller: "Lo que vivirá inmortalmente en el poema debe hundirse en esta vida". Convertir al antepasado –digamos para simplificar: al padre–, en símbolo. Matarlo para inscribirlo. Fabricarlo como metáfora. Pero, ¿es que acaso es o ha sido alguna vez otra cosa?

Desde esta perspectiva, habría que considerar de qué forma la escritura construye el vínculo entre presencia y ausencia; revisar los desarrollos de Barthes, quien parece pensar al padre (de las letras, de la obra: el texto no tiene padre) más como padre de la horda, tirano o déspota, que como transmisor. Ver si esa concepción del autor/padre como Dios que "cierra la escritura e impone un sentido único" no está lastrada de prejuicios o convicciones de alguna muy precisa procedencia. Pero también, y en el extremo opuesto, cuestionar la propuesta de Platón, para quien lo escrito no puede "defenderse por sí mismo" y necesita siempre del padre que lo proteja, lo que no ocurre ni puede ocurrir porque, dice, lo escrito se ha echado a rodar por el mundo, lejos ya de quien lo engendró, y por ende no es más que un pobre huérfano desamparado y perdido.

Si bien *Fedro* no es el único lugar donde la cuestión de la escritura aparece como preocupación central para el griego, es ahí donde adquiere su formulación más acabada, entre otras cosas por la relación que entabla, al interior del diálogo, con sus otros temas. Lo que parece obsesionar a Platón es la cuestión de la posesión y el dominio, es decir, el control. Foucault señala: "La ética griega del placer está ligada a una sociedad viril, a la no-simetría, a la exclusión del otro, a la obsesión de la penetración y a una especie de amenaza de verse desposeído de la propia energía" (Foucault, s/f: 190). Tal concepción ética gira en torno al ideal fálico y dominador. Ideal del in-dividuo, entero y sin falla.

Los tres "ejes temáticos"[193] que podemos distinguir en *Fedro* son: el amor, la locura y la escritura. En los tres, las oposiciones se dibujan en torno a la posibilidad o imposibilidad de poseer y controlar algo que parece evasivo y, por ende, riesgoso. El dominio de sí –tema sobre el que Foucault escribirá largamente– se juega en forma decisiva en esos tres ámbitos, aparentemente tan diversos. Porque va de la mano del control sobre el/lo otro. Perder el control, estar a expensas de fuerzas extrañas: ¡no hay mayor terror para

---

193   La noción de eje temático es problemática y no del todo aplicable al diálogo platónico. Uso el sintagma por razones de economía expresiva.

un griego![194] Y eso es lo que ocurre, precisamente, en el estado amoroso, la locura y lo escrito. La ontología, en la medida en que intenta capturar el ser o la esencia –como lo expresa Sócrates sin ambages–, aspira a constituirse como remedio a tales peligros. La célebre afirmación de Aristóteles, apenas posterior a la obra platónica, nos da una pista: *to on legetai polajós*, dice el Estagirita: el ser se dice (*legetai*) de muchas maneras. Se dice, sí... ¡pero no se escribe! Porque la letra corre ese riesgo insoportable, ser leída y comprendida de formas no previstas ni controladas por el autor. Si el ser quedara atrapado en la red del texto, la filosofía se convertiría (y algo de esto Platón parece intuir, aterrorizado) en lo que Borges dirá muchos siglos después: literatura fantástica.

En Platón, lo escrito se desmorona por la ausencia del padre; en Barthes, queda ahogado por su presencia omnímoda. Antítesis insoluble, disyuntiva de hierro. A menos que haya que releer la tradición de Occidente y ver si ese padre –mítico, trágico, filosófico– es la única versión (¿per-versión?) posible...

Para la Cábala, las letras son los elementos con los que Dios lleva a cabo la creación del mundo. Las letras que ocupan un lugar de privilegio son las del nombre de Dios, el Tetragrama (IHVH), nombre impronunciable –es decir, solo dado en la escritura–. Según un autor cabalístico, "Todos los nombres de la Torá están contenidos en el nombre de cuatro letras"[195]... Explica Scholem: "La Torá es

---

[194] La tragedia, que antecede en poco más de un siglo a la escritura platónica pero que no deja de estar presente en sus páginas, es pródiga en ejemplos de tal terror: los dioses manejando a su arbitrio las vidas de los mortales, induciéndolos a cometer actos terribles y poniéndolos en estado de trance a fin de hacerles perder la cordura... Como señala, ya desde el título, Ruth Padel en su magnífico libro *A quien un dios quiere destruir, antes lo enloquece* (1997). Tal vez se pueda leer la obra completa de Platón como un intento de refutar tal estado de cosas, una búsqueda de los medios para poner al hombre en posesión de su propio destino a través del conocimiento.

[195] Es poco probable que Saussure haya leído los textos cabalísticos o tratados al respecto; pero resulta de lo más llamativo que, a comienzos del siglo XX (entre 1906 y 1909) haya desarrollado una teoría más que coincidente con esos antiguos escritos. En un precioso y raro libro, Jean Starobinski recopila y expone los manuscritos saussureanos sobre los anagramas. Dice Saussure allí que, estudiando la poesía latina en sus formas primeras –los así llamados poemas saturnios– descubre que todos ellos están organizados como anagramas de un nombre, por

por lo tanto un ropaje viviente y un tejido, un *textus*... en el que... el Tetragrama se teje... en toda clase posible de metamorfosis y variaciones. Es... una estructura que se construye sobre ese nombre de cuatro letras..." (Scholem, 1999: 30 y ss.).

Las asociaciones con el Nombre (o los nombres) del Padre, cuya formulación Lacan asegura haber tomado de la figura del Dios bíblico, son perfectamente legítimas. Y prosigue Scholem, citando uno de los primeros escritos cabalísticos: "Dios asoció las letras de este nombre con las del alfabeto, (...) las permutó, combinó y las intercambió entre sí siguiendo ciertas leyes". Tales procedimientos de combinación y composición dan por resultado el texto de la Torá, que "no tiene –prosigue Scholem– en sus varios principios, un sentido individual y único: puede ser expandido de varias maneras". Así, "la palabra de Dios, que se extiende a todos los mundos, está infinitamente cargada de significado pero *no tiene una interpretación fija... La palabra de Dios es pura y simplemente aquello que es interpretable* (...). En el texto canónico consonántico de la Torá encontramos contenidas de manera potencial todas esas posibilidades infinitas de su concepción" (yo destaco, D.S.). Los autores de la Cábala entienden la Creación "como un acto de escritura divina", las letras como huellas de D'os, y por tanto infinitamente interpretables.

Entender la Cábala como teoría del lenguaje –y no, al menos desde mi perspectiva, como propuesta mística o metafísica– pue-

---

lo general de un héroe o un dios. Lo que se conserva de sus investigaciones es una enorme pila de borradores, textos inconclusos, notas y apuntes, que Saussure nunca llega a editar porque no logra "cerrar" su teoría con una explicación convincente: ¿por qué esos poemas están así compuestos? ¿Fueron sus autores conscientes de tal regla compositiva? ¿Se trataba de una consigna de estilo compartida, o de meras coincidencias? Cuestión apasionante y sugerente, no solo por la intuición del lingüista sino también por el hecho de que –a diferencia por ejemplo de un Freud, que no tiene reparos en confesar lo provisorio y conjetural de sus hipótesis– no le alcanza con vislumbrar un elemento tan llamativo, que podría dar origen a otras investigaciones por parte de colegas o pensadores de otras disciplinas, sino que necesita una conclusión "científica" y demostrable. No por casualidad, se dedicará luego a la construcción de su gramática, con un orden mucho más sistemático y "racional". Ver Starobinski, 1996.

de ayudar a cuestionar las posturas de Barthes[196] y, poco después, de Foucault, en la misma línea de la pregunta por el autor o de su decretada muerte[197]. Porque en estos desarrollos cabalísticos, que comienzan en el siglo XII, se lee una fascinante paradoja: ¡el (supuestamente) más "teológico" de los textos se ofrece a la múltiple e inclausurable interpretación! No hay "dueño" del sentido ni sentido único: por el contrario, el D'os que crea con las letras, que teje el mundo como escrito, es el primer escritor que dona su texto para ser incesantemente leído y relanzado. Recordemos que Moisés rompe las Tablas "escritas por el dedo de D'os" al encontrarse con la escena del becerro y no es castigado por ese acto, que bien podría ser entendido como herético. ¿Orfandad, o modo diferente de concebir a D'os, al padre, el lenguaje? Podríamos entonces pensar que el texto se despliega y hace su camino *con la inscripción del padre, pero **sin** su garantía*. Es decir, producido por el deseo pero dotado de las inmensas posibilidades de sentido que conlleva la equivocidad de la letra. Tal vez, hay o puede haber otras formas de paternidad diferentes a las pensadas por los griegos y Barthes: padre que inscribe y marca pero que, lejos de anular al hijo, lo impulsa y lo autoriza en sus lecturas; que se ausenta –como D'os para los cabalistas, en la poética figura del *Tzim tzum*– y es esa ausencia lo que funda y habilita. La potencia de la escritura, como el genio de Aladino, no se deja encerrar en la lámpara: permanece inapresable, diaspórica y mutante. El encabalgamiento de lecturas a lo largo de los siglos es su puesta en evidencia. Al fin y al cabo, la historia completa de la escritura –sea literaria o de otros ámbitos– puede leerse (valga la literalidad) con ese sesgo.

Tres ejemplos de campos diversos servirán para aprehender, a modo de ejercicio, tal mecanismo:

---

196  Dejo de lado la paradoja que implica que los abordajes cabalísticos sean, en cierto aspecto, más "modernos" y transgresores que los barthesianos…
197  Un texto extraordinariamente útil para el análisis de la cuestión es el de Topuzian, 2014.

a) Freud propone tratar al sueño como "texto sagrado"[198]. Si la letra permanece, se abre el abanico del sentido y todo es posible. Freud lee a Sófocles. Transforma un texto trágico –*Edipo rey*– en el dispositivo nuclear del sujeto del inconsciente, con el que funda el psicoanálisis. Para Freud, el inconsciente es una escritura. Solo puede interpretarse a condición de no cambiar ni una letra ni una coma de sus manifestaciones[199] –allí donde el inconsciente se revela y habla, en esa precisa marca de lo escrito–.

b) El Quijote y Pierre Menard. El poeta simbolista francés del siglo XIX lee a Cervantes. Pero: Cervantes, quien con su Quijote funda la novela, es a su vez –como su personaje– lector de literatura de caballería. Y Borges es lector ficcional de un imaginario escritor –Menard– que a su vez es un personaje... Tejido de remitencias y reenvíos sin fin, rizomas, constelaciones...

c) La Torá y la *Ética* de Spinoza. El holandés es un lector riguroso de las Escrituras, porque es fino lector de toda escritura. Pasa la Torá por el filtro de la razón aristotélica y matemática y deja, como la última y más concentrada poción del corpus bíblico, un texto expurgado de la anécdota. Comprender "la verdad de la Escritura" es "algo que solo debería resultar de la intelección y severo examen de la misma, ya que, al no necesitar ella ninguna ficción humana, nos la haría ver mucho mejor". Basado en esta convicción, dice, "elaboré un método para examinar de nuevo, con toda sinceridad y libertad, la Escritura" (Spinoza, 1986 [1665]). Método que, precursor de la crítica bíblica, consiste en pertrecharse de los conocimientos históricos y lingüísticos suficientes para una lectura autónoma, no sometida a soberano alguno, no comandada por autoridades eclesiásticas ni

---

198 Propuesta rescatada y retomada por Lacan en el artículo "Transmisión y Talmud" (1983), de dudosa autoría (factor nada irrelevante para lo que nos ocupa): ¿es un escrito de Lacan o de su discípulo Winter? Agradezco a Norberto Rabinovich haberme hecho conocer este documento.

199 En la Torá, cuando IHVH transmite a Moisés las leyes para que él a su vez las transmita al pueblo, se dice: "No añadiréis ni quitaréis palabra de cuanto os prescribo..." (Deut. 4, 2). Más adelante volveré sobre la cuestión de lo fijo y lo cambiante en la lectura.

traicionada o distorsionada por los traductores. Acto supremo de libertad, para lo cual –debido a las condiciones epocales– Spinoza necesitó desprenderse de la anécdota a fin de dejar a la vista el armazón, la estructura desnuda. Claro que, tal vez sin quererlo o sin saberlo, el filósofo construye a su vez una ficción: la de la posibilidad de prescindir de la ficción, la ilusión de construir un plano de lo simbólico despojado por completo de lo imaginario. (Desde Nietzsche sabemos que la verdad no se presenta desnuda sino, siempre y necesariamente, velada. Luego Lacan afirmará que la verdad tiene estructura de ficción, y tanto Legendre como Cover, más otros autores de la corriente *Law and literature*, insistirán en el valor y la necesidad de los relatos para la eficacia de la legalidad). Sea como fuere, la operación spinoziana de lectura y escritura –es decir, de re-escritura de la Escritura, y de traducción filosófica de un texto erróneamente considerado "religioso"– es una obra maestra de la interpretación. Una suerte de Pierre Menard del siglo XVII, un estructuralista *avant la lettre*. Lo que hace Spinoza es poner a circular esa Escritura en un ámbito diferente al cúltico (religioso), contrabandeándolo, legitimándolo y abriéndolo a todos quienes actúan y viven con la sola guía de la razón. "Entre las cosas que la Escritura enseña de forma expresa –dice el holandés– no encontré ninguna que no esté acorde con la razón o se oponga a ella". De modo que descartadas las "imágenes literarias" y otras figuras retóricas que –según él– sirven más de adorno que para ayudar a la comprensión, lo que queda es este esqueleto que llamará *Ética*. El *Tratado teológico-político* es el manual de instrucciones, la guía metodológica del lector-escritor; la *Ética* es su aplicación práctica. Como si Spinoza, a fuerza de destilaciones y rigurosos procedimientos químicos, hubiera logrado extraer del texto bíblico esa mónada, núcleo infinitamente concentrado, el *aleph* de Borges o la semilla de Benjamin, para hacerla fructificar y florecer en terrenos lejanos en tiempo y espacio a aquél en el que ese texto fue escrito. En el mismo sentido (y coincidiendo *malgré lui* con Spinoza) afirma

Levinas (s/f): "Al transferir una idea a un clima distinto (...), *se le sacan nuevos posibles*".

Otra de las paradojas de la historia de la escritura es que el desprecio al que fue sometida, a partir de la filosofía griega en su aspiración ontológica de asir el ser sin mediaciones, lleva a la constitución de la metafísica[200], un nombre de la mística que no se asume como tal. En efecto: la ambición de una relación inmediata con el ser conlleva eso que podríamos llamar el ardor místico, la unión directa con *lo que es*, sin escalas ni obstáculos que degradarían la pureza del *to on*. Por su parte, y en contraste con las otras místicas conocidas así como con el pensamiento "racional" griego, lo que se conoce como mística judía –la Cábala– aborda la posibilidad de llegar a Dios por medio del lenguaje y, más aun, la escritura. Mística mediada, ¡un oxímoron!

Se constituyen así dos *escrituras del padre*: en una (la griega), el padre es omnipresente y omnipotente –con su estatuto divino y soberano–; en otra (la bíblica), el padre es fallido y ausente. Padre que (hace) falta. Para Platón, hay conflicto entre habla y letra, interior y exterior, local y extranjero, sedentario (ateniense) y diaspórico (el texto errante), pertenencia territorial y diseminación. Lo que *es*, es reunido en sí. Se puede poseer y dominar. La relación presencia/ausencia es inherente a esta problemática: solo se posee y se controla lo presente. Y si toda la historia de la filosofía entendida como metafísica, al decir de Heidegger, resulta realizada como la historia del verbo ser conjugado en modo indicativo, tercera persona del tiempo presente (la palabra "es"), se comprende el rechazo que la idea de ausencia (y de un D'os que no "es") provoca en tal concepción.

### La letra es una fiesta

El calendario es travieso: casualmente, hay años en que acerca o hace coincidir dos celebraciones: el Día del escritor con una de

---

200 Derrida llama a la metafísica "mitología blanca".

las fechas más relevantes del calendario hebreo, Shavuot, la fiesta de la entrega de la Torá. Lo que se conocerá como Pentateuco, Los cinco libros de Moisés, texto que no ha cesado –y no cesa– de hacer sentir su influencia –a la par de la tragedia y de Platón, digamos– en la historia de Occidente, no solo en la literatura sino en toda formación cultural, institucional, social y psíquica de nuestro mundo. Influencia que opera aun –o especialmente– si no se sabe, incluso si no se lo ha leído. ¡Quienes no han transitado la obra de Sófocles no están por ello libres del complejo de Edipo!

Ese momento mítico-histórico de la entrega de las Tablas en el Sinaí, representado hasta el cansancio por artistas de todas las épocas, es –como vengo sugiriendo– *la puesta en escena de una ausencia*. Un Dios que se retira y deja en su lugar la Escritura. Un Dios, por tanto, cuyo máximo mandamiento es: ¡lean! La palabra divina (supuestamente una y toda) que se fragmenta en equívoco lenguaje humano y arroja al hombre al trabajo irrenunciable de interpretar. No olvidemos que el "rito de pasaje" en el judaísmo, la instancia de acceso a la adultez, es un ritual de lectura: el bar o bat mitzvá.

La escena sinaítica resulta así, como adelanté, una magnífica metáfora del padre: el que dona los significantes y se retrae. Hace marca, pero delega su lectura en el hijo[201]. La constitución del hijo como sujeto radicará en esa lectura, sus modulaciones y matices. El padre no impone su verdad unívoca sino que apuesta a la infinita recreación de su decir. Siguiendo el aserto de Goethe, "lo que heredes habrás de apropiártelo... De lo contrario, será un peso con el que cargarás toda tu vida". Poner al hijo en lugar de intérprete, de aquél que debe fabricarse como descendiente en la tarea irrenunciable de tomar lo que viene dado y entretejerlo con su lectura. Como dice Eva Giberti: todo hijo es adoptivo. Todo lector también.

Si retomamos la intuición de Freud –y algunos eruditos en el tema– de que la escritura alfabética nace junto con el monoteísmo,

---

[201] Ese acto que queda representado por el gesto del padre depositando la Torá en brazos de su hijo; gesto que, a su vez, resulta una suerte de cumplimiento de la escena inicial del brit milá: introducir al niño en el Pacto.

podría ubicarse su instancia inaugural en el éxodo de Egipto, la liberación del pueblo hebreo, la salida de la tierra de la esclavitud y el pasaje al desierto. De las pirámides a la letra, del monumento al escrito, de lo hierático de las momias a lo inestable y siempre móvil de lo literario. ¿De la obra al texto?

Volvamos a Platón: uno de los puntos de los que se ocupa la enseñanza socrática al joven Fedro es "el arte de escribir discursos", donde sostiene que dicha tarea no consiste en un mero agregado, una yuxtaposición arbitraria y antojadiza de párrafos, sino en un armado cuidadoso según detalladas reglas de composición. El resultado, dice el maestro, ha de ser un texto ordenado, "con cabeza, tronco y miembros, como un organismo vivo". Pero además, inserto en el tiempo y el diálogo, la escritura y la lectura, la relación con el otro. Texto como cuerpo. De modo que lo que parecía letra muerta cobra vida, pasa de ser pintura muda e inerte[202] a criatura animada y parlante, "retoño" o "vástago" que hace su camino y se para sobre sus propios pies y habla a quien debe y cuando debe. Resulta pues que este Platón –en última instancia, escritor de textos que no cesan de invitarnos a su lectura– no está tan lejos (*malgré lui*) de Walter Benjamin. En las pirámides, en el Sinaí, en las relecturas de la tragedia, en los diálogos del gran griego, el cuerpo ha devenido texto y el texto, cuerpo.

Porque no hay cuerpo sin inscripción[203], sin ligadura a la letra, sin nombre que lo haga singular. El cuerpo es tejido por el lenguaje, incluido en un entramado de palabras que le dan acceso al mundo y lo hacen parte de él. Somos escritos. Fabricados por esos textos inaugurales, narrativas míticas que nos instituyen como sujetos. El texto no es algo exterior o ajeno a nosotros. No en vano se habla de "tejido social", esa tela siempre haciéndose y rehaciéndose, a veces como desgarro, otras como zurcido, en la que los cuerpos y las palabras se entrelazan creando los universos simbólicos que

---

202 Sobre esta comparación socrática entre letra y pintura se explaya largamente Derrida en su ya citado texto "La farmacia de Platón" (1975).
203 Para la cuestión de escritura y cuerpo, el imprescindible texto de Cúneo anteriormente mencionado: "La letra del Pacto..." (2008).

habitamos. Se habla de las "religiones del Libro": prefiero pensar en cultura o civilización de la letra.

Tal vez, la palabra platónica debía atravesar los siglos, como una semilla sacada de las pirámides, para llegar a florecer en las páginas de Walter Benjamin. Botella al mar, cifra del infinito, el texto –parafraseo a Legendre– "se ofrece portando su propio más allá, como universo finito y (sin embargo) abierto sobre lo indefinido de la interpretación" (Legendre, 2001: 175). Porque si una escritura no es, a la vez, tejida y destejida, punto de anudamiento y fibra que se expande, terminará siendo letra muda, cadáver o momia en lugar de soplo de vida. Es que lo escrito transforma a quien lo escribe y a quien lo lee, y se transforma él mismo en cada lectura, en cada cita, en cada marca o subrayado. Como le dice Kafka a Brod: "un libro debe ser el hacha que quiebre el mar helado dentro de nosotros"[204].

La letra, como el cuerpo, no permanece nunca igual a sí misma porque no es una sustancia coagulada sino pura potencia, punto de cruce de imágenes, afectos y pensamientos. Como el cuerpo, la escritura está siempre en tensión: tendida sobre el abismo de la nada, dándole cada vez sentido al mundo, poblando el vacío sin colmarlo jamás, echando a rodar voces y miradas en un caleidoscopio incesante. Sí, todo texto es, en ese sentido, sagrado, a condición de que revisemos la noción misma de texto sagrado. Porque el destino de un texto es ser revelado y dispersado, como tan bien establece el parentesco etimológico en hebreo entre esas dos operaciones, revelación y exilio[205]. Porque el sentido está exiliado, es diaspórico, y es en sus sucesivos desplazamientos y despliegues donde algo se revela, nuevo y diferente cada vez, en cada momento histórico y en cada circunstancia. Revelar, exiliar, desplegar (como los rollos de la Escritura antigua): tres modos de sostener la multiplicidad de lecturas de un texto (libro de arena, diría Borges) que permanece igual a sí mismo en la misma medida en que – y *porque*– cambia

---

204 Gracias a Arnoldo Liberman por recordarme esta frase definitoria.
205 Revelación, en hebreo *itgalut*, contiene *galut*, diáspora. Desenrollar, por su parte, es *legalot*, término íntimamente vinculado a los anteriores.

todo el tiempo. Sí, la interpretación es al texto como el exilio al territorio.

¿Qué significa concebir –a la manera de Legendre– la sociedad como Texto? Entender que lo social es un tejido, "el juego de una proliferación de discursos y escrituras, una efervescencia a la vez caótica y reglada donde se entremezclan esos discursos y esas escrituras, diferenciadas y en relación de pertenencia mutua, y constitutiva del fenómeno social en la especie dotada de palabra" (Legendre, 2001). Allí se entrelazan lo indecible y lo enunciado, lo explícito y lo implícito, pero fundamentalmente la vida y la muerte, en el encadenamiento de las generaciones y la transmisión de la existencia en el seno del lenguaje.

**¿Texto sagrado?**

Si la letra es equívoca, asemántica, "vacía", y nada asegura acerca del sentido, la expresión "texto sagrado"[206] resultaría un oxímoron. ¿En qué sentido –valga la paradoja– podríamos entonces recuperar este sintagma?, ¿qué rédito conceptual extraer de él?

En la tradición judía, la relación con la escritura está estructurada en forma de tensión: por una parte, el texto bíblico es objeto de una lectura fuertemente pautada, invariable y ceremonial. En días fijos de la semana se lleva a cabo, en la sinagoga, la lectura cantada (cantilada) de la sección semanal correspondiente (*parashá*), según modalidades y condiciones férreamente establecidas desde tiempos antiguos. Como todo ritual, este acto no está librado a innovaciones personales: hay quien dirige el servicio, quien controla que la lectura sea la correcta, quien llama a los participantes señalados para que "suban" al púlpito y digan su parte, lo cual constituye un alto honor... Cada *parashá* está dividida en siete *aliot*, subsecciones, y la lectura de cada una de ellas está precedida y sucedida por bendiciones específicas. Ritual público, comunitario, que de algún modo reproduce esa escena primera relatada en el

---

206 Viene al caso advertir que para los griegos, debido a lo conflictivo y secundario de la escritura en ese marco, la noción de "texto sagrado" resultaría inconcebible.

*Libro de Nejemiah*, en el siglo V a.e.c., cuando el escriba-sacerdote impone la costumbre de leer públicamente la Torá[207]. El propósito era poner el texto de la ley a disposición del pueblo, y no guardarlo encerrado en lugares inaccesibles o solo en manos de un grupo, clase o secta. Se advertirá la relación que tal acto tiene con la idea de alfabetización temprana, con el entrenamiento de la totalidad del pueblo en la lectura y la interpretación. Gesto sin duda revolucionario, que intenta anular los privilegios y la exclusividad del conocimiento. Un dato curioso es el hecho de que esta escena es casi contemporánea de la Atenas platónica... No por casualidad, la decisión de Ezrah se produce cuando los judíos retornan del largo exilio babilónico: en ese gesto del sacerdote, suerte de refundación de lo hebreo –y de algún modo, recreación de la asamblea en el Sinaí–, se advierte la vigorosa decisión política de diferenciarse de la estructura imperial y vertical a la que estuvieron sometidos. Solo al amparo de la Ley –que rige para todos– este grupo podrá organizarse.

Así, la Ley de IHVH se abre a la comunidad, pero enmarcada –como su carácter lo impone– por las medidas rituales que aseguran su permanencia y el respeto que se le debe. En la concepción tradicional de que esa letra no es de factura humana radica una clave insoslayable: ningún hombre, por más poderoso que sea o se crea, podrá modificarla a su antojo o conveniencia sino que deberá someterse a sus dictados[208]. Como en el relato bíblico de la entrega de las Tablas en el Sinaí, cuando D'os le indica a Moisés establecer un cerco alrededor del monte para impedir la excesiva cercanía de la gente... Es que lo sagrado, en un sentido, consiste precisamente en eso: en con-sagrar, separar, distinguir, apartar del uso...

---

207 "Y reunióse todo el pueblo como un solo hombre en la plaza que había frente al portón de las Aguas, y le pidieron a Ezrah el escriba que trajera el libro de la Ley de Moisés que IHVH había impuesto a Israel. Y Ezrah el sacerdote trajo la Ley ante la congregación, que constaba de hombres y mujeres que podían entender... (Y los levitas) se empeñaban en que el pueblo comprendiera la Ley... Y leían en el libro, en la Ley de IHVH, claramente, y daban la interpretación haciendo que se comprendiese la lectura" (*Nehemiah* 8, 2-8).

208 Como la nada de la que habla Safouan, que está por encima del rey.

profano[209]. Se trata, siempre, de un límite: entre lo cotidiano y de uso común, por un lado, y lo que representa otra dimensión que, por diversas vías, dota de espesor y sentido a esa cotidianeidad. Acá, como en todas las prácticas religiosas, artísticas, legales o culturales en general, un núcleo de "eternidad", "trascendencia" (o alteridad inapropiable) infunde cierta permanencia a la fugacidad de la vida. Pero "límite" es un nombre de la ley: lo que permite distinguir entre lo permitido y lo prohibido. Eso que cada cultura modaliza a su manera (y a lo que atribuye contenidos particulares), pero que rige en todas y cada una de ellas, haciendo posible su existencia misma. De ahí que tal frontera necesite garantías de estabilidad e inviolabilidad; es a eso a lo que, en un sentido no teológico, podemos llamar "sagrado".

El otro extremo de la tensión es el amplísimo campo que se despliega en las interpretaciones. A. Y. Heschel, pensador y rabino del siglo XX, parafraseando el famoso aserto sobre inspiración y transpiración, sostiene que "el judaísmo es un diez por ciento de revelación y un noventa por ciento de interpretación". El mismo texto que es objeto de un abordaje reverencial y según formas invariables, se ofrece a ser desgajado y desmenuzado en las academias talmúdicas, los grupos cabalísticos, las reuniones de estudiosos o, simplemente, de lectores curiosos de cualquier disciplina dispuestos a introducirse en los meandros de unas páginas que dan pie, como dice Banon, a una "lectura infinita". Interpretar es, paradójicamente, lo contrario a profanar. Así como "un sueño sin interpretar es como una carta sin abrir", así también una ley o un texto que no es transitado y cuestionado una y mil veces por lectores atentos e inquisitivos no será más que un fósil.

En suma: es la invariabilidad del texto, su permanencia canónica a través de los siglos, garantizada y preservada ritualmente,

---

209 Tal vez las páginas más claras sobre el tema sean las ya clásicas de Hubert y Mauss (2010), donde la cuestión del ritual y lo sagrado es explicada en términos de separación, espacios diferenciados y pasajes perfectamente pautados para entrar y salir de tales sitios. La idea de peligro que implica el contacto directo con lo sacro –por la concentración de poder que allí se encuentra– es esencial a la cuestión. Ver también, entre otros, Douglas (2007) y Bataille (1998).

lo que permite y convoca la interpretación, ese espacio de libertad y creatividad siempre renovado. Como sostiene Freud, es necesario el respeto absoluto al texto –convertido así en sagrado– para que interpretar sea posible y fructífero. La tensión es esencial a la cuestión misma: no se trata de resolverla a favor de uno de los términos, sino de sostenerla y hacerla trabajar.

**Ganarse el pasado**

En esa tensión basculante –entre lo recibido y lo que se hará con ello– se tramita la herencia. Pero, ¿qué se hereda? La falta, es decir, la ausencia de garantía. La herencia es, siempre, a leer: *maasé abot siman lebanim*, dicen los sabios. "Los actos de los padres son señales para los hijos". Pero las señales son indefectiblemente equívocas, inciertas, apenas mojones en un camino que cada quien trazará según su deseo y sus posibilidades. Y sabemos que *ot*, en hebreo, es señal tanto como letra. Brújula que orienta pero no define. Marca que liga y desliga.

El francés conserva, para ciertos términos, la huella del latín del que procede. *Fils*, hijo, es cercano a *fil*, hilo[210]. Pero, si la sucesión es un hilo, ¿no resulta extremadamente frágil? ¿Cómo podría la letra darle consistencia a esta endeble trama, que parece a punto de desgarrarse a cada instante? Si filiar es hilar, se hace evidente la necesidad de un trabajo, una tarea de tejedor (en una imagen casi socrática), un artificio delicado y sutil a la vez que fuerte y flexible. Para colmo, si –como sabemos– la letra corta, ¿cómo mantener unida esa tela?

Los lazos humanos son culturales. La idea de familia no tiene lugar en la naturaleza. Cuando decimos "familia de pájaros" o "una planta de la familia de las cotiledóneas" estamos empleando una metáfora, aplicamos en forma ampliada una noción de la cultura a otro ámbito, como en la expresión "familia de palabras". *La familia*

---

210 Jugando con las palabras, podríamos también asociar estos términos al amor, el que está implicado en *filosofía* por ejemplo... ¿No es acaso ese un componente de toda ligadura, o al menos, de la filiación?

*es, literalmente, de palabras*[211]: cuestión de lenguaje, no de genes o de sangre. (Interesante que la metáfora se vuelva literal justamente en el campo de la palabra, es decir el campo de lo metafórico...).

Un niño judío de cinco años, interrogado acerca de cuál creía él que era la diferencia entre nenas y varones, respondió: "Las mujeres tienen vagina; los hombres usan kipá". Agudamente, el pequeño junta en una frase un dato biológico y otro cultural. Advierte, con esa peculiar percepción que los chicos pueden tener, que la cosa no se resuelve solo a nivel de lo orgánico sino de la (in)vestidura social...

Lo que los sabios talmúdicos enseñan, cuando sugieren leer "constructores" en lugar de "hijos" (ambos términos, de igual escritura en hebreo), orienta la comprensión del problema. Los hijos son constructores de la sucesión, de la transmisión del nombre, artífices de ese edificio que se va armando generación tras generación. Los hijos –en tanto sujetos autorreferenciales de una narración que los incluye y los representa, lo que Freud llamó *novela familiar*– "fabrican" padres[212]. Así como al levantar una pared los ladrillos se superponen en forma escalonada –cada ladrillo se coloca "trabado", de manera tal que abarca la mitad de los dos ladrillos de la fila inferior–, así el hijo se encabalga sobre la generación anterior y enlaza esta con la siguiente. Hace de puente entre dos tiempos, eslabona al padre y al hijo que vendrá.

Si la filiación es una tarea de construcción –muy diferente por cierto a la babélica, que nada quería saber del padre–, queda a la vista que no es cuestión de sangre ni carne, pese al intento nazi

---

211 Así lo enfatiza Lévi-Strauss, cuando señala que los lugares en la estructura del parentesco se diferencian por los nombres: tío, primo, sobrino, etc. En la naturaleza no existen tales distinciones.

212 "En el marco específico de la novela familiar, ...el sujeto se engendra doblemente: surge como efecto de una duda o un interrogante sobre el padre y, en un mismo movimiento, vuelve a ponerse en el mundo... de una manera singular gracias a la novela que reescribe el origen. (...) La apertura de la novela determina así una multiplicación de padres... (así, el niño-sujeto crea figuras de su propia Odisea) que representan diferentes maneras de reinventar al padre, o de relanzar a los tiempos la fábrica incesante de padres, a saber: esas formaciones que anudan el goce a su propia prohibición" (Le Poulichet, 1996: 98).

de plantearla de ese modo[213]. La Torá es clarísima al respecto. Solo un par de ejemplos: cuando Abraham protesta ante D'os por la decisión de Sara de expulsar a Agar e Ismael, la respuesta divina dice: "No te preocupes por Ishmael, porque *él también es tu hijo*. Pero el que continuará tu nombre es Isaac" (Gén. 21, 12-13; yo destaco, D.S.). La herencia del pacto no se define por la sangre; más aun, ni siquiera depende, vimos, de la primogenitura. En su refutación del naturalismo, el texto bíblico se ocupa de subvertir esa ley vigente en las culturas paganas. No hereda el mayor, "el que abre matriz", sino el que por algún motivo específico se hace merecedor de tal legado y demuestra ser capaz de transmitirlo y perpetuarlo. Al final del libro de Génesis, en la ya comentada escena de la bendición que Jacob imparte a sus hijos antes de morir, el patriarca dice: "Rubén, tú eres mi primogénito, el fruto de mi primer vigor, superior en dignidad y en poder" (Gén. 49, 3). El lector esperaría, por lógica, que el padre exprese entonces su bendición en términos de legarle a este hijo el privilegio de sucederlo en la Alianza... pero sorpresivamente, el texto continúa: "Tu impetuosidad es como la de las aguas, pero no tendrás preeminencia sobre los demás, por cuanto subiste al lecho de tu padre y, por lo tanto, lo profanaste..." (v. 4). En efecto, en el capítulo 35 de Génesis se relata que Rubén se ha acostado con una de las concubinas del padre, es decir, ha cometido incesto en segundo grado. Porque también en ese terreno se trata de una cuestión legal y no biológica: el joven no tiene vínculo "de sangre" con esa mujer, pero –tal como establecerá Levítico más adelante– la prohibición de incesto recae sobre "la mujer de tu padre" y todo otro vínculo de parentesco estructural. Lo notable es que –como señala lúcidamente la rabina Silvina Chemen– esta sentencia de Jacob es el comienzo de la saga de bendiciones a sus descendientes, de modo que deja bien en claro, desde el principio, de qué se habla aquí. Si toda la Torá es un tratado de la filiación, es decir, una incesante modulación de la ley de prohibición de incesto

---

213 Imprescindible para el tema el ya citado artículo de Legendre, "El ataque nazi al principio de filiación", donde define al nazismo como "una concepción carnicera de la filiación".

en todas sus variantes, no hay forma más contundente de exponer la cosa que negándole la bendición a quien por naturaleza debería recibirla. También aquí, un juego de lenguaje: *berajá* (bendición) es en hebreo anagrama de *bejorá* (primogenitura). Las mismas letras que, ordenadas en forma diferente, desarman la sinonimia y la correspondencia que el paganismo les adjudica. No, no somos seres naturales. Como en los casos de la maternidad de las mujeres estériles, la bendición de Jacob a los nietos o el tema de los padres ancianos, una y otra vez este texto insiste en romper el hechizo de lo natural.

Estamos prometidos a la muerte. Pero, a diferencia de los restantes seres vivos, los humanos lo sabemos. Es decir, solo nosotros morimos, ya que la muerte y la conciencia del tiempo se co-implican. Eso es lo que adquieren Adán y Eva en el Edén al comer del fruto: el conocimiento de lo bueno y lo malo, pues conocer la diferencia entre ambos posibilita y exige juzgar. Y juzgar se refiere siempre a lo bueno y lo malo para la existencia[214]. De ahí que inmediatamente "se abran sus ojos" y se vean desnudos, desnudez que adquirirá su valor y su importancia después de la expulsión, cuando sea preciso poner en marcha los mecanismos de la sexualidad para perpetuar la especie. Si en el Eden no había (conciencia de la) muerte –en ese sentido eran inmortales[215]–, en la vida post edénica la muerte acecha y es preciso resistir a ella "fabricando" tiempo, es decir, sucesión de generaciones. Los vocablos que vienen del latín para designar a la mujer y su capacidad de procrear portan algo de la concepción pagana: *fecunditas*, *fémina*, comparten la raíz con fénix, la criatura que renace de sus cenizas en un incesante autoengendramiento. Círculo carente de temporalidad y de las heridas que esta produce. Si la mujer, en el judaísmo, aparece des-

---

214 En su *Ética* Spinoza precisa estas nociones: no hay, según él (y al igual que en la Torá), Bien y Mal, sino "lo bueno y lo malo". Bueno, dice, es lo útil (no en un sentido banal o utilitario, valga la paradoja, sino en términos de hacer prosperar la vida), lo que aumenta la potencia de obrar y, por tanto, implica el pasaje de una menor a una mayor alegría. Malo será, por el contrario, lo que la disminuya, lo que produzca un desfallecimiento del deseo, lo que conlleve un incremento de la tristeza.
215 Como dice Borges: "Ser inmortal es baladí. Una piedra lo es".

pojada de tal carácter autosuficiente y cíclico para devenir mortal y legal, la expulsión del Eden es la puesta en escena de ese pasaje. Desnaturalizar al humano: ni inmortalidad, ni partenogénesis, ni parentesco divino, ni desnudez. Porque, en efecto, nunca más estaremos desnudos: cada vez que "evocamos" ese estado, no hacemos sino soñar, imaginar el ideal edénico, una forma precultural, una fantasía mítica. La supuesta desnudez primigenia es equivalente a la etapa previa a la aparición del lenguaje, instancias puramente imaginarias que nunca han sido. El estado de naturaleza no es sino un sueño que fácilmente puede transformarse en pesadilla.

**La cocina de la herencia**

La escena en la que Esaú le vende a su hermano Jacob la primogenitura es ilustrativa al respecto. El mayor, cazador rudo y primitivo, sobre quien "naturalmente" debería recaer la herencia y la bendición al primogénito, declara su escaso interés en tan abstracto beneficio ya que, dice, "He aquí que a diario estoy en peligro de muerte. ¿De qué me sirve entonces esa primogenitura?" (Gén. 25, 32). Es su oficio lo que lo pone en riesgo permanente, pero también lo que lo emparenta con los animales que forman su entorno. Convive más con ellos que con humanos, a diferencia de Jacob, "hombre apacible, (que) andaba más bien en las tiendas", es decir, en sociedad y familia. Claro que los dos hermanos, mellizos y opuestos, representan en la narrativa dos tipos o momentos de la cultura: hay quienes ven en esos personajes el pasaje de la etapa de la humanidad como cazadores-recolectores a la agricultura, del nomadismo al sedentarismo. Independientemente de lo acertado de tales visiones, me interesa señalar otro aspecto de la cuestión. La diferencia entre los personajes parecería radicar, entre otras cosas, en su concepción del tiempo. Si Esaú es más cercano a lo natural, por ocupación y por carácter, tiene escasa conciencia de lo que implica la sucesión de generaciones y la transmisión que le es inherente. Para él, tal como lo pinta el relato, morir es un fin absoluto: nada habrá de quedar, no hay después. La bendición de la primogenitura no consiste en una herencia material sino simbólica, eso que el heredero debe a su vez pasar a la generación siguiente. Es la propia declaración de Esaú, el hijo mayor, lo que lo destituye como merecedor del legado. Como una bestia, solo atiende a su necesidad inmediata: tiene hambre y quiere comer. Huele el guiso que su hermano prepara, y hasta ahí llega su deseo. O más bien, su apetito, que debe ser satisfecho en el momento. En la confrontación entre comida y herencia, gana la comida: la primogenitura es el precio que está dispuesto a pagar para saciar su estómago.

Jacob, en cambio, cocina. Lenta y laboriosamente, prepara el futuro. La espera y la paciencia son factores imprescindibles en esa actividad. Es ese rasgo del menor lo que le hace digno de recibir la bendición, que no es otra cosa que un mandato de transmisión. Queda en evidencia así que la filiación no es asunto de naturaleza (crudo) sino de elaboración: es preciso "cocinar" lo biológico (el parto, el útero, el nacimiento, la primogenitura) para que se instituya lo humano.

**La letra: falta y resto**

Diversos historiadores del tema reparan en la particularidad de la escritura hebrea sin vocales; según Havelock, los griegos al poner vocales hicieron su lengua más evolucionada y completa, mientras que "el lector de la escritura semítica tenía que recurrir a datos no textuales además de los textuales: tenía que hablar la lengua que leía a fin de saber cuáles vocales agregar..." (Havelock, 2008). Extraordinaria observación, solo que puede ser interpretada y valorada en sentidos diferentes y hasta opuestos.

El lector de hebreo, en efecto, tiene que disponer de un rico repertorio de relatos, historias, etc. (lo que Arendt denomina "trama referencial", sin la cual la memoria no podría constituirse), es decir, estar fuertemente incluido en una tradición antigua y compleja para "completar" las palabras. Debe ser hablado, narrado por esos cuentos (para poder, a su tiempo, narrarse).

"Lo que posibilitó la supervivencia de los judíos fueron los libros. Por supuesto que los libros estaban considerados como sagrados; pero den a esto la vuelta y verán a un pueblo que amó los libros hasta tal punto que los hizo sagrados. (...) Después de la destrucción del Segundo Templo, solo los libros se mantuvieron sacrosantos, y ciertas palabras. Nada más. Ni templo, ni reliquia, ni dinastía apostólica. (...) Así que cuando corrías para salvar la vida, huyendo de la masacre y del progromo, eran los niños y los libros lo que te llevabas. Los libros y los niños. Al lado de los textos sacros, florecieron los profanos: los no canónicos, los midráshicos, los poéticos, y en tiempos modernos, los abiertamente no sacros (...) Los libros para niños son una invención moderna, pero mucho antes de la modernidad, en la Hagadá, fueron hábilmente insertados textos juguetones cuyo objeto era divertir a los judíos más pequeños y llevarlos a entrar en la biblioteca de sus padres. (...) La lectura incesante, tanto la puramente repetitiva como la que proponía una nueva interpretación, era el único acto que retenía, relanzaba y reconsagraba los textos. Había lectura colectiva y lectura individual..., lectura como oración y lectura como razonamiento. Ningún otro colectivo premoderno fue sistemáticamente expuesto, de este modo, en sus hogares a textos escritos... (...) cuando imaginamos esas mesas con libros y esas comidas verbales, nos parece comprender cómo han debido imprimir en las mentes infantiles una conectividad particularmente fuerte" (Oz y Oz-Salzberger, 2014: 50 y ss.).

Pero a la vez, según ese bagaje –colectivo sin dejar de ser individual– las posibilidades de lectura y comprensión se multiplican. De ahí que los sabios proponen varias lecturas posibles para ciertas palabras, incluso las consideradas "sagradas" por estar en el texto bíblico. *Jerut y jarut, banim y bonim*[216], etc. O sea: ¡la falta de vocales no es una "falla" ni una "debilidad" del hebreo, sino su mayor po-

---

216 Los sabios talmúdicos dicen, con respecto a las Tablas entregadas por IHVH: "no leas *jarut* (grabadas), lee *jerut* (libres)", y también: "no leas *banim* (hijos), lee *bonim* (constructores)". Se trata, claro, de juegos de palabras posibilitadas por

tencia! Lleva la regla fundamental del lenguaje –su equivocidad, el carácter asemántico de la letra– a su máxima realización.

"Los niños podían aprender el alfabeto griego aunque fueran muy pequeños y tuvieran un vocabulario limitado. ... el alfabeto griego cumplía una función de democratización en el sentido de que para todos resultaba fácil aprenderlo. (...deben agregarse 'puntos' vocálicos a la grafía consonante hebrea usual para hacerla comprensible a los niños israelíes que cursan aprox. el 3er grado)... Aparentemente, la estructura de la lengua griega ... resultó una ventaja intelectual quizás fortuita pero decisiva... más que otros sistemas de escritura, el alfabeto completamente fonético favorece la actividad del hemisferio izquierdo en el cerebro y es así que, por motivos neurofisiológicos, propicia el pensamiento abstracto y analítico" (Ong, 2006).

La temprana y obligatoria alfabetización de los chicos judíos de toda clase y estrato social –cosa que en Grecia no ocurría– tiene este proceso: al principio se ponen puntos para facilitar el aprendizaje, pero luego los puntos (de apoyo) se retiran[217], y el niño debe aprender a "escuchar" lo que la lengua le dice, actualizar el sonido aportando su propia vocal, participando activamente en la escritura al hacerla audible. Ya se ha convertido en intérprete, que es la esencia de la lectura. Ya no es la vocal del padre –la *voz* del padre– lo que suena en su boca sino su propia voz, que ha tomado de aquella pero debe ser modulada y recreada por su oído y su garganta. Ni siquiera D'os le dice cuál es la palabra exacta, ya que Él ha dado un texto, y el texto no tiene vocales. De modo que al individuo –alfabetizado temprana y obligatoriamente– no le queda más remedio que interpretar: arriesgarse en la lectura y hacer su propia apuesta.

---

la falta de vocales que permite leer la misma grafía con sonidos y significados diferentes.

217 Es un proceso similar a cuando enseñamos a nuestros hijos a andar en bicicleta "sin rueditas": al principio sostenemos la bici desde el asiento de atrás, pero lentamente, a medida que el niño va ganando equilibrio y dominio de su rodado, soltamos y lo dejamos andar solo... aunque se pegue algunos porrazos en el camino.

Esta libertad solo puede advenir de la mano de la incompletud: lo que "falta" en la escritura no constituye una carencia sino que es el espacio para la aparición del sujeto. Si la escritura griega "propicia el pensamiento abstracto y analítico", la hebrea propicia el libre juego de los significantes, la capacidad interpretativa, la pluralidad de lecturas y la flexibilidad de ideas, pero porque tiene a la base esa tradición/transmisión incesante que le hace de suelo y forja una narrativa inherente a la lectura misma. La perspectiva evolucionista de Havelock, suscripta por Ong y otros autores, parece limitada y tendenciosa, demasiado cargada ideológicamente. El pueblo judío ha sobrevivido durante milenios desprovisto de tierra, ejércitos, templos y otros elementos "materiales" de soberanía (y agregaría: de vocales), sosteniendo su existencia solo en base a una rica, compleja y multiforme relación con los textos. Religiosos o laicos, ortodoxos o ateos, todos los judíos se reconocen fruto de una transmisión milenaria que tiene la forma de la escritura y la reescritura, las lecturas infinitas (como dice David Banon) y las interpretaciones más disímiles de tales textos[218]. Los griegos, en la forma reconocible de la antigüedad, han desaparecido. Quien viaje por Grecia advertirá que ese bellísimo país es un espacio de ruinas, un enorme y venerable museo al aire libre. Pedestales cercenados, templos abatidos, monumentos destruidos que son una y otra vez restaurados para la contemplación turística. Pero ninguno de esos sitios tiene vida actual: son índices que remiten a glorias pasadas. La Grecia de hoy –y esto, dicho por muchos de sus habitantes, desde académicos hasta los taxistas o mozos con los que uno se cruza en sus viajes– nada tiene que ver con la patria de Sócrates y Platón, Homero y Eurípides. Llegar a Jerusalén, por ejemplo –no solo, claro: pero señalo el lugar más emblemático de Israel donde se hace palpable y notoria la conexión con su pasado–, produce un efecto opuesto: el Muro de los Lamentos (simbólicamente, lo único que quedó en pie del Segundo Templo) es un enjambre de gente rezando, cantando, celebrando bodas y ceremonias de bar

---

218 "Hay en Israel, al día de hoy, más ateos expertos en la Biblia que en ningún otro lugar" (Oz y Oz-Salzberger, 2014: 52).

mitzvá, fiestas diversas y reuniones variopintas. Más allá de si se es o no "religioso" –término más que problemático, al menos en el judaísmo– esa escena es señal de que allí la vida judía no se ha interrumpido nunca, que el mismo D'os que figura en la Torá como dador de la Ley está vivo y es reverenciado miles de años después de los eventos relatados en la escritura bíblica. En paralelo a las escuelas talmúdicas (*yeshivot*), donde reconocidos rabinos imparten enseñanza a jóvenes observantes –muchas de esas academias, ubicadas precisamente en las calles que rodean el Muro o en los túneles debajo de él–, cientos de centros de estudio y modernas universidades se interesan también en los mismos textos, que abordan desde perspectivas laicas y diversas disciplinas. Ni la Torá ni el Talmud ni los libros de la Cábala son reliquias, sino textos vivos y fecundos. Semillas, en el sentido de Benjamin. La historia, la filosofía, el derecho, la literatura, la lingüística, el psicoanálisis, la sociología, la antropología toman esas páginas como materiales de máximo interés y actualidad, y los prolongan en comentarios y comentarios de comentarios, en nuevas apuestas teóricas y éticas, en fundamento de posiciones científicas y filosóficas (buena parte de la bibliografía que cito en este libro es prueba de tal fecundidad). A juzgar por la historia, y *malgré* Havelock, Ong y otros eruditos, no es el pensamiento abstracto y analítico sino la capacidad interpretativa lo que contribuye a la continuidad y subsistencia de una cultura.

Pero, ¿de dónde proviene, a qué se debe tal supervivencia? ¿Por qué esa escritura, en forma de rollo o páginas, no cesa de hablarnos y provocar nuestros pensamientos? ¿Es la (supuesta) autoría divina lo que lo dota de tal fuerza o, por el contrario, es su origen anónimo y colectivo? Si sometiéramos esas páginas al juicio platónico, ¿no nos advertiría el griego contra el peligro de entender en forma errónea un texto que rueda por el mundo abandonado por su padre?

Más que huérfano, la Torá es un texto circunciso. Es decir, ligado y desligado; inscripto en la cadena de generaciones pero dotado de una fuerza propia y una autonomía que le permite andar por la vida valiéndose de sus propios medios. Al igual que Abraham, D'os liga a sus hijos a la ley en el Sinaí y se corre del lugar del poder y la decisión. Serán ellos quienes deban servirse de sus recursos y emprender la marcha.

Akedá, entrega de Torá, bar mitzvá: es preciso poner en serie tales relatos, modulaciones de un mismo núcleo. El evento sinaítico –ya no en el plano individual, como en el caso de los patriarcas, sino a nivel del pueblo– dice la estructura misma de la filiación.

**D'os es inconsciente...**

Porque es equívoco. Si los caminos privilegiados de acceso al inconsciente son, además de los sueños, el lapsus y el fallido –es decir, las instancias del lenguaje donde este muestra su capacidad de decir otra cosa que lo intencional, como el famoso *Juden/jungen* de Freud– es porque el sentido no es uno único ni fijo. Esta propiedad lingüística permitió la creación del psicoanálisis –porque, sin duda, la equivocidad va de la mano de la neurosis–, y no sería caprichoso pensar que su fundador, más allá de sus argumentos racionales o sus resistencias en relación al judaísmo, pudo "escuchar" esos lapsus porque venía de una larga tradición de letras y textos que los autorizaban[219]. Es más, esa característica del lenguaje, potenciada en el hebreo por su avocalidad, tiene su núcleo fuerte y fundante, como vimos, en el nombre mismo de D'os. El tetragrama que escribe ese nombre –IHVH, *iod hei vav hei*– es "inefable" porque es impronunciable: cuatro consonantes que, como señalé, llevan al paroxismo la equivocidad de la lengua. Si bien toda vocalización de ese nombre es, por definición, errónea –y teológicamente inaceptable–, resulta más que interesante su variedad: Jehová, Yahvé, algunas de las formas que las diversas transliteraciones han dado

---

[219] La idea de Freud, ya mencionada, es que el "texto" enunciado por el analizante (lapsus, relato de sueño, etc.) debe ser tratado como "un texto sagrado", es decir, como absolutamente inmodificable en su escritura, sin intentar corregirlo ni completarlo, llenar sus lagunas ni acomodarlo a la comprensión consciente, ya que de lo que se trata no es del sentido, sino de la letra en sus combinatorias, sus resonancias y sus juegos. Allí es donde la lengua *dice*, independientemente de la voluntad del sujeto (ver Lacan, 1983).

al enigmático nombre de la divinidad bíblica. El nombre de D'os *es y no es* todas ellas: su inefabilidad las posibilita en el mismo gesto que las desautoriza.

**Escribir la voz, hablar la letra**

Para la tradición judía, leer es una forma de poner en escena la alteridad. Rige, en las escuelas talmúdicas, la regla inapelable de leer *bejavruta* (término arameo que significa: con el compañero). La máxima reza: *bejavruta o bemituta*, en compañía o la muerte. ¿De qué? Del texto, ya que un escrito que no se confronta con diversas lecturas, una lectura que no se confronta con la mirada del otro, una voz que resuena en solitario o que no suena en absoluto son formas de matar la interlocución que todo texto instituye y reclama. Si Freud fue capaz de inventar una "cura por la palabra" (es decir, por la escucha de la palabra) seguramente se debe, en parte –pero una parte sustancial– porque ha sido educado en esa concepción del texto, donde oralidad y escritura, voz y letra circulan incesantemente de uno a otra, comprometiendo al cuerpo e impidiendo una ficticia separación entre lo que se ve, lo que se oye y lo que respira.

La lectura incluye al otro: leer en voz alta, escucharse, es una forma de extrañarse, de poner en escena la división en que consistimos, como atestigua la costumbre de pronunciar la *Shemá* en voz alta y tapándose la cabeza, a fin de que la propia voz se escuche en resonancia[220]. Dice Silvana Rabinovich:

> "Sabemos que desde el siglo XIV se registra en Occidente la prescripción de lectura en voz baja en la biblioteca, que se refuerza más tarde con la invención de la imprenta. La pregunta es por qué, si los círculos religiosos judíos se benefician de las versiones impresas del texto sagrado, la obligación de leer entre dos y en voz alta nunca caducó. No es por razones

---

[220] Ver "Imperativo y Shemá" en mi libro *Filosofía de cámara* (2008): "Shemá Israel, Adonai nuestro D'os, Adonai Uno", reza la oración central del judaísmo: así, se afirma que solo IHVH es uno, pero el sujeto que reza es dividido.

instrumentales ni tampoco obstinaciones tribales, hay algo en la concepción de la lectura que permite pensar que tal vez se trate del sentido hebreo del verbo leer cuya raíz K.R.A. designa también el llamado, y lleva implícita la voz. La tradición judía concerniente a las formas de leer no sucumbió a los encantos de la lectura autónoma y solitaria. El acto de leer en tanto llamado se relaciona con la heteronomía, que puede explicarse levinasianamente como la 'interpelación del otro': una evocación (y a veces irrupción) de la palabra del Otro (palabra divina), que a su vez interpela al otro (al compañero)..." (Rabinovich, S., 2005: 26).

Lectura, *k-r-a*, es una forma de llamado, lo que en la Torá no cesa de escenificarse: el llamado de la ley. Pero, como he consignado, esa raíz también alude a corte. Alteridad. *Mikra* (otro de los términos que designa el texto bíblico), leer, nombrar, llamar, cortar. Coto a la ilusión de unicidad-totalidad del sujeto, ya que solo será tal si es llamado a la existencia, nombrado y separado, diferenciado. Tal proceso –interminable e inconcluso– se tramita una y otra vez en el seno del lenguaje, del que oralidad y escritura constituyen dos modalidades en absoluto opuestas sino, más bien, entrelazadas. "Contra el dualismo de lo escrito y lo oral, la oralidad es redefinida como el primado del ritmo y de la prosodia en el modo de significar", dice Meschonnic en su texto "La rime et la vie". La prosodia a la que se refiere son los signos que indican, en el rollo de la Torá, los acentos y entonaciones para la lectura pública del texto, signos que se denominan *teamim* (acentos o sabores).

Para Platón, el texto es mudo. Para el judaísmo, el texto habla en la medida en que es hablado, tiene voz y respira. En él resuena la voz del padre, pero "apropiada" por el hijo, *en boca de*, modulada por el hijo.

"La recuperación de lo oral como parte de la escritura (entendido como ritmo) da lugar a una puesta en práctica de la lectura que tiene implicancias éticas fuertes. Este otro modo de leer, no se queda en los límites del estudio de una cultura determinada o de una religión sino que exige reflexionar acerca de esta práctica en nuestra civilización escrita. Se trata de una puesta en escena de la alteridad y de la mal afamada heteronomía en la constitución misma de la subjetividad cobrando cuerpo en la voz y en la escucha" (Rabinovich, S., 2005: 106).

Pero sabemos: la desarticulación del dualismo en cualquiera de sus expresiones conlleva serias consecuencias. Si no hay oposición cuerpo/espíritu –que como vimos, va de la mano entre otras oposiciones con la de oralidad/escritura– tampoco la sexualidad y, por ende, la mujer quedará del lado de la "materia impura", necesitada de redención, sometimiento y espiritualización por parte del hombre... Y así, todo el tablero se reconfigura, el mundo ya no es el escenario de una batalla vertical y la existencia estará regida por otros criterios.

**Carne, espíritu y letra**

En Holanda, siglo XVII, un pensador singular e inclasificable hace del cuerpo el eje de su filosofía. ¿Por qué, cómo, a qué viene tal movimiento? ¿En qué contexto se produce?

Occidente está preso de una disyuntiva de hierro: por un lado, la ciencia en plena expansión, ganando adeptos e imponiéndose, lentamente, como el discurso de la razón. Del otro lado, la declinante teología que, a pesar de su supuesta retirada, domina aún –y lo seguirá haciendo hasta nuestros días, lo sepamos o no– la configuración mental de ese mundo surgido de la matriz griega, retomada y aggiornada por el cristianismo triunfante. Para la ciencia, el cuerpo se vuelve objeto de conocimiento, de medición, de cálculo y de experimento. Para la teología, el cuerpo es lo descartable, obstáculo a la vida del alma, elemento que impurifica y pone en riesgo la salvación. La ciencia, para avanzar, necesita del cuerpo como materia inerte: el cadáver ("La lección de anatomía" de Rembrandt es un testimonio insoslayable, pero no el único de la época). Disecciones, autopsias, investigaciones de médicos y físicos se reproducen en los laboratorios y los hospitales; cráneos y miembros amputados se acumulan en las estanterías como los libros en las bibliotecas. El cuerpo, enigma a descifrar, apasionante territorio de indagación: ¿cómo funciona? ¿En qué consiste la vida? ¿Se podrá encontrar el alma detrás de huesos y tendones, en la corriente de la sangre, en las entrañas?

La teología, expresada –entre otros ámbitos– en los cultos religiosos, intenta reducir el cuerpo a su mínima expresión. "Si el cuerpo actúa, el alma padece; si el alma actúa, el cuerpo padece", ha dicho Descartes, sintetizando esa idea de la insalvable oposición entre ambas instancias.

Y de repente, Spinoza. Como un peregrino, un extranjero, un *ivrí* –un venido de otra parte, atravesando el desierto– trae en su mochila mental una idea insoportable: el cuerpo vivo. No solo introduce el cuerpo en los sistemas que pretenden anularlo o acallarlo, sino que lo hace vivir, respirar, agitarse, apasionarse, desear... No solo sin condena moral alguna, no solo desmarcándose de todo credo que apunte a aquietar y domesticar al cuerpo, sino enalteciendo su potencia y poniéndolo en el centro de una galaxia ético-política para que desde allí irradie, organice, afirme la vida y sus posibilidades. Pero, ¿cómo ha sido esto posible? ¿De qué extraños territorios viene este cetrino y reservado hombre? ¿Hay acaso una "tercera vía", algo que no sea –o no solo– la ciencia y/o la religión? ¿O será que, como intuye Nietzsche (1984 [1882]: ¶344), esas dos no son sino una?

El cristianismo y la ciencia reconocen una misma cuna: la Grecia socrático-platónica. Son dos modalizaciones de la misma dicotomía, idéntico y arcaico dualismo que marca a fuego el pensar de Occidente a través de más de dos mil años. Pero Baruj, descendiente de marranos, criado en el borde entre el adentro y el afuera –como todos los judíos de Europa durante siglos–, nunca del todo parte de ese mundo pero, a la vez, sin otro sitio adonde ir, porta una herencia a medias sabida y a medias ignorada (o cuestionada): las fuentes bíblicas, talmúdicas, cabalísticas.

En los textos bíblicos está por completo ausente la dicotomía carne/espíritu. Es la lectura cristiana de la Biblia hebrea la que crea tal oposición –prolongando el dualismo que precede a la creación del cristianismo pero que halla en él un heredero leal– y consagra la superioridad de la instancia espiritual. Tal dualismo es funcional al propósito paulino: desestimar la Ley en favor de la fe, y la circuncisión en favor del bautismo[221]. Pero, así como en la Torá (y en el resto de los libros del Tanaj) la imagen y la idolatría son objeto de una esquematización reduccionista, en la Biblia cristiana "la carne" es entendida en un sentido literal y empobrecido. La circuncisión, entendida como *brit-milá* (el pacto de circuncisión que D'os firma con Abraham y que debe transmitirse a toda su descendencia) no es en absoluto "carnal" en un sentido banal, como mero acto quirúrgico: es la inscripción de la ley en el cuerpo. Es letra. Marca a ser leída y releída por los descendientes, texto de ligadura genealógica y no mero signo de pertenencia tribal. El corte opera como escritura –recordemos el nexo etimológico entre llamar, leer y cortar–. El cuerpo no es, en el contexto bíblico-talmúdico, un mero "trozo de carne"[222], una materialidad baja que hace obstáculo al espíritu elevado, sino el terreno de la vida cualificada, legal y genealógicamente ligada. No hay aquí "nuda vida", entidad puramente biológica y natural. Desde el momento mismo de la creación del hombre, esa "carne" es ya cuerpo, es decir, conlleva la dimensión simbólica del lenguaje. Es preciso además estar advertidos contra una rápida asociación entre simbólico y espiritual, o simbólico y abstracto, oponiéndose a material/carnal/concreto: como se vio, esas denominaciones son producto de un dualismo por completo ajeno al pensamiento bíblico.

---

221 Medidas nada inocentes, sino dirigidas a captar a los paganos (el público de Pablo) que nada querían saber de la circuncisión. El bautismo es, en ese sentido, una oferta aceptable, menos costosa que el corte del prepucio.

222 Esta concepción burdamente materialista de lo corporal será la que lleve a su extremo el nazismo en lo que Legendre llamó "concepción carnicera de la filiación": carne y sangre como únicos determinantes, puramente biológicos y observables, de la paternidad y la descendencia. Curiosa inversión del dualismo cristiano, que –como toda inversión especular– conserva los términos y el esquema.

La paradoja del cuerpo es que no existe sin la intervención del lenguaje: el cuerpo es ya instituido, recortado, diferenciado, "cocinado" por las palabras pero, a la vez, estas no alcanzan a cernirlo ni a expresarlo[223]. Como señala bellamente Natalia Barrionuevo –bailarina, psicoanalista, escritora–:

> "Mientras que el cuerpo en la vida cotidiana se vela, se cubre, se oculta, en el arte en general y en la danza en particular se devela, queda privilegiadamente puesto en escena. Se permiten ver sus contornos, sus tensiones, su fuerza y sus quiebres, sólo la sexualidad y el amor permiten un encuentro con el cuerpo como el que la danza ofrece. Quizás por esto bailar queda más del lado de lo inaprensible que del lado de lo simbolizable. Bailar en algún punto es concurrir a la cita con el cuerpo, sostiene el abismo de la falta de certezas, incorpora el riesgo de caer y abre la posibilidad de trabajo y transformación de aquello indomable que emerge del cuerpo y nos habita toda la vida. (...) La danza amordaza la palabra pero permite que la irrupción del cuerpo diga, enuncie, anuncie, denuncie algo en torno de lo imposible de narrar, algo de lo vital y mortal del cuerpo, somos eso, cuerpo humanizado, cuerpo hablado, cuerpo tocado, con la palabra, con el gesto, con el odio o el amor..." (Barrionuevo, 2014).

En la danza late eso que excede el lenguaje y que, sin embargo, lo invoca y lo necesita. Como en la experiencia mística que se pretende acceso a lo absoluto sin mediación, pero que a la hora

---

223 "¿Qué es lo que constituye la humanidad del hombre, lo que lo separa de la animalidad, del todo biológico? A la cuestión antropológica fundamental, esta conferencia responde asociando al animal humano ... una herida primera, primitiva: el fenómeno de la palabra. La palabra separa al hombre de las otras especies y de su propia opacidad animal, introduce en él la conciencia reflexiva que implica saberse mortal, y hace surgir la cuestión existencial de la identidad/alteridad. Radicalmente sustraído a la relación directa con el mundo, el individuo es acopiado al orden lenguajero y encadena al mundo al lenguaje. Desde ahí se instaura la interlocución del hombre consigo mismo y con el mundo, devenido figura de la alteridad. Así entendido, ese hecho estructural determina la condición humana. Aclara la fragilidad de las civilizaciones, la delicada construcción del hombre y de la sociedad el lazo entre el principio de razón y la institucionalidad, pero también esa apuesta que Occidente llama la religión" (Legendre, 2016).

de ser narrada o explicada no puede prescindir de las palabras, frecuentemente en el modo de la poesía... Porque incluso en lo inefable, se trata de cuerpo hablado. A falta de lenguaje, no hay cuerpo sino organismo, "trozo de carne", materialidad informe. Pero la alianza (y no es cualquier término, usado en este contexto) entre lenguaje y cuerpo es siempre lábil, enigmática y abierta. Es que la alianza (*brit*) en efecto, consiste en esa marca que, lejos de decirlo todo y despejar el enigma vital, lo instala como punto de anclaje y de referencia para lo que nos habita y nos constituye, pero que nunca cesará de eludirnos.

Pero entonces, ¿dónde queda la letra? Si seguimos la pista –insinuada por Freud y analizada por Pommier entre otros– de la escritura alfabética como concomitante y solidaria del monoteísmo, se advierte que no puede ponerse a cuenta de lo material ni de lo espiritual, es decir, la letra no encaja en ninguna de las categorías consagradas por el dualismo. Dotada de una materialidad indudable –en tanto espacial, visible y reproducible– a la vez que densamente simbólica –no vale por lo que representa en su grafía, a diferencia del ideograma–, la letra no es "material" ni "espiritual" en los términos dualistas, pero no por ser un intermedio entre ambos ni por participar de ambos (como sugiere cierto párrafo de Platón), ya que eso implicaría conservar los campos dicotómicos. Más bien, la letra rompe el dualismo, lo cuestiona y lo desarma. Instituye, como querría Meschonnic, el *continuum* cuerpo-escritura, el ritmo del poema, la respiración de la lengua. "Tomar conciencia de que en la Biblia en hebreo no hay ni verso, ni prosa, y que todo en ella es ritmo, me dio un punto de vista ajeno al punto de vista europeo del signo. Me di cuenta de que el signo es sólo *un* punto de vista, al que opongo otro punto de vista, el del continuo entre el cuerpo y el lenguaje", dice en una entrevista que le realiza Rachel Heffes[224].

Basándose en los rastreos de prestigiosos especialistas sobre el origen de la escritura, Pommier asocia este fenómeno con los

---

[224] Publicada en el periódico electrónico *Entrelazos*, 19/4/17.

procesos de constitución del sujeto. Egipto representa el lugar de los jeroglíficos y del politeísmo, cuestionado en un momento dado por Akhenaton –soberano del que Moisés sería sacerdote, según ciertos investigadores seguidos por Freud–. Ese momento de ruptura sería, dice, la posibilidad de pasaje de la escritura jeroglífica a la consonántica, es decir, lo que luego será la alfabética.

"Estos dioses con cabezas de animales del politeísmo, ¿no se parecen a las entidades devoradoras que acechan a cualquier niño en cuanto cae la noche? Cuando teníamos miedo de la oscuridad, ¿no era la noche, como la muerte, el reino en que los monstruos podían tomar nuestro cuerpo en alimento? Este tiempo fóbico corresponde a una angustia, la de ser devorado por una madre demasiado amada y de la que un padre no protege todavía... Este monstruo tan humano como animal, ¿no es hermano onírico de los dioses múltiples del panteón egipcio...? (...) (E)l paso del politeísmo al monoteísmo evoca el trayecto que cumple un niño cuando abandona el territorio de las fobias para entrar en el de la neurosis. (...) el tótem cae en desuso apenas su potencia puede simbolizarse gracias al Nombre. En efecto, si el tótem paterno puede redimir a la noche del amor materno, es por hallarse investido de la potencia fálica. Este poder concedido al padre desposee otro tanto a aquel a quien él salva, castrado por su propio pedido de socorro... ¿De qué modo escapará éste luego a la fuerza del tótem?, ¿de qué modo esperará alcanzar una potencia equivalente a la del padre si no le toma uno de sus rasgos? Puede hacerlo gracias a un Nombre, cuya transmisión será la metáfora del falo. En esta operación simbólica no se tratará de tu nombre, de su nombre, del mío o de cualquier otra denominación, sino solamente de la fuerza metafórica del nombre, con independencia de lo que significa (y que) designa solamente el lugar desde el que es posible nombrar" (Pommier, 1996).

Según tales investigaciones, y en base a dataciones y estudios de documentación específica, el alfabeto se consolida en paralelo al recorrido del éxodo de la narrativa bíblica: del Egipto politeísta, pasando por Biblos (Fenicia) e ingresando en Canaán, en una de cuyas ciudades, Ugarit, se registran las más antiguas inscripciones de esa nueva modalidad. (Siguiendo a Meschonnic, *la letra camina*. Y en la misma línea pero siguiendo a Freud, de lo que se trata con respecto a la letra es de un desplazamiento). Parecería, pues, que la fábula platónica en su *Fedro* –el origen egipcio de la escritura, en contra de la tesis comúnmente aceptada de su nacimiento fenicio– no estaría tan errada... Lo que en todo caso resulta cuestionable, desde la perspectiva que proponemos, son las consecuencias y el valor de tal novedad. ¿Será precisamente ese carácter móvil, desplazado, transformado –y transformador– lo que la hace inasible y por tanto aterra al griego? La letra –a diferencia del jeroglífico o antes aún, el ideograma– es la entrada a lo simbólico, eso que Freud en su *Moisés* llamó "un progreso en la espiritualidad", o –diríamos hoy, en un intento de traducción más despojada– en el pensamiento.

Pero además, la letra es el terreno de la diferencia. Y ¿qué si no eso es lo que se juega en la filiación? Diferencia y ligadura, escritura y lectura, letra e interpretación. Para decirlo con Barthes, "el momento fecundo de la lectura es cuando el lector levanta la cabeza...". Un lector es un hijo: el que suspende la creencia mítica en la verdad absoluta del texto/padre para encontrar sus propias resonancias, para dejar que lo escrito horade su pensar y abra, aquí y allá, pequeños pozos –como los que se forman sobre la arena cuando el mar se retira de la orilla– en el sentido supuestamente fijo de lo escrito. La lectura agujerea la superficie de la página[225], a la vez que le otorga música y ritmo. Leer le impone al texto una cadencia y un sabor (*teamim*[226]) de los que carece si permanece cerrado sobre sí. Recordemos que como Freud advierte, "un sueño sin interpretar es como una carta sin abrir". Si el inconsciente es escritura, lo es porque está dado a la(s) lectura(s). Freud, hijo de tres mil años de transmisión escrita, de relatos contados una y otra vez

---

225  Como en el midrash de las Tablas portadas por Moisés.
226  En hebreo, plural de *taam*, tanto sabor (de la comida) como acento de lectura.

sobre las amarillas páginas de viejos libros, de rituales –religiosos o laicos, familiares o sinagogales– organizados alrededor de un acto de lectura, de bibliotecas abarrotadas de páginas que la tradición ha acumulado, se sabe heredero de los rollos bíblicos y los tomos talmúdicos e, incluso, de las operaciones cabalísticas con las letras. El Talmud, ese "libro de arena" que muda sus formas al compás de los lectores, hojas que cambian de diseño vez a vez y que invitan a entrar por múltiples puertas[227], modelo de texto interactivo, primer hipertexto de la historia, lleva a su máxima expresión lo que toda escritura es: un llamado a interpretar. Un hijo es un lector: *bar-mitzvá*, "hijo del precepto" autorizado oficialmente a los trece años a abordar la lectura de la Torá –enseñanza de la Ley– por cuenta propia y en público. En el judaísmo no hay leyes ágrafas: la ley es escrita, por primera vez en la Torá, y desplegada en infinitos comentarios, codificaciones y actualizaciones a lo largo de los siglos[228]. Pero leer implica interpretar y, por tanto, cuestionar. Ya se dijo: lo más valorado en un hijo o un alumno de la academia talmúdica es su capacidad de producir un *jidush*, una novedad, una mirada inédita y original sobre el texto. No sometimiento sino pensamiento creativo, eso es lo que se espera del joven. ¿Hay mejor entrenamiento de la razón que ese?

Simbólicamente, el niño judío alcanza su mayoría de edad en ese rito de pasaje que es un acto: acto de lector, asunción de responsabilidad ante la ley, ingreso al *minian*, grupo de diez adultos requeridos para los rituales. Cuando el chico lee, el chico *cuenta*.

---

227 El Talmud ostenta una rara característica: cada una de sus páginas tiene un diseño diferente. La distribución en la superficie de la hoja de los diversos fragmentos que allí conviven –el versículo bíblico a comentar, el primer comentario (Mishná), el segundo (Guemará), las interpretaciones de los sabios posteriores (Rashi y sus discípulos), los agregados (Tosafot)... es dispar, no sigue un modelo fijo y único sino que se "mueve" caleidoscópicamente, formando página a página un dibujo singular. Tal composición es un recopilado de textos producidos a lo largo de los siglos, de modo que la lectura propone un recorrido espacial a la vez que temporal.

228 Por ese motivo no hay, tampoco, analfabetismo: la alfabetización temprana –¡a los tres años!– es imperativa entre los judíos, desde tiempos inmemoriales. Si el judaísmo es una preceptiva, es decir un sistema legal, y si la ley es escrita, es imprescindible saber leer para integrarse a la comunidad.

Es contado como adulto, porque fue contado/narrado desde niño. Desde antes, incluso, de nacer. Mas, ¿qué significa devenir *barmitzvá*? ¿Qué clase de relación con el precepto –la ley, el mandamiento– implica ese nuevo status? Si fuera una mera obediencia, una sumisión incuestionada, poco tendría de adultez y mal podría entenderse como un crecimiento. Vuelvo al punto sobre el que J. Saks llama la atención, una cuestión terminológica determinante para el asunto: en hebreo, si bien hay un verbo preciso para "mandar", "ordenar" (*tzavé*)[229], no hay en cambio un término específico para "obedecer". *Shemá,* la palabra que se traduce en ocasiones con esa acepción, es polisémica y tiene una multiplicidad de significados según el contexto y la ocasión. Oír/escuchar/acatar/observar/entender/tomar en cuenta/hacerse cargo: distintos aspectos que a su vez se entraman con la idea de cumplir la ley, de modo que en ningún caso se trata de una obediencia ciega sino –aun cuando la orden es fuertemente imperativa– tiene siempre la implicancia de la comprensión y la asunción responsable por parte del sujeto[230]. Esa extraña y crucial juntura de heteronomía y autonomía que caracteriza la ética kantiana. Porque, en el judaísmo, todo gira alrededor de la salida de la esclavitud y la conquista de la libertad. Y la libertad implica, necesariamente, la relación a la ley bajo la forma de la interpretación.

Pero el joven no ha accedido a ese sitio por generación espontánea ni por decisión propia: el texto que ahora tiene desplegado frente a sí, el Sefer Torá (rollo de la Torá), le ha sido entregado en las manos por su padre o por quien cumpla esa función en su vida. El mandato que articula esa escena es el mismo que rige en la escena sinaítica (de la cual toda ceremonia de bar-mitzvá pa-

---

229 Según un maestro talmúdico, la palabra *tzav* (manda, ordena), formada por las letras *tzadi-vav*, se puede leer también *tzeu* (ya que la *vav* se usa también como u), que significa: sal, ve afuera. Salir de la obediencia, hacer el propio camino.
230 De hecho, cuando Moisés transmite al pueblo las leyes contenidas en las Tablas, la respuesta de la gente es: *Naasé venishmá*, que suele traducirse como "haremos y escucharemos/entenderemos". En esa frase el verbo *lishmoa* –del que provienen las formas conjugadas *shemá, nishmá,* etc.– conlleva claramente la connotación de escuchar con entendimiento, involucrarse en el cumplimiento de la ley con comprensión y juicio. No hay, pues, en este contexto, "obediencia debida".

rece una reproducción a escala): D'os entrega la Ley, su presencia resulta amenazante para el pueblo que retrocede aterrorizado ante la visión/audición de los truenos ("y todo el pueblo vieron voces/truenos", Éx. 20,18), hombres y mujeres temerosos de ser aniquilados por semejante potencia. Pero lo que dona D'os por intermedio de Moisés es un texto cuya lectura y comprensión, a partir de ahora, estará a cargo de los humanos. D'os se retira de la escena, se autodestituye como amo –dueño del sentido–, se autolimita (como en ese retiro primero en el momento de la Creación, el *Tzimtzum*, gesto de autorretracción para dejar lugar al mundo creado). Modelo de paternidad, *instala la operación desmitificadora que todo hijo debe actualizar con respecto a su padre*. Así, las dos instancias instituyentes del sujeto en la tradición judía tienen estructura ternaria: el padre "corta" al hijo (el prepucio en el *brit milá*, la dependencia de la palabra paterna en el *bar-mitzvá*) a la vez que lo ingresa en la comunidad[231]. La relación se establece entre padre, hijo y Ley. Alguna vez dijo O. Masotta: "Ojalá todos los varones tuvieran una recepción en su cultura como la tienen los varones judíos".

La filiación, dice Legendre,

"no se trata de un problema de reciprocidad entre dos personas, sino de disimetría entre dos lugares…, referidos ambos a la Referencia absoluta, es decir, al axioma que funda la división y, por consiguiente, al orden genealógico de las clasificaciones (…) *Simbólico* quiere decir aquí que el sujeto encuentra la verdad de los textos, el discurso de lo que hace ley para la especie: la fabricación de la herramienta de la diferenciación en la especie que habla, la función paterna definida como función para la reproducción de la especie" (Legendre, 1996: 280).

El hijo es lector porque, en rigor, no solo es hijo de su padre sino también *hijo de la letra*: ni por la carne ni por el espíritu –distinción inexistente en la Torá–, sino por la inscripción filiatoria. Brit-milá

---

231  A su vez, en ese acto el padre mismo es (reconocido como) cortado, es decir, filiado. Finitud y filiación, inextricablemente ligadas.

y bar-mitzvá[232], dos momentos de esa inscripción en los que se tramita la herencia como un pasaje de lectura. Para la concepción judía el texto es un punto de partida, un desde donde. D'os es la figura más acabada de ese padre que Platón desprecia: el que escribe y deja que su letra circule por el mundo sin su garantía, sin su presencia permanente para defenderlo. El escrito, como el hijo, porta los significantes que le dan un lugar en el mundo: ni el padre ni el autor pueden –ni deben– aseverar su sentido, su rumbo, su fin. Entre el autor-dueño del sentido y el padre de la horda, un parentesco indiscutible.

D'os hecho letra (h) corta a Abraham para que advenga como padre. La letra corta porque establece filiación: pone en un lugar otro, hace entrar en la cadena, instituye, hace marca. Así se extrae de ciertos fragmentos de los rollos de Qumrán, donde el profeta Ezequiel ordena, a los pertenecientes a la congregación, que se inscriban en la frente una marca para ser reconocidos y no ser exterminados[233]. Marca, señal, letra, *ot*, que asigna una pertenencia.

---

232 Como afirma, nuevamente, Legendre en su texto sobre Lortie: "se es hijo doblemente, de los padres y de la ley".

233 "Encontramos la *tav* en las Escrituras en el libro de Ezequiel (9:4) como marca, señal, que salva a quien la lleve en la frente de la ira de Dios.4 "y le dijo Jehová: Pasa por en medio de la ciudad, por en medio de Jerusalén, y ponles una señal [en el texto hebreo *tav*] en la frente a los hombres que gimen y que claman a causa de todas las abominaciones que se hacen en medio de ella." En Ezequiel (9, 6) se ve a través de la palabra de Dios cómo el que lleva la señal, la *tav*, salva su vida. "Matad a viejos, jóvenes y vírgenes, niños y mujeres, hasta que no quede ninguno, pero a todo aquel sobre el cual hubiere señal [en el texto hebreo *tav*], no os acercaréis." Volvemos a encontrar el pasaje de Ezequiel 9, 4 en un documento compuesto de dos manuscritos que datan de la Edad Media encontrado por Solomon Schechter en 1897 en la guenizá de la sinagoga de El Cairo y que es conocido con el nombre de Documento de Damasco. El descubrimiento de los rollos del Mar Muerto en 1947 y años posteriores en cuevas del desierto de Judea y de quienes fueron sus autores, la comunidad de Qumrán identificada con los esenios (revela que...) los integrantes de la comunidad de los esenios, que junto a los saduceos y fariseos formaban las tres grandes sectas dentro del Israel en tiempos de Jesús, llevaban en la frente el signo referido por Ezequiel. Ahora bien, el signo de la cruz latina hecha sobre la frente es uno de los ritos cristianos mas antiguos, forma parte del bautismo cuyo origen se remonta a los del propio Cristianismo. Daniélou... sostiene a partir de estos descubrimientos que los cristianos heredaron de los integrantes de la comunidad de Qumrán la idea de marcar con el signo de *tav* la frente de quienes ingresaban a sus filas. El actual rito del bautismo cristiano tendría sus orígenes, entonces, en la *tav* hebrea

Pero toda letra es a leer. De ahí que lo "sagrado", lo que se reverencia, es la letra: el *sefer* (rollo, libro) en el tabernáculo, en el Templo, en la sinagoga. La letra, no el sentido.

### Letra y música

"Que seamos inscriptos en el libro de la vida" es el pedido que todo asistente a la sinagoga en las Altas Fiestas (o Días Terribles, *Iamim Noraim*) formula, de pie y en solemne recogimiento, estremecido por los disonantes toques del *shofar*. Plegaria que resume apretadamente la concepción judía de la existencia. Nada hay de natural allí[234]: la vida como escritura, la vida como texto, como operación significante. De nuevo, (como en el término para generaciones, *toledot*) la metáfora apunta siempre a lo legal, histórico y cultural.

Tal idea se confirma en un pasaje clave de Éxodo donde D'os, enojado por las reiteradas transgresiones del pueblo –especialmente por haber construido y adorado al becerro de oro[235]–, amenaza con eliminarlo. Moisés encara la defensa de su gente en los siguientes términos: "Ruégote perdones a este pueblo que cometió la gran falta de hacerse dioses de oro. Y si no les perdonares ruégote *me borres del libro que escribiste*. Y le contestó Adonai a Moisés: 'Quien

---

de Ezequiel tomada de los esenios y no en la cruz como signo de la Pasión de Cristo. Surge, sin embargo, una complicación: la grafía de la letra *tav* (t), ... no coincide con la forma de la cruz. Pero esta dificultad es más aparente que real pues como lo señala Daniélou, en tiempos de Ezequiel la *tav* tenía la forma de una cruz, siendo su grafía de estas dos formas: + o x, similar al alfabeto fenicio y correspondiendo así con el sentido de marca, señal. Parece (dice Danielou) que los primeros cristianos eran marcados en la frente con una *tav* que designa el nombre de Yahveh... (O sea, el Nombre del Padre)" (Cúneo, 2008).

234  W. Benjamin ilustra este rasgo fundamental del pensar judío cuando en su texto "Para una crítica de la violencia" cuestiona decididamente "el dogma de la sacralidad de la vida", que se referiría, dice, a la nuda vida o vida natural, concepto mítico y, por lo tanto, ligado a la violencia del destino. "En todos los campos –dice– D'os se opone al mito". Se refiere al D'os bíblico que destituye por completo la idea de destino para privilegiar la justicia. También en "La tarea del traductor" dice: "...solo puede determinarse el ámbito de la vida partiendo de la historia y no de la naturaleza".

235  Según Jean-Joseph Goux (1993), el becerro no era tal sino una vaca sagrada, y el rito frenético a su alrededor era una danza orgiástica de carácter incestuoso: se trataba de fecundar a la vaca madre, como en los ritos paganos, para estimular la fertilidad de la tierra, así como de las hembras animales y las mujeres.

ha cometido falta contra Mí, *borrado ha de ser de Mi libro*" (Éx. 32: 31-33; las itálicas son mías, D.S.). El becerro, divinidad pagana, enfrentado a la escritura: este *agon* enmarca –sin duda, en forma algo esquemática– todo el drama bíblico. El cuerpo materno vs. la letra paterna. Incesto vs. ley del padre.

En ese marco se debe inscribir –¡valga la literalidad!– el repudio a la imagen: el texto bíblico, en forma tal vez reduccionista, condena la imagen que queda asociada, casi inmediatamente, a la idolatría, y esta a las perversiones sexuales (de las que el incesto es la más grave y emblemática).

Sin embargo, las cosas no son tan simples. El valor de la mirada en el texto bíblico es tema controversial. Existe una larga y popular tradición que sostiene la preeminencia, en el judaísmo, de la escucha en detrimento de la vista, y hasta cierto punto podría afirmarse que esto es así. Al menos, si confrontamos este texto con los de la filosofía griega y, en particular, los diálogos platónicos –ejemplarmente, en *Banquete*– donde el gran filósofo afirma que "la vista es el más preeminente de los sentidos", ya que es a través de la mirada que se hacen visibles las cosas bellas y, de ahí, es posible remontarse a la Idea (el célebre "ascenso del alma hacia la belleza"), pues la participación en esa Idea, lo bello en sí es lo que otorga el carácter de bello a los cuerpos y las cosas terrenales. Esta gran filosofía es la que crea lo que Levinas ha denominado "una metafísica de la luz", un privilegio de lo visible, del aparecer y de la presencia, que funda todo el desarrollo del pensamiento occidental. Levinas dedica su obra entera a refutar tal metafísica: esa luz es el horizonte de aparición del ser, el "claro en el bosque", la *lichtung* heideggeriana, que sienta la prevalencia de la ontología y del conocimiento en Occidente. Por el contrario, Levinas afirmará la primacía de la ética como "filosofía primera": no el conocimiento, sino la responsabilidad. No un yo que conoce y por ende posee y domina, sino un otro (*Autrui*, término francés difícil de traducir[236]) que me obliga y demanda que me haga cargo de su padecimiento.

---

[236] A diferencia del vocablo *autre*, sustantivo común y variable en género y número, *autrui* comporta una singularidad irreductible y la imposibilidad de devenir objeto.

Ese otro que, según el lituano-francés, se presenta como rostro, que no es una cara o una figura (*eidos*, de *idea*) sino, más bien, un hueco, algo que se retrae en la sombra, un desvanecerse en lo inasible, un llamado de lo que no puede convertirse en objeto. En suma, *el rostro del otro* remite a esa alteridad absoluta e inapropiable que en el texto bíblico se llama IHVH. ¿Cómo poseer y dominar tal alteridad? ¿De qué forma apropiarse de una ausencia, una oquedad, un pasar[237]? Es que la metafísica de la luz implica, necesariamente, una filosofía que privilegia la presencia, el mundo "a los ojos" que tarda muy poco en convertirse en "a la mano"[238].

Si la luz y la mirada refieren al *eidos*, de donde viene *eidolon*, ídolo –y por tanto idolatría–, es entendible que tal paradigma (uso el término en un sentido general) despierte un fuerte rechazo en el contexto bíblico, donde se trata de fundar una concepción del mundo basada en la ley de un dios sin imagen, que solo se hace presente en su ausentarse, es decir, en su escritura. Pero entonces leemos un texto que dice así: "IHVH habló a Moisés diciendo: habla a los hijos de Israel y diles que se hagan franjas en los bordes de sus vestidos por todas sus generaciones introduciendo un hilo celeste en las franjas; *al verlas les servirán las franjas como recordatorio de los preceptos de IHVH* para cumplirlos, a fin de que no vayan detrás de sus impulsos y de sus ojos, para que no se prostituyan en pos de ellos" (Núm. 15: 37-41; las itálicas son mías, D.S.). He aquí, entonces, un matiz que merece atención: la mirada no es, en sí, mala ni buena. De nuevo, como en los primeros versículos de Génesis con respecto a la luz y a la oscuridad[239], no hay elementos sustancializados. Cada

---

237  Levinas lo expresa con maestría: IHVH es, dice, "un pasado que nunca fue presente", es decir, que no pudo ni puede estar sometido, como los ídolos, a la posesión y manipulación de los hombres.
238  Cf. las interesantes observaciones de Heidegger en su texto "La época de la imagen del mundo", en Heidegger (1996), fuertemente crítico del creciente dominio de la tecnología en la modernidad (por cierto, una paradoja en el pensar heideggeriano...).
239  Precisamente es en el marco de la valoración de la luz y la oscuridad donde se despliega la cuestión de la mirada: para las culturas paganas en general, la luz se identifica con el Bien y la oscuridad con el Mal. Las cosmogonías míticas se formulan en términos de *agon* entre dioses de la luz y dioses de las tinieblas, por lo que ambos elementos resultan personificados y sustancializados. El relato bíblico

instancia será "buena" o "mala" según su función, su lugar y ocasión, y la relación con los restantes elementos. (¿Será a eso a lo que se refiere Spinoza cuando afirma, en su *Ética*, que "no hay Bien y Mal, sino lo bueno y lo malo"?). Pensamiento estructuralista anticipado, la Torá ubica a la mirada como aquello que puede desviarnos hacia la idolatría (con sus figuras asociadas de prostitución, incesto, perversiones varias) o, por el contrario, puede –y debe– servir como recordatorio de la Ley. El manto ritual, *talit*, debe tener esas franjas celestes: por eso se ordena su uso durante el día, cuando la luz permite distinguir los colores (la única excepción es la noche de Yom Kippur, en la que –por ser la ocasión más solemne del año– se debe usar *talit*). No se trataría, entonces, de mirada vs. escucha, ojos vs. oídos, antinomia poco fiel a la complejidad de estos textos. Lo que parecería objeto de crítica o condena sería la mirada en tanto fascinación, lo que lleva a quedar atrapado, preso de la presencia en la *lichtung* –como el animal que se paraliza al ser enfocado por una luz potente, lo que permite su aniquilación–. La mirada que se refuta es la dirigida a la imagen como representación teológica: monumentos, efigies, construcciones majestuosas o estatuas que pretenden presentificar lo divino. Todo lo que se posiciona como sagrado[240]. Es conocida la leyenda del emperador romano que, al

---

de Génesis rompe esa estructura: la historia comienza al atardecer ("y llamó D'os a la luz día y a la oscuridad noche, y hubo tarde y hubo mañana: día uno"), y lo bueno parece ser más la separación entre ambos elementos (luz y oscuridad, día y noche) que uno de ellos en sí. En estos primeros párrafos bíblicos se manifiesta la estrategia literaria de composición: tomar los elementos de los relatos míticos y cambiarles la función y el valor. Cada uno de ellos (ejemplarmente, como se dirá en los siguientes versículos) el sol, la luna y las estrellas, pero también el agua, los grandes animales marinos, el fuego... que quedan despojados de su carácter divino para pasar a ser elementos creados, funcionales a un "plan mayor" cuyo autor único es IHVH.

240 Así lo expresa claramente el mandamiento: "no te harás esculturas ni imagen de lo que hay arriba en el cielo y abajo en la tierra y en las aguas debajo de la tierra. No te postrarás ante ellas ni las servirás, pues Yo, el Eterno, IHVH, soy D'os celoso..." (Éx. 20, 4-5). No se trata de la banalidad de prohibir la imagen de cualquier cosa, sino de ser coherente con los primeros versículos de Génesis en la refutación del naturalismo pagano. Ni el sol, ni las estrellas, ni los ríos ni los animales marinos son deidades, sino elementos naturales con funciones específicas dentro del sistema del mundo. Esta prohibición pues no es sino una reiteración de la operación desustancializadora y de ruptura de la idea de lo sagrado como natural y fusional.

entrar al Templo de Jerusalén dispuesto a abatir las imágenes de ese D'os otro, se encuentra con la decepcionante sorpresa de que no hay allí, en el corazón del espacio sacro, efigie alguna sino solo un rollo escrito, pura letra en vez de figura. Ese "templo vacío" es la más apretada metáfora del judaísmo[241].

A lo largo de la historia, la vista ha sido objeto de admiración y cuestionamiento. Entre "ver para creer" y "las apariencias engañan" o "no todo lo que reluce es oro", la sabiduría popular da cuenta de los encantos y los peligros de tal sentido. Si Grecia, con sus paisajes luminosos, su mar relumbrante y sus crepúsculos hipnóticos homologa ver y conocer[242], Israel –habitante del desierto, la gris aridez y los espacios difusos– priorizará un sentido más acorde con el tránsito y el desplazamiento, aquel que permita llevar algo consigo, algo que no dependa del espacio como escenario fijo ni de la luz ambiental. El oído es, sin duda, más apto para esa circunstancia. Lo que se oye/escucha se guarda, se internaliza[243], resuena en el interior, se reproduce en cantos y oraciones sin necesidad de elementos externos o instrumentos físicos ajenos al cuerpo mismo. *Shemá* (oye, escucha, observa, respeta), la ordenanza más nuclear del judaísmo, da cuenta de ello.

Pero nunca las cosas son lineales ni unívocas, al menos no para una lectura atenta que pretenda atisbar algo de la ardua complejidad de los procesos de formación de las culturas.

En principio, los sentidos de la percepción física suelen ser metáforas de otras cuestiones, o nombres que resumen múltiples aspectos de lo humano. Como sostiene Pablo Maurette en su bello

---

[241] Muchos siglos más tarde, Levinas afirmará que "el judaísmo es la religión del cielo vacío", es decir, "una religión de adultos": pensamiento de la responsabilidad, sin un Otro personal a quien culpar por nuestras faltas ni reclamar por nuestras desgracias.

[242] Es en la continuidad de esta jerarquización que Descartes formulará su oda a "las ideas claras y distintas", como parte de una larga tradición: en las lenguas occidentales, la mayor parte del vocabulario referido al conocimiento alude a la vista. Lo e-vidente, la claridad, visibilidad y transparencia como atributos de la verdad, el Iluminismo, el Siglo de las Luces...

[243] Cf. "Tímpano" en el excelente y multifacético libro de Derrida (1989) donde habla –entre otras cosas– de la característica diferencial del oído en relación al ojo: el oído no tiene párpado, no se puede cerrar.

libro *El sentido olvidado* (Maurette, 2015), el privilegio otorgado a la mirada en Occidente opacó o disimuló la intervención de las demás capacidades sensoriales en el desarrollo de las ideas, el arte, la conformación subjetiva y, en fin, la vida misma. La vista, dice Maurette, parecería ser "el más inmaterial de los sentidos", digamos, el más "espiritual", el menos comprometido con el cuerpo. Sentido "elevado", en tanto opera en la distancia y no requiere contacto inmediato, como sí el tacto, por ejemplo, o el olfato, siempre asociado –en forma consciente o inconsciente– a lo más primario: las heces, el sexo... Recordemos que el inicio de la posición erecta del humano lo aleja de ese tipo de contacto animal –olerse los esfínteres– y realiza el pasaje a la mirada como principal vía de seducción y atracción. La erección, en su doble significado. También, en otro aspecto, la bipedestación introduce la distancia: abre la posibilidad de mirar a lo lejos, y por ende de calcular tiempos y espacios así como de pensar la noción misma de horizonte (con todas sus connotaciones literales y metafóricas). Se entiende pues que los ojos se hayan llevado el premio mayor en el reparto de valores. Pero tal privilegio oculta, de algún modo –paradójicamente, invisibiliza–, la importancia de otras formas de percepción igualmente fundamentales. Maurette muestra cómo esos otros sentidos nunca han dejado de estar presentes, por ejemplo, en la literatura, a través de la cual hace un rastreo apasionante para llevar a cabo el rescate de lo háptico[244] (todo lo que tiene que ver con el contacto, el tacto, el roce...). Es obvio que esta dicotomía occidental entre sentidos elevados y sentidos bajos es parte del dualismo mítico, que atraviesa el platonismo y recala en el cristianismo: el desprecio (¿temor? ¿repulsión?) al cuerpo con todo lo que este conlleva no podía sino entronizar al (supuestamente) menos corporal de los sentidos...

He ahí por qué el judaísmo, no dualista, trata lo sensorial de un modo tan diverso. Sí, la mirada está presente en los textos bíblicos de mil maneras, pero con valores y funciones diferentes

---

[244] Háptico, término que proviene del griego *háptō* (tocar, relativo al tacto). Algunos teóricos como Herbert Read han extendido el significado de la palabra *háptica*, refiriéndose por exclusión a todo el conjunto de sensaciones no visuales y no auditivas que experimenta un individuo.

al pensar griego. Sí, también en la Torá hay alguna ligazón entre ver y conocer, pero su articulación y sus réditos son peculiares. Ejemplarmente, Eva y el fruto prohibido, ya que "...vio la mujer que el árbol era bueno para comer, tentador para los ojos y deseable para lograr inteligencia..."[245], lo que la lleva a tomar el fruto y darle a su marido, "y se abrieron los ojos de ambos y se dieron cuenta de que estaban desnudos" (Gén. 3, 6-7). El gusto también pasa por los ojos; el deseo, sin duda, los involucra. Pero el deseo conduce –a diferencia de la mirada platónica– al saber... de la falta. Verse desnudos es la púdica expresión bíblica para decir el saber de la diferencia sexual, saber inherente a la especie hablante, indispensable para la continuidad de la especie con lo que esta implica de finitud e incompletud.

Cuando muy poco después, al comienzo del capítulo 4, ya expulsados de esa ilusoria totalidad edénica, el texto consigne que "Adán conoció a Eva, su mujer", quedará expresada esta asociación entre ver-conocer-amar-desear. El verbo que se utiliza es *iadoa*: un conocimiento que da cuenta de la diferencia. El versículo siguiente narra el nacimiento de Caín, el primer humano nacido de humanos: comienzo de la filiación. Así, la vista –y la tentación a ella ligada– no conduce (contrariando el proyecto de la serpiente) a la omnipotencia de ser como dioses, *sino exactamente a su contrario*.

En el relato creacionista D'os actúa a través de la palabra pero, a continuación de cada acto creador, el texto consigna que IHVH "vio que era bueno" (la misma expresión que pronuncia Eva al ver el fruto). Hay muchísimos episodios donde ver o mirar es fundamental para el relato[246]. La Torá no propone una sociedad de ciegos

---

245 Es interesante comprobar que el vocabulario y la sintaxis de este versículo es similar al que se usa cuando D'os evalúa cada paso de la creación: "y vio D'os que era bueno"... Como expresando que la semejanza entre D'os y el humano no es la "imagen" en un sentido banal sino esta capacidad de juicio, que Eva pone en práctica.
246 Uno de los episodios más enigmáticos al respecto es el de la serpiente de cobre. En el capítulo 21 de Números se cuenta que el pueblo, harto del maná y disconforme, otra vez, con las condiciones de vida en el desierto, protesta y murmura contra D'os, reprochándole a Moisés que los haya sacado de Egipto donde, dicen, vivían "en la abundancia". Como castigo, IHVH manda una plaga de serpientes "que causaron con sus mordeduras una gran mortandad" (v. 6). El pueblo entonces reconoce su falta e implora al líder que los salve de la plaga, ante lo cual D'os le

ni ignora el poder de lo visual: por el contrario, y justamente por reconocer ese poder, lo acota, lo condiciona y lo enmarca en las coordenadas ético-legales que organizan la totalidad de la narrativa.

No se trata, entonces, de oponer ver-no ver, de despreciar o descartar la mirada, sino de reformularla y contextualizarla. Cuando Adán oye la voz de IHVH que le pregunta "¿Dónde estás?", el hombre, aterrorizado, responde: "Oí tu voz y me escondí". Se oculta de la mirada divina al tiempo que es alcanzado por Su voz. Tal vez, de lo que se trate en este texto es de que la Torá *domestica*, ordena la vista mediante la voz. Somete lo visual al régimen de la palabra.

La problemática de la imagen, como bien recalca Legendre, es inherente a la constitución social y subjetiva. Reconocer-se uno –y, por tanto, reconocer al otro como tal– es una operación compleja que requiere el pasaje por la imagen, tal como ilustra la descripción lacaniana del estadio del espejo. Tal pasaje habla de una mediación: no se produce sin la presencia de un tercero, factor imprescindible en la separación de uno consigo. La identidad es producto de un delicado montaje que incluye necesariamente a la alteridad, no como un agregado sino como pieza esencial a su composición. La identidad tiene estructura ternaria, y en esa composición la mirada cumple un rol determinante. La escena de Narciso –que se ahoga en su ensimismamiento– es el ejemplo mítico elocuente del fracaso de tal operación: no hay allí intervención del Tercero, sino una especularidad no mediada. Un pegoteo en el que no puede advenir la imagen propia como un sí-mismo, que es por definición un otro de sí; es decir, efecto de la división.

### El poder del vacío, el vacío de poder

Recapitulemos: toda sociedad se construye en relación a un lugar mítico, lugar vacío pero imprescindible en la estructura: ese

---

ordena a Moisés: "Haz una serpiente de cobre y ponla en lo alto de un mástil, y sucederá que el hombre mordido que la mire vivirá" (Núm. 21, 8). Imposible emprender aquí el análisis de tan curioso texto, solo quiero destacar que, en esta ocasión, la mirada es "buena" y salvadora.

tercero que opera la división del sujeto y que el jurista llama Referencia. Es esta la que distribuye lugares, reparte poder e impide que cualquier individuo se crea un uno-todo. Lo Uno es lo inalcanzable e inapropiable para el humano, ya dividido y separado, incompleto y puesto en lugar de relevo con respecto a ese lugar indiviso. Pero la Referencia actúa, digamos, indirectamente: a través de imágenes y puestas en escena, de textos y relatos fundantes.

Legendre afirma: "D'os es el nombre de lo que ocupa el lugar de la Referencia". Principio indivisible de la división, operador del corte, como en los capítulos iniciales de Génesis. Pero entonces, si ese lugar, ese Uno es objeto de representaciones e ilustraciones en todas las culturas, dado que la imagen es inherente a la construcción de ese espacio de poder y a la constitución del sujeto en relación a él, ¿cómo entender la prohibición de representar a este D'os? O ¿qué reemplaza y cumple la función de lo visible, para que este D'os opere?

Seguramente no hay una respuesta única ni unívoca; solo podría aventurar alguna aproximación. En principio, hay en el texto bíblico una multiplicidad de situaciones e instancias que implicarían una suerte de sublimación o rodeo para dar lugar a la mirada, pero alejándola de la idolatría. Se percibe entonces cierta ambivalencia al respecto. Así, por ejemplo, las instrucciones para la construcción del Tabernáculo que comienzan al final de libro de Éxodo y se continúan por varios capítulos en Levítico: en una primera lectura, esto parecería apuntar a la configuración de un espacio sagrado a la manera de los santuarios paganos. El tabernáculo (*mishkan*) será, supuestamente, el lugar de residencia de este dios que los hebreos portarán en sus peregrinaciones por el desierto, como cualquier otro colectivo que migra llevando las imágenes de sus deidades a modo de protección. Sin embargo –y sorprendentemente–, la frase con que IHVH explica a Moisés la orden es de lo más curiosa: "Que me construyan un santuario y yo residiré *entre ellos*" (Éx. 25, 8). No *en* el santuario, sino –de algún modo no especificado– en el interior, en el seno mismo del grupo. ¿Cómo comprender esta incoherencia? ¿Para qué encargar tan ardua tarea –que incluye tallados, tejidos, bruñidos, mediciones arquitectónicas complejas– para no habitar allí? Pero, ¿cómo podría entenderse "habitar" en un sentido literal, tratándose de un dios sin cuerpo ni imagen y no, como en los cultos paganos, de una entidad física[247]? Porque, si IHVH no es otra cosa que la Ley –es decir, la temporalidad en todas sus dimensiones y, por ende, la finitud y la filiación– no es algo que se pueda encerrar como el genio en la botella ni contenerse en un templo, por más grandioso que este sea...

Lo que contendrá ese habitáculo, en definitiva, no será efigie ni estatua alguna, sino el arca de la Alianza: el cofre en el que se guardan las Tablas de la Ley. Nuevamente: no la imagen del dios, sino su escritura[248]. Es decir, su retiro y su marca. Sin embargo, parecería que ese vacío, esa instancia simbólica de la escritura, requiere de un recubrimiento imaginario para poder morder en lo real, para calar en la vida concreta de los hombres. Un espacio acotado y delimitado, unos adornos bellamente fabricados (recordemos que IHVH inspira con su aliento divino a Betzalel, artista de elevadas cualidades éticas y estéticas, cuyo nombre permanece en la tradición como paradigma del arte), un lugar al cual acudir en busca de perdón o consuelo... Aun si ese lugar está vacío, demarca un punto en el espacio que resulta imprescindible para los seres espaciales que somos[249]. Del mismo modo que se acude al cementerio a recordar y honrar a los muertos o a entablar cierta "comunicación" con ellos, sabiendo racionalmente que nada hay ahí del que se fue sino solo su nombre... Las letras grabadas en la lápida que evocan una presencia y remarcan su ausencia.

---

247 Recordemos que *mishkan*, al igual que *Shejiná* (la palabra que designa la presencia de D'os en el mundo, especialmente en la Cábala) provienen de una raíz –*sh.j.n*– que alude a cercanía y vecindad. De hecho, vecino en hebreo se dice *shajen*.

248 Legendre (2001) reitera incansablemente que la imagen no es sin el texto: lo icónico se inscribe en el lenguaje que lo puede interpretar.

249 Tanto Spinoza como Kant eran bien conscientes de este carácter de lo humano, en contra de todas las ilusiones cartesianas de una espiritualidad desencarnada. El holandés, cuando afirma que pensamiento y extensión son dos atributos discernibles lógicamente pero inseparables, constitutivos de la existencia. El alemán, en su enseñanza de que tiempo y espacio son las dos condiciones puras a priori de la sensibilidad.

Una puesta en escena: de eso se trata. La ley, dice Legendre, requiere indefectiblemente de ese factor escénico, de esa disposición espacial y de toda la parafernalia teatral que su funcionamiento implica. Lo que el jurista francés y Enrique Kozicki han llamado "la dimensión estética de la Ley" ya que lo legal, sostiene Legendre, no se instituye ni impera como enunciados abstractos, sino a través de narrativas y puestas en escena que apelan a la sensibilidad (en el sentido kantiano), sin la cual no sería posible construir conocimiento ni experiencia alguna[250]. Walter Benjamin, siguiendo a su maestro Rosenzweig, lo percibe con agudeza: según él, la tragedia y lo jurídico nacen en Atenas simultáneamente (Benjamin, 1990). Es la escena trágica la que "actualiza" el imperio de la ley, con sus categorías de culpa, castigo, redención... El género trágico resulta así una metáfora del proceso judicial, con el que comparte lo que luego Aristóteles llamó las tres unidades: de tiempo, de lugar y de acción. Para Benjamin, la unidad de tiempo es el día en que transcurre el proceso: comienza al amanecer y debe finalizar a la puesta del sol. La unidad de lugar es el tribunal, y la unidad de acción, la causa misma que se sustancia.

Los comentadores bíblicos y talmúdicos señalan que estos textos aúnan dos géneros literarios muy antiguos: narrativa (*Agadá*) y ley (*Halajá*)[251]. El juez americano Robert Cover lo expresa admirablemente:

> "Habitamos un *nomos*: un universo normativo. Creamos y mantenemos constantemente un mundo dividido entre el bien y el mal, lo legal y lo ilegal, lo válido y lo inválido. El estudiante de derecho puede llegar a identificar el mundo normativo con

---

250 Tal vez en ese sentido también habría que pensar en la definición de pulsión en Freud, como ese borde entre lo orgánico y lo psíquico. La ley no podría operar, internalizarse, efectuarse sin comportar un rasgo pulsional, es decir, el punto de entramado de la palabra y el cuerpo.
251 Claro que Foucault diría que en la antigüedad no solo no había "géneros literarios", sino que el concepto mismo de literatura era inexistente. Es efectivamente así, pero eso no nos priva de intentar cernir, aun en forma aproximada, los modos de composición de textos tan añejos y fundantes como el que aquí se analiza. Tal vez, habría que decir que son esos mismos textos los que fundan los géneros, de la misma forma que la tragedia crea el teatro.

la parafernalia profesional de control social. (pero) ... Ningún conjunto de instituciones o preceptos legales existe sin narraciones que lo sitúen y le den significado. Toda constitución tiene una épica, todo decálogo tiene una Escritura. Cuando se lo entiende en el contexto de las narraciones que le dan sentido, el derecho deja de ser un mero sistema de reglas a ser observadas y se transforma en un mundo en el que vivimos. En este mundo normativo, el derecho y la narración están relacionados inseparablemente. Todo precepto legal exige ser situado dentro de un discurso –tener una historia y un destino, un comienzo y un final, una explicación y un propósito. Y toda narración exige imperiosamente un sentido prescriptivo, un mensaje moral. (...) Las prescripciones, aun cuando estén incorporadas a un texto legal, no pueden escapar de su origen y su fin en la experiencia, en las narraciones que constituyen las trayectorias tramadas a partir de la realidad material por nuestra imaginación" (Cover, 1993).

Importa destacar aquí la afirmación de que toda normativa hunde sus raíces en una experiencia vital concreta y traduce, en sus leyes y decretos, la singularidad de ese grupo o pueblo en su proceso de constitución como tal, la elaboración de sus valores y su peculiar percepción del mundo. ¡Claro que hay algo de universal en la ley! Kant diría: su forma. No hay cultura o pueblo alguno en el planeta que no tenga leyes. Lo que cambia de uno a otro son los contenidos, que estarán configurados por la experiencia (la materia, de nuevo kantianamente) de sus vivencias y avatares. Eso que se cuenta en sus narraciones de origen, en su épica, en sus mitos. De ahí que Benjamin, en su arduo texto "Para una crítica de la violencia", diferencie entre derecho mítico y derecho bíblico, atribuyendo al primero el interés de conservar los privilegios de los poderosos y al segundo, una idea de justicia igualitaria.

En la misma línea –vincular derecho y narrativa– trabajan otros pensadores de lo jurídico, entre ellos: Francois Ost, Denis Salas y, en Argentina, Enrique Marí.

## CAPÍTULO VI ■
## CORPUS

En el derecho se habla de "corpus jurídico"[252], expresión sobre la que vale la pena reflexionar en el contexto que nos ocupa. ¿Qué relación se dice allí entre cuerpo y letra?

Para el griego trágico, psique (mente/alma) y cuerpo no se hallan separados por un abismo ni opuestos valorativamente. Será Platón el que imponga tal división y diferencia jerárquica que cala hondo en el mundo occidental[253], pero que no roza siquiera la concepción bíblica[254]. En ella, nuevamente, y diferenciándose del paradigma dualista: lo sensible no se opone a la razón, no puede concebirse el pensamiento como prescindente del cuerpo y los sentidos, como no puede pensarse lo simbólico desgajado de lo imaginario y lo real.

---

252 *Corpus Iuris* se denomina la monumental recopilación de Justiniano que de algún modo da origen a la organización del derecho en Occidente, un Occidente cristiano imperial.

253 Rechazo al cuerpo que se prolonga por múltiples vías: el cristianismo es la principal pero no la única. Como señala David Le Breton (2007), "Los gnósticos llevan al extremo el odio al cuerpo, al hacer de él una indignidad sin remedio. El alma ha caído en el cuerpo –ensomatosis– en el cual se pierde. La carne del hombre es la parte maldita, destinada al envejecimiento, a la muerte, a la enfermedad".

254 Si bien los textos originarios de la Torá anteceden a Platón en varios siglos, esos textos han sufrido sucesivas reescrituras y recopilaciones. Tal vez la más poderosa haya sido la practicada por los sacerdotes escribas Ezrah y Nejemiah, al regreso del exilio babilonio, hecho prácticamente contemporáneo de la polis platónica. Los intereses teológicos incorporados por los escribas, aun dotando al corpus bíblico de una dirección y un propósito que los fragmentos iniciales no tenían, no borraron la estructura del relato ni eliminaron las categorías de pensamiento que allí se elaboraron. Concretamente, la temporalidad, la finitud, la ley, la transmisión y la filiación siguieron –y siguen– siendo el eje de todo el texto.

Si IHVH es El lugar (*Ha-Makom*), por más que sea un lugar lógico-simbólico, requiere cierta ubicación y mojones que señalen y circunscriban –aun si imaginariamente– ese espacio a fin de permitir el acceso "sensible" a él, como en el episodio de la zarza. Las numerosas y detalladas descripciones de los adornos, querubines, volutas, candelabros, altares e incensarios –que sin duda nunca fueron realizados: ¿de dónde habrían de obtener los hebreos, en pleno desierto, las toneladas de oro, piedras y maderas preciosas requeridas para tal obra?– constituyen una *iconografía literaria*, una suerte de cuento lleno de fantasía y esperanza. En medio del desamparo y la intemperie, habitando precarias y frágiles tiendas, el pueblo sueña con palacios... como el hambriento fantasea con manjares[255].

Ahora bien: toda la construcción del *mishkan*[256] es el armado de una escena de veladura. El arca de la Alianza con su contenido es el punto más santo (el *sancta sanctorum*, *kodesh hakodashim* en hebreo) del tabernáculo, pero el acceso a él está impedido por un velo. El término para velo o cortina –*parojet*– se repite innumerables veces en la descripción de lo que será el santuario. Como si ese fuera, en realidad, el elemento principal: lo que separa, vela y resguarda aquello que está detrás de él. Una vez más, tal construcción solo se comprende si se tiene en cuenta el modelo sobre –y contra– el cual se arma: lo que en los templos paganos ocupaba el lugar sagrado era la escena hierogámica, la cópula de los dioses, aquello que narra Hesíodo en su *Teogonía* (la unión de Gea y Urano) y se refleja en innumerables frisos y ánforas del arte griego antiguo así como de otras culturas. Escena originaria que es en la Torá reemplazada por la escritura, ya no como origen sino como principio. La veladura alude, indudablemente, a lo prohibido de la contemplación de la escena primaria. En consonancia con todo el desarrollo narrativo y legal de la Torá, también aquí encontramos una forma (¿velada?) de formular la prohibición de incesto[257].

---

255  En sus originales desarrollos sobre la Cábala, Rajel Elior (2008) encuentra el mismo carácter de fantasía deseante en los textos cabalísticos.
256  Las instrucciones comienzan en la parashá "Terumá" (Éx. 25).
257  El velo del tabernáculo es una traducción de otra instancia de vallado, la primera de la Torá: el ángel con la espada de fuego que IHVH pone a la entrada del Edén

La *parashá* que contiene tal prohibición comienza en el capítulo 16 de Levítico de un modo llamativo: bajo el título "Ajarei mot" ("Después de la muerte"), se recuerda el durísimo episodio de la aniquilación de los hijos de Aharón, el sumo sacerdote, "los cuales habían muerto al acercarse –*bekirbatam*– al Eterno" (Lev. 16, 1). Los dos jóvenes de la familia sacerdotal habían entrado al Santuario portando incensarios, con los que encendieron "un fuego extraño" (*esh zará*), según se cuenta algunos capítulos antes (Lev. 10), por lo que IHVH manda un rayo que los fulmina al instante. Pero el término *zará* se usa específicamente para referirse a los ritos idólatras y a los cultos paganos, *avodá zará*, de donde ese fuego habría sido una transgresión mayúscula: los hijos de Aharón, abusando de su autoridad como herederos del sacerdote, entran al centro mismo de lo santo y lo profanan. En hebreo, el término que generalmente se traduce por sacrificio –*korban*– en realidad implica cercanía, del verbo *lekareb*. Más exactamente, *korban* designaría un *ritual de acercamiento*. ¿Cómo leer entonces el pasaje? ¿Los muchachos se acercaron/sacrificaron a IHVH una ofrenda pagana? Se produce entonces ese sutil pero mortal deslizamiento del sacrificio al sacrilegio, de lo santo a lo profano, de lo legal a lo prohibido, en el propio corazón de la Ley. Ataque inadmisible al núcleo de la posibilidad misma de lo legal, atentado contra la Referencia[258]. Porque el término usado indica que la proximidad con lo santo –en tanto alude a un ritual– requiere, indefectiblemente, determinados procedimientos, formas pautadas que impiden esa "intimidad de hocico y de pata" que Nietzsche, en forma errónea, creyó percibir en el texto bíblico como modo de relación entre Israel y su D'os. Por el contrario, la Ley, D'os o la Referencia no pueden ser tomados

---

luego de expulsar a la pareja humana. Formulación inaugural de la prohibición de incesto que encontraremos una y otra vez, bajo diversos modos, a lo largo de todo el texto bíblico. Espada y velo cumplen la misma función en la estructura: impedir el acceso al origen, el retorno a la escena primaria, el retroceso del tiempo.

258 Como muestra Legendre en *El crimen del cabo Lortie* (1994), todo ataque a la ley y a la Referencia es una forma de parricidio. En este caso, bastante explícito: Nadav y Abihu atentan contra aquello de lo que su propio padre es guardián y garante, el Sancta Sanctorum. La pregunta sería: ¿de qué modo ese padre ha atacado él mismo a la ley? ¿No ha sido él el artífice del becerro de oro?

por asalto, ni es posible "entrar" allí[259] (como pretendería el campesino de Kafka) sino solo vincularse con ese espacio manteniendo una distancia óptima[260]. Esa es la función del sacrificio: regular la proximidad (con lo divino, sea lo que fuere que ocupe ese lugar), impedir el exceso de cercanía tanto como de lejanía. Prohibición de incesto y de parricidio (ataque a la Ley), dos costados de lo mismo.

Sigue el texto, después de recordar la muerte de los jóvenes: "Dile –le instruye IHVH a Moisés– a Aharón tu hermano que no entre en cualquier momento al santuario, detrás del velo, delante del propiciatorio que está sobre el Arca, para que no muera" (Lev. 16,2). Y detalla las instrucciones acerca de la vestimenta que debe llevar: "Se revestirá de la túnica sagrada de lino y se pondrá sobre sus carnes un calzón de lino; se ceñirá un cinturón de lino y se cubrirá con un turbante de lino. Son ropas santas. Primero bañará su cuerpo en agua y luego se pondrá aquellas vestiduras" (v. 4). Cubrir sus partes sexuales, su cuerpo y su cabeza, vestirse digna y púdicamente para entrar al lugar mismo de la prohibición[261] ("detrás del velo", "delante del Arca", donde se guarda la Escritura de la Ley), en los momentos y modos que corresponden, y no a su antojo. Velo y ley, vestidura y prohibición: el cuerpo en juego, presente en toda su potencia y legalmente enmarcado. También, distancia y lugares estipulados. Lo que sigue es la detalladísima instrucción del sacrificio que el sacerdote debe realizar en el día más santo del año, Yom Kippur. Si se entiende el sacrificio como un "borrador" de la ley –en tanto implica una minuciosa escenificación, tiempos y lugares delimitados, reparto de poder, distribución de funciones, cuidadoso tratamiento de lo vivo y del límite entre vida y muerte,

---

259 Ver Hubert y Mauss (2010) y sus precisas consideraciones acerca de los rituales de entrada y salida de lo sagrado.
260 La misma tensión revela el término "intimar": habla del máximo acercamiento, la intimidad, pero también –en su referencia a lo legal– de la amenaza, el plazo, la pauta que no se puede transgredir.
261 Ya en Éxodo, a continuación de los Diez Mandamientos, IHVH ordena: "Y no subirás por gradas sobre Mi altar, para que no sea descubierta tu desnudez sobre él" (Éx. 20, 26). Con toda claridad, esta Ley implica la prohibición de incesto, esa imperdonable falta que en Levítico se expresa en términos de "descubrir la desnudez".

un orden estricto en cuanto a lo permitido y lo prohibido y, básicamente, el pasaje de lo crudo a lo cocido (elemento central de la cultura, según Lévi-Strauss), ya que es un ritual previo a la ingesta de carne–, entonces deja de verse tal instructivo como un resabio de costumbres bárbaras o arcaicas. Por el contrario, responde a la lógica del texto: las vestiduras, las funciones del sacerdote, el velo y el sacrificio son todas formas de poner en escena y en acto una legalidad incipiente, que debe "hacer cuerpo" y permear todas y cada una de las instancias de un grupo en proceso de constitución.

Tal vez ese pasaje inicial de "Ajarei mot" nos indique algo sobre la asociación bíblica entre idolatría y perversión sexual (*toevá*, un término hebreo que connota lo abominable): ¿por qué la una conllevaría la otra? Si bien no hay una respuesta explícita en el texto, leyendo a la letra podemos aventurar alguna interpretación: aquí es donde se establece, ya en forma clara, detallada y rigurosa, la prohibición de incesto, la más condensada expresión de lo perverso. La fórmula de tal prohibición, reiterada a lo largo de numerosos versículos, es muy precisa: "No descubrirás la desnudez de...". Tu padre, tu madre, tu hermana, la hija de tu padre, etc.[262] (Lev. 18). Tales prohibiciones están precedidas por la siguiente advertencia divina: "Yo soy IHVH, vuestro D'os. No hagáis las cosas que se hacen en la tierra de Egipto, en la cual morábais, ni tampoco hagáis las cosas de la tierra de Canaán, a la que os llevo. Y no andéis en sus costumbres. Cumpliréis mis preceptos y mis leyes, para andar (*lalejet*) en ellos. Yo IHVH, vuestro D'os. Cuidaréis mis leyes. El hombre que las cumpla vivirá en ellas. Yo IHVH" (Lev. 18, 1-5). Ley y veladura. Del verbo *lalejet*, caminar, viene el término *Halajá*, que se traduce por ley: la ley es el camino. Se trata de caminar, mas no guiados por lo que los ojos perciben –en el desierto, donde son tan frecuentes las alucinaciones y las visiones engañosas– ya que no son los ojos una guía confiable[263].

---

262 Cf. "Ve los velos", en Sperling, 2008.
263 Es significativo que el encuentro de Moisés con IHVH sea en la escena de la zarza: allí lo que el hombre cree ver no es lo que ve. Una planta ardiendo no es eso, sino un lugar para el llamado divino. Ese arbusto no es un *eidos*, un ídolo, una figura a

He señalado ya que el judío no es un pensamiento sustancialista, de modo que los sentidos no son ni buenos ni malos en sí. La mirada, concretamente y como he tratado de mostrar, tiene doble valor según el contexto. Su lado positivo radica en que es imprescindible para constituir la identidad, afianzar las identificaciones, acceder a (la lógica de) la representación que, como tal, implica la ausencia. Y la ausencia –como muestra Freud en su descubrimiento del *fort-da*– es inherente a la configuración psíquica subjetiva. Cuestión que será fuertemente tomada por Lacan, como vimos, en su formulación del estadio del espejo: es la vista la que permite al bebé descubrirse en el espejo y construir la imagen del cuerpo unificado (pero la vista unida a la palabra del tercero, palabra que provee los nombres y las herramientas necesarias para tal operación; eso que, señalé, faltaba en la historia de Narciso). Es la vista, también, la que posibilita la puesta en escena: poner afuera, construir espacialidad, ordenar los lugares y las direcciones, calcular las distancias, comprender e incorporar la perspectiva[264]. En la Torá se ordena enfáticamente "no poner obstáculos en el camino del ciego" (Lev. 18, 14).

Algunos pasajes del texto bíblico enfatizan el valor simbólico de la mirada: la promesa de IHVH a Abraham se profiere cuando la voz divina le pide al hombre que salga de su tienda y mire al cielo: "así como no puedes contar las estrellas, tu descendencia no podrá ser contada" (Gén. 15, 5). Claro que el firmamento y los astros eran ponderados en todos los pueblos antiguos, pero lo que aquí cambia es el modo y la significación del mirar: los cuerpos celestes ya no

---

adorar. Digamos: la Ley no se ve, pero se transmite a través de esas escenas –narraciones, imágenes, representaciones varias– que le dan cierta carnadura pero manteniendo siempre el hiato: la representación no es la presencia. De ahí que la idea de encarnación (cristiana) sea, como dice G. Steiner, "algo que repugna al pensamiento judío". El verbo que se usa en este pasaje, para decir que Moisés se cubre el rostro porque teme mirar, es *lehabit*, poco frecuente en la Torá, pero utilizado también en el episodio de la mujer de Lot. Allí dice que ella "miró hacia atrás", lo que la convirtió en estatua de sal. Tal vez la connotación específica de ese verbo (a diferencia de otros que expresan ver o mirar) esté relacionada con ver lo imposible de ver: el tiempo.

264  Imprescindible al respecto el clásico trabajo de Panofsky, *La perspectiva como forma simbólica* (1999). Ver también, sobre Piero Della Francesca, Legendre (2001).

son signo de reiteración cíclica e idéntica, sino de todo lo contrario. Si las estrellas se equiparan con las generaciones por venir, lo que señalan es la temporalidad de la sucesión sin repetición ni circularidad, lo incontable del tiempo en su marcha filiatoria.

Apenas unos capítulos más adelante, en ocasión de la *akedá*, Abraham "eleva sus ojos" y ve el carnero con sus cuernos enredados en el matorral. Es esa mirada que se despega del altar sacrificial y se dirige hacia arriba y adelante, lo que resuelve la historia. También Agar, la sierva egipcia expulsada al desierto, presa de una angustia cegadora, recibe la orden divina de levantar la mirada: es entonces que ve el manantial del que sacará agua para saciar la sed de su hijo y salvar su vida. Agar *ve*, pero IHVH *oye*... Presta oídos al llanto de la mujer y le provee la salvación. De ahí que su niño se llame Ishma-El ("D'os escuchó").

Mas el oído también puede ser, según los casos, bueno o malo: el D'os bíblico se presenta como voz y sin imagen. Su voz resulta, para el pueblo, aterradora: no podrá ser escuchada (y acatada como ley) hasta que no se fragmente y articule en lenguaje humano. Sin embargo, sabemos que el sonido –en forma de música o palabras– puede tener un aspecto peligroso[265]. Los mensajes que se oyen en los delirios –mandatos demoníacos, órdenes terribles– llevan a lo peor, como puede hacerlo el son de la flauta del virtuoso de Hamelin... Si pudo crearse una "cura por la palabra", es porque la palabra también puede enfermar.

En el mismo capítulo 18 de Levítico y a continuación de la prohibición de incesto, se estipula la prohibición de sacrificios humanos, ejemplificados en su forma más cruel, la inmolación de los hijos. Incesto y sacrificio del hijo, dos formas extremas de

---

[265] Luego de comer del fruto prohibido, IHVH decreta la expulsión del Edén y le dice a Adán: "porque escuchaste la voz de la mujer...", expresión que aparentemente conlleva una crítica. Una primera y rápida apreciación consideraría este juicio como machista. Sin embargo, cuando Sara le dice a su esposo Abraham que expulse de la casa a Agar e Ismael, ante la negativa de Abraham IHVH le ordena: "escucha la voz de tu mujer" (*shemá bekolá*). Nuevamente, lo que aparece como ambigüedad no es otra cosa que el no sustancialismo: las cosas no son buenas o malas en sí, sino en el contexto.

la idolatría –ya que el sacrificio en el texto está nombrado como "ofrenda al Moloj", ídolo pagano– que, según la concepción de los autores bíblicos, son prácticas habituales en Egipto y en Canaán. De hecho, algunos autores de gran erudición bíblica, como el teólogo argentino Severino Croatto, sostienen que no existió divinidad alguna con ese nombre, Moloc, Moloj o Molej, sino que es una metáfora para expresar condensadamente la esencia del paganismo: el sacrificio del hijo. Pero, ¿en qué sentido tal acto constituiría el núcleo de lo pagano? En el sentido de que el tiempo cíclico, inherente al paganismo, deja a la descendencia en un lugar de mera repetición. El hijo es la moneda que se debe pagar para que ese reiterado ciclo se perpetúe, sin apertura a lo nuevo. No se trata entonces de una descripción "realista"[266], sino de lo que esos nombres (Egipto y Canaán), metonímicamente, designan: ambos lugares son, para el hebreo, los nombres del paganismo, de las prácticas abominables, de las pulsiones degradantes. Los hijos de Israel están *en tránsito* de un lugar a otro, de la tierra de las pirámides a la de los árboles sagrados. De la civilización de la adoración de las imágenes y el culto a los muertos al mundo de los sacrificios paganos (formas esquemáticas de pintar dos culturas sin duda mucho más complejas y ricas, pero que en la economía del texto resultan funcionales para destacar, sobre ese fondo, la diferencia y novedad que lo hebreo porta[267]). Entre ambos, como

---

266 Si seguimos la idea de Levinas de que lo sagrado es pagano –la divinización de los elementos naturales– o de Meschonnic, quien entiende lo sagrado como fusional –la fusión entre lo natural y lo humano (lo que conllevaría el desconocimiento del carácter histórico y lingüístico de lo humano)–, y si lo sagrado es el núcleo de lo teológico, podríamos afirmar que –por carácter transitivo– *toda teología es, por definición, pagana*. El judaísmo, en ese sentido, viene a desacralizar, a desustancializar y a desteologizar. De ahí el título de uno de los libros de Levinas, *De lo sagrado a lo santo*, donde despliega la segunda serie de sus lecturas talmúdicas. En ese contexto, la imagen quedaría del lado de lo sagrado-teológico-pagano. La letra, de lo santo. No habría entonces, en rigor, "textos sagrados" sino textos *consagrados*: separados, señalados, dedicados a una función específica, pero densamente históricos e inevitablemente equívocos.

267 Esta estrategia de escritura es vieja como la escritura misma: todo texto nace como intertexto, como comentario y/o respuesta y/o desafío a otros textos y otras tradiciones. Así, por ejemplo, Platón realza el logos como oponiéndose al mito, aunque en el pensamiento griego antiguo no había tal oposición. Pablo caricaturiza buena parte de lo judío, así como el texto bíblico caricaturiza mucho

por una cuerda floja tendida sobre el vacío, camina Israel, marcha ardua y riesgosa atravesando el desierto, grupo desamparado que avanza sin la protección de ídolos ni fetiches, munido solo de la ley. Curiosa situación: la ley es el camino, la escritura la guía y el mapa. Pero tal ley es el texto en el que se relata la marcha… ¡en la que se lleva la ley!

No se trataría, entonces, de lugares geográficos o de sitios espacialmente determinados, sino del lugar, la posición en relación a esa letra, la ubicación ante el llamado que esa ley enuncia. Y toda posición es, por definición, un *poner*; concretamente, en este caso, poner el cuerpo.

**Idoletría**

Pero, ¿acaso no es también posible adorar la letra? ¿Sustancializarla, momificarla? Sí, según Meschonnic (2009), si es entendida como signo, en la medida en que este es la categoría dominante de la lingüística occidental, disciplina que en términos generales ha estado regida por las concepciones filosófico-teológicas que provienen del pensamiento griego[268]. En ese sentido y al menos en cierto aspecto, el signo –compuesto de significado y significante– pertenece plenamente al encuadre ontológico, se enmarca en el dualismo característico de ese pensar, con su brecha entre cuerpo y alma o, para el caso que nos interesa aquí, entre cuerpo y lenguaje.

"El problema, con el signo –señala Meschonnic– es que, como pasa por ser la naturaleza misma del lenguaje, impide pensar el lenguaje. (…) Los especialistas del lenguaje lo consideran como un modelo lingüístico. Pero también implica un paradigma filo-

---

de lo pagano. Se escribe, parece, siempre *contra* otro, real o imaginario: ¿formas de matar al padre?

268 "…¿todo aquello que se medita tan profundamente bajo el nombre de pensamiento del ser o de pregunta por el ser no está encerrado en una vieja lingüística de la palabra que se practicaría así sin saberlo? (…) Semejante lingüística… ha debido compartir siempre las presuposiciones de la metafísica. La metafísica occidental, como limitación del sentido del ser en el campo de la presencia, se produce como dominación de una forma lingüística" (Derrida, 1986: 29-31).

sófico, que opone las palabras y las cosas. Luego, un paradigma antropológico, que opone la voz viva a lo escrito, la letra muerta o la letra que mata, y es también la oposición entre el espíritu y la letra, y algunos dicen incluso 'la carne de las palabras', que desde luego se opone al alma".

Y prosigue:

"Al respecto, aparece... el paradigma teológico (...), un particular que se globalizó, y es el paradigma que mejor permite ver cómo funciona el signo: no simplemente una forma y un contenido yuxtapuestos, sino un significado tal que basta para representar un significante a la vez escamoteado y mantenido (...) y se ha reconocido, estoy seguro, la teología que opone el Antiguo Testamento, en el papel del significante, al Nuevo Testamento, en el papel del significado..." (Meschonnic, 2009: 18 y ss.).

Pablo de Tarso y el ingenio de su obra extraordinaria: convertir la letra de la Torá en un mensaje cifrado que, visto al trasluz, revela la verdad. Pero esa verdad es la "buena nueva" (*eu angelos*, de donde "evangelio"), el Nuevo Testamento, que al advenir, reduce al Antiguo a fósil, a cáscara ya inservible, antecedente primitivo y superfluo. Pablo precursor de Hegel, para quien el judaísmo ya no es necesario pues ha cumplido su misión en la historia, parir al cristianismo. La hermenéutica es coherente con tal perspectiva: hay un texto más verdadero que otro, una escritura oculta debajo o detrás de otra que la tapa y la falsea[269]. Postura "evolucionista", donde todo se reduce a efectuar las maniobras necesarias para develar eso que espera allí, para ser sacado a la luz cuando los hombres estén listos para su venida. La alegoría es una de las figuras que resume tal concepción: una imagen recubre una esencia;

---

269 Este es precisamente el esquema que el psicoanálisis habrá de desarticular: en especial, el artículo de Freud "El block maravilloso", donde muestra la configuración del inconsciente a la manera de ese juguete, dispositivo en el que la escritura de "abajo" o primera es en realidad resultado de la que se le superpone –es decir, lo que parece anterior es de hecho una creación *après-coup*, con lo que la temporalidad no es lineal ni de evolución– y donde ninguna "capa" es descartable o superada por la otra.

pero cuando la esencia (el espíritu) finalmente se revele, la imagen (la letra) caerá, como el capullo de la mariposa. La Biblia hebrea escondía y anidaba la verdad por venir: la *parousía*. Se reconocerá en estas configuraciones lo que ya Platón construye en sus textos y, muy especialmente, en la alegoría de la caverna: lo visible/material es engañoso, una barrera que se debe atravesar para acceder a lo inteligible. Siempre –como se expresa en la hermenéutica y la alegoría– el paradigma es vertical: capas superpuestas, lo superficial tapando lo profundo, o (en una dirección inversa pero dentro de la misma disposición) lo alto y lo bajo. Ascenso y descenso, de la mano con "primitivo" y "evolucionado". Tal dicotomía corre en paralelo con el núcleo duro del dualismo (o es una forma más de expresarlo): cuerpo y espíritu.

Como se ve, este modo de entender el signo trasciende con mucho lo lingüístico y conforma realidades religiosas, políticas, antropológicas y filosóficas de graves consecuencias en la marcha del mundo. Y, como es obvio, en la concepción de la filiación.

Si se entiende, en cambio, la letra como movimiento, escritura en un sentido activo, dotada de espesura histórica, entonces lo que hay –ejemplarmente, en el texto bíblico, pero en general en toda escritura– es poema, es decir, ritmo, *continuum* entre cuerpo y lenguaje. La lectura de la Torá es la puesta en acto de tal continuidad: el ritmo, marcado, como ya señalé, por los *teamim*[270] (acentos, pero también sabores, gustos del paladar y la lengua), va del cuerpo al texto y del texto al cuerpo. No hay allí dualismo ni ruptura, sino un flujo –afectos, diría Spinoza– propio del poema. La ética del

---

[270] Plural de *ta'am*, término hebreo que se traduce por acento pero también designa el sabor, el gusto de la comida. El texto bíblico, originariamente –y el rollo que se lee en la sinagoga– no tiene signos de puntuación ni separación entre frases; lo que marca la cadencia de lectura son los *teamim*, marcas de musicalidad (cantilación) por encima de las letras. El lector-cantor sigue esas indicaciones, y su cuerpo toma el vaivén de la música del texto. De ahí que Meschonnic refute la tradicional distinción entre prosa y verso o prosa y poesía dentro del texto bíblico: toda la Torá es poema, entendido este no como una forma métrica sino como una cadencia continua. Así, las repeticiones, las asonancias, las oraciones quiasmáticas –la prosodia, en fin– son otros tantos recursos de la escritura bíblica para dotar a ese texto de una musicalidad que lo atraviesa de principio a fin, y que compromete al cuerpo en su lectura. Ver Meschonnic, 2004.

lenguaje –siguiendo con Meschonnic– que implica pensar el lenguaje como ética.

"Pensar el lenguaje es algo distinto a un saber, a los saberes. Es algo que recae sobre lo que no se sabe que se dice cuando se habla de saber vivir. Y Benveniste escribió que 'el lenguaje sirve para vivir'. (...) vivimos en una cultura que nos habitúa a no pensar. ...Ella produjo saberes, y ... cada saber produce una ignorancia específica, (pero) pensar es pensar a la vez, y el uno por el otro, vivir y el lenguaje. (...) Pensar es un combate, no una gestión de los asuntos corrientes" (Meschonnic, 2009).

Pensamiento, lenguaje, vida: imposible desgajarlos, acotarlos en "disciplinas". Pensar el lenguaje desde esta perspectiva antiplatónica y antiteológica tendrá, también, consecuencias. No solo en la literatura o en las "ciencias del lenguaje" sino en la existencia individual y social. El flujo que realiza la escritura y se continúa en la lectura es lo contrario del dualismo platónico-occidental, que en la historia de Occidente se vuelve teología, división entre cielo y tierra, entre vida concreta y más allá. *Lo que la teología dualista verticaliza, el ritmo del poema horizontaliza*. La "revelación" no sucede cavando en la superficie para llegar a lo profundo: ocurre en el desplazamiento mismo. He señalado ya que la palabra hebrea que se traduce por revelación es *itgalut*, cuya raíz (*g.l.h*) da también *galut*: diáspora, exilio. Raíz también emparentada con la familia de *meguilá*, rollo. Transitar por el desierto, desenrollar (como el movimiento para la lectura ritual de la Torá), abrir, recorrer en múltiples direcciones: parafraseando a Nietzsche y su aforismo sobre la verdad, *la revelación es superficial*, sin la connotación negativa que el paradigma onto-teológico occidental le ha dado a este término. Paradójicamente, se trata de una revelación a-teológica. Derribar la verticalidad del sentido, como la destrucción de la Torre: acto que supone echar por tierra, literalmente, las ambiciones de dominio, la superioridad de unos pocos y la compacidad de una lengua-una, unívoca y sin falla.

—Excurso—
## Conversaciones leoninas

A León Rozitchner, Z''L.

Querido León:

Sé que estás muerto, pero tu voz resuena viva en mi cabeza. Esa voz tan peculiar, rara, a veces disonante —como si no correspondiera a tu cuerpo, con ese aspecto de oso-niño, una extraña conjunción de rostro infantil y físico voluminoso— pero siempre con un matiz de desafío, reafirmado por el brillo chispeante de tus ojos. Así que converso ahora con vos, como prolongando o retomando tantas conversaciones viejas, discusiones y polémicas en las que el énfasis en lo que nos diferenciaba no restaba un ápice del afecto y el respeto que nos teníamos. Converso, sí, con vos, porque, ¿qué sino una conversación con los muertos es la filosofía? ¿No estamos acaso habituados a discutir con Platón, a dialogar con Nietzsche, a interrogar a Spinoza, a refutar frases kantianas, a disentir con Hegel? ¿Y no es precisamente en esas conversaciones donde sus voces se vuelven vivas, donde sus ideas y sus preguntas fecundan los pensamientos de los que aún estamos por aquí?

Converso, discuto, dialogo con tus textos sobre la madre, tu "materialismo ensoñado", donde —como dicen los críticos— aparece "el último Rozitchner" que, paradójicamente —o no tanto, veremos—, resulta ser el primero, el más cercano a su nacimiento, al útero del que proviene, en una trayectoria que lo (te) convierte en una suerte de Benjamin Button, un anciano que desanda el arduo camino de la existencia y retrocede a su matriz para, por fin, descansar en paz, abrazado y arropado por ese vientre primordial, paraíso sin falta y sin tiempo.

Cuánto lamento no habernos encontrado en esas épocas —ya las cosas de la vida nos habían distanciado, no en el afecto pero sí en lo cotidiano—, no haber compartido tus y mis reflexiones sobre el asunto "en vivo y en directo"... Seguramente nos habríamos sacado chispas, como era habitual, pero habríamos disfrutado del duelo de ideas y de textos y lecturas que ambos, cada uno a su manera, veníamos recorriendo. ¡Qué productivo, sospecho, habría sido un estudio de las fuentes *bejavruta*! Pero no tuvimos la oportunidad, y solo me queda afrontar una suerte de diálogo *in absentia*... De modo que henos aquí, en esta situación extraña y asimétrica, vos como espectro, yo escribiendo y lamentando que no estés para responderme o refutarme o, tal vez, acordar conmigo en algunos puntos.

Dos breves pero jugosos libros (Rozitchner, 2015 y 2011) –amorosamente recopilados y editados por jóvenes filósofos, ya que muchos de los textos que allí figuran habían quedado inéditos al momento de tu muerte– son los que provocan mi reflexión y mis disensos. Junto, claro, con mi admiración por tu apasionada escritura, tu audacia y tu poético decir. Se trata de tu *Génesis* y de *Materialismo ensoñado*, en los que apuntás a recuperar esa madre deseante y corporal –la *mater* del materialismo– que leés en los textos de la Biblia hebrea y que, decís, el cristianismo ha despojado de toda carnadura. Claro que acuerdo con mucho de lo que allí se despliega, pero a la vez, entiendo que tu lectura olvida o rebaja aspectos fundamentales de lo humano y la cultura. Te cito:

> "Si nos tomamos en serio el carácter prematuro del nacimiento del hombre en la cultura, quiero decir del niño que nace del vientre de madre y forma con ella al comienzo el primer Uno que solo el tiempo irá desdoblando y separando, reconocemos... en nuestro origen la existencia de una etapa arcaica en la infancia donde la carne, materia ensoñada desde el origen de la materialidad humana, organiza las primeras experiencias en unidad simbiótica con el cuerpo que le dio vida, absoluto sin fisuras donde el sueño y la vigilia no estaban separados todavía" (Rozitchner, 2011: 9).

Es esa unidad la que quedaría rota por "el advenimiento del lenguaje y la racionalidad adulta (que representaría)... el 'espíritu' descarnado hecho Verbo inconsútil... Y se olvidara entonces de una lengua primera, la materna, que la madre le hablaba con palabras cocidas que eran para el niño solo cuerpo ensoñado que su voz modulaba, y que desde allí le abrió el sentido", pero luego se dice que "la lengua llamada paterna en la que todos estamos incluidos (...) en realidad supone necesariamente una 'lengua' anterior que la lingüística ha dejado de lado (...) pero que es necesario suponerla para hablar luego la que ahora hablamos" (2011: 12).

Tiendo a pensar que se trata, en efecto, de una ensoñación: una nostalgia del paraíso, eso que nunca existió pero que nuestra imaginación forja como etapa anterior, sin tiempo y sin fisura, sin muerte y sin falta... Porque sí, claro, las palabras de la madre –incluso a su niño en el vientre– están ya "cocidas": fabricadas por la cultura, porque la idea de "palabras crudas" resulta indefectiblemente un oxímoron. Si hay lenguaje, hay cocción. Lo natural –incluso el útero materno– es ya parte de lo cultivado, desarraigado de la naturaleza, atravesado por la alteridad y la diferencia. De ahí la contradicción de suponer un estadio anterior al lenguaje pero con lenguaje,

"...esa lengua que la madre vocaliza con el niño fue el fundamento de una experiencia sensible en la cual el sentido o la significación se formaban, pero (que) aún no habían alcanzado a construir los significantes sostenidos por la palabra de una lengua orgánica cuya estructura *ex nihilo* no se pregunta por la experiencia histórica-arcaica que la ha creado" (2011: 13).

¡Pero la madre no "vocaliza con el niño" lengua alguna si es que ella, a su vez, no está ya constituida como sujeto hablante, es decir, si no ha sido instituida como madre (en un lugar de la cadena filiatoria) por el padre! No habría entonces "lengua materna" que no sea ya, de algún modo pero inherentemente, lengua paterna. Esa lengua otra no es en absoluto *ex nihilo*: viene de la cultura, en la que la mujer –al igual que el hijo– está ya inserta desde antes de nacer. Ella es hablada, ha sido hablada y nombrada, separada y diferenciada, para poder parir, separar, hacer nacer[271]. Adelanto aquí el aforismo de Glasman: si el padre no se para, no separa, por lo que (para la hija mujer) no se pare.

---

271 Nacer es separarse, no sin antes haber estado en una (supuesta) unidad completa. "Se trata del sí-no elemental, de la dialéctica fundamental del binario por la que todo sujeto humano y toda organización jurídica son introducidos en la estructura, en la disposición, indefinidamente reanudada, de la función simbólica", dice Legendre (1996: 218). Y prosigue: "Se trata, para el *infans*, para el hombre que no habla aún, de integrar la ausencia de su madre, es decir, de contabilizarse, de acceder al 1, ese 1 que lleva en sí mismo la huella del cero... Esta entrada elemental en la numeración (comprende) un axioma elemental: *la suposición del padre*... El niño proviene de una especie de pareja con la madre y... la salida de ese acoplamiento –salida más o menos facilitada o trabada por las situaciones inconscientes de los padres– moviliza el conteo genealógico del modo más radical".

Vale traer una vez más la historia bíblica de Moisés, el que, criado desde bebé como egipcio, al llegar a la adolescencia se reconoce como hebreo. ¿De dónde le viene esa marca identificatoria, de qué modo opera tal reconocimiento? Como relata el texto, el niño –adoptado por la hija del Faraón, bajo la atenta mirada de Miriam, hermana mayor del pequeño hebreo– es amamantado por su verdadera madre, es decir, hablado y nutrido por esa lengua (traigo otra vez la figura del hebreo *ta'am,* sabor y acento, paladar y entonación de la lectura) que le permite, al crecer, filiarse en el linaje de su tribu. La madre amamanta en la lengua, incluye al hijo en las palabras de su pueblo, lo aloja en la narrativa que hace, de ese bebé, un hijo de la transmisión. Ella, hija de ese pueblo y filiada en esa lengua, es la que hace lugar para que esa transmisión pase y ligue.

Habría entonces, en esa concepción del "materialismo ensoñado", el peligro de replicar, pese a las buenas intenciones, el dualismo de la metafísica que parece criticarse: la madre es materia y (la voz de) el padre espíritu, la madre es lo interior y el padre o la cultura, lo exterior...

Sí, deploro hondamente que no estés, querido León, porque estoy segura de que tendríamos mucho que conversar, discutir y aprender, leyendo juntos esos textos en los que de una u otra forma nos reconocemos y nos filiamos... Pero a la vez celebro que la escritura –con esas palabras "paternas" que nos hablan y nos hacen hablar– abra un espacio de diálogo a través del tiempo. Porque, parafraseando el *Cantar de los cantares,* la escritura es (o puede ser) más poderosa que la muerte...

## CAPÍTULO VII ■
¿MADRE HAY UNA SOLA?

### Nacer (como) otro

Si, como lo entiende el Talmud, toda conversación es a muchas bandas, incesante e interminable (Blanchot, agudo talmudista contemporáneo, estaría de acuerdo...), convoco a esta ronda de voces nuevamente a Legendre.

> "Nacemos en la incertidumbre de diferenciarnos, porque no basta con existir biológicamente, es necesario aún que la individualidad biológica de un ser, para devenir subjetivamente viable, sea instituida, es decir, humanizada por un marcaje que haga de este individuo (un) otro. Digo otro, no la prolongación ni el alter ego ni el apéndice de alguien. La Razón, en tanto que principio de vida, juega su apuesta en este terreno: dar al individuo, por los procedimientos del forzamiento institucional, estatuto de otro. (...) Civilizar es desgarrar al individuo para hacer de él otro" (1996: 120).

Esta mecánica subjetivante, prosigue Legendre, como si le respondiera a Rozitchner,

> "...funciona sobre un fondo de pérdida... El nacimiento va acompañado del horroroso grito. Dejar a la madre *es* el grito horrible... *la madre debe perder al que ella ha llevado.* ¿(C)ómo los dos –la madre y su hijo– pueden perderse? ¿Cómo va a organizarse la institución de la pérdida si siguen siendo dos?... Ser

dos, esa es la naturaleza. La cosa más inhumana es ser tres. Inhumana, no solo en relación con los sufrimientos del desgarramiento, sino también en razón de la dificultad de pensarlo. Está fuera del campo de la evidencia que la función del tercero interviene en la generación humana ... (según) una especie de arreglo que implica una cierta nota de inaceptable".

Inaceptable, dice el autor, para la mentalidad cientificista, demandando siempre pruebas, medidas y evidencias. Pero *la cuestión del tercero no tiene estatuto científico, sino ficcional*. Si se puede hablar de "metáfora paterna" es porque ya la figura del padre pertenece a la dimensión del lenguaje, la poesía y la narrativa. El término metáfora no implica, como quieren ciertas lecturas banales, la desaparición del cuerpo. Por el contrario, "Las metáforas ... otorgan carne a las abstracciones y al mismo tiempo entreabren las heridas de la materia", dice Juan Ritvo (2015: 274)[272]. Es así como –sigue Legendre– "la humanidad civiliza la duplicación: por la ficción. (...) *La duplicación civilizada es una entrada en la ficción*, no el desdoblamiento de un real como tal" (1996: 122). Se trata, dirá más adelante, de "fabricar la alteridad". Nuevamente, Claudio Glasman: "Para el varón: si el padre no separa…no se para. Para la niña: si el padre no separa… no se pare. Para Freud, son consecuencias de la función paterna. Para Lacan en su lectura matematizante, se puede condensar en el aforismo: no hay Dos sin Tres. Leído como 'el tres es condición del dos'. O el tercero es el que separa la ilusoria unidad narcisista, hija/o-madre…"[273].

Parafraseando al jurista, yo diría: la cosa más *humana* es ser tres, ya que el dos es asunto de la naturaleza, donde nada ni nadie opera la división. Romper el *continuum* natural, instaurar la diferencia,

---

272  Es fundamental remarcar el compromiso del cuerpo en este campo, ya que ciertos cultores del psicoanálisis parecen desconocerlo. Por ejemplo, en la cansina y machacante repetición de la fórmula "el padre es una función", donde "función" se equipara a "espíritu" en la concepción cristiana: parecería que una función puede operar por sí sola, desencarnada, flotando etérea en el aire, sin cuerpo alguno de anclaje y sin involucramiento de la materialidad inextirpable del humano, incluyendo sus caracteres anatómicos y su ciclo biológico.
273  Glasman, Claudio, post en su muro de facebook, 3/2/2017.

fabricar al otro: he ahí lo humano y, por ende, la posibilidad de advenimiento del sujeto[274]. Partir, parto, partida, partición: diferentes nombres para la aparición de lo nuevo. Porque, como sabemos, "lo propio del hombre es comenzar". El despegue de lo uno-todo no es meramente la separación de lo otro, como si la alteridad fuera una sustancia coagulada y enfrentada a la mismidad. El otro no está afuera. Esa separación es inherente al sujeto como tal, forma parte de él, constituye el extrañamiento en el corazón mismo de la identidad[275]. Sin ese grano de extranjería en el núcleo de lo propio no hay siquiera posibilidad alguna de construir identificaciones.

"El lenguaje separa. Sirve en primer lugar para diferenciar a cada sujeto en relación con el absoluto, con la instancia tercera, la instancia de lo absoluto y el poder puro" (Legendre, 1996: 141). Todo lenguaje, incluso el que creemos más "primitivo", sensorial, "originario", la así llamada lengua materna: *la madre es ya hablada, es decir, ha tenido un padre*. Desconocer esto es retornar al más siniestro y fusional paganismo, allí donde reina el incesto y se ignora la función instituyente del corte. Pensar en una suerte de "madre originaria", madre tierra o vientre naturaleza es querer borrar de un plumazo milenios de cultura, la paciente e incesante obra de las instituciones y, en el extremo, hasta el lenguaje mismo.

**Para que haya uno, deben ser tres...**

...relatos. Así está consignado en el texto bíblico: tres versiones de la creación del hombre, que se pueden leer como piezas de un complejo artefacto. Ninguna de las tres anula las otras; más bien, cada una muestra una faceta de tan elaborada operación,

---

274 En hebreo, crisis se dice *mashber*, término que designa –y no ha de ser casualidad– la silla de parto. Pero la palabra *crisis* es griega, y proviene del verbo *krino*: separar. Instancia imprescindible de todo crecimiento, corte necesario para la posibilidad de advenimiento de un sujeto.

275 "Esta división funda la distancia entre lo semejante y lo extraño, entre lo Mismo y lo Otro, de tal modo que el futuro sujeto jamás podrá reunirse exactamente ni coincidir consigo mismo: la astilla de lo extraño será plantada desde el inicio en el corazón de su memoria, como si además ninguna memoria pudiese elaborarse fuera de esta relación con lo extraño de lo semejante" (Le Poulichet, 1996: 31).

irreductible a la unidad. Habría, incluso, una cierta progresión. Relato compuesto, como la criatura que resultará de tal artificio.

Veamos: en primer lugar, es preciso destacar que esta diversidad de versiones niega –reitero– toda concepción sustancialista. La criatura humana no es algo cristalizado, una esencia definitiva, sino un proceso, algo que deviene; si el relato dice que ha sido creada por la divinidad, también afirma que el hombre es socio de la creación y, por ende, participa de su propia fabricación y mejoramiento (o a la inversa). "La idea de creación es muy compleja. No entraña necesariamente la idea de la pasividad de la creatura que, en tanto creada, no podría escapar a una predeterminación fatal..." (Trigano, 1999)[276]. Según esta concepción, el hecho de ser creado no anula sino que, por el contrario, afirma la libertad de la criatura, libertad que el hombre moderno ha malentendido: lo ha llevado a "fundar su identidad sobre la idea de la 'tabla rasa' (de la erradicación de la tradición). El modelo del hombre moderno es el del *self made man*, el que se hace solo, sin padres". Por el contrario, es por nuestra condición de hijos que arribamos a ese tipo de libertad. "Hagamos lo que hagamos –prosigue Trigano– no podremos jamás borrar el hecho de que tenemos padres. Yo me puedo querer totalmente libre pero no podría jamás elegir totalmente lo que soy, nacido de mis padres que no he elegido".

He ahí, nuevamente, la figura del *tzim tzum*: es en el retiro de D'os donde aparece el hombre, la finitud creada por la retracción del infinito. En ese espacio surge el margen de libertad de la criatura.

"El humano, *adam*, es creado en su unidad: 'masculino y femenino'. Es un ser compuesto, hecho de polvo y de soplo de vida. No cae del cielo: es fabricado y no tiene, desde el inicio, una esencialidad absoluta. (...El Génesis que nos hace asistir a la creación del hombre nos cuenta tres creaciones sucesivas. Primero, en Gén. 1, 27: 'D'os crea al *adam* a su imagen, a la ima-

---

276 Texto establecido a partir de una conferencia en el coloquio del SCEJI de Montpellier ("Homme et femme", febrero de 1997) y de una comunicación en el X° Symposium del Collège des Etudes juives de la Alianza Israelita Universal ("La différence des sexes dans l'égarement contemporain", marzo 1999).

gen de D'os lo creó'. Luego en Gén. 2, 7: 'D'os el Eterno formó al *adam* del polvo de la tierra (*adamá*), e insufló en sus narices hálito de vida y se tornó el adam un ser viviente'. Finalmente, Gén. 5, 1-2: Este es el libro de la historia (o generaciones: *toledot*) de Adam. El día que D'os creó al *adam* a semejanza de D'os lo creó. Masculino y femenino los creó y los bendijo y llamó su nombre Adam, el día de su creación".

Según Trigano, esta sucesión de relatos no debe ser leída como pobremente lo hace la crítica bíblica: una mera superposición de fuentes distintas, compuestas por distintos autores y en épocas diversas. Más bien, da cuenta de "una progresión lógica y nos indica sobre todo que el Creador retoma su obra varias veces para crear al hombre, lo que señala su carácter inacabado".

La creación del humano instala un corte en relación al relato de los otros seres vivos: es un singular, y para dar lugar a su existencia el Creador opera de un modo totalmente diferente. Continúa el autor:

"El hombre escapa (en parte) al determinismo natural. No es autóctono del Jardín del Edén. El Creador lo transplanta, igual que al jardín a partir de plantas que, como todo buen jardinero sabe, vienen de otro lado. El Jardín del Edén es una creación artificial y D'os planta allí al hombre... El hombre es un ser 'fabricado', producto de un artificio. La condición del hombre no se plantea así en términos de esencia sino de proyecto. No hay ni naturalismo ni esencialismo en la diferenciación bíblica".

La expresión bíblica "a imagen y semejanza de D'os" ha suscitado miles de páginas de comentarios, en los que no podré detenerme aquí. Sí destaco que tal afirmación parecería contradecir otra faceta de la creación del humano: "masculino y femenino los creó". ¿Es esta diferencia una forma de la semejanza con lo divino? ¿Se trata entonces de un D'os sexuado? Claro que los eruditos, historiadores de la religión y arqueólogos invocarán un estadio del judaísmo pre-monoteísta, resabios del paganismo y otros datos que hablarían de ese carácter sexuado de la divinidad bíblica. Pero –sin descartar algunas de tales investigaciones– me interesa señalar lo que, a mi entender, se refiere a lo que esta deidad representa en el plano de la metáfora. Cuando los sabios de la tradición afirman que el mundo fue creado con dos atributos divinos, *din* y *rajamim*, la ley y la compasión, están mentando justamente lo paterno y lo materno (recordemos que *rajamim* proviene de *rejem*, útero). De manera que sí, en efecto: la nueva y peculiar criatura habrá de tener, a imagen y semejanza de D'os, esos dos aspectos. Ni macho alfa, ni mujer sumisa y pasiva. Cada humano contiene rasgos femeninos y masculinos, ninguno de los cuales constituye una esencia. Si bien el sexo y el género no son disociables por completo, tampoco son inmediatamente lo mismo. "Todo ser está llamado a la experiencia de la matriz, que puede tener así una traducción simbólica, psíquica o relacional. Pero también está convocado a la experiencia del rigor y de la Ley", dice Trigano. "En la relación del hombre y la mujer está en juego el ser de la Divinidad. Se juega el universo: si este es ganado por el desequilibrio, es el Nombre divino que no será unificado", recuerda Trigano, en alusión a una idea cabalística.

Un bello *midrash* se recuesta en las letras para sacar consecuencias de máxima importancia: las palabras para hombre y mujer, *ish* e *ishá*, comparten dos letras pero cada término contiene una que al otro le falta. *Ish* tiene una *iod* (i) de la que *ishá* carece, pero esta posee una *hei* que no figura en *ish*. Al unirse el hombre y la mujer, se juntan la *iod* y la *hei* formando el Nombre de D'os, las dos primeras letras del Tetragrama. Así, IHVH resulta unificado en el deseo y el amor que hace, de dos seres separados y diferentes, una frágil y provisoria conjunción. Pero si esta unión no se produce, lo que queda de ambos, varón y mujer, son las letras que comparten: la *aleph* y la *shin* que, juntas, se pueden leer como *esh*, fuego. Lo que consume y aniquila. Dicen los exégetas de la tradición que si D'os (la ley, el matrimonio legítimamente consagrado) no está "en el medio", la unión de mujer y hombre es mortífera. De nuevo: para que haya dos, deben ser tres.

De modo que no es lo igual (esas dos letras que ambos tienen) sino lo que los diferencia lo que abre la posibilidad de que IHVH habite allí. Pero, ¿qué es D'os en el texto bíblico? Lo que representa para Spinoza: pura potencia creadora, la posibilidad de hacer nacer. La legalidad de lo existente.

El pasaje del singular al plural en la redacción (*lo* creó, varón y mujer *los* creó...) ha suscitado también análisis sin fin. Por ahora, y en el marco de nuestro recorrido, vuelvo a Trigano:

"Diferencia, sí, pero no una dualidad radical (ni una pluralidad infinita sin unidad posible): el 'como uno' la subtiende y esta unidad virtual o potencial es el horizonte de un universal. Hay también una asimetría estructural del hombre y la mujer. (Contrariamente a ciertas posturas progres...)La feminidad y la masculinidad no pueden ser reducidos a un accesorio sexual de una humanidad indiferenciada. *La diferencia estructura la misma y única humanidad*" (yo destaco, D.S.).

¿Cuál es entonces el sentido de tal asimetría? ¿Implica una jerarquía? ¿Es anti igualitaria? Dice el autor:

"Es la nominación de los animales lo que ofrece la ocasión de la separación de los géneros. La experiencia de la nominación de los seres vivos equivale a una suerte de estructuración de la especificidad de la humanidad en relación a la animalidad. Un proceso de hominización está en marcha. Es en el marco de tal nominación del mundo, es decir del lenguaje, que el *adam* emprende la tarea de separarse de sí mismo para dar lugar a dos seres. Es en el lenguaje que Eva, la mujer, un ser de lenguaje, se manifiesta. En efecto, al compás de la nominación, por la que se apropia del mundo natural, el *adam* no encuentra su mujer pues no busca en ella más que su 'hembra', y no la encontrará jamás si no sale de la animalidad...".

No es pues una hembra, sino una mujer lo que advendrá: una *partenaire* dialogal, que solo podrá advenir en el horizonte del lenguaje, es decir, de la diferencia y la incompletud. Así, *adam* ya no será un sustantivo común para lo humano, sino un nombre propio (Adán) de una de las partes de la humanidad. "El hombre es lo que queda de lo humano cuando la mujer ya ha sido distinguida. Verificamos pues que la mujer no está llamada a ser un hombre de sexo diferente: la alteridad está en juego en ella… Este segundo relato de la creación no trata del orden del universo y de la naturaleza como en el primero, sino del orden de lo relacional". Si la mujer aparece como creada en segundo término, este sería el signo de la asimetría fundamental que señalaría que lo humano es, por definición, doble. Todo el artificio queda a la vista en el hecho que el texto señala con precisión: la mujer es "construida" a partir del "costado del hombre", como se habla de "el costado del Tabernáculo" o del Templo… Es preciso que el hombre caiga en un sueño profundo, "como abandonando su vigilancia", su control y su dominio, para devenir otro (el psicoanálisis expresa algo muy similar en su regla fundamental). "Es –dice Trigano– como si el hombre no accediera a lo femenino más que en el sueño, donde descubriría la presencia de algo otro que estaría allí desde el principio…" León Rozitchner, intuyo, estaría de acuerdo. Como en el sueño de la escalera de Jacob, es preciso ese estado de entrega para descubrir al otro: "D'os estaba en este lugar y yo no lo sabía"… (Gén. 28, 16).

Las traducciones, por lo general, fallan en expresar lo que aquí está en juego: *ishá* no es la feminización de *ish*, pues *ish* no designa al hombre ni lo masculino, sino al individuo, la persona. El Talmud señala que no se encuentra esta forma en otras lenguas: no se dice *anthropeius* y *anthropeia*, ni *gyneus* y *gyneia*. "Es en relación al individuo, *ish* (y no al varón), que la mujer, *ishá*, es designada. En suma: el hombre reconoce a la mujer no como un otro sexo (hembra) sino como una persona: este reconocimiento no es posible, sin embargo, más que por el signo de la diferencia sexual". Pero se trata de una diferencia sin jerarquía: la mujer es definida en el texto como *ezer kenegdó*, una "ayuda enfrentada". La posición es fundamental: se trata de un cara a cara, una sexualidad de frente (y no, como en el reino animal, por detrás) y al mismo nivel. La expresión en hebreo –casi un oxímoron– contiene, potencialmente, dos situaciones opuestas: la mujer y el hombre pueden ser –y son, a veces– socios y solidarios, o enemigos violentos. Lo que ayuda puede obstaculizar, y viceversa. Todo depende de la dinámica de la relación, de los momentos y de la tramitación de los afectos. Nuevamente, no se habla aquí de esencias sino de potencias. No se trata de fusión, sino de alianza, a semejanza de la que forja IHVH con Abraham y con el pueblo. Antinaturalismo, otra vez. Pero, como toda alianza, este vínculo está afectado de fragilidad y necesita ser reafirmado una y otra vez mediante los actos y el cumplimiento de la ley. Elegirse, una y otra vez, y mantenerse leal a la elección.

La "secundariedad" de la mujer en el orden de la creación ha sido interpretada, muchas veces en la historia, como un carácter secundario sustancial, una inferioridad y, por ende, la necesidad de su sometimiento al miembro superior de la dupla, el hombre. Pero nada en el texto da lugar a esta interpretación. Por el contrario, la narrativa bíblica no hace más que reiterar la importancia del segundo: no hereda el primogénito sino otro hijo que viene en segundo o tercer lugar; las primeras Tablas son destruidas y rigen las segundas... Una vez más, la idea de que se es siempre segundo o sucesor en el camino de la existencia, rotundo rechazo al origen y disposición para continuar lo que otros han comenzado, sin volver jamás a lo que está antes del principio. "Los géneros –dice Trigano– no son reductibles al sexo, pero el sexo no es un mero errar entre los géneros". No sustancialismo, pero tampoco "todo da lo mismo". Porque "la indeterminación y la artificialidad de lo humano, siempre abierto como proyecto, no se abre sobre no importa qué". Igualdad, no indiferenciación.

Después de haber "construido" el *adam* en femenino, el Creador "cerró la carne" del costado del hombre. "Este cierre muestra que la mujer salió del *adam*, (de modo que) ...la unidad original queda para siempre prohibida para el hombre". Las leyes de prohibición del incesto tienen por finalidad impedir el retorno al origen que es un retorno a lo mismo –anulación de la separación y de la diferencia fundadora–, a fin de ir hacia adelante, hacia el otro, dispersarse por el mundo y poblar la tierra..."Mantener el abismo de la separación –agrega Trigano– en el fundamento de la creación es la condición de toda existencia".

La "inestabilidad sustancial" de lo hebreo –que, como se ha visto, al carecer del verbo ser conjugado en presente no podría nunca "fijar" lo que una cosa es sino, a lo sumo, seguir sus movimientos y transformaciones– se advierte en la proliferación de variantes narrativas de un mismo tema o episodio. También en otro punto clave del texto bíblico se registra tal multiplicidad. El último de los tres patriarcas, Jacob, será el que reciba el nombre con el que se designará al pueblo, pero el cambio de nombre está narrado dos veces, de maneras diferentes y en capítulos que distan entre sí por pocas páginas[277]. Curiosa elección, señala Norberto Rabinovich: el más rebelde y confrontativo de los personajes bíblicos, el que "luchó con D'os y prevaleció"[278] resulta ser el elegido para encabezar la saga de lo que luego se convertirá en una entidad nacional. De este Israel vienen las doce tribus. A todo el pueblo se lo llama Bene-Israel: hijos de un hombre que lucha con D'os, pero es D'os quien lo nombra. Freud, siguiendo a Otto Rank, dice: «Héroe es el que ha luchado con su padre y lo ha vencido». En la misma línea tal vez habría que entender el aforismo de Lacan, «más allá del Nombre del Padre, pero no sin él». Jacob-Israel pelea en la madrugada con un personaje –el texto lo llama "un hombre", pero más adelante lo reconoce como "un enviado de IHVH"– y, de resultas de la batalla, el patriarca queda herido en su muslo. Su andar ahora será más pausado, fallido, cauteloso. Su derrotero estará compuesto por marchas y contramarchas, encuentros y desencuentros. Jacob, tal vez el más "novelístico" de los caracteres bíblicos, el más acosado por dudas y vacilaciones, el soñador que anticipa la saga de su hijo José –el que sueña en Egipto–, el antihéroe capaz de acciones heroicas, Jacob el dúplice, el dividido, aquel cuyo inconsciente aflora una y otra vez... Si recorremos la narrativa desde Adán –primer hombre– hasta este personaje de los tramos finales del

---

277  Gén. 32, 29 y Gén. 35, 10.
278  Así se explica, en el mismo relato, la etimología del nombre Israel (Gén. 32, 29).

Génesis, podremos visualizar el camino de constitución del sujeto en esta fuente de lo occidental que, de algún modo, corre paralela a los textos trágicos y filosóficos de Grecia. En ambas tradiciones literarias, el despliegue de un advenimiento: un sujeto asoma y se interroga. Jacob el herido, el segundo, el obligado a tomar decisiones y rectificar el rumbo[279]. Junto con la herida, el cambio de nombre. ¿No será que el nombre –que viene de otro– es una herida, una marca a leer? ¿Y que es precisamente esa lectura la operación constitutiva de un sujeto?

**Tecno-compulsión**

> "La humanidad está acuciada por la necesidad de fundarse para vivir."
>
> (Pierre Legendre)

A las puertas de una forma inédita de modernidad que todavía no podríamos nombrar –¿tardo? ¿post? ¿híper?– porque desconocemos todo de ella, nos aguardan preguntas más inquietantes que la que la Esfinge le plantea a Edipo pero, en el fondo, del mismo tenor: la biotecnología, en su despliegue asombroso e incalculable, nos enfrenta –como el monstruo mitológico al héroe trágico– a la cuestión de qué y quiénes somos. Lo que algunos textos de la antigüedad, inconscientemente (o no) retomados por el cine o la literatura más actuales, expresan en la pregunta "¿qué es lo que nos hace humanos?". Ese interrogante enigmático acerca del animal que camina sucesivamente en cuatro, dos y tres patas, ¿podrá seguir respondiéndose con las palabras edípicas, "el hombre"? ¿Se ajusta aún la criatura humana a tal definición? ¿Es posible siquiera

---

279  Otra etimología (seguramente ficcional) que aportan los sabios de la tradición es que el pasaje del nombre Jacob a Israel connota un "enderezamiento": el nombre originario está ligado al engaño y la mentira, el segundo a la raíz *iashar*, recto. Más allá de la exactitud de tales afirmaciones, importa aquí que el momento del encuentro del patriarca con lo divino (o consigo mismo, o con su deseo...) es similar al momento trágico de la anagnórisis, una suerte de revelación que viene de otro (lo que se experimenta como alteridad: dioses o inconsciente). Lo que N. Rabinovich llamaría "el encuentro del sujeto con su verdad".

seguir hablando en esos términos, decir "el hombre" con algún margen de certeza acerca de lo que eso significa?

Preguntar por "el hombre" implica preguntar por la vida humana, sus condiciones y características; y eso es tanto como interrogar sobre el deseo, elemento que singulariza a la especie hablante.

La cuestión atraviesa, y siempre ha atravesado, los campos más disímiles: desde la religión a la ciencia, desde la antropología al derecho, desde el arte a las ficciones literarias. El Golem y Frankenstein son solo dos de esos lugares emblemáticos, perlas a las que podríamos añadir las novelas apocalípticas y de ciencia ficción –con sus traducciones al cine, por ejemplo– del tipo de *¿Sueñan los androides con ovejas eléctricas?* de Philip Dick (luego llevada al cine como *Blade Runner*, film de culto e imprescindible para entender algo de lo que se juega en este tema), o la levemente anterior *Ciudad en tinieblas*, película de Alex Proyas, en la que unos siniestros personajes invaden la Tierra para averiguar qué hace que los hombres sean hombres, en qué consiste lo humano, a fin de poder dominarlos[280]. Interrogante, en efecto, "metafísico" –si queremos ponerle un nombre altisonante aunque cuestionable– que excede en mucho los límites de lo que cualquier abordaje científico podría llegar a definir. Interrogante que subsiste e insiste, poniendo de manifiesto que, tal como afirmara Heidegger –en la huella nietzscheana– "la esencia de la técnica no es técnica". Volveremos sobre el punto.

"¿Qué es el hombre, o el hijo del hombre?
¿Qué es el hombre, oh D'os, qué es el hombre?
....
El hombre se asemeja al hálito que se exhala,
Sus días son efímeros cual sombra que se esfuma.
.....
Lo creaste poco menos que divino,
Lo coronaste con gloria y honor".

---

[280] Aquí se ilustra ese núcleo de la filosofía occidental denunciado por Levinas, pero también por Heidegger y otros: el conocimiento como dominación.

Estos conmovedores versos se leen en Izkor, el servicio de recordación de los muertos que se realiza cuatro veces al año en diversas fechas del calendario litúrgico hebreo, pero que adquieren una hondura especial en Yom Kippur (comúnmente conocido como Día del Perdón, la fecha más solemne del año en la tradición judía). Lejos de ser una reliquia descartable, los versos condensan con admirable fuerza la interrogación que no cesa de acosarnos. En una síntesis exacta, sitúa al humano entre la más penosa precariedad y la más elevada condición[281]. Pero destaco, sobre todo, la afirmación primera: *el hombre es el hijo del hombre*. Punto de partida ineludible para lo que nos importa indagar aquí.

Dos fragmentos actuales sobre el tema, que me gustaría poner en relación:

"Las procreaciones médicamente asistidas permiten actuar sobre el engendramiento de los niños. Ellas llevan hacia lo que no podemos pensar. Conducen hacia el vacío de lo que no se puede representar. *Lo que ha devenido técnicamente realizable puede provocar vértigo*: un vértigo biotecnológico que trastorna a quien quiera tratar de comprender lo que está sucediendo. Se cae en una suerte de espiral: los avances de la ciencia conducen a múltiples invenciones tecnológicas, pero estas van más rápido que nuestras posibilidades de pensarlas" (Ansermet, 2015: 13; yo destaco, D.S.).

Tales avances tecno y sus posibilidades de intervenir sobre la naturaleza se producen "sin que conozcamos sin embargo las consecuencias de lo que se ha vuelto posible. Se crea una realidad diferente de la que no se sabe en qué consiste, qué efecto tendrá sobre lo desconocido, sobre lo irrepresentable". Parecería que es-

---

281  De modo similar, el coro de *Antígona* –tan profusamente tomado por Heidegger- donde se define al humano como *to deinon*, lo asombroso, terrible y extraordinario, por ser capaz de las creaciones más sublimes y de los crímenes más horrendos. No ha de ser casual que los diez días que transcurren entre Rosh Hashaná (Año Nuevo) y el Día del Perdón (Yom Kippur) se llamen *Iamim Noraim*, donde *noraim* significa terribles... Como si fueran los días en que el hombre se enfrenta a su condición ambigua y multiforme.

tamos cada vez más cerca del futuro, ¿o tal vez del pasado? Porque estas realidades impredecibles son, sin embargo, las mismas con las que han soñado los humanos desde los tiempos arcaicos; sueños que se vuelven pesadillas, ideales sobre los que se han construido imaginarios de fábula o de mito, donde la metamorfosis y la partenogénesis tenían un lugar predominante.

"Con la asistencia médica a la procreación, la cuestión de saber cómo se hace un niño deviene central. Habitualmente, las condiciones de la procreación permanecen veladas, reservadas a la intimidad de cada quien. Ante una mujer embarazada se la felicita, sin interrogar cómo se ha producido la cópula. Se sabe que una procreación ha tenido lugar, sin querer saber más o decir más. El niño mismo no imagina las condiciones de su procreación... La pareja, para el hijo, es la del padre y la madre, no de un hombre y una mujer sorprendidos en la sexualidad (procreadora o no). Saber cómo se hace un niño permanece como un tema inabordable, por fuera de lo decible... Contrariamente a la sexualidad y la procreación, la gestación y el nacimiento se hallan en el centro de la memoria familiar. Objeto de múltiples relatos, redoblados por imágenes. ¿Qué ocurre cuando se trata de procreaciones asistidas, sean realizadas en la pareja o a través de la contribución de donantes? ¿Qué habría que poner en la foto?"

Estas líneas no han sido escritas por un romántico enemigo de la ciencia ni un feroz opositor a los adelantos técnicos. Quien así habla es, curiosamente, uno de los creadores de los métodos de procreación asistida, el médico François Ansermet. Donaciones de esperma, de óvulos, subrogación de vientres que alojan niños ajenos, y toda la serie de posibilidades que la técnica provee, hacen que esa pareja de papá y mamá se vuelva casi indiscernible y que "si hasta ahora veníamos de dos, hoy se puede venir de más de dos hasta multiplicar las proveniencias que se vuelven así más y más confusas o difíciles de aprehender. El número del origen deviene incalculable: una forma crecientemente abstracta del origen para *un hijo que habrá de interrogarse sobre su proveniencia*" (yo destaco, D.S.). Interrogación que nada tiene que ver y no puede ser respondida con datos "técnicos", información sobre procedimientos de laboratorio o saberes médico-genéticos[282]. Prosigue el autor:

"Las procreaciones médicamente asistidas permiten la separación del ovocito en relación a la madre. Así, la madre puede devenir incierta, como el padre, comprometiendo un elemento importante sobre el que se apoya el hijo para aprehender su lugar en la genealogía. En efecto, como lo demuestra Freud, el hecho de que el padre sea *semper incertus*, en tanto que la madre es *certissima*, juega un papel fundamental *en la tarea de instituir el lugar del niño en la genealogía*. Así también lo sitúa en relación a la diferencia de los sexos..." (yo destaco, D.S.).

Decir padre, madre, sexos, hijos, diferencia, genealogía, nos conduce al centro mismo de la cuestión anotada más arriba, el interrogante por la especie. Pero ese interrogante –como queda evidenciado en el recorrido que venimos haciendo– no puede tramitarse desde una perspectiva "naturalista" sino que debe, necesariamente, abordarse en el entramado con la ley y las instituciones: en el punto en que el cuerpo, como materialidad, es hablado, instituido y representado. Punto que a su vez se vincula inexorablemente con las construcciones que la cultura ha forjado

---

[282] Cuando un niño pregunta "¿De dónde vengo?", no interroga sobre los detalles empíricos de su engendramiento sino por el deseo de sus padres, eso que lo ha hecho venir al mundo y le da un lugar en la historia. "Más que la cuestión de lo que ha vivido, el niño se plantea la cuestión de su destino, que podríamos formular así: '¿Cuál es mi lugar en la historia, dónde se me reconoce?' El niño mira más a la reconstrucción de una autobiografía y al sentido de la historia que al inventario de lo que vivió" (Le Poulichet, 1996: 24). Estas cuestiones resultan también –y especialmente– pertinentes en los casos de "restitución de la identidad en hijos de desaparecidos o muertos en la dictadura argentina, la Shoá y cualquier otro proceso totalitario. La recuperación de la historia del hijo, su nombre, su filiación, involucra algo más que un tema de datos genéticos (de indudable e insoslayable importancia: las pruebas de adn contribuyeron en la Argentina, durante la democracia post dictadura, a resolver muchos casos sumamente dolorosos y problemáticos; el creador del método fue el genial y entrañable genetista Víctor Penchaszadeh). Se trata, en todos los casos, de (re)construir una narrativa, una ligadura por la palabra.

en torno a él, ya sea por medio de imágenes visuales o de textos y sus interpretaciones. Siguiendo a Legendre, recordemos que "no es suficiente con producir carne humana: es necesario instituirla". Es decir, ingresarla a la ley y al lenguaje. La misma cuestión que es pensada desde el psicoanálisis, como lo expresa Le Poulichet:

> "La novela familiar representa una nueva manera de vestir la relación sexual que causó el nacimiento del futuro sujeto. Es una nueva versión de una relación sexual imposible de decir, versión nueva merced a la cual se simboliza en parte la relación con el origen" (1996: 97).

Subrayo "imposible de decir" y la operación simbolizante, condiciones de posibilidad de constitución del sujeto. Si algo pretende la prohibición de incesto en cualquiera de sus versiones, es precisamente eso: barrar el acceso al origen –como las espadas de fuego a la entrada del Edén–, que queda por definición, para el sujeto hablante, fuera de escena. Intentar introducirlo en ella es propiamente lo ob-sceno.

**Del deseo a la demanda**

Nuevas configuraciones familiares, matrimonio igualitario, fin del patriarcado, procreación sin padre... Sintagmas que, aunque no lo mencionen, involucran eso que, dijimos, resulta elemento nuclear en la definición de lo humano y su subsistencia como especie: el deseo. O su negación.

La frecuencia y multiplicación de notas en diarios y revistas sobre algunas de estas cuestiones ilustran, a la manera de síntomas, lo que aquí se pone en juego. A manera de ejemplo, en la sección "Sociedad" de un diario de gran tirada leemos el siguiente titular: "Nuevas familias: los amigos que deciden tener un hijo juntos". Y el subtítulo reza: "Buscan escapar de las presiones de la sociedad para cumplir ciertas reglas, pero no quieren perder la posibilidad de ser padres. Comparten los derechos y la custodia de los chicos, pero no se eligen como pareja". Un testimonio registrado en la nota dice: "Con XXX somos una familia de dos amigos que decidieron tener un hijo juntos con mucho amor. No necesito que él sea el hombre que espero ni yo la mujer que él desea...". Los subrayados huelgan. Discurso autocomplaciente y "liberado" que entiende que el deseo es "una presión de la sociedad".

La disociación entre procreación y deseo se presenta como una "liberación de las reglas que la sociedad impone". Cuando se interroga a los protagonistas de tales sucesos, responden que de lo que se trata es no del deseo sexual por un otro, sino del "deseo de hijo". Pero esta engañosa expresión parece confundir deseo con demanda, amor con sociedad comercial, pareja con transacción de negocios. Se "desea" un hijo como se ambiciona un auto o una casa en el country. Ya no se trata de poner el cuerpo, jugar el deseo como falta e incompletud, apostar al siempre riesgoso compromiso que la elección impone... "No necesito ser la mujer que él desea" parece más un epitafio que una bandera libertaria.

Algunos párrafos de Milner son dolorosamente actuales e iluminadores al respecto:

"Para explicar con una única palabra lo que está en juego..., forjaré el término *cuatriplicidad*. La cuatriplicidad masculino/femenino/padres/hijo. (...) Ahora bien, la apuesta de la sociedad moderna consiste justamente en esto: algo puede y debe prevalecer contra la cuatriplicidad. Por primera vez en su trayectoria, la sociedad no encuentra ya nada sino su propia ilimitación. Liberada... de la referencia a los todos limitados..., la sociedad puede por fin formular su demanda: no hay nada que lo moderno no pueda transformar... Lo moderno anula la diferencia entre lo que depende de nosotros y lo que no depende de nosotros. (...) Cambiar el curso de los ríos, salir de nuestra galaxia, controlar lo aleatorio... todo es posible. Sea por la omnipotencia de la técnica... o por cualquier combinación imaginable de fuerzas, el núcleo de lo imposible de transformar se desgasta día a día" (2007: 118 y ss.).

Insiste Milner: "la sexualidad freudiana no nombra más que una cosa: la cuatriplicidad". La pregunta que surge una y otra vez en la literatura de divulgación –muy enfáticamente, en la explosiva omnipresencia de la neurobiología y sus "saberes" asociados– es si esa sexualidad es solo una cuestión de "moda", una que ya, obviamente, ha quedado desactualizada y superada por la ciencia y los descubrimientos más actuales. El inconsciente –y el sujeto a él asociado– ha desaparecido de tales consideraciones híper modernas. Allí era donde se alojaba el deseo como sesgo de la incompletud, la finitud y la falta; allí, donde el lenguaje dice lo que no se sabe. Lo actual –en esa célebre expresión benjaminiana de la pobreza de la experiencia– no sabe nada de la distinción entre "decir" y "querer decir".

> "En los siglos XX y XXI, lo ilimitado la emprende contra la cuatriplicidad. Aliada a la técnica, la ciencia del viviente es capaz ahora de modificar el reparto masculino/femenino, de disociar nacimiento de un hijo y encuentro de los sexos, de disociar hijo y parentalidad (como pretendían los raelianos, secta que abogaba por la clonación). Disociar la perpetuación de la especie humana del contacto sexual; liberarla de la coacción del otro sexo y convertirla en puro pasaje de lo Mismo a lo Mismo; quitarle todo sentido a la posibilidad de que el hijo pueda nombrar a sus padres; hacer que el padre no pueda nombrar entre las mujeres a la que lleva el hijo que él engendró; hacer que la madre no pueda nombrar entre los hombres a aquel cuyo hijo ella lleva, hacer que los nombres de padre y madre pierdan cualquier sentido que no sea contractual, e incluso convencional, con todo eso los seres hablantes han soñado siempre (...) La demanda perpetua que la humanidad dirige a todos y nadie: 'Líbranos de la cuatriplicidad'. El hombre nuevo está lleno nada más que de vacío. No es hombre ni mujer, no tiene padre ni madre ni hijo" (Milner, 2007: 122 y ss.).

¿Es preciso recordar a Platón quien, en su *Banquete*, deplora la angustia que causa el depender de otro y la incapacidad de autodominio que ello implica? ¿O a la epístola paulina, donde se desdibuja toda diferencia en beneficio de "ser todos hijos de Dios"? Parecería que lo que circula, exitosamente, es un lenguaje que corresponde a una categoría "novedosa" y que llamaría lo científico-teológico.

A las lúcidas y graves palabras de Milner, yo agregaría, como otra de las severas consecuencias del anulamiento de la cuatriplicidad, la imposibilidad de que el hijo se autoperciba como efecto del deseo de sus padres. Porque cuando un niño ve las miradas y los gestos amorosos que los adultos se dedican, cuando siente esa corriente de afecto erotizado que conecta a su madre con su padre, queda a la vez incluido y excluido de ese vínculo y halla, así, su lugar en el mundo, que no es sino su lugar en el deseo del otro. Incluido, porque de algún modo registra que él es fruto de ese deseo, que ha venido a la existencia como expresión de la fuerza de algo que está antes y más allá de él, pero que lo abriga y lo contiene. Excluido, porque esa mujer que es su madre dirige su deseo a un hombre otro, a un adulto que lo protege a él, niño, de la siniestra amenaza de convertirse en objeto/falo de la madre. Es esa triangulación lo que lo ubica y lo liga a la vida, abriéndole el camino para devenir sujeto... deseante. Es ahí, en esa escena que lo posiciona como fruto del deseo y a la vez como tercero excluido, donde aprende de la diferencia: entre los sexos y entre las generaciones. Dos elementos esenciales a la conformación psíquica del humano.

Resulta ocioso aclarar que no se trata solo de lo empírico: puede, en efecto, faltar uno de los protagonistas, por el motivo que fuere. El padre ha muerto, la pareja se ha separado, el hijo es producto de una donación o de alguna forma de fecundación asistida... Mil variables que modifican lo fáctico de la escena, pero no su valor simbólico. No es lo mismo decirle al hijo "tu papá se fue", o se murió, o incluso "nos abandonó", que decirle "no hay padre, conmigo te basta". Aun si el hijo ha sido engendrado en una sola noche de encuentro pasional, el relato de la madre –o del padre, si es que este queda a cargo de la crianza– se las ingeniará para armar –con auxilio de la fantasía– una escena de deseo. *Deseo cuyo objeto no es el niño, sino un otro adulto.*

La hipermodernidad industrial, la sociedad de la *efficiency* (como la denomina Legendre) parece consumar, bajo un discurso en apariencia transgresor y libertario, el programa represivo del dualismo platónico-paulino, allá lejos y hace tiempo. El abanico de posibilidades técnicas con que cuenta actualmente la reproducción –y de las que se jactan cierto feminismo y otros sectores *progre*–, conlleva una oscura paradoja: "impulsar a la reproducción y matar el deseo". Legendre se pregunta:

> "¿Se trata de una última etapa en la muy larga historia de las manipulaciones occidentales del principio de división: de un lado las cosas eróticas (*res venerea*), del otro la copulación de los elementos reproductores? ¿Vivimos sin reconocer un desenlace de la represión social a través del fantasma que no ha dejado de correr a través de los textos que administran el sexo: *hacer hijos en ausencia del cuerpo de placer*?" (Legendre, 1996: 288).

El modo en que se conciba la reproducción de la especie estará inmediatamente ligado a la concepción del tiempo que cada época promueva. Si la paternidad es asunto temporal –la sucesión de generaciones–, parecería que la era tecnológica, como última y más feroz estribación del capitalismo, pretende abolir esa dimensión. La velocidad y la aceleración son, advirtió Marx, los rasgos característicos de la producción del capital. No debe perderse ni un segundo, ya que la reproducción del dinero y su incremento exigen que la marcha del circuito (DMD, dinero-mercancía-dinero) no se detenga. Pero el capital –al igual que la voluntad de poder en Nietzsche– solo quiere su propio incremento. No se trata de producir dinero para obtener algo otro –la mercancía–, sino para automultiplicarse. Sabiamente, Derrida afirmó que la ley de la economía es el retorno al origen, el eterno retorno al punto de partida. Recorrido circular que, una y otra vez, curva la supuesta linealidad del progreso que en algún momento se creyó una superación de ese ciclo infinitamente repetido del mito. La cuatriplicidad parecería constituir la única y última barrera de resistencia ante el arrasamiento subjetivo de la época, el modo privilegiado de poner en acto el deseo y sostener la temporalidad filiatoria.

Porque el tiempo del capital llevado a sus últimos extremos, en nuestra híper modernidad, es igual al tiempo del mito, con el agravante de que esa vuelta se produce en forma cada vez más veloz y, por tanto, devastadora. Tener hijos, como no podría ser de otra manera, cae bajo la lógica del vértigo capitalista, reproduciendo así el trayecto que los mitos narran: volver al momento originario, ser como dioses, negar la muerte, defenestrar la alteridad. En esa lógica, ¿qué otra cosa que mercancía puede ser un hijo?

Casi podríamos afirmar, nietzscheanamente, que la ciencia más avanzada cumple, sin saberlo –peor, ¡suponiendo que es su derrota definitiva!–, el ideal religioso más acendrado: deshacerse del cuerpo, y más específicamente, del deseo. Los novísimos procedimientos de laboratorio constituirían esa otra cara, aséptica y socialmente glorificada, del "ritual para matar a Eros". Se entiende el repudio sufrido por Spinoza y Freud, esos herejes que intentaron, con éxito diverso, rescatar y reivindicar tales elementos... Nada más aterrador, para estas políticas deserotizantes, que el aforismo del holandés: "nadie sabe lo que puede un cuerpo". Esa potencia, ese activo no saber que, precisamente –y en tanto involucra al lenguaje y a la ley–, define a lo humano como tal.

**Cuentas que cuentan**

"Uno viene de dos." (François Ansermet)

Y prosigue el autor: "Tal sería la fórmula general de la genealogía. Hace falta el encuentro de dos para hacer un hijo. Se procrea a partir de la diferencia. La procreación se sitúa en la intersección de la diferencia de los sexos y la diferencia de las generaciones" (Ansermet, 2015: 81). Lo que Legendre confirmaría, extendiendo la idea al plano jurídico: "La genealogía, en tanto que institución del principio de causalidad en la especie, constituye lo indestructible del derecho" (Legendre, 2001: 287).

De estas intersecciones depende la posibilidad de que un sujeto haga su aparición en el mundo: aparecer que carga con las divisiones y los encuentros, ya que serán estas las condiciones para que pueda reconocerse humano. Definir el estatuto de lo humano conlleva, indefectiblemente, adentrarnos en la estructura misma de la cultura, *la lógica de la representación*.

Vayamos una vez más a Legendre, en un extenso pero muy significativo pasaje:

"¿Cuál es el estatuto de la imagen del cuerpo en la sociedad? ¿Cómo, por la mediación de las religiones del Libro sagrado (aquí, el judaísmo y el cristianismo) **la escritura de las instituciones puede ser pensada como relación a la corporalidad**? ¿En qué punto la ultramodernidad científica se encuentra comprometida en un sistema de representación del que puede creerse liberada? (Se toca aquí) el punto sensible de la civilización del derecho civil, la problemática del cuerpo, haz de cuestiones oscuramente ligadas a la formación del romano-cristianismo y a su expresión secularizada. En el triunfo del biologismo y la promoción del psicologismo de masas opera, bajo la máscara científica, una *elección de representación* históricamente localizable como *concepción psicosomática de lo humano*, siguiendo el esquema familiar: de un lado, el alma, el espíritu, o en lenguaje moderno lo psíquico; del otro, el cuerpo. (...) Sean cuales fueren los avatares de esta división fundamental, el asunto es imposible de desenmarañar si nos contentamos con observar un enfrentamiento plurisecular que busca ya sea jerarquizar los términos (como en la perspectiva teológica) o bien reabsorber el uno en el otro (por ejemplo, la antigua psicofisiología o la más reciente neurobiología militante)... Sin embargo, ... la institucionalidad está enganchada a la distinción. (Aquí se plantea) un cuestionamiento esencial: ¿por qué vías esta concepción psico-somática de lo humano ha podido, **enraizada en la tradición religiosa**, orientar el abordaje occidental de la Razón? De nuevo, se trata de considerar **el sustrato no recono-**

*cido de la cultura moderna.* Y ahí reencontramos **la bifurcación que separa judaísmo y cristianismo: dos textualidades, dos formas de interpretación divergentes, por no decir incompatibles.** La problemática del cuerpo es parte insoslayable de esta apuesta hermenéutica, en el sentido de que la relación al fondo bíblico común, es decir al abordaje ritual y el tratamiento de los versículos de la Biblia por la explicación literal y el comentario traduce, en cada uno de esos modos de lectura, el judío y el cristiano, una posición propia, irreductible, en el interior de la construcción de lo humano por el discurso. Ilustrando qué es la elección de representación en una cultura, la expresión de la piedad debida al texto sagrado revela el papel del cuerpo en el montaje de la interpretación y, a la vez, a través de las formaciones de la exégesis, nos hace comprender que **el culto de la Referencia fundadora (aquí, el D'os de los monoteísmos judío y cristiano) conlleva consecuencias normativas**. Así, bajo el reproche de *interpretación somática* atribuida a la exégesis judía, el cristianismo se ha desarrollado como antítesis del judaísmo, al cual opone la *interpretación espiritual.* (Aparece) el primer conflicto de fondo abierto por la secta cristiana sobre la cuestión de saber si la circuncisión está todavía vigente, particularmente si los no judíos convertidos a la fe de Jesús deben circuncidarse. Si la nueva ley está más allá de la ley de Moisés, ¿en qué se convierte la obligación enunciada por la Biblia? Una lectura transgresora se impone, resumida por el apóstol Pablo: '...la circuncisión es del corazón, en espíritu, y no a la letra', introduciendo otra exégesis y otro ritual (el bautismo, circuncisión espiritual). Así, si 'circuncisión no es lo que se muestra en la carne', a partir de ahí el lugar de anclaje a la legalidad del lazo de la palabra y la cosa cambia, y con él la idea del acceso a la Razón. De manera que poco a poco el edificio del discurso se modifica, la Razón cristiana no es más la Razón judía... Estamos pues en la *problemática cristiana del cuerpo y del texto.* (...) **Desterrar el cuerpo del área del ritual por la lectura cristiana del texto bíblico vehiculiza una dualidad del cuerpo y el alma que no se resuelve más que por** *la supremacía victoriosa del alma...*" (Legendre, 2001: 71 y ss.; los destacados en negrita son míos, D.S.)[283].

En algún sentido, tal vez se pueda leer la historia (de la cultura, de Occidente al menos) con un eje similar al planteado por el psicoanálisis para la historia del sujeto. Cada generación puede, o bien quedar atrapada y alienada en mandatos mortíferos de repetición sacrificial, o bien dar el paso de la separación para construir un camino propio. Parecería entonces que se abren dos vías posibles: la alienación paralizante, o matar al padre. Pero a la vez, esta última vía se bifurca y ofrece dos opciones: la eliminación de lo paterno *in toto* como renegación filiatoria (al estilo Babel), desconociendo su marca –y por tanto, condenándose a la repetición de lo renegado en su peor forma– o hacerlo metáfora y capitalizar su legado. Si toda escritura está afectada de la bloomiana "angustia de las influencias", si todo legado corre el riesgo de pesar como carga a menos de ser tramitado y apropiado por el heredero, resulta evidente que la elección de "liberarse" de lo anterior es solo una vana fantasía, no solo irrealizable sino condenatoria. "Toda generación –nos recuerda Benjamin– tiene una deuda con las generaciones que le preceden". Deuda simbólica que, si bien no se puede saldar, es preciso reconocer y honrar –transmitiéndola a los descendientes– para que la existencia humana se sostenga y se continúe. Sostener esa deuda con el pasado es la forma de honrar la deuda con las generaciones que nos siguen.

Pero vayamos a los escritos fundacionales del cristianismo:

---

283 J. B. Metz, teólogo cristiano, "denuncia el antijudaísmo inscrito en el cristianismo desde el primer momento: 'Desde muy pronto se impuso en el cristianismo una discutible estrategia intelectual e institucional, llena de consecuencias graves, encaminada a quitarse de encima la herencia recibida de Israel. Primero se autoconcibió el Cristianismo como 'el nuevo Israel', 'la nueva Jerusalén', el 'verdadero pueblo de D'os'. Enseguida se pasó a reprimir el significado troncal de Israel para los cristianos, tal y como lo exige Pablo en la Epístola a los Romanos. Consecuentemente Israel pasó a ser una etapa superada de la historia sagrada" (Metz, 1997: 151, citado por Reyes Mate, 2012). Interesa aquí el modo de renegación filiatoria que el cristianismo pone en acto para constituirse. Sobre este punto, muy rica la lectura de Blatt, 2017 (que llegó a mis manos cuando mi libro estaba ya terminado y a punto de ser entregado a la imprenta).

Juan (3, 6) afirma: "Lo que es nacido de la carne, carne es, y lo que es nacido del Espíritu, espíritu es". Habla, claro, de los hijos, de los que dice: "Los cuales no son engendrados de sangre, ni de voluntad de carne, ni de voluntad de varón, mas de Dios" (Juan 1, 3).

Pablo de Tarso ampliará la concepción juanea y le agregará condimentos especiales: "Muchos parecen olvidar este hecho. Olvidan que Abraham tuvo dos hijos, uno de la sierva y el otro de la libre; uno nacido según la carne, y el otro según el Espíritu"... "Espiritual" es sólo opuesto a "carnal".

"Ismael nació según la carne, y no podía constituir la descendencia". Por lo tanto, los que son meramente de la carne no pueden ser los hijos de Abraham, ni herederos según la promesa.

Isaac nació según el Espíritu, y era la verdadera descendencia. "En Isaac te será llamada descendencia" (Gén. 21, 12; Rom. 9, 7; Heb. 11, 18). Por lo tanto, los hijos de Abraham son los nacidos según el Espíritu. "Hermanos, nosotros, como Isaac, somos hijos de la promesa" (Gál. 4, 28).

Veamos cómo lo expresa en Gál. 3, 1-5, 12:

(v. 1): "¡Gálatas insensatos!, ¿quién os fascinó para no obedecer a la verdad, a vosotros ante cuyos ojos Jesucristo fue ya presentado claramente crucificado? (*b* 2) Esto solo quiero saber de vosotros: ¿Recibisteis el Espíritu por las obras de la Ley o por el escuchar con fe? (*c* 3) ¿Tan insensatos sois? Habiendo comenzado por el Espíritu, ¿ahora vais a acabar por la carne?".

(v. 13): "Cristo nos redimió de la maldición de la Ley".

(v. 10): "Todos los que dependen de las obras de la Ley están bajo maldición, pues escrito está: 'Maldito sea el que no permanezca en todas las cosas escritas en el libro de la Ley, para cumplirlas'. (*i* 11) Y que por la Ley nadie se justifica ante D'os es evidente, (*j*) porque 'el justo por la fe vivirá' (*k*)".

(v. 21): "Decidme, los que queréis estar bajo la Ley: (*r*) ¿no habéis oído la Ley?, (22) pues está escrito que Abraham tuvo dos hijos: uno de la esclava y el otro de la libre. (*t* 23) Pero el de la esclava nació según la carne; pero el de la libre, en virtud de la promesa. (u 24) Lo cual es una alegoría, (v) pues estas mujeres son los dos pactos; el uno proviene del monte Sinaí, el cual da hijos para esclavitud; este es Agar, (w 25) pues Agar es el monte Sinaí, en Arabia, y corresponde a la Jerusalén actual, (x) ya que esta, junto con sus hijos, está en esclavitud. (y 26) Pero la Jerusalén de arriba, (z) la cual es madre de todos nosotros, es libre, (27) pues está escrito: '¡Regocíjate, estéril, tú que no das a luz; grita de júbilo y clama, tú que no tienes dolores de parto!, porque más son los hijos de la abandonada que los de la que tiene marido' (a)".

(v. 28): "Así que, hermanos, nosotros, como Isaac, somos hijos de la promesa. (b 29) Pero como entonces el que había nacido según la carne (c) perseguía al que había nacido según el Espíritu, (d) así también ahora. (30) Pero ¿qué dice la Escritura?: 'Echa fuera a la esclava y a su hijo, porque no heredará el hijo de la esclava con el hijo de la libre'. (e 31) De manera, hermanos, que no somos hijos de la esclava, sino de la libre. (f)".

Y concluye:

"El que siembra para su carne, de la carne segará corrupción; pero el que siembra para el Espíritu, del Espíritu segará vida eterna" (Gál. 6, 8)[284].

La lectura de estos pasajes es suficientemente ilustrativa como para no necesitar demasiados comentarios; solo destaco algunos factores decisivos: la forzada homologación de "promesa" y "Espíritu", la identificación de Agar con el Sinaí –de donde procede la ley judía– y "la maldición de la Ley", de la cual debemos ser redimidos (¡!)

### Lecturas, otra vez

En una última ronda, visitemos a Pablo:

"¿Qué diremos, pues, de Abrahán, nuestro padre según la carne (…)? …no por la ley, sino por la justicia de la fe fue hecha a

---

284  Biblia de Jerusalén (1998).

Abrahán y su posteridad la promesa de ser heredero del mundo. Porque si son herederos los de la ley, la fe carece de objeto, y la promesa queda abolida; porque la ley produce la ira... Por eso depende de la fe, para que sea don..." (Ep. Romanos 4,1.13-16).

"...a fin de que, al igual que Cristo resucitó de entre los muertos por medio de la gloria del Padre, así también nosotros vivamos una vida nueva. Porque si nos hemos injertado en él por una muerte semejante a la suya, también lo estaremos por una resurrección semejante: sabiendo que nuestro hombre viejo fue crucificado con él, a fin de que fuera destruido el cuerpo de pecado... (...) Pues el pecado no dominará ya sobre vosotros, ya que no estáis bajo la ley sino bajo la gracia" (6,4-6.14).

"Así pues, hermanos míos, también vosotros quedasteis muertos respecto de la ley por el cuerpo de Cristo, para pertenecer a otro: a aquél que resucitó de entre los muertos, a fin de que diéramos frutos para Dios. Porque cuando estábamos en la carne, las pasiones pecaminosas, excitadas por la ley, actuaban en nuestros miembros, a fin de que produjéramos frutos de muerte. Mas, al presente, hemos quedado emancipados de la ley, muertos a aquello que nos tenía aprisionados, de modo que sirvamos según un espíritu nuevo y no según un código anticuado" (7, 5-6).

Mediante una habilísima –y tendenciosa– operación interpretativa, Pablo da vuelta en forma radical toda la concepción heredada del judaísmo en relación a sus puntos fundamentales: la paternidad, la muerte, la filiación, el cuerpo, la ley... En efecto: la validez de Abraham (Abrahán, en los textos cristianos) como padre se cuestiona (es "padre según la carne") y, a la vez, se retrotrae a su estado incircunciso. Para Pablo, la promesa que se le hace al patriarca, por ser anterior a la circuncisión, no tiene en esta su signo (*ot brit*, "señal del pacto" en la Torá). El corte del prepucio pasa a ser una anécdota, perfectamente prescindible, ya que se refiere a la ley. Lo que se premia en Abraham es la fe, y no su adhesión a la ley. Claro que aquí hay un problema: en hebreo se habla de que la aceptación abrahámica del llamado divino le fue imputada como justicia (*tzedek*) y no como fe, según consignan erróneamente la mayoría de las traducciones[285].

Pablo mantiene el vocabulario filiatorio –padre, hermanos– pero le extirpa el sentido que tiene en la Torá. El cuerpo, los miembros, los frutos (hijos) siguen ahí, pero teñidos ahora de la sombra del pecado, asociados a la carne "excitada por la ley". La encarnación (Cristo como D'os hecho hombre) es la contracara perfecta de la desencarnación humana. Solo se puede hablar de hijos y padres según el espíritu. Tal inversión no podría menos que abolir la ley, ya que toda la Torá no es sino una extensa y compleja legalidad filiatoria que, como tal, no puede sino estar indisolublemente ligada a los cuerpos, sus pulsiones y las prohibiciones correspondientes. En cierto sentido, la maniobra paulina prolonga y lleva a su extremo lo que el judaísmo ha hecho para fundarse: derribar las imágenes y erigir a un D'os invisible. Pero en esa extrema(un)ción, al suprimir por completo los lazos parentales de la especie humana como tal, anula a su propio padre. El "hombre viejo" es el judío; el nuevo será el que no reconozca ya padre o madre o hermanos carnales, sino "por la fe".

La renegación genealógica es funcional a la nueva posición: si el hombre nuevo no tiene padre "por la carne", si solo se reconoce filiado por el espíritu, la nueva corriente no tiene antecesor legítimo, no se inscribe como hijo histórico –es decir, "carnal" y legal– del judaísmo sino que puede deshacerse de él como de una piel obsoleta e inútil. Pero ya sabemos que tal concepción de la carne es extremadamente maniquea y reduccionista, solo operativa al interior de un sistema dualista que necesita enaltecer el espíritu a costa de alguna otra cosa. Es a ese lugar de supuesto antagonista que se destina el cuerpo, en un gesto que luego repetirá Descartes y, en el extremo de la paradoja, el nazismo (nuevamente, Legendre y su imprescindible texto, "El ataque nazi..."). Tal reparto de roles en un esquema de competencia de suma cero (espíritu vs. cuerpo,

---

285  Cuando D'os le promete a Abraham que tendrá un hijo de Sara y le insta a salir de su tienda para ver las estrellas, el patriarca cree en la veracidad de la promesa de modo que "IHVH ...vio con agrado esa justicia" (Gén. 15, 6).

puro vs. impuro, elevado vs. bajo, celestial vs. terrenal, fe vs. ley... y sigue la lista) proviene sin duda de un cierto Platón (o de una lectura de su obra) y se extiende como reguero en forma acrítica y naturalizada por el pensamiento occidental a la largo de veinticinco siglos. La frase paulina sobre "las pasiones pecaminosas... excitan nuestros miembros para dar frutos de muerte" (o sea, hijos mortales, carnales) es, una vez más, digna continuación y trasposición de ciertos pasajes de *Banquete* o de *Fedro*.

Para resumir en una primera vuelta lo que venimos recorriendo: si la razón occidental –es decir, la construcción entera de la cultura de Occidente, la concepción de la vida y del sujeto y, por ende, su modo de entender qué es lo humano– se forja en una enorme medida a partir de los textos bíblicos y sus diversas interpretaciones y dibuja un itinerario que, en su mayor parte oculto, llega hasta la híper modernidad tecnológica (supuestamente despojada ya de todo resabio "religioso" y desentendida de esa escritura fundante[286]), resulta pertinente y hasta imperioso poner a la vista tal deriva para interrogar las resonancias, continuidades, deformaciones, pervivencias y mutaciones de ese esquema primero en las actuales configuraciones de la subjetividad científico-tecnológica, e indagar sus consecuencias[287]. Entre otros aspectos centrales, habrá

---

286 El error de considerar la Biblia hebrea como texto religioso es uno de los factores que ha llevado y lleva a su rechazo: la modernidad "racional" y laica nada quiere saber de libros supuestamente vinculados con la fe. Error imposible de corregir, en la medida en que, precisamente, no se lee esa escritura y se ignora todo acerca de ella. Y se sabe: nada tiene más peso e influencia que aquello de lo que se cree saber pero no se sabe, aquello de lo que se reniega pero a lo que, de uno u otro modo, se pertenece. Lo reprimido y/o rechazado retorna como un bumerang, pero no a nuestras manos sino para golpear nuestras nucas. Dice Amos Oz: "La mayoría de los no creyentes occidentales de hoy nunca se han cruzado en su camino con la Biblia como texto literario. A diferencia de Homero, no está muy extendida su enseñanza en las escuelas. Como twitter, es transmitida en fragmentos del tamaño de un *byte*. La mayor parte de las citas bíblicas en circulación no superan la longitud de un versículo... porque se la considera equivocadamente como un texto religioso. Es una lamentable pérdida cultural" (Oz y Oz-Salzberger, 2014: 52). En el mismo sentido se pronuncia Jacob Taubes y otros agudos pensadores, que han tenido al texto bíblico como una de las fuentes nutricias de su pensamiento... laico.

287 "La exégesis de los textos ha servido a la humanidad occidental, antes de los cambios de perspectiva introducidos por la antropología postdarwiniana, para reconocerse como especie" (Legendre, 1996: 149). En un sentido similar, Freud, en la carta 52 a Fliess, señalaba que "nuestro mecanismo psíquico se ha generado

que interrogar los enmascaramientos que tales derivas producen. Concretamente: cuando la ciencia pretende –en el doble sentido: ambiciona y finge– haber desembarazado al pensamiento de todo lastre religioso, instituye un discurso que, de hecho, toma el lugar de lo divino. Pero, como en toda sustitución renegada y desmentida, lo hace mediante falseamientos, distorsiones y perversiones[288]. La renegación filiatoria que opera el cristianismo produce, paradójicamente –o más bien, como parte de la lógica de ese mismo movimiento–, vástagos que no se reconocen como tales. No es lo mismo matar al padre en un sentido freudiano, para ir –como propone Lacan– más allá de él pero sirviéndose de su nombre, que forcluir tal nombre. La posmodernidad con su ambición de novedad autoengendrada, de creer que nada debe al pasado, no es sino una versión más de la ambición mítica de "ser como dioses".

Si para los cabalistas toda la Torá no es sino la infinita y múltiple reconfiguración del Nombre divino, desde la perspectiva que vengo proponiendo podría decirse que ese texto, en última instancia, no dice otra cosa que la cuatriplicidad. Esa otra figura de cuatro términos, como el Tetragrama, que expresa el tiempo, la ley y el acontecimiento. Y claro, el Nombre del padre.

### Dejad que los dioses huyan de mí…

> "Por la mitología, la humanidad aprende a contar, es decir, en primer lugar, a contarse."
> (Pierre Legendre)

En efecto, el discurso científico-tecnológico se propone como el lugar de la Verdad (Nietzsche, 1984 [1882]: ¶344), es decir, tan

---

por superposición de capas porque de tiempo en tiempo, el material existente de huellas mnémicas experimenta un reordenamiento según nuevas concernencias, una *inscripción*. Los textos y su exégesis operan al modo de ese reordenamiento en el seno de la cultura, produciendo así inscripciones y reinscripciones que permiten, a su vez, nuevas lecturas.

288  Es que "la ciencia no piensa" (Heidegger), es decir, no puede reflexionar sobre sus propios fundamentos que permanecen escotomizados pero operando en el seno de sus prácticas. Ya Nietzsche había advertido que "los problemas de la ciencia no se resuelven en el terreno de la ciencia".

atado a la lógica de la representación como los enunciados religiosos que situaban allí a D'os. La ciencia depende –también ella, y a su pesar– de un sistema complejo y articulado de validaciones, reconocimientos, creencias, autentificaciones y demás elementos que caracterizan cualquier discurso en el seno de lo social, desde el religioso al jurídico. La ciencia *hace institución*, es decir, involucra prácticas y dispositivos con funciones específicas en relación a la razón y al lenguaje. "Una sociedad no es separable de la institución del lenguaje y, en consecuencia, el saber científico también se encuentra, para sostenerse, ligado a la dimensión normativa del sentido" (Legendre, 2001: 89), el *nomos* del que habla Cover. Lo que interesa advertir es que *ese discurso tiene –aun si disimulada– una estructura teológica*[289]. Por ahora, solo señalemos uno de sus rasgos: apela a la fe, a la creencia en los "hechos" (como señala Arnoldo Siperman, evocando la figura de "cosa juzgada"[290]) en tanto esos hechos quedan atestiguados en los documentos y protocolos de investigación, legitimados por la comunidad científica y asentados como cosa verdadera (cosa juzgada) al interior de ese sistema pero con efectos en la sociedad (vuelvo a mencionar la proliferación inaudita de artículos de "divulgación científica" en diarios, revistas, programas varios en todos los medios, donde estos discursos ocupan cada día más y más espacio, desplazando otros discursos y erigiéndose en verdades consumadas, irrefutables y definitivas)[291]. Tales protocolos (instrumentos, en latín *instrumentum*, término

---

[289] Al igual que lo señalado por Derrida sobre lingüística y ontología, dado que esta es la forma laica de la teología.
[290] "La instalación de la ciencia moderna se muestra a la vez como una secularización frente a la referencia divina y como una independización en relación con la paternidad jurídica. Muestra tanto facetas de ruptura con sus precedentes teológico y legal –ruptura a veces más aparatosa que sustancial– como de continuidades matizadas de resignificaciones y apropiaciones... Lo resuelto en la sentencia, actuación concreta del texto articulada con la idea de la verdad como núcleo ordenador de la cosa juzgada, no puede ser jamás revisado, del mismo modo que la verdad de la ciencia, en tanto tal, no puede ser racionalmente negada..." (Siperman, 2008). Vale la pena leer este artículo completo, ya que resume con elegancia y precisión la historia de la verdad en Occidente y su anclaje fuertemente teológico, aunque renegado o desconocido.
[291] "La ciencia reflota un pacto dogmático (...) en tanto pone en relación lo hecho y lo verdadero, el hacer y la cuestión de la verdad" (Legendre, 2001: 82).

propio del vocabulario jurídico romano, que alude al escrito como "prueba por excelencia"), son un documento escrito que "reenvía –dice Legendre– al poder de establecer la verdad, de significar" (2001: 81). Así entendida, "la técnica 'hace fe' y, por ende, encuentra lugar en el sistema de representación del fundamento, a título de su participación de la garantía". Garantía de verdad y de sentido, sanción necesaria para la circulación y establecimiento de todo discurso en lo social. La "referencia de la palabra la verdad" de la que habla Safouan –retomando a Kant– como una de las condiciones de posibilidad de constituir una sociedad humana es ineludible también en el terreno de la ciencia; la cuestión radica en discernir cuál es el estatuto de esa verdad, cuál su concepción y su alcance. Si "verdad" se equipara con "comprobable y documentado", no es que se separa de lo religioso sino que por el contrario, hace una religión de lo empírico.

También el discurso jurídico se hace eco de las ambiciones de lo ilimitado; la mayoría de las veces –y esto es quizás lo más aterrador– ni siquiera lo advierte, porque disfraza sus decisiones (que afectan no solo a individuos sino al cuerpo social en su conjunto, incluso más allá de lo estrictamente contemporáneo) con slogans y frases consagradas, en absoluto analizadas sino repetidas acríticamente como monedas desgastadas por el uso y vacías por completo de toda significación. En la medida cautelar que obliga a la prepaga a solventar costosos tratamientos para permitir a una mujer que tenga hijos sola –caso que expondré unas páginas más adelante–, el fallo encuentra su justificación en, dice, "los más trascendentes derechos humanos"[292]... ¿De qué derechos se trataría? ¿De los de la mujer "autónoma"? ¿De los de los hijos potenciales? Así, una sentencia judicial inviste y legitima, en base a datos técnico-jurídicos pero sin cuestionar lo que tal situación conlleva para la especie, la nueva figura de madre-sola que es, en suma, la versión actual de la mítica madre-toda. La exclusión por

---

292  Ver Causa n° 5218/2014 de la Cámara Nacional de Apelaciones en lo Civil y Comercial Federal, Sala II, firmado por Ricardo Guarinoni y Graciela Medina.

decreto de la figura del padre. De ahí la necesidad de preguntar, una vez más: ¿es de verdad nueva tal configuración?

De la mano con tales posiciones de "empoderamiento" de las mujeres, se oye la consigna repetida en marchas y manifestaciones: "mi cuerpo es mío". La idea de posesión y propiedad –del hijo, del cuerpo, del género– que se grita como reivindicación libertaria y transgresora no expresa libertad (noción siempre e indefectiblemente ligada a la ley y a la responsabilidad, es decir, a la no posesión) sino, a pesar de lo que sus portadores digan y crean, la sumisión que exige el capitalismo salvaje. "Una de las consignas del liberalismo era que la libertad es sinónimo de autoposesión inalienable", dice Yanis Varoufakis. Lo que supone que el individuo se constituya como "un imperio dentro de otro imperio"[293], un ser completo y autocontenido en sí mismo y recién después entraría en relación con otros. Así, lo privado queda por completo desgajado de lo público, lo individual de lo común, la propio de lo compartido. El humano, una isla autosuficiente: la autoposesión resulta condición sine qua non de la libertad (¿?): "esta perspectiva liberal individualista legitimó el capitalismo como un sistema 'natural' poblado de agentes libres" (Varoufakis, 2018). Poseer, dominar, tener: ¿no es eso a lo que impulsa la desaforada lógica del consumo? Que haya que revisar cuidadosamente, y modificar de múltiples maneras, la situación de la mujer –usada y abusada, sometida, explotada, vejada– no puede, no debería llevar a una inversión especular o los burdos carnavales de protesta pública que parecerían, en la ya mencionada y lúcida expresión de Pablo Cúneo, "rituales para matar a Eros". La lucha anti patriarcado adopta la forma de rechazo y eliminación del hombre, al estilo de las antiguas (e imaginarias) amazonas. Lo cual incluye, claro, el rechazo al padre (por parte de la propia mujer como hija y como madre). Curiosamente, tal rechazo le otorga al padre una consistencia y una monumentalidad que nunca tuvo, más que en el imaginario de algunos mitos... Por otra parte, si mi cuerpo es mío –y no, como de hecho es, un cuerpo entre

---

293 Expresión que ya Spinoza critica enfáticamente.

otros, producto del efecto del lenguaje y de la trama social en la que se inscribe– también lo será el tiempo, ese amo implacable que lo afecta y deteriora. Cirugía tras cirugía, borradura tras borradura, la juventud deberá eternizarse. Narciso hecho mujer, deleitándose engañosamente frente a su imagen, desconociendo todo acerca de la alteridad... para por fin hundirse, ahogarse en lo "propio".

Uno de los tantos resonantes casos que la prensa nos ofrece casi a diario da buena cuenta de esta fantasía narcisista: el personaje –real, aunque por momentos parezca más una figura de serie de ciencia ficción o de cómic– es una joven que –dicen las notas– "entra al secundario como varón y se gradúa como mujer". En el ínterin, cambio de nombre, operaciones varias, modelación de rostro y figura para acercarse a la apariencia deseada... Una trans, se define, y afirma con orgullo: "Yo soy mi propia obra". (Revista Viva, Clarín, 28/01/18). Narcisismo y autoengendramiento indisolublemente ligados, eliminación del tiempo y de la alteridad... De un solo golpe, Leandra –que así se llama– ha anulado las dos diferencias determinantes de lo humano, la de sexo y la de generaciones.

Entonces, si no hay otro ni tiempo ni muerte, ¿cómo situar al hijo en la cadena filiatoria?

Tiempos locos. "La celebración del Yo, de su autonomía, de su poder deliberativo y de su autoconsistencia, es cifra sintomática de nuestro tiempo... El fantasma hipermoderno de la libertad como despliegue del Yo es la manifestación fundamental de esta locura", dice Recalcati (2014: 49). Parecería que los grandes problemas de lo humano no pueden escapar de lo maniqueo: o mi cuerpo es expoliado, poseído por otro (sea bajo los modos de la religión, de la explotación por el trabajo, del machismo, de la obscena mostración de los medios...) o me rebelo y adquiero, por las buenas o las malas, el título de propiedad sobre él. Pero al hacerlo, paradójicamente se permanece encerrado en la misma galería de espejos: no se sale del circuito perverso de la objetalización. Solo advirtiendo que no se trata de mío, tuyo o suyo, podrá evitarse el peligro que acecha a todos los cuerpos, es decir, a la especie hablante arrojada a la falta, la ley del corte y la prohibición. Si somos seres de lenguaje, ya estamos separados de la cosa. La primera forma de esa ley que nos hominiza es la interdicción del incesto: el *no* que recae sobre la ilusoria posesión del cuerpo de la madre. A partir de ahí, y mediante arduos avatares, la cultura no cesa de notificarnos esa imposibilidad que se traduce en otras desposesiones, se desliza como mercurio a lo largo de la existencia porque es lo que constituye la marcha del deseo. La paradoja comienza a vislumbrarse: al mismo tiempo que se clama por la propiedad del cuerpo, se renuncia a su erotismo. Mujeres masculinizadas, con discursos fálicos y aseveraciones de no necesitar ya a los hombres ("no necesito ser la mujer deseada") hacen del cuerpo un objeto mecánico. Como remedando el mensaje de Pablo a los gálatas, carne y esclavitud se homologan... La tecnología aporta los medios para separar al humano –como quería la prédica paulina– de su fallida y precaria corporalidad.

Pero, ¿de qué se trata en este complejo ensamblaje en el que las palabras se entraman, produciendo discursos como prácticas y actos sociales[294]? ¿De qué depende la vigencia y la efectividad de tales discursos? ¿Qué hace que una enunciación sea "auténtica", legítima, verdadera y valedera? O, como lo formula Legendre: "¿Cómo es inscripta dogmáticamente la técnica, es decir, cómo da cuenta de la construcción social del sentido? ¿Qué nos dice ella de la verdad de Occidente? (...) ¿En qué la exaltación de la técnica traduce eso que llamamos una *fe*?" Se impone revisar su enlace a la lógica de la causalidad, es decir, su encadenamiento a la Razón

---

294 Apunto aquí a desarticular la consagrada y dualista oposición entre palabra y acto, como si pertenecieran a planos radicalmente separados. La noción de dispositivo elaborada por Foucault ("conjunto de prácticas y discursos que producen subjetividad", en una definición aproximada) puede ser de ayuda. Legendre, nuevamente, aporta precisiones clave: "El sistema jurídico hace la función de mediación: articula y traduce. (...) Los andamiajes jurídicos instituyen el nacimiento y el transporte de las filiaciones... Instituir quiere decir dar consistencia a las incertidumbres constitutivas, gestionar las incertidumbres que presiden la reproducción de la humanidad –reproducción dependiente de la transmisión de interrogaciones inconscientes, de las que sigue suspendida la problemática subjetiva de cada ser humano" (Legendre, 1996: 207). Lo jurídico sería entonces un dispositivo destinado a dar lugar y tramitar tales incertidumbres inelimi-nables –por nucleares– y no a responderlas o disolverlas en saberes cerrados. Curiosamente, ese –la disolución de la pregunta– es el intento de la ciencia.

como principio fundante y organizador de lo existente, de donde proviene toda legitimidad.

Situemos breve y sintéticamente –y por tanto, en forma harto limitada pero suficiente a los efectos de estas páginas– el problema: a lo que asistimos es a la inversión simétrica de la configuración que durante siglos y milenios dio su forma y su inteligibilidad al mundo occidental. Para decirlo cortito, lo que Nietzsche resumió en su fragmento "Larga historia de un error, o de cómo el mundo verdadero se convirtió en fábula", en su *Crepúsculo de los ídolos*. Allí, con pasmosa precisión, el filósofo describe el triunfo del nihilismo, entendido como la operación platónico-cristiana de devaluar el mundo sensorial (convertirlo en apariencia y, por ende, falso) y elevar lo invisible (la Idea, el espíritu) al supremo rango de lo verdadero. Esta depreciación de lo material, temporal y corporal –que arraiga, claro, en los postulados paulinos como heredero del platonismo– fue la vía de construcción de poder de la Iglesia y de toda la ideología basada en la salvación celestial. Muerto el cuerpo –o mortificado y sacrificado– reina el espíritu, es decir, lo que permanece ajeno al hambre, el sexo y demás solicitaciones del mundo de la materia. Dualismo exacerbado y justificado teológicamente, triunfo de los débiles, sometimiento y explotación... Pero como lo que se echa por la puerta vuelve por la ventana, he aquí que a la larga el cuerpo y la materia se toman su revancha. En un típico *agon* digno de la tragedia, el alma ahora, en nuestros convulsos días, es desplazada y el cuerpo vuelve a sentarse orondamente en el trono. La verdad, dice la ciencia, es lo observable, medible, cuantificable. Nada de la evanescencia que implicaba el espíritu, relegado hoy al terreno de lo fantasioso y mágico. La única verdad es la realidad, podríamos decir parafraseando al viejo General, solo que esta frase es engañosa en su aparente simplicidad. Porque, ¿qué es "realidad"? ¿Y "verdad"?

Interrogantes más urgentes ahora, cuando la palabra de moda que invade los medios como una cantinela machacona es "posverdad". De nuevo, entramos en un terreno fangoso e intrincado.

En principio porque, como venimos señalando, no hay "verdad" desprendida del lenguaje, ni "realidad" por fuera de un sistema de representación de una sociedad dada. Ni la verdad ni la realidad –y por ende, lo "objetivo" y toda la corte de nociones asociadas– son "en sí" cosas aisladas ni mucho menos huérfanas: lo que se reconoce como real y/o verdadero se inscribe, necesariamente, en una cadena regulada por la causalidad, en una trama de legitimación, en un código regido por la Referencia. Los conceptos, al igual que los humanos, son filiados: causados, nombrados y ubicados en lugares específicos de una red referencial (llámese familia, derecho, arte, religión, ciencia o lo que sea).

Ahora bien: la oposición materia/espíritu, cuerpo/alma, oposición inscripta en esa trama, oculta –mediante un reduccionismo bastardo y tendencioso– la verdadera complejidad de eso que somos, aquello por lo que pregunta la Esfinge tanto como el libro de oraciones de Yom Kippur (por citar solo dos lugares emblemáticos al respecto). Es que, como todo reduccionismo, tal esquema se desentiende, precisamente, de lo irreductible, ese resto imposible de ceñir por el cálculo tanto como por la palabra. Y como toda oposición sustancialista, no soporta la vacilación, la incertidumbre, lo insabido. Si retomamos lo que venimos viendo, las cosas son mucho más ricas e inabarcables de lo que sugieren esas soluciones *ad hoc*. Agustín es el pionero que establece de manera férrea dentro del pensamiento cristiano aquello que ya venía desarrollándose desde Platón (y su continuador Pablo de Tarso), la oposición entre alma y cuerpo como una de las expresiones del antagonismo mítico del bien y el mal, la luz y la oscuridad. El paradigma consagrado por Aristóteles con su principio de identidad sienta exitosamente el combate "cuerpo a cuerpo" –valga la paradoja– y que se remonta a Parménides, entre el ser y el no-ser, lo verdadero y lo falso, en una retoma filosófica –vía Platón– de la pareja mítica arcaica. No hay lugar para un tercero, no se hace espacio a la diferencia: solo afirmación y negación, lo que es y lo que no es. Ontología de base maniquea, por más que luego la deriva de la filosofía occidental intente, con éxito escaso, matizar y flexibilizar tal asunto. Pero como todo es según el color del cristal con que se mire, este paradigma reinante sin disimulo a lo largo de más de dos milenios y que se pretende universal (otra palabrita que llama a la deconstrucción), nacido en Grecia y prolongado y difundido por el cristianismo, obedece a un momento, un lugar y un sistema de pensamiento particulares, es decir, situados históricamente. De universal, nada.

Interpolo unas líneas que ilustran gráficamente la cuestión:

"En 1263 fray Paulus Christiani ... retó a las comunidades sefarditas de Aragón a entrar en una disputa religiosa. Moshé ben Najmán, el más eminente rabino y cabalista de la época fue designado por el rey Jaime I como representante de los hebreos. La controversia duró varios días... Najmánides, como se llamaba al judío entonces, no solo demostró todos sus conocimientos y su erudición bíblica, sino que terminó por confundir y exasperar a sus contendores gracias a una forma argumentativa cuyo nombre, la Cábala, supo disimular. La molestia que sintieron los círculos eclesiásticos ante su desenvolvimiento y su lenguaje demoníaco trajo finalmente la intervención del Papa, quien protestó ante el rey Jaime. Najmánides debió exiliarse de Aragón y murió en Palestina dos años más tarde. (...) El Talmud fue ampliamente expurgado y se quemaron una serie de manuscritos hebreos" (Claro, 2009: 11).

Esta anécdota se replica en infinidad de otras historias similares, perfectamente registradas y atestiguadas[295]. Hago énfasis

---

[295] En consonancia, el escritor judeo-alemán Benjamin Stein, autor de la notable novela *El lienzo*, señala –en un reportaje– lo problemático que resulta lo judío dentro de la cultura alemana en particular, y europea en general. A la pregunta del periodista, ¿cuál le parece que es el lugar del judaísmo hoy en la cultura alemana?, Stein responde: –Creo que no lo saben, que la cultura alemana no sabe hoy en día lo que le debe a la cultura judía. Cuando se habla de las conquistas de Occidente, se habla siempre de la tradición cristiana y se anula el hecho de que el sistema legal se basa en el Talmud. En Alemania lo que hoy se hace es un reconocimiento de palabra, pero en realidad a la población eso no le importa en absoluto. Uno podría tensar el argumento y decir que es mejor que pase eso, que no haya un interés a que haya un interés en el sentido negativo. Pero, como sea, puedo decir que hoy la cultura judía está muy lejos de tener un rol activo, en el

en lo de "una forma argumentativa" que resultaba exasperante e incomprensible –por ende, imposible de rebatir– para sus oponentes. Ante tal imposibilidad, el único recurso es la censura, la expulsión, el acallamiento. Ejercer, pues, el poder de sancionar la verdad y legitimar o deslegitimar los discursos, tal como había hecho siglos antes Justiniano (Legendre, 1981). La verticalidad de tal poder es la expresión política de su base filosófica: en el esquema ontológico, se es o no se es. Política, filosofía, religión y todo discurso concerniente a lo humano, concebidos y estructurados ontológicamente, donde la Verdad y el Ser quedan identificados. Lo decía Meschonnic: pensar el lenguaje es pensar la vida. "Si la ética es lo que hace sujeto... la relación con uno mismo, con el pensamiento, con los otros pasa, vuelve a pasar incesantemente por el lenguaje. La ética es el lugar mismo de la relación entre el lenguaje y el vivir (...), el pensamiento de lo que puede y debe ser una vida humana" (Meschonnic, 2009).

Cuerpo, texto, discurso, verdad, ética, política: términos indisolublemente ligados en una trama donde se causan y se efectúan unos a otros, configurando un mundo –un *nomos*– donde la justicia, los valores y la existencia misma se decidirán y transformarán de acuerdo a ese singular entramado.

---

sentido de ejercer una influencia real en la cultura alemana" (*Revista ñ*, 9/2/17). Ver, también, el clásico texto de Ouaknin, *El libro quemado* (1999), donde queda claro que Europa, desde los inicios de su constitución con el Imperio Romano, no ha cesado de hacer esfuerzos por borrar lo judío y sus producciones del corazón de su cultura.

## CAPÍTULO VIII ■
### GENOCIDIOS DE GUANTE BLANCO

**Economía filiatoria**

La ciencia, en efecto, ocupa el lugar de lo divino, tal como el dinero según Marx. "El dinero es el nuevo dios". La noción de fetiche ayuda a comprenderlo. Tales frases, más allá de las banalizaciones de que han sido objeto, atestiguan acerca de lo que subyace a ambos sistemas, el científico y el económico: dan cuenta –sin quererlo– de su estructura teológica.

En el terreno de la economía se advierte con suma claridad, en tanto la moneda –artilugio simbólico del intercambio– solo funciona en relación a una instancia de garantía, un Tercero que asegura su valor y fija las reglas de relaciones contractuales entre quienes participan del sistema. Pagar, cobrar, vender y comprar, acciones que hacen circular la moneda, están siempre e indefectiblemente referidas a aquello que garantiza el valor, es decir, que sostiene la posibilidad del crédito, la "buena fe" y la medida compartida. La idea misma –y el vocablo– de crédito, tan propia de lo económico, habla en realidad de un fundamento esencial a lo religioso: creer. Pero además, el crédito es un modo de simbolizar la temporalidad. Como dice Nietzsche en su *Genealogía*, "fue necesario fabricarle una memoria al animal hombre para que le fuera lícito hacer promesas". Pro-meter, proyectar hacia el futuro un intercambio, sostener una deuda, con todo lo que ella implica de crédito e intereses, son modos del lazo social inevitablemente tejido con las hebras del tiempo, es decir, de la muerte y la finitud. Memoria, promesa, deuda, términos que hablan de la estofa temporal y mortal del animal hablante. Pero ninguno de ellos puede funcionar por fuera del ámbito de la garantía.

"El ajuste de la oferta y la demanda por el precio indica que la expresión monetaria (el precio), en esta modelización del tercero, postula una posición de principio en cuanto al juego designado por la tradición occidental bajo el vocablo de 'justicia'. ... Según la formulación liberal, el mercado *es* el orden social, la vara de toda civilización, que toca pues lo esencial. ¿Qué de lo esencial? Más exactamente, el encuentro de los créditos y las deudas, arbitrados y juzgados como último resorte... por la organización jurídica de la Banca y de la Bolsa. Detrás de estos montajes gigantescos, reencontramos la *problemática del límite* inherente al concepto de *justicia*, que subtiende nuestras metáforas de la soberanía, porque preside la última confrontación humana: la confrontación entre acreedores y deudores. (La metáfora soberana de la Balanza expresa el encuentro de ambos –balance: término tomado del latín popular medieval, formado por *bis* (dos veces) y *lanx* (plato, bandeja) bajo la égida del tercero, la alegoría de la Justicia sosteniendo el instrumento de la equidad). La dimensión monetaria no hace sino *poner en orden la escena sacrificial*" (Legendre, 2001: 102; itálicas en el original).

Justicia y economía, primas hermanas, instituciones ligadas por la cuestión del Tercero y, por ende, del crédito, la fe, la garantía. ¿Acaso no se habla en el ámbito del derecho de justicia retributiva o distributiva? ¿Y no son estos términos propios del ejercicio económico?

Pero históricamente se debe tener en cuenta que no solo los metales, los granos o las especias han servido de moneda: también, y en forma central, los cuerpos. Y en particular, los hijos. ¿Qué sino un comercio, una negociación, es lo que se desarrolla entre Agamenón y la divinidad, regateo que pone sobre la mesa como moneda de pago a su hija Ifigenia? ¿No es ese también el caso de Layo, que paga –o cree, o quiere pagar– con la vida de Edipo su permanencia en el poder? ¿Y el Faraón con su soberbia, que le hace creerse un dios sin nada ni nadie por encima de él? Dice el profeta Ezequiel:

> "Ser humano, dirige tu rostro hacia el Faraón, el rey de Egipto, y profetiza sobre él y sobre todo Egipto. Habla y dirás: Así ha dicho D'os: He aquí que Yo estoy sobre ti Faraón, rey de Egipto, el gran anfibio, quien yace en medio de sus ríos, quien dijo: mío es mi río y yo me he hecho" (29:2-3).

Múltiples mitos y relatos lo atestiguan: de ahí la singularidad del relato bíblico como contra-mito, modo narrativo de invertir la lógica sacrificial operante en los casos mencionados. Y uno de los modos fundamentales de esa batalla antimítica es la afirmación de la ley. Ley que, por estructura, es siempre vacilante y, como dice Edgardo Haimovich (2003: 19), cojea, por lo que debe ser reafirmada una y otra vez de diversas formas y por todos los medios posibles. Renegar de la ley o atentar contra ella –desconocer el límite– no puede sino arrojar a lo peor: la muerte del hijo. Así lo muestra el episodio bíblico de la muerte de los hijos de Aharón, el sumo sacerdote, en su intento de estar por encima de la legalidad al profanar el santuario[296]. Habría que preguntarse si no son ellos los que pagan la transgresión cometida por su padre (al igual que los vástagos del Faraón, Layo o Agamenón): la construcción del becerro de oro (que, como sostiene Goux, es la realización de un ritual incestuoso). De modo que el fin que se abate sobre los jóvenes no es un "castigo divino" sino la consecuencia lógica del acto de su padre: hacer caso omiso de la ley. Se verifica así el aserto inicial de estas páginas: parricidio y filicidio sucediéndose sin solución, sin corte, porque eso precisamente –el corte– es lo que no se ha producido. Si ese padre, Aharón, fue quien armó la escena incestuosa disputándole el espacio a la Ley que portaba Moisés en su descenso del Sinaí, ha faltado a su función y ha arrojado a sus hijos al pegoteo y la confusión que terminó perdiéndolos. Que "los

---

[296] Como bien señala Pablo Cúneo, "cada época tiene sus modos de matar al padre" (comunicación personal). La profanación del santuario a cargo de Aharón, el ataque a la Referencia, son formas apenas disimuladas del parricidio.

hijos pagan los pecados de sus padres" es una realidad dolorosa pero incontrovertible: no hay en ella fatalidad en tanto destino ni castigo teológico, sino una verdad de estructura. La omnipotencia paterna –no considerarse ob-ligado a la ley– conlleva un altísimo costo para los hijos. Si el padre es soberano –en sentido schmittiano– no puede cumplir su tarea más propia, aquello que lo hace merecedor de su nombre y su lugar: la transmisión de la ley.

No por casualidad, entonces, la figura que permanece como legislador y guía en la saga bíblica no es el sacerdote –finalmente, poco más que un administrador del culto– sino Moisés, el de lengua fallida. Y tampoco es casual que Freud haya sacado de él los rasgos determinantes para su elaboración de la idea de padre.

Podemos ahora retomar la cuestión que nos asedia: ¿cuánto de esa lógica sacrificial en la que el hijo es moneda de cambio, variable de ajuste, *mercancía*, pervive en las actuales configuraciones tecnocientíficas que hacen de la procreación una cuestión de mercado? ¿Cómo se refleja esta antiquísima problemática –vinculada a la ilusión de inmortalidad, omnipotencia, dominio absoluto de la vida, ausencia de límite, renegación de la castración– en el modo posmoderno de gestionar[297] hijos como objetos de consumo, elegibles cual productos en una vidriera o planificables según preferencias individuales, hijos a demanda, "customizados", *hijos de diseño*?

> "Relevemos algunos estándares típicos de Occidente en sus múltiples connotaciones religiosas, políticas y jurídicas, que pululan en la propaganda cientificista mundializada. Un programa en siete puntos: Progreso perpetuo, Auto-transformación (del sujeto humano), Optimismo práctico, Tecnología inteligente, Sociedad abierta, Autogobierno del individuo, Pensamiento racional. ¿Qué es lo que subtiende este discurso del anti-límite? La gran promesa de inmortalidad: una 'resolución integral del problema de la muerte'... esta producción de enunciados cuasi estereotipados condensa ciencia y técnica en un discurso

---

[297] Es preciso darle a este término todo su alcance que puede llegar a niveles siniestros como en el nazismo, empresa gestionaria (de la muerte) por excelencia. La biopolítica encuentra allí su culmen y su abismo.

sincrético, del que rezuma una escatología (=teología de los fines últimos) y una moral definitivamente secularizada. Estamos así ante un *monumento social de creencias*, que expresa... los fantasmas de la sin-Razón legitimados por el hacer científico-industrial" (Legendre, 2001: 89)[298].

Es en este terreno donde se impone poner en relación tres términos que, de suyo, se co-implican: parricidio, filicidio, genocidio[299]. Imbricación a pensar, ya que tales espantos hacen su aparición en nuestra época bajo múltiples máscaras y disimulos, revestidos de discursos científicos y argumentos del "progreso", la liberación y el "empoderamiento".

Empresa fáustica, con las pesadillas que ella implica y de las que el arte, la literatura y la historia dan cuenta sin cesar. Encrucijada que nos conduce –como a Edipo– nuevamente al interrogante: ¿qué es el hombre? Y más precisamente: ¿Qué es el sujeto? Porque la encrucijada, ese puntual cruce de caminos donde Edipo se choca con su padre –sin saber que lo es, ignorando todo acerca de su filiación– es el único sitio en el que tal pregunta puede formularse. Lugar de encabalgamiento generacional y de inscripción de la vida humana en su sucederse según la ley del hablante, punto de sutura

---

[298] La paradoja consiste en que se exalta a la ciencia como el *non plus ultra* de la razón, pero resulta finalmente lo contrario: desasido del fundamento mítico que la sustenta (Referencia, Otro, Tercero o D'os, en las culturas monoteístas: principio de Razón para la especie humana), –punto de anoticiamiento para el sujeto de su condición de no-todo, enigma no destinado a ser resuelto sino a ser sostenido y que, a la vez, sostiene–, el discurso científico-tecnológico alimenta la ilusión del autoengendramiento. Es en ese punto donde lo más "avanzado" resulta solidario de lo mítico destituyente en tanto postula la omnipotencia y la inmortalidad. Porque, ¿qué sino inmortales son los seres que no reconocen genealogía humana, que no son descendientes de otro fallido? Ahí es donde cobra toda su relevancia la reformulación de la cuestión freudiana, como dice Ritvo: ¿qué significa decir que se ha tenido un padre? La pregunta "¿de dónde venimos?" no puede ser respondida con argumentos científicos procedimentales, sino a costa de renegar de nuestra condición humana.

[299] "A partir del verbo *gignomai*, venir al ser, nacer, se forman ciertos sustantivos...: *genos*, origen, descendencia, nacimiento, raza, patria, género, sexo; gonos, niño nacido o a punto de nacer, origen, familia, nacimiento...; *goné*, descendencia, esperma, partes genitales, nacimiento, alumbramiento. Además, *geneá*, extracción, cepa, linaje, da genealogía" (Legendre, 1996: 322). Agreguemos: gen, genoma, gente... Hay, pues, un parentesco inextricable entre genealogía, género y genocidio.

y apertura a la vez, cadena que articula el pasado con el futuro a través del nombre, la encrucijada mal comprendida es ocasión de extravío sin retorno. La brújula es la finitud; si esta es renegada (y Layo, en la saga de Cronos/Saturno, es un ejemplo evidente de ello), el sendero solo puede conducir al abismo. El suicidio de la Esfinge refleja, especularmente, el del humano que no sabe reconocerse en la condición finita y filiada de la especie y que, creyendo arrasar con el límite, es aplastado por él. "Si fuéramos inmortales, no tendríamos nietos", dice Rav. Sacks. La inmortalidad del individuo es la muerte de la especie. La finitud individual es la subsistencia de la especie.

### El padre está desnudo

Entre los harapos del padre de Hamlet[300] y el traje invisible del emperador, ¿cuál es la investidura actual del padre?

No pasa semana sin que aparezca en los diarios, suplementos dominicales o revistas de actualidad algún artículo celebrando el fin de la diferencia de sexos y el "feliz" advenimiento de escuelas, grupos u organizaciones donde se intenta borrar todo rasgo de identificación que señale la pertenencia a uno u otro género. Lo femenino y lo masculino, dicen –especialmente en los países nórdicos, donde este modelo de borramiento cuenta con cada vez más adeptos– son "viejos estereotipos", categorías que coartan la "libertad de elección". El "sexo fluido" y lo "trans" son el *non plus ultra* de lo moderno, la consagración de la libertad individual y del "empoderamiento" que se expresa en el citado slogan "mi cuerpo es mío". De la trama social en la que esos cuerpos se desenvuelven, nada. De la alteridad, ni noticias. La disimetría inherente a la sucesión filiatoria, disuelta en una paridad de mercado. La heteronomía –que, como vimos, es esencial a la autonomía–, archivada como reliquia. La igualdad (jurídica), banalizada como indiferenciación. La reciprocidad –característica de contratos o transacciones co-

---

300 Kozicki, *Hamlet, el padre y la Ley*, comentado por Kreszes, 2006.

merciales–, elevada a máximo valor. La consigna de la propiedad privada, contra la que estos discursos libérrimos creen batallar, llevada a su más absurdo y grotesco extremo. Recientemente los medios reseñan el caso de Luana que, según los titulares, "nació con genitales masculinos. A los dos años dijo que era una nena. A los seis le dieron el DNI con el nuevo género y el nombre que había elegido"[301]. La lectura de la noticia produce vértigo: ¿es posible "elegir" sexo, nombre, identidad a edades tan tempranas?[302] ¿De qué se habla aquí? ¿Qué rol cumplen los padres? Pues, como son modernos y liberados, apoyan a su hij@ (según la notación que se usa ahora) y suscriben tales "decisiones" que tienen por razón y justificación "decidir en forma autónoma y libre" sobre su vida, lo que incluye "no aceptar el sexo que le fue asignado al nacer" (¡¡!!). Interesante redacción: "le fue asignado", como si se tratara de una autoridad despótica y autoritaria, un gobernante malévolo que, desconociendo el verdadero deseo del ¿sujeto? le impone por la fuerza una identidad. Ninguna sobredeterminación, nada que escape al dominio propio, ningún rasgo que preceda y enmarque a la criatura. Lo que no podemos elegir porque viene dado –nacer de determinados padres, en determinado momento y lugar– aparece así como un destino dispuesto por dioses maléficos, o la mentada "presión de las reglas de la sociedad"... Ningún espacio de alojamiento que le preexista. Sujeto no instituido, sino autoengendrado. Renegación *in toto* de toda deuda simbólica.

Todo sucede como si ser varón o mujer fuera poco menos que una maldición o, en todo caso, una antigualla; a lo sumo, si es que tal distingo subsiste o se produce, habrá de ser resultado de una "libre elección", tan voluntaria como la marca de dentífrico o el modelo de auto que decidamos adquirir. No hay nada dado, nada here-dado, nada que venga ya antes de nuestro nacimiento y de

---

301 *Viva*, revista dominical de Clarín, 19/3/2017.
302 Recuerdo el caso de un niño de una familia cercana que, a los cuatro años y jugando disfrazado de rey, intentaba ordenar a los padres qué y cuándo se debía comer. El chico extendió su espada de madera al grito de "¡¡Soy malo, muy malo!! ¡Aquí mando yo!", a lo cual el padre, calmadamente, le respondió: "lo único sobre lo que mandas es sobre tus juguetes".

nuestra "libre" voluntad[303]... No hay instancia instituyente que, por definición, preceda a lo instituido. Se impone así, implícita pero persistentemente, la confusión entre marcas identitarias y destino. Se procura ignorar que el sujeto no es sino el lector de esas marcas que porta como miembro de la especie hablante, y que en esa(s) lectura(s) consiste su libertad y su proyecto[304]. La vida del humano, parece decir ese nuevo credo, es sin condicionamiento alguno, una suerte de autogeneración sin antecedencia, de origen purificado de toda inscripción, de aparición mágica *ex nihilo*. Sujeto de-sujetado. Quienes defienden tal idea son, paradójicamente, los que con más énfasis rechazan la narrativa bíblica o de cualquier otro mito –a los que acusan de pensamiento mágico– que pone en escena a un Otro de cuyo deseo depende nuestra venida a la existencia... porque también reniegan del hecho de ser hijos de los textos. En suma, tal posición de rechazo a la alienación primera, insoslayable para el fundamento de la vida y condición indispensable para una posible separación, es en última instancia un cerril y pueril –pero no por eso menos peligroso– rechazo al inconsciente y a todo lo que implica la estructura de la subjetividad. "La filiación significa la contención de cualquier autofundación, lleva en sí misma la notificación del principio de Razón al mismo tiempo que introduce al sujeto humano en la lógica de los fundamentos de legalidad del lenguaje", dice Legendre (1996: 95). Legalidad condensada en la metáfora, cuyo portador –el padre– tiene a su cargo la tarea de instituir la nueva vida. Porque, como afirma Lacan en su Seminario XI, "...todo abrigo donde pueda instituirse una relación vivible, temperada, de un sexo a otro... necesita la intervención de ese médium que es la metáfora paterna"[305].

---

303   Libertad que, según Levinas, es siempre segunda respecto de la responsabilidad. Lo que me constituye como sujeto y me integra en la especie humana es ese lugar indelegable de hacerme cargo del otro, de su padecimiento, de su hambre y, en última instancia, de su muerte. Pero el otro, dice el filósofo, es el tiempo. Alteridad y temporalidad se solapan, de la misma forma que alteridad (*ajeirut*) y responsabilidad (*ajraiut*), dos vocablos de idéntica escritura en hebreo.
304   Como solía recordar en sus textos y sus charlas David Kreszes.
305   Pero la metáfora paterna, o en términos amplios, la noción misma de padre incluye indefectiblemente la temporalidad."El pasaje de una generación a otra...

La hipermodernidad, con esa burda concepción de libertad individual, parece desconocer que no hay más sujeto que el instituido, y esta institución supone la asimetría de los lugares. Que no hay autonomía sino a partir de la heteronomía fundante. Lo que Lacan, traduciendo a su modo los conceptos kantianos, llama alienación y separación.

### ...Y la serpiente triunfó[306]

> "Percibimos el rol del cientificismo en el despliegue de la cultura moderna: el advenimiento progresivo de la idea según la cual la verdad de la filiación sería biológica. El hitlerismo ha sido el triunfo de este absurdo...".
> Pierre Legendre, *La Breche*

"P.L. fue mamá a los cuarenta y siete años, producto de una fertilización asistida y tras un largo camino recorrido. Su caso sentó precedente jurídico y son miles las mujeres que siguieron por las redes su lucha... Los mellizos nacieron por cesárea...". Entrevistada por una revista femenina que se jacta de moderna, dice la reciente madre (cuando se le pregunta si y cómo les contará el proceso que llevó al nacimiento): "¡Ay, es todo responsabilidad mía! La hermana mayor sabe que a su mamá le pusieron la semillita en el sanatorio...". Con respecto a "la mirada de los otros", la madre explica: "La gente cree que hay una manera normal y otra que no lo es, pero esta (en todo caso) no es anormal sino no convencional. Y lo es por ahora, porque todo está cambiando... Yo creo que *la mejor manera es la que uno elige, no importa cuál sea*. Lo ideal es lo que te hace feliz a vos y a tus hijos. En mi caso es una familia monoparental, es otro formato". ¿Podrá entonces ella sola cumplir ambos roles? ¿Se

---

hace ver la función del padre vinculada al tiempo" (Legendre, 1996: 283). Es también ese despliegue temporal lo que articula la deuda simbólica y permite su tramitación. El aplastamiento del tiempo elimina, de suyo, esa idea fundamental de la especie.

306 ¿A costa del fracaso del hombre?

extrañará en algún momento la existencia, real o virtual, presente o pasada, de un padre? La respuesta es terminante: "No, *ellos no tienen papá, y punto*. Con los hijos las decisiones más importantes son *la prepaga, el colegio y los valores* (sic). Y eso lo puedo decidir yo, no necesito un hombre al lado... Estos bebés... son un deseo hecho realidad..."[307] (Revista *Para ti*, N° 4889, 1/4/20216; yo destaco, D.S.). Recordemos la evocada sentencia cautelar que da la razón a la mujer. Se concreta aquí la idea de que los *hijos de la ciencia* forman parte de un proceso de la posmodernidad centrada en la eficiencia, cuyo lema podría resumirse en las palabras de Legendre: "incitar a la reproducción y matar el deseo" (Legendre, 1996: 286).

La "lucha" de la señora aparece como una revolución libertaria, una gesta emancipadora que suscita aplausos y adhesiones, como si se tratara de Luther King o Rosa Luxemburgo. Difícil hacer un análisis detallado y pormenorizado de tal discurso que, a mi entender, resulta bizarro. En él se mezclan gatos con escobas, la Biblia y el calefón y cuantos objetos y categorías se nos ocurran. La prepaga y los valores, por ejemplo, comparten el mismo casillero (¿?); el deseo está puesto en el lugar del antojo –¿recuerdan a la insoportable niñita malcriada del film de Tim Burton, *Charlie y la fábrica de chocolate?*–, la felicidad con el capricho, y así... Luis Thonis (2016) dice agudamente: "la sociedad habla todo el tiempo del deseo pero lo que hace es incentivar la demanda[308], todos quieren todo de todo y así se corona la nada de la nada".

P.L. compró la oferta de la serpiente: "seréis como dioses". En esa escena mítica (Gén. 3, 1-5), la serpiente representa al paganismo. Pero hay una figura que en el texto *opera la castración*: literalmente, le "corta las patas" al ofidio y desmantela, así, la fantasía de saberlo todo y poderlo todo con la que el animal intenta seducir al humano. Es la figura de la Ley (llamada IHVH), es decir, el anoticiamiento de la falta. Por lo tanto, el surgimiento del deseo, siempre e indefectiblemente en relación a un otro, a la diferencia y al límite. Porque no puede haber deseo en la completud: es el corte, la sepa-

---

307 Revista *Para ti*, N° 4889, del 1/4/20216, Atlántida, Buenos Aires.
308 Valga la polisemia del término.

ración, lo que-no-se-tiene y lo-que-no-se-es el terreno del carácter deseante del sujeto. De ahí que entre deseo y capricho (o ganas, o antojo) haya una distancia y una heterogeneidad insalvables. Más bien son lo contrario, ya que el antojo niega al otro como tal, lo toma de objeto y lo incorpora en una mismidad autosatisfecha y autosuficiente.

La partenogénesis –la reproducción autógena, sin participación de un otro: el solipsismo del engendramiento– es la figura más evidente y patética de esa autosuficiencia. "No necesito un hombre para reproducirme". Mis hijos no tienen padre: solo una madre-toda, omnipotente, no dividida, sin límite en su querer, sin otro que complemente, aunque sea imaginariamente, la propia falta. Ya que no puede haber falta si el acto por excelencia que requiere del diferente –la reproducción sexuada– se logra obturando tal necesidad. Imaginariamente, otra vez: aun en un caso tan extremo y racionalizado, queda oculto para esta mujer que esa "semillita" que, dice, le pusieron en la clínica, *porta la diferencia*. Discurso cercano a la psicosis porque, entre otras cosas, considera que mediante su decisión omnímoda y despótica (que ella llama "amor de madre") anula, de una vez y para siempre, la pregunta que sus hijos no podrán dejar de hacerse, por derecho y por estructura: la pregunta por el padre. Porque, si no se tiene padre –lo que esta mujer "decide" en forma autoritaria–, ¿de dónde se viene? Nuevamente la palabra de Thonis: "Querer ser el primero es negarse a reconocer que uno es un sucesor en una serie y sentenciarse a una prisión depresiva" (2016: 107).

No, la estructura del inconsciente no se modifica a voluntad y por decreto. Por más que la señora P.L. intente ignorar la cuestión, queda latente y acuciante y, tarde o temprano, se cobra su precio. Con certeza, los hijos serán la moneda que la ilusión posmoderna se cobre[309]. Dolorosa transacción. Que no le quepa duda a la híper madre: lo que echó por la puerta volverá por la ventana, en su peor forma y con el rostro de lo siniestro. Su actitud no está demasiado

---

309 Walter Benjamin aporta agudas reflexiones al respecto en su célebre texto "Experiencia y pobreza".

lejos de los actos de la dictadura en la Argentina o, en suma, de todo genocidio. La apropiación de bebés, el intento de cortar los lazos filiatorios (Coquio, 2005), de negar la historia, de falsear la inscripción de los niños en la cadena sucesoria; la decisión de hacer desaparecer, literal y simbólicamente, padres y/o madres, para inventarles a los hijos identidades *ad hoc*... Concepciones que, disfrazadas de actos libérrimos o de defensa de la "raza pura", enunciadas como "acto de amor" o lucha contra los poderes convencionales, dejan al hijo indefectiblemente en lugar de objeto. La híper modernidad que alienta procesos de reproducción sin pareja parental, el derecho que valida tales ambiciones, ¿no advierten la semejanza con esos mecanismos perversos?

De nuevo, la espantosa y bizarra confusión: se homologa paternidad con machismo o patriarcado, diferencia sexual con prejuicio arcaico, estructura del sujeto con presiones sociales, libertad con renegación de la ley filiatoria, Ley con tiranía, autonomización y dignificación de las mujeres con "empoderamiento" y mujeres-totalidad[310]. El mito pagano y el *Mutterrecht* de Bachofen, otra vez, pisándole los talones al inconsciente de la época, reinventándose en la tecnociencia, mutando en figuras "progres" que, sin embargo, no hacen sino evocar a la serpiente con su delirante –y mortífera– propuesta. Renegar de toda antecedencia conlleva el intento de matar toda alteridad, en una pretensión de origen puro. Pero, como dice Guyomard, "El origen es doble, impuro, real y sexuado" (1997: 66). Tal vez una clave para entender cómo y de dónde viene tamaño grotesco es reconducir las formaciones de la cultura contemporánea a las fuentes, a los momentos inaugurales en que tales figuras se constituyen a fin de reconocer su historicidad y, por ende, su carácter situado y programático.

Dos nombres que pueden proveernos pistas para tal indagación son Spinoza y uno de sus más lúcidos lectores, nuevamente Meschonnic. Spinoza es acérrimo defensor de la legalidad de la

---

310 "Es preciso, en este punto, hacer distingos que una cierta demagogia llamada 'progresista' elimina, como si Padre, Autoridad, Rey, Déspota, Amo, fueran lo mismo" (Ritvo, 2015: 270).

naturaleza: rige, en la totalidad de lo existente, la causalidad como ley inquebrantable, idea que traduce a la filosofía el desarrollo de los primeros versículos del Génesis: D'os crea plantas, aves, peces, animales, dotándolos de sus propios mecanismos de reproducción según una estricta causalidad. Cada ser vivo "tendrá frutos –dice el texto bíblico– según su especie". No es concebible en ese panorama que un ser viviente se transforme en otra cosa que no sea de su propia clase. Fiel a esta narrativa/legalidad, el holandés, vimos, se opone a la idea de milagro así como a la de metamorfosis, situaciones de fluidez ontológica entre distintos géneros y especies: cualquier cosa puede transformarse en cualquier otra cosa. Idea propia del paganismo, vinculada con lo sagrado. Lo sagrado en esa concepción puede ser un río, una montaña, ciertos árboles, entidades naturales. Meschonnic –vimos– sostiene que lo *sagrado* es la (con)fusión entre naturaleza y cultura. En el paganismo –dice el francés, en acuerdo con Levinas– rige lo sagrado, porque lo sagrado es fusional. Funde lo natural con lo humano, como si hubiera una especie de homogeneidad de naturaleza entre el río y el hombre; entre el árbol y el humano o entre lo humano y lo divino que es, a su vez, encarnado en lo natural. Pero *lo que funde, no funda*. El monoteísmo no es sino la afirmación absoluta y sin concesiones de los límites insalvables que separan esos ámbitos, la ruptura de la falacia naturalista y la expresión de la imposibilidad de cruzar esas fronteras. En la naturaleza hay pura continuidad, en la cultura rige el corte. Castración, diríamos. Desde este análisis se puede entender qué es el D'os de Spinoza: si entiendo bien, y sin traicionar su lógica, diría que para el holandés, *D'os es la ley de la especie*.

Si volvemos entonces a leer el episodio bíblico desde esta perspectiva, encontraremos que lo que promete la serpiente es la conversión del hombre en deidad a través de la adquisición del conocimiento absoluto. Saberlo todo es *hacerse* todo, expulsar la muerte (el colmo de lo insabido), lograr una independencia total, la transparencia del sujeto con respecto a sí mismo... Poseer la cosa, en fin. Hacer retroceder las sombras de lo incognoscible hasta su desaparición. Dominar todos y cada uno de los rincones de lo real. ¿La manzana, precursora edénica del *objeto a*? Y a su vez, ¿no es ese invento lacaniano una traducción de la *alef* que falta al comienzo de la Torá?

Si todo es cognoscible, nada queda por fuera del control y la posesión. Volvamos a Kant: su "giro copernicano" consistió, fundamentalmente, en separar dos actividades humanas, el conocer y el pensar. Que no podamos conocerlo todo no es una cuestión coyuntural, a resolverse mediante el perfeccionamiento de los instrumentos de la ciencia; se trata, en cambio, de la estructura misma del humano, ser enmarcado en el tiempo y el espacio. Por más que "estiremos" la temporalidad y la espacialidad, no dejarán de ser lo que son ni cesarán de constituir las coordenadas en las que nuestro conocimiento se despliegue: la acción del conocer estará indefectiblemente condicionada por ese marco. Limitar el conocimiento, dice Kant (1986 [1792/3]), "para dejarle un lugar a la fe". ¿Es entonces un tema religioso? Sí y no: No, si entendemos el término en un sentido convencional, de prácticas cúlticas organizadas, jerarquías eclesiásticas y dogmas. Sí, en caso de que adjudiquemos a ese vocablo la noción de lo inapropiable, religión como dispositivo de puesta en escena del Tercero, alteridad absoluta, Referencia y todo otro nombre que se le pueda dar. Lo que se suele llamar *trascendencia*. Pero ya antes, el mismo filósofo nos ha advertido de la imposibilidad de conocer lo incondicionado, precisamente eso que está en lugar de la causa de la ley moral. Somos causados por ella, pero no podemos alcanzarla con el conocimiento. La ética se funda, precisamente, en la opacidad del sujeto. "Sin duda, en la experiencia, resulta completamente imposible para nosotros, hombres, la experiencia de cómo y por qué nos interesa *la universalidad de la máxima como ley* y, por tanto, la moralidad" (Kant, 2003 [1785]: 108; itálicas en el original). Experiencia y conocimiento son, para Kant, sinónimos. Queda claro así que *la autonomía no es del sujeto, sino de la voluntad*: es ella la que debe decidir en el terreno de lo indecidible, en el campo de lo infundado, en el ámbito de aquello que no puede ser sometido a comprobación empírica, medición ni cálculo. La ética es sin red, pero teje redes.

**Hablamos…**

El animal hablante es un zurcido. Entre el pasado y el porvenir, entre la palabra y la cosa, entre el cuerpo y alguna otra instancia que no podríamos nombrar sin caer en categorías densamente connotadas; entre lo antiguo (supuestamente sabido) y lo nuevo desconocido, entre la materialidad del mundo y sus representaciones, entre el deseo y la ley, entre lo recibido y lo creado, entre el placer y el dolor…

Ya el sintagma "animal hablante" da cuenta de esa complejidad porque, ¿cuál es el término que rige el conjunto? Se corre el riesgo, en esa expresión, de entender al humano como una animal al que se le agrega o superpone cierto atributo o cualidad que, en última instancia, no modifica la esencia o sustancia. Animal=sustantivo, hablante=adjetivo. Trampas de la gramática en la cual, como decía Nietzsche, habita Dios. Sí, la gramática *también* es onto-teológica, lo sepa o no. Más bien, no: porque, al igual que la ciencia, desconoce sus fundamentos (como bien señalan, entre otros, Legendre, Siperman y Derrida en la cita de su *Gramatología*, ya consignada). Esos supuestos que siguen operando ciegamente en sus modalizaciones y expresiones. *Eso* que habla en el lenguaje, aun cuando –o especialmente cuando– no estamos advertidos.

Enlacemos ahora algunos de los interrogantes que venimos desgranando en el texto, en ese cruce entre psicoanálisis, filosofía, tragedia y Torá: ¿qué es el hombre? ¿Qué es un padre? ¿Qué significa –como nos recuerda Ritvo– decir que se ha tenido un padre? ¿Qué quiere una mujer? El encadenamiento no es, entiendo, arbitrario ni antojadizo, sino que responde a algo real que late en todos ellos.

A la pregunta de la liturgia de Yom Kippur y al enigma de la Esfinge se podría responder con una frase que he sugerido antes: hombre es el animal que tiene nietos. Es decir, que está inscripto –aun si fallidamente– en la ley de la filiación. En el mismo sentido, ante la cuestión de "quién es judío", que la ortodoxia resuelve diciendo que es el nacido de madre judía, otros sabios afirman que judío es aquel que tiene nietos judíos. De modo que no es el pasado sino el porvenir el factor que define la "identidad", al igual que en lo referente al hombre, a secas. Retomo la frase de Andrés Claro: la escritura redime el pasado al rescatarlo y transformarlo. Es decir, lo rescata de la mera repetición, lo libera del sentido coagulado[311], lo valora y lo lanza al fluir del tiempo, igual que la voz divina con Abraham en la orden *lej lejá*. No por casualidad, "hebreo" y "feto" tienen, en esa lengua, la misma raíz, *ain-beit-reish*. Ambos términos expresan la potencia-en-acto, la posibilidad de llegar-a-ser, la apertura y pregnancia del tiempo, la promesa. Ambos son nombres del movimiento fundamental del judaísmo, de sus fiestas y sus ritos: el pasaje. De modo que es el desarrollo posible hacia el futuro lo que define y caracteriza al judío (al que antiguamente se designaba hebreo) y no su pasado, es decir, no el mero pasado como lo que ha quedado atrás, sino lo acontecido en tanto resignificado y revitalizado a través de la interpretación. El pasado no acecha, no es algo pegado a la suela de los zapatos como un chicle del que uno intentaría deshacerse y no sabe cómo: es, más bien, fuente y relato a la manera de lo que describe Walter Benjamin en su bellísimo texto "El arte de narrar", que hemos recorrido. El tiempo preñado y pregnante, nunca ya realizado: he ahí la clave de la comprensión judía de la temporalidad, donde la idea mesiánica (el Mesías que, como dice Kafka, llegará "un día después de su llegada": no para consumar o completar el tiempo sino para mostrar la imposibilidad de su clausura) es lo opuesto al destino.

Judío se llega a ser, se deviene. No por casualidad en hebreo no hay una palabra exactamente equivalente al término griego "historia": el relato de lo acontecido –e incluso la materia escolar que le corresponde– es, como vimos, lo que se denomina *toledot*, generaciones. Lo que advendrá. Curiosa inversión, que da cuenta de una muy peculiar comprensión del tiempo: es el futuro y no el pretérito lo que da su carácter y su sentido a un grupo.

---

[311] Se trata, dice Guy Petitdemange, de "liberar el instante presente del ciclo destructor de la repetición y sacar, de la discontinuidad de los tiempos, las oportunidades de un cambio".

¿Para qué enseña a leer un padre? (recordemos el parentesco lingüístico entre padres –*horim*– y maestros –*morim*–). Para ser destituido como padre-amo. Para que el hijo no se someta a sus palabras sino que las haga suyas y pueda valerse de ellas para ir más allá de él. Para habilitar la separación como movimiento que rompe con la alienación. En el libro de Números, en el contexto de las indicaciones que D'os da para organizar la vida del pueblo en la tierra a la que habrán de arribar, está escrito: "(Lo ordeno) Yo, IHVH, que los liberé de la tierra de Egipto para ser vuestro D'os. Yo, IHVH, el Eterno"[312]. A la manera de la prosopopeya platónico-socrática, podríamos traducir: "Yo soy la Ley, que te libero de la sumisión al sentido y al goce del Otro. La Ley es eterna". Pero, ¿qué ley? Nuevamente la pregunta, suscitada por la dificultad de cernir la significación del término que abarca tantos planos. No se trata, claro, de la ley positiva, civil ni empírica, sino de la Ley ética, ley simbólica, del lenguaje, del inconsciente y del sujeto. Todo el texto bíblico no es sino una extensa y compleja metáfora del proceso de salida de la esclavitud (en sus diversas formas: alienación, sometimiento, idolatría, abominación) –representada por el nombre Egipto–, y el largo y difícil acceso a la libertad. También la justicia –otro nombre de la libertad– es un porvenir al que se tiende incesantemente: "Justicia, justicia perseguirás" (Deut. 16, 20), y en esa repetición está la clave de lo imposible de alcanzar en forma completa, a la vez que del imperativo que su persecución plantea. Acceso nunca consumado, siempre en tránsito, permanente pasaje, riesgo y apuesta. Si la Torá termina, como se ha señalado, sin el *happy end* de la llegada efectiva a la tierra de Canaán, es porque el objetivo es siempre en términos de promesa y futuro, igual que la llegada del Mesías y que el nombre mismo de D'os, Seré lo que Seré. No hay, de hecho, objetivo a alcanzar sino tiempo a diseñar en su infinitud y su potencialidad. El tiempo, en la concepción

---

[312] Unos versículos antes se lee la instrucción para el uso de las filacterias con la advertencia: "Los flecos les servirán para recordar, al verlos, todos los mandamientos de IHVH para cumplirlos y no desviarse de ellos siguiendo... vuestros caminos de idolatría" (Núm. 15, 39).

judía, no es la serpiente que se muerde la cola ni el "arrollador tren del progreso" (como lo caracteriza Benjamin), sino un complejo entramado de estructura y acontecimiento, de caminos y desvíos, de señales y aperturas. Tiempo que honra lo antecedente a la vez que permite y solicita el advenimiento de lo nuevo.

Una concepción de estas características no podría jamás acomodarse a la dicotomía dualista, oposición que coagula los términos y lleva a callejones sin salida[313]. Si antes era el espíritu el encargado de la inmortalidad mientras que el cuerpo, por ser materia, no tenía otro destino que la putrefacción y desaparición[314], la híper modernidad parece querer invertir la ecuación. Las crecientes investigaciones en curso, programas con altísimos financiamientos y experimentos varios de las tecnologías más sofisticadas intentan derrotar a la muerte, lograr una vida ilimitada de la materia (¿inorgánica?) y dotar al cuerpo de todas las virtudes y potencias que antes adornaban al espíritu. Distopías, ciencia ficción o fantasías apocalípticas que parecen haber roto la barrera de lo ficcional para ingresar, por las buenas o las malas, a la realidad. Pero sus planteos siguen siendo dualistas: como sostiene Nietzsche en el fragmento ya citado de su *Crepúsculo...*, es irrelevante qué término se coloque arriba y cuál abajo ya que, de una u otra forma, lo que se mantiene incólume es la división, la oposición agonística entre elementos sustancializados[315].

Tal dicotomía está estrechamente enlazada con la concepción de la temporalidad. Toda forma de entender el cuerpo implicará, indefectiblemente, una forma correlativa de comprender el tiempo y la muerte, la reproducción y la vida. Para los antiguos, el pasado

---

[313] "...pues la carne tiene apetencias contrarias al espíritu, y el espíritu contrarias a la carne, como que son entre sí tan opuestos..." (Gál. 5, 16).

[314] Los hijos según la carne destinados a la muerte, vs. según el espíritu, como vimos en el texto paulino.

[315] Como dignos herederos de Nietzsche, Simondon y Blanchot son dos autores –entre otros también valiosos– que cuestionan la concepción sustancialista occidental: no son, dicen, los términos los que preceden a la relación, sino que es esta la que define y ubica a aquellos. Acerca del dualismo "modernizado", abundan las series televisivas y otros productos mediáticos: ver, por ejemplo, *Altered Carbon* en Netflix.

(*in illo tempore*) ostentaba el mayor de los brillos y encerraba en sus arcas los tesoros más preciados: lo arcaico, precisamente, era la fuente de sabiduría y riqueza que el género humano, por soberbia o necedad, no ha hecho más que dilapidar y pervertir. La marcha de los tiempos, para el pensar mítico, es la deriva desde lo completo y perfecto hacia lo envilecido y rebajado. De la edad de oro, momento prístino de comunidad del hombre con lo divino, se ha caído progresivamente en estadios más y más oscuros y pobres[316]. La muerte no es sino la confirmación y el sello de tal rebajamiento, la creciente distancia con la inmortalidad y la perfección, ese ayer que no deja de añorarse y al cual se desearía retornar. Tal concepción mítica es heredada y traducida a términos filosóficos por Platón y, de ahí, por el cristianismo y la completa historia de Occidente.

El advenimiento de la modernidad produce –una vez más, y van...– una inversión axiológica: la idea de progreso, consagrada por Hegel y adoptada por la razón occidental en forma mayormente acrítica, inviste al futuro de la belleza y la grandeza que antes eran propias del pasado. El paraíso perdido ya no está a nuestras espaldas, sino que es el horizonte hacia el que nos encaminamos. (Una visión optimista que el ángel de la historia de Walter Benjamin no solo refuta, sino que desnuda en su peligrosidad: lo que ese ser alado tiene frente a sus ojos es solo ruinas y catástrofe, el verdadero nombre del "progreso"[317]. El futuro no será más que espanto en la medida en que no se asuma la deuda con las generaciones pretéritas y no se "recomponga lo despedazado", ya que el

---

316 Hesíodo, en su obra *Trabajos y días*, relata esa degradación: de una estofa casi divina hasta la condición del hombre de su época, solo pérdida y declinación.

317 "Hay un cuadro de Klee que se titula Angelus Novus. Se ve en él un ángel al parecer en el momento de alejarse de algo sobre lo cual clava su mirada. Tiene los ojos desencajados, la boca abierta y las alas tendidas. El ángel de la historia debe tener ese aspecto. Su cara está vuelta hacia el pasado. En lo que para nosotros aparece como una cadena de acontecimientos, él ve una catástrofe única, que acumula sin cesar ruina sobre ruina y se las arroja a sus pies. El ángel quisiera detenerse, despertar a los muertos y recomponer lo despedazado. Pero una tormenta desciende del Paraíso y se arremolina en sus alas y es tan fuerte que el ángel no puede plegarlas. Esta tempestad lo arrastra irresistiblemente hacia el futuro, al cual vuelve las espaldas, mientras el cúmulo de ruinas sube ante él hacia el cielo. Tal tempestad es lo que llamamos progreso" (Benjamin, 1999).

pasado no es ningún paraíso: es, más bien, el terreno de los poderosos y abusadores, esos "enemigos que no han cesado de vencer". La historia, entendida en la perspectiva hegeliana del progreso, es una acumulación de muerte e injusticia. No habrá, entonces, porvenir sin redención, y este es el nombre del mesías, es decir, la revolución). Si la gloria del pasado estaba sostenida por el mito y las religiones de él derivadas –Egipto constituye tal vez el modelo más elocuente–, la mega valoración del futuro queda a cargo de la ciencia y su socia predilecta, la economía. En este universo de comprobaciones y mediciones el espíritu tiene ya poco lugar, y es la materia la que adquirirá el rango privilegiado: la *mater...* (volveremos a esto). Este "materialismo" elemental y raso es visto por sus propulsores como un triunfo de la razón sobre la fe, de la luz sobre las sombras, del conocimiento sobre la creencia, en fin: de la lógica sobre el mito. Lo que no se advierte es que su estructura es profundamente mítica y dualista. Ya que, en última instancia, repite la misma fantasía: lograr la inmortalidad.

Ya sea que la muerte resulte objeto de terror o de deseo (tal vez, en el fondo sean lo mismo), negada y temida o glorificada como pasaje a la verdadera vida, el modo de ubicarla y valorarla es peculiar de cada cultura y dice mucho de sus categorías de pensamiento. Para los griegos, que aspiraban a morir jóvenes y ser cantados como héroes por el vate –es decir, adquirir una inmortalidad literaria–, la muerte era una verdad insoportable ya que les imponía la conciencia de su estofa humana y derrumbaba la ilusoria filiación divina que los mitos habían construido. El rechazo a la muerte va de la mano con la renegación filiatoria y conlleva la concepción del tiempo cíclico (es decir, el no tiempo), la repulsa a la diferencia de los sexos (señal de incompletud) y, por ende, el relegamiento de la mujer al silencio y la sumisión. Abolir la cuatriplicidad milneriana. Es justo ese rechazo lo que hace de la muerte una figura omnipresente en sus creaciones culturales, como objeto persecutorio o fantasma obsesivo.

Para el cristianismo se tratará –en consonancia con lo griego pero metamorfoseado– de "morir para la carne y vivir en el espíritu". Pero esta maniobra tiene un correlato específico: el rechazo de la ley y la consagración de la fe. La ley, en efecto, queda derogada en la medida en que su gobierno compete a la vida de la carne y comporta, según la epístola paulina, "una maldición". Este es el terreno de la transgresión y el pecado, de la impureza y los apetitos bajos (como lo era, a su modo, para el Platón de *República*). En el mismo orden y como lógica consecuencia, se abolirá la circuncisión ya que no se trata, dice Pablo, de circuncidar la carne sino los corazones.

¿Qué ley resulta así apartada, negada y abolida? Ni más ni menos que la que rige en el terreno de los cuerpos, es decir, del sexo y la muerte, del tiempo y la filiación. Por ende, la relación a los textos, la transmisión y la interpretación.

### El (otro) libro de los pasajes

Preanunciando la obra de Walter Benjamin –o esta inscribiéndose en el linaje fundado por el texto bíblico–[318], la Torá es eso. Salidas, exilios, partidas, traslados, en suma: partos o nacimientos. Desde la expulsión del Edén hasta el éxodo de Egipto (incluyendo episodios tan gráficos como el atravesamiento del Mar Rojo) la narrativa parece describir, de mil maneras, el trance de nacer (Horvilleur, 2015). Los sabios talmúdicos han visto en el relato de la liberación de Egipto una metáfora del nacimiento, y en la festividad de Pesaj, que recuerda esa instancia histórico-mítica, su celebración. Egipto, en hebreo, se dice *Mitzraim*, de la raíz *tzar*, angosto: la estrechez del canal de parto que se debe atravesar para salir al mundo, con los dolores y angustias –pero asimismo las alegrías y posibilidades– que tal pasaje conlleva.

El Gan Eden, ese jardín de comodidad y satisfacción que Adán y Eva deben abandonar para devenir humanos, es también –como el

---

[318] O tal vez en un movimiento doble, en el que el tiempo no es lineal y donde, como dice Borges en "Kafka y sus precursores", cada autor crea sus antecesores. Movimiento de filiación. Porque, ¿no es también y en parte la letra benjaminiana la que permite leer el texto bíblico en términos de pasaje y de "tiempo-ahora"?

paraíso en todas las culturas– la alegoría del útero materno (Eliade, 2011). Abandonar el paraíso, nacer: devenir mortal.

**Mujeres de ley**

Pero el parto, nuevamente, no remite –o no solo ni necesariamente– a un hecho biológico. Como todas las referencias vinculadas a la esterilidad y la fertilidad, el nacimiento o la paternidad, el texto bíblico se mueve en el terreno de la metáfora y de la legalidad. Metáfora que no deja de tener anclaje en los cuerpos, en la vida real y concreta, en la temporalidad del hablante. Es ese el terreno donde se juega la apuesta filiatoria en la que padres y madres desempeñan sus papeles en el teatro de la Ley. La filiación es "a dos bandas": el judaísmo realiza la transmisión por vía patri y matrilineal, en una combinatoria singular. Pero ya sabemos: para que haya uno o dos, deben ser tres...

Hay ciertos episodios bíblicos que muestran cómo opera el Tercero (la Ley) en la escena filiatoria. Uno de tales episodios, a primera vista extraño y enigmático (e incluso, rechazante), provee claves de suma importancia para el asunto. Se trata del fragmento conocido como "De las aguas amargas", que dirime la problemática de los celos del marido por la (supuesta) infidelidad de su mujer. Vale la pena leer en detalle el texto:

> "(v. 11) Habló IHVH a Moshé diciendo: (v. 12) Habla a los hijos de Israel y habrás de decirles: cualquier hombre, cuando se desviare su esposa y cometiere contra él perfidia (v. 13) y se acostare un hombre con ella, con efusión de semen, y quedare oculto ante los ojos de su esposo, ya que ella se hubiere ocultado, ella quedará mancillada; empero testigo no hay contra ella, ni tampoco ella ha sido violada. (v. 14) Y pasare por su mente un espíritu de celos y celare a su esposa, y ella fuere mancillada; o pasare por su mente un espíritu de celos y celare a su esposa, empero ella no fue mancillada. (v. 15) Habrá de traer el hombre a su esposa ante el Cohén, y traerá su sacrificio –por ella– un

décimo de *efá* de harina de cebada. No habrá de verter sobre ella aceite, ni habrá de poner sobre ella incienso, ya que oblación por celos es, oblación de remembranza que hace recordar la iniquidad. (v. 16) La habrá de acercar el Cohén y la colocará ante IHVH. (v. 17) Tomará el Cohén agua de la pila del Santuario en una vasija de arcilla, y tomará del polvo del suelo del Tabernáculo y lo pondrá en el agua. (v. 18) Colocará el Cohén a la mujer ante IHVH y descubrirá la cabeza de la mujer, y colocará en sus palmas la oblación de remembranza –oblación de celos es–, y en la mano del Cohén estarán las aguas de la amargura, las dolorosas. (v. 19) Y la juramentará a ella el Cohén y dirá a la mujer: 'Si no se ha acostado hombre contigo, y si no te has desviado para mancillarte, sustituyendo a tu esposo, quedarás absuelta de las aguas de la amargura, las dolorosas, estas. (v. 20) Empero si tú te has desviado sustituyendo a tu esposo y si te has mancillado, y si se hubiere acostado contigo hombre fuera de tu esposo...'. (v. 21) Y el Cohén juramentará a la mujer, con juramento de imprecación, y dirá el Cohén a la mujer: 'Te ponga IHVH a ti por imprecación y juramento en el seno de tu pueblo, al hacer IHVH que tu muslo se desmorone y tu vientre se hinche. (v. 22) Y que penetren las aguas dolorosas estas en tus entrañas para hacer hinchar el vientre y para hacer desmoronar el muslo', y dirá la mujer: amén, amén. (v. 23) Habrá de escribir el Cohén estas imprecaciones sobre el rollo, y lo habrá de borrar con las aguas de la amargura. (v. 24) Y cuando le haga beber a la mujer las aguas de la amargura –las dolorosas– penetrarán en ella las aguas dolorosas, por amargura... (v. 25) Habrá de tomar el Cohén de mano de la mujer la oblación por los celos y presentará la oblación ante IHVH, la acercará al altar. (v. 26) Tomará el Cohén un puñado de la oblación, su remembranza, y lo quemará en el altar, y después hará beber a la mujer el agua. (v. 27) Cuando le hubiere hecho beber el agua, ocurrirá que, si ella fue mancillada y cometió perfidia contra su esposo, al penetrar en ella las aguas dolorosas por amargura, se hinchará su vientre y se desmoronará su muslo. Y aquella mujer se convertirá en imprecación en el seno de su pueblo. (v. 28) Empero si no se hubiere mancillado la mujer, y pura es, será absuelta y será fecundada con simiente. (v. 29) Esta es la ley que rige en los casos de celos, cuando se desviare una esposa sustituyendo a su esposo y se mancillare, (v. 30) o un hombre, cuando pasare por su mente un espíritu de celo, y celare a su esposa. Colocará a la mujer ante IHVH, y obrará con ella el Cohén según toda esta regla. (v. 31) Quedará el hombre absuelto de iniquidad, empero la mujer aquella cargará con su iniquidad" (Núm. 5, 11-31).

¿Cómo leer en la actualidad un episodio tan enigmático? ¿Qué significa "santidad" en este contexto? La "prueba de la infidelidad" en los tiempos bíblicos parece a primera vista una ordalía propia del paganismo o una muestra de dominio patriarcal, pero, ¿es esa la única perspectiva posible? ¿Cómo articular este pasaje con la estructura integral de la Torá como texto legal? ¿Y qué nos enseña acerca de las mujeres, los hijos y los padres? Podríamos vincular este pasaje al famoso poema de Lorca, "La casada infiel", o titularlo –ya veremos por qué– "Censo, mentiras y deseo".

Si bien todos los libros de la Torá están dedicados a la legislación, Génesis y Éxodo son predominantemente narrativos. En cambio, el libro de Levítico y el de Números están más específicamente centrados en el aspecto legislativo.

El texto citado cuyo análisis propongo, expone una suerte de juicio que se lleva a cabo cuando un marido sospecha que su mujer le ha sido infiel. Subrayo algunos versículos:

(v. 11): "Habló IHVH diciendo:"

(v. 12): "Habla a los hijos de Israel y habrás de decirles: cualquier hombre, cuando se desviare su esposa y cometiere contra él perfidia y se acostare un hombre con ella *con efusión de semen...*" (yo subrayo, D.S.).

Es decir, se concreta una relación sexual que puede dar lugar a la procreación.

(v. 13): "...y quedare oculto ante los ojos de su esposo, ya que ella se hubiera ocultado, ella quedará mancillada, empero testigo no hay contra ella ni tampoco ella ha sido violada".

Estas dos opciones son fundamentales: una es la posibilidad de que alguien haya visto la situación y pueda dar testimonio cierto (de todos modos, la Torá establece que en un juicio hacen falta dos testigos) con lo que se constituiría como prueba de que, efectivamente, esto sucedió. La otra posibilidad es que esta mujer haya sido violada, es decir que haya sido forzada a tener relaciones, en un lugar o una situación donde ella queda imposibilitada de pedir auxilio.

Si no es ninguno de estos dos casos, pero subsiste la sospecha del marido de que esta mujer le fue infiel... ¿qué opciones quedan? Traslademos el caso a la famosa tragedia de Shakespeare, *Otelo*:

Yago llega hasta Otelo y le susurra al oído que su mujer Desdémona le ha sido infiel. Como supuesta prueba de la infidelidad, le muestra un pañuelo que ella habría olvidado junto a su amante. La reacción de Otelo, el temperamental moro de Venecia, es matar a su esposa. Luego nos enteraremos de que la acusación de Yago era falsa y estaba motivada por envidias y otras pasiones nada edificantes. Desdémona, pues, muere a consecuencia de una mentira y de una rivalidad entre hombres en la que ella nada tenía que ver. La joven esposa, trofeo de la competencia entre machos...

Se trata de una situación sumamente común y habitual. No solo en el mundo antiguo y anterior incluso a Shakespeare, sino también en el mundo moderno. Vemos todos los días, en los medios, los femicidios a raíz de que un hombre cela a su mujer por un acto cometido o simplemente sospechado o imaginado.

¿Qué dice la Torá al respecto? Que cuando el marido tiene esta sospecha...

(v. 14): "...y pasare por su mente un espíritu de celos y ella fuere mancillada...".

Pero puede ser que ella no haya sido mancillada, sino que se trate de una idea puramente imaginaria del marido. Sea cual fuere el caso, imposible de decidir sin pruebas ni testigos,

> (v. 15): "...habrá de traer el hombre a su esposa ante el Cohen y él traerá su sacrificio por ella".

El cohen, el sacerdote, es quien ejerce el rol de juez en ciertas instancias de la sociedad bíblica. Y como todo tribunal, también este se compone de personas que no están directamente involucradas en el acto que se juzga. El accionar jurídico implica una serie de procedimientos específicos. Se trata de un *foro*[319]: tiene que ver con el afuera y, por ende, con la visibilidad de las acciones. De modo que esto no se resuelve en forma privada, al interior de la casa, en lo doméstico, sino que requiere una legitimación pública[320]. Es decir que, en primer lugar, el marido tiene que presentarse públicamente y admitir que es un "cornudo". Además, el marido debe llevar a su esposa a este juicio público donde se cumplirán una serie de pasos que comprobarán si la mujer cometió o no el pecado del que se la acusa.

El juicio tiene el aspecto de una ceremonia muy arcaica, una ordalía[321]. Se da pues la extraña combinación del comienzo de los

---

319  Así se denominaba a la plaza central de la antigua Roma, donde se celebraban actos públicos y juicios.

320  Parte de las urgentes problemáticas actuales de lo social tienen que ver con esta bizarra confusión: suponer que los vínculos afectivos (de pareja, filiales, etc.) son "privados", en el sentido de que no implican compromiso alguno con el entorno. De ahí la insistente afirmación de muchos jóvenes que, cuando se les interroga acerca de sus proyectos de matrimonio, responden con frases del tipo: "no necesitamos papeles ni ninguna formalidad impuesta por la sociedad". Parecería que ser "libres" es estar desligado, no ob-ligado a la estructura legal que los sostiene y los ampara. La paradoja es que cuando esa pareja se rompe, sus integrantes acuden a la justicia para obtener diversas reivindicaciones (división de bienes, tenencia y alimentos para los hijos, etc.). Suponer que lo afectivo es "auténtico" y lo legal, solo "formal" e impuesto, es volver a un viejo y degradado dualismo. Es, entiendo, otra de las formas que la renegación filiatoria adopta en la actualidad.

321  Término proveniente del sajón *ordal*, "juicio divino". Es un procedimiento de origen muy antiguo pero que tuvo especial éxito durante la Edad Media, con el establecimiento de las cortes eclesiásticas. La ordalía era una forma de obtener evidencia mediante pruebas en las que, debido a una intervención directa de

tribunales humanos, en la persona de los sacerdotes, sumado a métodos propios de los juicios divinos. La ordalía, en este caso, consiste en que la mujer deberá tomar una solución acuosa que ha sido preparada especialmente por el sacerdote, sacando agua de la pila santa ("aguas santas" es el término usado, *maim kedoshim*). Esa agua se mezcla con tierra del suelo. Y, además, –este es el elemento insoslayable– en esa vasija con agua santa se debe poner un papiro donde se ha escrito un juramento. El juramento incluye un fragmento de la Ley, y para hacerlo válido, "el sacerdote presentará la mujer ante IHVH": la acusada comparece ante la Ley. La ley está representada en ese papel, en tanto en él está escrito el Tetragrama. El pergamino se sumerge en el agua, y el agua debe ser bebida por la mujer. Si ella es inocente, nada le sucederá y –dice el texto– "podrá procrear", es decir, será fértil y tendrá hijos con el esposo. Si la mujer es culpable, en cambio, "se hinchará su vientre y se caerá su muslo". En el vocabulario típicamente bíblico, la palabra para muslo –*yarej*– es el término que se usa para aludir a los órganos sexuales, al aparato reproductivo[322]. Recordemos que lo que más ambiciona una sociedad antigua es que sus integrantes sean fértiles, que se reproduzcan, que tengan hijos fuertes y saludables que puedan incrementar este grupo humano. El peor castigo es la esterilidad. El mayor premio es la fertilidad. Máxime en un texto como la Torá, donde no hay premios ni castigos en el ultramundo. Todos las bendiciones y maldiciones se refieren a la vida humana terrenal (como diría Spinoza, ¡es que no hay otra!), y se refieren a las sucesivas generaciones. Esto implica procrear de una manera específica, acorde a la normativa que rige en la especie humana

---

Dios, la culpabilidad o inocencia de una persona acusada quedaba firmemente establecida en el caso de que la verdad no pudiera evidenciarse por métodos ordinarios. Estas pruebas deben su existencia a la firme creencia de que un dios omnisciente y benevolente no permitiría que una persona inocente fuera declarada culpable y como tal fuera castigada y que Él intervendría, incluso de forma milagrosa si fuera necesario, para proclamar la verdad.

322 Cuando Abraham le hace jurar a su siervo que va a ir a buscar una esposa para Isaac, le dice: "Júralo poniendo tu mano sobre mi muslo". La costumbre de jurar o maldecir tocándose los genitales persiste hasta el día de hoy, en todas las clases y grupos sociales.

y, particularmente, en esta sociedad. Es preciso que los linajes se continúen dentro de lo que se llama, en términos bíblicos, *pureza sexual*. La pureza sexual no es una categoría moral: es un concepto legal. Específicamente, la filiación. Tampoco es un concepto biológico ni naturalista. Tiene que ver con la inscripción de los hijos según la legalidad en la cadena sucesoria que corresponda. Se trata de construir una sociedad con hijos no incestuosos, no producto de violaciones ni de cualquier transgresión a la legalidad establecida desde el comienzo y a lo largo de toda la Torá: procread y multiplicaos... según ley[323].

Pero sabemos que todo fragmento debe ser leído en su contexto: Este texto se ubica en una *parashá* (lectura semanal de la Torá) titulada *Nasó* (Núm. 4, 21 - 7, 89), que indica cómo se realiza un censo. Moisés, como líder del pueblo, recibe de IHVH la orden de censar a los israelitas. Los censos se hacen según las cabezas de tribus, los padres cuyos nombres designan a cada familia. *Lo que cuenta* –y se cuenta– es esta legalidad de la sucesión, tal como vimos en los libros anteriores del Pentateuco, cuenta establecida y sostenida por la expresión *ele toledot*. En este contexto –Números narra la etapa de formación de una entidad nacional– un censo no es solo contar cuántos hay, sino contar cuántos hay de cada familia, teniendo presente que estas, a su vez, descienden de las doce tribus, nombradas como continuidad[324] de los hijos del último patriarca, Jacob. En esta estructura no hay división ni jerarquía de clases, sino de funciones. Por ejemplo, los hijos de la familia de Leví van a estar consagrados al servicio en el Tabernáculo y luego en el Templo; los integrantes de otras tribus tendrán sus tareas específicas. Todo lo que pasa en el desierto es la instauración de una legalidad para que la llegada a la tierra prometida sea una entrada ordenada, organizada. Así, en otros pasajes se expresa la prohibición de extraer los frutos de

---

323 De hecho, es significativo el hecho de que si la mujer ha quedado embarazada de otro hombre, por fuera de la legalidad matrimonial, ese hijo no cuenta para la historia ni para el censo. De nuevo, la reproducción no es una cuestión biológica.

324 Es pertinente para el caso la forma del inglés para expresar tal situación: *to name after...*, como en el caso en que se le pone al hijo el nombre del padre, el abuelo u otro antecesor.

la tierra al entrar a ella: hay que esperar tres años para cosechar y después volver a sembrar. Todo se desenvuelve según una legalidad bien establecida, que apunta a solventar un proyecto más allá del presente inmediato, lo que exige la contención y el control de los apetitos sensoriales; no su eliminación, sino su inclusión en un régimen legal[325]. Anudar la pulsión a la ley. En ese sentido, si el orden de la filiación es el hilo que recorre todo el texto bíblico, es porque tiene como función la creación y el sostenimiento de un pueblo organizado según leyes. Así lo expresa en forma elocuente uno de los discursos finales de Moisés: "Pongo ante ti lo bueno y lo malo, la bendición y la maldición, la vida y la muerte... Y elegirás la vida" (Deut. 30, 15-19), vida que implica siempre –como en Spinoza, como en Benjamin– existencia legal. Del mismo modo, dice IHVH, "Si cumpliéreis los preceptos y mandamientos que te prescribo, ...haré llegar la lluvia en tu tierra a su tiempo, la primera lluvia y la última, para que coseches tu trigo, tu mosto y tu aceite. También daré hierba en vuestros campos para vuestro ganado, y de él comerás y te saciarás... Por lo tanto pondréis estas palabras en vuestro corazón, las ataréis por señal en vuestra mano y por frontales en vuestros ojos, y las enseñaréis a vuestros hijos, cuando estéis sentados en vuestras casas, al andar por el camino y al levantaros. Y las escribirás sobre las jambas de tu puerta y en los portales de tu ciudad, para que tus días se prolonguen y también los días de tus hijos, en la tierra que IHVH juró dar a tus padres, como los días del cielo sobre la tierra" (Deut. 11, 13-21), pasaje que se recita en el rezo diario[326].

---

325 "El matrimonio es al sexo como el sacrificio a la comida", dice Jean Pierre Vernant, señalando así la obra de la cultura sobre lo pulsional. Intuyo que Lévi Strauss –con su distinción entre lo crudo y lo cocido– y Freud –con su noción de malestar en la cultura– estarían de acuerdo: la ley "cocina" lo biológico, lo introduce en el orden del lenguaje.

326 Queda claro aquí que los *tefilin* (filacterias, lo que se ata en el brazo y se coloca en la frente, entre los ojos) al igual que la *mezuzá* (que se coloca en las puertas de las casas), como todo otro objeto ritual, son solo, y nada menos que, recordatorios de la Ley. Cada uno de esos artefactos es una caja o receptáculo en cuyo interior se coloca un fragmento de la Torá. Si el hombre tiene la ley presente en todos sus actos y momentos, IHVH sostiene la legalidad del mundo (la lluvia, las cosechas, el cielo sobre la tierra, las estaciones...) y la vida puede seguir su marcha; pero se

Del pasaje sobre la mujer infiel rescato algunos puntos, que abonan tal línea de organización y legalidad:

1. La mujer infiel debe ser sometida a juicio. No puede ser «ajusticiada» por un marido celoso. La tan socorrida expresión "justicia por mano propia" es un oxímoron: la justicia requiere de un tercero objetivo, que no esté comprometido en la querella. Aunque resulte una obviedad, es preciso recalcarlo: para hacer justicia hace falta un juez.
2. El agua: esta narrativa transcurre en el desierto. El agua es el elemento fundamental de la vida en ese espacio. Prácticamente todo lo que ocurre en estos libros tiene, en algún momento, la aparición protagónica del agua, en el plano literal y en el metafórico. Lo interesante es que el agua, que se extrae de la pila y que se mezcla con el barro, donde se sumerge el pergamino donde está inscripta la Ley, pasa de ser "aguas santas" a ser "aguas dolorosas", "aguas amargas" y, también, "aguas de la maldición". Son distintos calificativos que recibe sucesivamente. El agua es la misma, pero dependiendo de la función que cumpla y del uso que se le dé, va a ser santa, maldita, amarga para la mujer que la debe beber. Lo más relevante es que el agua pasa de ser santa a amarga a raíz de que en ella se borra la escritura del pergamino: se disuelve (el nombre de) la Ley.

Del mismo modo que en el diluvio –figura que refleja la obra disolvente de los humanos en su desconocimiento del límite y la prohibición–, la borradura de la Ley que el agua produce no es sino la expresión de lo que la mujer ha hecho: ignorar la legalidad –la santidad, diría el texto– del matrimonio y de la procreación. Es en caso de que en efecto la esposa haya faltado al pacto marital que quedará estéril. Si, en cambio, ella se mantuvo fiel y fue su marido quien imaginó la falta, todo se encarrilará por la vía de la sana procreación y esa familia tendrá los descendientes en el orden debido.

---

trata de vida instituida, vida de generación en generación (*ledor vador*, expresión clave en hebreo), desde "el juramento a los padres" hasta "la vida de tus hijos". La transmisión de la ley es condición necesaria para tal continuidad.

Podríamos leer un antecedente de este episodio en el libro de Éxodo: salidos ya de Egipto y salvados de la persecución del Faraón, los integrantes de la muchedumbre comienzan a reclamar a Moisés por la escasez de agua para beber. En el trayecto por el desierto encuentran una fuente, pero sus aguas no son potables: resultan amargas. Moisés "clamó al Eterno, quien le mostró un árbol que echó a las aguas y estas se endulzaron, y dio al pueblo leyes y estatutos..." (Éx. 15, 25-26). Lo que convierte al agua de amarga a bebible es la Ley, única fuente de vida para un grupo de ex esclavos. Bajo la apariencia de un acto mágico –echar un tronco a la fuente– se expresa un hecho de estructura, la imperiosa necesidad de legalidad para que la existencia no sea imposible. Se debe recordar que a la Torá se la llama "árbol de vida".

Estas variaciones en los adjetivos que se aplican al agua nos recuerdan, una vez más, el carácter no sustancialista de La Torá. Las filosofías de los presocráticos postulaban que el origen de todo es el agua o el fuego, teorías que evidencian un componente mítico, donde los elementos naturales tiene una característica propia. Los ríos o las montañas podían ser entidades sagradas. Naturalismo y sustancialismo componen una alianza indisoluble. No hay texto más antinaturalista que la Torá: Lo que separa al hombre de la naturaleza es la Ley. Si obviamos esta brecha que nos exilia de la naturaleza para siempre, retornamos a un estado de naturaleza, un estatus animal donde podría tener sentido la figura de "justicia por mano propia". La renegación de la terceridad, desconocimiento de la ley del lenguaje que está, por definición, en el lugar de Tercero.

Con todo lo complejo y enigmático que comporta, este es un texto clave para empezar a interrogar algo que la sociedad occidental no ha sabido leer: el supuesto carácter religioso del texto bíblico le hace obstáculo a la lectura e impide entenderlo desde la perspectiva de un texto legal. Es en este texto donde emerge la Ley de la especie, que es la Ley de la filiación. Los griegos crearon la polis y la filosofía, la tragedia y otras grandes maravillas de la cultura. Pero si queremos entender cómo está constituida la especie humana, es decir, la sucesión de generaciones que toma en cuenta la finitud, la diferencia, la temporalidad, la sexualidad, entonces debemos dirigirnos al texto bíblico para ver cómo estamos armados, cómo estamos estructurados y de qué depende nuestra subsistencia como especie humana.

**CAPÍTULO IX** ■

GANAR LA HERENCIA CONLLEVA PÉRDIDA

## Estanque

Quien practica meditación lo sabe[327]. Sin necesidad de puestas en escena pintorescas, de "vaciar la mente" ni de mantras en idiomas extraños, se trata solo de sentarse derecho, mantenerse quieto, respirar y observarse respirando. Como dice E. Carrere en su hermoso libro *Limónov*: "Puede parecer dificilísimo cuando nunca se ha intentado, pero es extremadamente fácil y puede enseñarse en cinco minutos. Uno se sienta en el suelo, con las piernas encogidas y las rodillas separadas, se mantiene lo más recto posible, estira la columna vertebral desde el coxis hasta el occipucio, cierra los ojos y se concentra en la respiración. Inspiración, espiración. Eso es todo. La dificultad reside precisamente en que eso es todo… El aliento disminuye poco a poco. La idea es observarlo sin modificarlo…" (Carrere, 2015). Entonces, con el tiempo, el entrenamiento y la concentración –y, claro, un poco de suerte– algo comienza a ocurrir: mientras la atención consciente se dirige a la respiración, en otra parte –en uno/a mismo/a, pero sin embargo en otra parte– algo

---

[327] Me refiero específicamente a la meditación como práctica, desprovista por completo de toda connotación religiosa, orientalista, budista o hinduista. Tal como enseña Alberto Silva, introductor en la Argentina del *zazen* (meditación sentada), es una práctica que no requiere en absoluto de cuencos, incienso, túnicas, música de cítaras ni ninguno de esos elementos tan *new age* destinados al marketing para los que se fascinan con lo exótico. Silva es autor de numerosos artículos periodísticos sobre el tema, así como de libros bellos y esclarecedores (ver Silva, 2012).

se desencadena. Como si se distinguieran dos planos y como si la inmovilidad del cuerpo fuera el escenario del bullente movimiento de otra cosa. Algo que es pensamiento, sí, pero no ordenado por la lógica lineal convencional sino librado a recorridos, cruces, conexiones y combinatorias sorprendentes. Ningún trance místico, éxtasis o pérdida del sentido del aquí y ahora, ningún sopor hipnótico ni sueño alucinado: solo una dinámica extraordinariamente rica y clara, producto de una disciplina y un *training* rigurosos; una producción arborescente de ideas e imágenes (verbales o no), un estado en el que el sujeto es a la vez actor y espectador. Todo sucede como dice Leibniz en su *Monadología*:

> "Cada porción de la materia puede ser concebida como un jardín lleno de plantas y como un estanque lleno de peces. Pero cada rama de la planta, cada miembro del animal, cada gota de sus humores es también como aquel jardín o aquel estanque. Y aunque (…) el agua que hay entre los peces del estanque no es ni planta ni pez, contienen, sin embargo, otras plantas y otros peces cuya sutileza es tal, que a menudo nos resultan imperceptibles. (…) (N)o hay caos ni confusión sino solo en apariencia; tal como aparecería en un estanque visto a una distancia desde la cual se percibiera un movimiento confuso, un enjambre de peces, sin diferenciar a los peces mismos, (porque) los miembros de ese cuerpo vivo están llenos de otros seres vivientes: plantas, animales…".

En efecto: cuando observamos un estanque, vemos la superficie calma y límpida, pero por debajo de esa calma, si sabemos mirar, se desarrolla una vida siempre en movimiento, miríadas de seres, algas, peces, vida sutil en sus innumerables expresiones, infinito juego de cajas chinas, formas conteniendo formas más y más pequeñas que pasan inadvertidas para una percepción "a bulto" y que solo una atención afinada y entrenada puede registrar. El *aleph* de Borges se enmarcaría en ese horizonte perceptivo.

Esta experiencia de atención entrenada es común a artistas y deportistas: horas y horas de repetición de tediosos ejercicios

–las escalas para el músico, las posiciones y pasos para el bailarín, etc.– para que, llegado el momento de la ejecución, tales gestos, ya automatizados y sin demandar acciones conscientes, dejen paso a eso otro que aflora y que no es dominable ni conceptualizable: el arte, para decirlo con una palabra amplia y plástica que se puede aplicar, con variantes, a los diversos ámbitos de la creación.

¿Cuál es la lógica que subyace a tal mecanismo? ¿Se puede "atrapar" su funcionamiento en una observación de laboratorio? ¿Se puede objetivar y, por ende, dominar, provocar, reproducir a voluntad? ¿Entrenar la atención y sostener la concentración es suficiente para que esa "iluminación" se produzca? En principio, estamos en el terreno de lo paradojal: cómo someter lo involuntario a la voluntad, lo insabido al saber. La poesía a la ciencia. El mercado lo intenta una y otra vez: si conocemos cuáles son los ingredientes del éxito –digamos, un bestseller– es suficiente con sistematizar sus combinatorias posibles en una base de datos para producirlo. Es solo cueation de algoritmos. Pero se sabe: la fórmula dorada no existe porque aquello con lo que el escritor escribe (o el artista crea) es –más allá de su dominio de la lengua, el vocabulario o los temas– lo inasible.

De modo que se trataría de algo a la vez más simple y más complejo. La célebre y antigua fórmula de "90% de transpiración, 10% de inspiración". De un lado, repetición, reiteración, rutina, ejercitación, disciplina, atención implacable y meticulosa. Del otro, y no *a pesar de* sino *gracias a* ese mecanismo, lo que se dispara, aparece, aflora, acontece. De lo ya conocido y siempre igual nace lo nuevo e inédito. De lo previsible surge lo inesperado. De entre lo amarrado por las férreas cadenas de la voluntad y la atención se abre paso una voz que es y no es la propia: lo es, en efecto, en grado sumo y, al mismo tiempo, parece venir de otra parte, decirnos, hablarnos, expresarnos, remontarnos a esferas que jamás habríamos alcanzado por el solo accionar de la voluntad.

He ahí el enigmático y fascinante poder del ritual. Un ejemplo concreto lo ilustra a la perfección: tal como he comentado, durante el año se lee el texto bíblico en la sinagoga, según formas y horarios totalmente pautados. Dividido en cincuenta y dos secciones fijas –cada sección del texto o *parashá* corresponde a una semana–, la lectura que se realiza desde hace milenios (y que, desde la caída del Templo y la abolición de los sacrificios constituye el centro ineludible del ritual), no solo se reitera en sus modalidades y gestos (cantilación, división en subsecciones, roles, etc.) sino que, terminado el período anual, vuelve a comenzar. Así, una y otra y otra vez: quienes asisten regularmente al lugar y, por supuesto, los rabinos y demás oficiantes, conocen el texto de memoria, lo tienen incorporado a su "disco rígido" como marca indeleble de su mente. Sin embargo, la tradición impone que tal lectura repetitiva y predecible, si bien central, sea solo una parte de lo que ocurre en el servicio comunitario. Es imperioso que, antes o después, el rabino o alguien conocedor de los textos realice un comentario (en hebreo se denomina *drashá*, lo que, por contaminación del vocabulario cristiano, se conoce como "prédica" pero que literalmente significa "interpretación"). Es entonces cuando se abre el espacio a lo nuevo y, de hecho, el gran desafío de los rabinos es encontrar, cada año, algo original y diferente para decir sobre un texto que se lee una y mil veces, y que ya ha sido interpretado y comentado en miles de páginas a lo largo de siglos y siglos. Al fin y al cabo, un rabino es, literalmente, un maestro: y, ¿qué hace un maestro sino enseñar aquello que el alumno debe incorporar mecánicamente –las tablas de multiplicar, las reglas de ortografía– a fin de que, una vez adquirido, su pensamiento pueda usar ese instrumental para crear otra cosa por su cuenta?

El que reza, igual que el que medita o baila, lo sabe. Todos los días a las mismas horas y en idéntica posición se lee y se repite una plegaria ya estipulada. También el orante conoce las palabras de memoria[328]. ¿Estamos, como le gusta decir a la opinión popular,

---

[328] A pesar de lo cual, en el judaísmo es obligatorio *leer* el texto. Es más, se debe al menos mover los labios, aun si el rezo es silencioso. Mecanismo de enorme semejanza con la meditación: no permitir que la atención consciente pierda el foco.

ante "un ritual vacío"[329], o por el contrario se trata de una sabia manera de operar con el pensamiento, el cuerpo y el deseo? (Hay, en el baile tanto como en la meditación y el rezo, una peculiar erótica: la atención al *tempo*, ese acompasar el aliento, moderar el énfasis, evitar la precipitación, retener durante fracciones de segundos el aire para incrementar el deseo, contener y encauzar la fuerza, graduar lo vital que bulle y empuja, suspender y prolongar el final, imprimir un ritmo cadencioso al cuerpo). Focalizarse sin concesiones en lo repetitivo, "atarse" a lo ya sabido, ¿no será la vía para liberar el acceso a lo otro, lo insabido y sorprendente? ¿No se trata de abrir el espacio al acontecimiento, las conexiones inesperadas, las asociaciones libres? ¿De esperar lo inesperado porque, como decía Walter Benjamin, "cada segundo es la puerta por la que puede entrar el Mesías"? Si el Mesías –en el modo específicamente benjaminiano, es decir no religioso sino político–[330] necesariamente toma a la historia por sorpresa, *eso* que en el sujeto aparece sin ser convocado en forma voluntaria también: asalta –diría Freud– al yo "de flanco y sin defensas". Y ahí estamos ya cerca de comprender algo de lo revolucionario y extraordinario del psicoanálisis. Porque en un análisis, ¿no ocurre que el yo consciente se ve asaltado por los lapsus, los fallidos, las faltas en el discurso, todo aquello que se "suelta" de la cadena lógica poniendo a la vista –o al oído– otra lógica, no sometida a la gramática de la conciencia y el conocimiento? El proceso analítico tiene su aspecto ritual: el encuadre. Maneras estipuladas de actuar en un marco específico y según normas explícitamente pautadas. Puesta en escena. La genialidad de Freud consistió tal vez en advertir que no era necesario recurrir a la hipnosis para provocar que el paciente fuera "hablado" por esa

---

329 El ritual es, por definición, vacío. Consiste en un marco formal para encuadrar procesos performativos y resignificaciones que han sido transmitidas por la cultura pero que, a la vez, requieren interpretación. Al igual que en el caso ya comentado del seder de Pesaj, tanto como en un proceso judicial, la estructura escénica permite el desarrollo de contenidos que no podrían producirse sin tal encuadre. Esa función la cumplen las instituciones.

330 Mesías es para Walter Benjamin la alegoría para la revolución, la redención del oprimido, la justicia y la libertad.

voz extraña, voz que decía lo que el sujeto consciente no sabía que quería o podía decir. Era suficiente con autorizar –mediante la regla fundamental, que tiene valor de axioma: "diga todo lo que se le viene a la mente sin seleccionar ni discriminar"– la renuncia a la censura y el retiro de la represión. Como Adán cuando, dormido, da lugar a lo otro de sí (la creación de Eva) o cuando Jacob sueña y advierte la presencia de Otro (IHVH).

Volvamos fugazmente a la analogía leibniziana: llamemos "superficie" a la conciencia, y "profundidad" a eso otro que se mueve, respira, vibra y alienta sin ser apenas percibido. Si bien no acuerdo en absoluto con el esquema de distribución vertical en capas, tan caro a la ontología tradicional, uso provisoriamente esta imagen por economía expresiva pero, también, para mostrar su falaciosidad y desarticularla. En principio diría: sí, se trata de (al menos, o en lo esencial) dos planos. El de la práctica consciente, rutinaria y controlada, y el de lo otro que acontece, escapando al control y al saber. Intentaré ahora indagar qué quiere decir aquí "dos planos", cuáles son sus estructuras y, en última instancia, cuál la relación entre ellos. De cómo se entienda y se formule la cuestión depende, en gran medida, nuestra comprensión del sujeto, del lenguaje, del tiempo y de la filiación.

En primer término: el esquema de dos planos superpuestos daría a entender una constitución homogénea o al menos isomórfica de ambos, como dos capas de una torta. Dos *layers* que se corresponden, encajan, se emparejan y, por ende, entablan entre ellos relaciones objetivables y cognoscibles. El arriba y el abajo han sido, a lo largo de la historia, tematizados de esa forma. Cielo y Tierra –desde los mitos paganos, pasando por la concepción platónica que los hereda, la metafísica y la teología hasta la cuatriplicidad heideggeriana–. Lo infinito en lo finito, según Descartes. Tal paradigma fuertemente teológico se ha replicado en los más diversos ámbitos, de la psicología a la lingüística. (De ahí que Meschonnic, como vimos, cuestione enfáticamente el modo en que la lingüística occidental ha entendido el signo saussureano, según la división en dos niveles entre significante y significado. Nuevamente, paradigma vertical que no puede dejar de tener un tufillo moralizante). Este modelo de superposición es, también, la base sobre la que se piensa lo religioso, con su inevitable alusión a lo trascendente. Así, lo que queda por fuera de la voluntad y del control cognoscitivo, *eso* que aparece por entre las grietas de la conciencia y que se experimenta como viniendo de otro lado sería, para la religión, lo divino, lo trascendente, lo superior, lo que excede lo humano[331]. Desde las experiencias místicas hasta las artísticas, el hombre se ha sentido muchas veces "invadido", habitado o atravesado por una voz o una luz proveniente del más allá. ¿Cómo llamar a esa presencia en uno, sino D'os? (Claro que tal tipo de experiencias han sido narradas no solo por los textos trágicos y místicos sino que son frecuentes también en las psicosis...). Mas, si atendemos a una lúcida frase de Spinoza, debemos recordar que "(la voluntad de) D'os es el asilo de la ignorancia". O sea, es un nombre a la mano y extremadamente cómodo para designar lo insabido. Porque, claro, el término "dios", sea como fuere que cada lengua y cada cultura lo articule, resume muchos sentidos, reúne significados que distan mucho de ser evidentes o autoexplicativos. Dándole a la frase spinoziana un cariz positivo, diría que sí, en efecto: el significante apunta a lo imposible de poseer y demostrar, a lo que excede la capacidad humana de conocer. Entonces "dios" equivale al no, al límite que disuelve toda pretensión de saber absoluto. La paradoja es que en algunos casos y épocas –la nuestra, concretamente– ese saber resulta lo divino en sí, adorado y servido en los altares de la hipermodernidad. Creencia más dañina y destructiva para la especie que la fe en un ser trascendente y todopoderoso, causa de cultos y ritos y, en última instancia, de cierto ordenamiento de la vida

---

[331] Hasta Levinas, ingente deconstructor de la ontología, titula uno de sus libros *Trascendencia y altura*. Es que de algún modo hay algo de cierto en ello: desde la bipedestación, se ha señalado, el hombre es el único animal que puede levantar la vista y ver más allá, más lejos del limitado espacio que recorre con sus pies. Esta posibilidad de proyectarse en tiempo y lugar es sin duda el fundamento material de la idea de trascendencia y de toda su corte conceptual, ideas que a lo largo de la evolución de la especie y de su creciente capacidad de abstracción han conformado el pensamiento religioso. Levantar la vista pasa de ser un acto pragmático a significar la mirada a la inmensidad, lo inabarcable e incognoscible: es allí donde se ubica a lo divino.

social, con la correspondiente imposición de límites y obligaciones. También el psicoanálisis se ocupa de ello:

> "La disposición a creer en algún dios es de carácter estructural en el ser hablante y a lo largo de su vida encontrará distintos personajes que le darán a esa creencia actualidad y consistencia. La transferencia analítica está determinada por los mismos resortes que la fe religiosa. (...) Pero en la situación analítica el lugar de Dios, ese desconocido que envía enigmáticos mensajes al sujeto, es el inconsciente (...) La cura analítica, que se apoya en esa religiosidad del analizante, tiene como meta disolverla, disolver la consistencia imaginaria de la ilusión transferencial planteada en el inicio" (Rabinovich, N., 2005: 27).

Kant, a lo largo de las tres *Críticas* –y más allá de las variaciones y matices que la cuestión sufre en ese largo recorrido–, es el filósofo que ha establecido las formulaciones decisivas en cuanto a la diferencia entre conocer y pensar. Si el fenómeno (lo que se muestra y aparece) es el objeto del conocimiento, no constituye sin embargo la totalidad de lo que hay, dado que el conocer no es la única (ni la preeminente) actividad o uso de la razón. Fenómeno, objeto, realidad son términos que corresponden al terreno del conocimiento y la ciencia. El noúmeno y lo real, por su parte, no se ubican allí pero de ningún modo son entidades metafísicas, abstractas, sobrenaturales ni objetos de creencia religiosa. No están "detrás" del fenómeno, como un *Deus absconditus* que podría llegar a revelarse al hombre de fe. Son –como de algún modo será lo sublime, en su obra tardía– "ideas de la razón", conceptos vacíos en la medida en que no pueden ser llenados por ningún contenido empírico. Es decir, pura forma. Legalidad del pensar o, si se quiere, gramática del pensamiento. Audacia mayúscula la del koenigsberguense que, en pleno Iluminismo, donde la razón y el conocimiento desplazan del altar a las religiones, osa acotar el terreno del conocer y, más concretamente, rescata lo incognoscible como fundamento de la ética (y luego, de la estética).

## Extranjerías

Si el significante se articula según lógicas predecibles –por la gramática y otras "ciencias del lenguaje"– pero a la vez produce efectos de sentido, saltos lógicos, asociaciones inesperadas, cadenas inauditas, ocurrencias que parecen escapar a esa normativa regulada, es porque el plano significante no constituye la "superficie" bajo la cual se desarrolla, misteriosa y oscura, la vida del significado. De modo que la colisión de significantes[332] –que se produce, digamos, en la mera superficie– no "oculta" ni cifra algo (el significado) que se produciría en las profundidades y se descifraría y revelaría al sacarlo a la superficie[333]. Como bien advirtió Nietzsche, la verdad no es profunda, es superficial. Siempre y cuando despojemos a tales términos (profundo y superficial) de sus connotaciones jerárquicas y valorativas que son, siempre, metafísicas, morales y teológicas, y que han dominado desde siempre el pensamiento occidental.

Lo que llamo, por ahora, *eso* o *lo otro* no es objetivable a la manera de la conciencia: solo se puede saber de él en sus efectos, imposibles de sistematizar o analizar en el laboratorio. De ahí que las neurociencias "atrasen" en relación al psicoanálisis (e incluso a Kant), en la medida en que, ignorando el inconsciente y sus modos, intentan conocer esa alteridad como se conoce el glóbulo o la molécula. Se verifica entonces una paradoja: al tiempo que las ciencias buscan ubicar y manipular ese elemento y reducir lo desconocido a lo

---

[332] Recientemente una noticia científica ha ocupado muchas páginas de los diarios: la construcción y puesta en funcionamiento de un complejísimo aparato, el "colisionador de partículas", también llamado "la máquina de Dios" (¡¡!!) porque se supone que su modo de operar reproduciría los instantes aurorales del nacimiento del universo. Curiosa imagen y riquísima analogía para lo que nos ocupa. La aceleración y colisión de partículas –estas, en sí, analizables y distinguibles– produciría algo nuevo, diferente a una simple combinatoria o adición. La ciencia puede ser a veces –y quizás sin saberlo o proponérselo– de lo más poética...

[333] Este es el esquema de la alegoría: un significante es una mera apariencia, la capa superficial que recubre (y oculta o disimula) el significado, única parte auténtica del signo. Una vez revelado o descubierto este, la capa de arriba se descarta como una piel superflua. No es casual que el modelo de la alegoría haya sido el adoptado por Pablo y los evangelistas: la biblia hebrea es "antiguo Testamento" que se descartará cuando advenga el nuevo, la verdad que se anunciaba debajo de ese texto ya obsoleto.

conocido[334], lo inasible a lo mensurable y calculable, por otro lado está en desenfrenado auge una multitud variopinta de diversas formas de "espiritualidad". En los medios y las redes pululan avisos y convocatorias para cursos y sesiones de los más variados tipos y nombres, muchos en idiomas exóticos (sánscrito, indio, chino, lenguas "originarias"...) que prometen vivencias "espirituales" (numerosas propuestas de yoga y meditación, por ejemplo, vienen con ese discurso, amén de las tomas de ayahuasca y otras sustancias "reveladoras"), es decir, ocasiones de despegarse de lo cotidiano y material para alcanzar, dicen, "la integración cuerpo-mente-alma" o "acceder al verdadero Ser"... En suma: una vuelta a los esquemas más ranciamente dualistas, teológicos y metafísicos occidentales, por más que se revistan de túnicas, se "armonicen" con cuencos y se aromaticen con inciensos orientales.

Pero esta proliferación de promesas da cuenta de un conflicto siempre presente y permanentemente renovado: la dificultad de hacer lugar a *eso* insabido que nos habita, sin tener que recurrir a pases mágicos, nombres exóticos ni fantasías míticas. Es que, como el Dionisos griego en muchas de sus versiones (por ejemplo, en *Bacantes* de Eurípides[335]), algo de lo extranjero se hace presente e irrumpe en nuestras vidas. Lo que viene "allende los mares", atravesando fronteras o descendiendo de las alturas, vestido con ropajes inusuales y hablando lenguas incomprensibles, parece ser más apto que lo de aquí cerca para representar lo desconocido e inasible. Si –como afirma Freud– "el yo no es amo en su propia casa", es porque la extranjería no viene de afuera sino que es inherente a la constitución del sujeto en su división irreductible. La peste que el psicoanálisis trae es una terrible y desencantada noticia: lo que habla y aflora entre las grietas de lo conocido, lo que se hace oír a

---

334 Definición explícitamente platónica del conocimiento.
335 En muchos de los mitos acerca de esta divinidad se cuenta que el dios no es, estrictamente y por origen, griego, sino que proviene de Oriente y que es su extranjería lo que le hace permanecer siempre en los bordes de la cultura "oficial" griega. De ahí que en muchos lugares de la Hélade no se le quiera adorar (así, en la obra de Eurípides, lo que motiva su venganza terrible) y que los cultos dionisíacos tengan siempre un carácter extraño, marginal y de algún modo siniestro.

través de la repetición de lo mismo, lo que rompe la homogeneidad de lo controlado no es sino el inconsciente. Y, salvo que queramos designarlo con el nombre algo cursi de "espiritualidad"[336], no hay allí nada mágico, trascendente ni sobrehumano. Más bien, es el colmo de la inmanencia –no un más allá sino un riguroso más acá–, pero esta "cercanía" no constituye en absoluto el campo de lo dominable y manipulable. Inmanencia que no le quita entonces un ápice de su enigmaticidad sino, más bien, al contrario; solo que lo enigmático en este caso no tiene connotaciones religiosas sino de otro orden, que trataremos de situar.

"Trascendente" tiene dos antónimos: inmanente e intrascendente. En el primer caso, y a grandes rasgos, la trascendencia se refiere a la divinidad, ese más allá desde donde se decide la existencia y el sentido del más acá. División vertical jerárquica –como todo dualismo– y, por ende, inevitablemente cargada de fuerza teológica. Lo trascendente es celestial, eterno y perfecto, lo inmanente es mundano, temporal, perecedero, imperfecto y terrenal. Dios en el cielo o la Idea platónica (con el alma como correlato) en el *topos ouranos*, por encima; las cosas perecederas, los cuerpos y lo sensorial (¡y ni que hablar de la sexualidad!), por debajo.

En el segundo caso, en cuanto al par trascendente/intrascendente, las cosas cambian. Su uso es más coloquial, y alude a experiencias bien humanas. Por ejemplo, el científico: todos los días y cada día el hombre de ciencia dedica la mayor parte de su tiempo a tareas intrascendentes, rutinarias, vulgares, incluyendo llenado de formularios y redacción de protocolos, repetición cansina de experimentos, charlas con colegas, internas y reuniones, quejas salariales y reclamos presupuestarios... Y de repente un día, en medio del fárrago y del tedio, ¡eureka! Algo aparece, se revela, llega, se produce: un descubrimiento absolutamente novedoso y *trascendente*. Algo que por más esperado que fuera, permanecía impredecible y ajeno a la voluntad. Eso que no podría haber sucedido sin toda esa rutina y ese dar vuelta la noria, suceso que reconoce en la repetición su condición necesaria pero no suficiente.

---

336   Como lo califica E. Carrere en su ya citada obra *El reino* (2014).

Es más que usual confundir los dos sentidos de *trascendente*: al acontecimiento del científico o del artista –revelación, sin duda, en un sentido estricto– se lo toma como revelación en sentido teológico, una teofanía. En una época, el lenguaje psi utilizaba la expresión "insight" para denominar ese momento puntual, como el relámpago que ilumina la oscuridad de la noche y, en una fracción de segundo, permite ver el cielo y la tierra con asombrosa claridad (como dice Walter Benjamin en su *Tesis V*). Más cotidianamente, solemos hablar de "la caída de la ficha": luego de días, meses o años de rumiar un tema o un problema, de repente y sin aviso la solución aparece –nuevamente, se nos revela– con una sencillez y una luminosidad absolutas, muchas veces en medio del sueño nocturno o en sus instantes previos, la duermevela. En efecto, así es como funciona el pensar, y todo filósofo -poeta, artista, científico- lo sabe. ¿Qué o quién actúa allí? ¿De qué modo y por cuáles vías se accede a ese lugar otro, a ese punto o vórtice donde todo confluye y donde la verdad se muestra, desnuda y sin ambages, frente al sujeto? Algo que no podría describirse ni preverse en términos científicos convencionales, que no sabría reducirse a cálculos ni medidas –*malgré* la neurociencia– pero que tampoco remite a lo religioso. Salvo, claro, en el terreno de lo imaginario, deseoso de llenar ese espacio de lo incognoscible con personajes y figuras de la divinidad. El problema consiste entonces en que allí donde la voluntad se ausenta –precisamente, ese espacio por fuera del control consciente– vuelve a ocuparse con una voluntad suprema. Resulta útil volver a Spinoza y Nietzsche: ellos nos recuerdan que no hay tal cosa, ni teleología ni plan maestro. Las cosas ocurren según una legalidad inmanente al mundo, sin que haya detrás un agente o una voluntad que decide, elige, premia o castiga. Tal ausencia de una personalidad trascendente y decisora es lo que Nietzsche llamó "la inocencia del devenir", noción anticipada por Spinoza y su revulsiva idea de un D'os sin voluntad (ver, especialmente, el apéndice a la Primera parte de su *Ética*).

En efecto: hay legalidad. Es decir, concatenación inevitable de causas y efectos en todos y cada uno de los ámbitos de la vida.

Kant afirma que "no hay ningún rincón de la Naturaleza libre de legalidad". Pero es preciso distinguir legalidad de determinismo, elementos que las malas lecturas spinozianas confunden torpemente. Legalidad significa: si *a*, entonces *b*. Pero nada ni nadie garantiza que *a* (eso sería determinismo; el *si* es condicional, por ende queda indeterminado), nada ni nadie exige que *a* se produzca, y menos aun en función de planes previamente establecidos en vistas a un fin. Porque los fines son, en la onto-teología dominante en Occidente, siempre morales. Pero en los pensamientos no morales sino éticos –los de estos dos autores, ejemplarmente, aunque la lista es más amplia– no hay tales fines sino legalidades, combinatorias, encuentros y desencuentros que producen efectos. Así, la clásica disyuntiva que los discursos religiosos sostienen (un mundo con sentido porque hay un Creador o un mundo caótico y desmadrado, el del ateo) se revela falsa, interesada y tendenciosa. Es esta mentirosa dicotomía la que provee el sustento para la oferta de "espiritualidad". Pura campaña de marketing.

Que la legalidad sea inmanente no implica que esté *en* los elementos abarcados por ella, sino *entre* ellos, constituyéndolos, atravesándolos y rigiendo sus relaciones. En tal sentido, podríamos hablar de una *inmanencia trascendente*, si es que nos mantenemos fieles a la desteologización del término[337].

Los cabalistas sostienen que la Torá no consiste solo en las letras escritas, sino también en los espacios entre ellas. Y es en esos espacios, como la respiración o el silencio entre las palabras, donde aparece lo insabido: el Nombre de D'os, único contenido de la revelación, nombre de potencia infinita. La indagación cabalística busca menos el encuentro directo con lo divino que el despliegue incesante de esa potencia; aspira no tanto a la inmediatez del acceso a la divinidad como a la "liberación" de las múltiples significaciones posibles de la (E)scritura. De ahí que el nombre de mística

---

337 *Trascendente* en su valor etimológico, lo que va más allá del ente, es decir lo que no está encerrado en él. Claro que también habría que cuestionar el significado de ente, participio presente del verbo ser... con toda su carga ontológica (y por ende, teológica), pero no es posible encarar tal análisis en este lugar.

–que designa, habitualmente, ese deseo de encuentro *tête-à-tête* con la deidad– sea y no sea adecuado para la Cábala. Destaco lo que tiene relevancia para nuestro recorrido: los cultores de la Cábala no se dirigen a lo alto ni a lo profundo sino que –prefigurando a Nietzsche, Blanchot y todo el estructuralismo– se mantienen navegando en la superficie, recorriendo una y otra vez de adelante hacia atrás, de atrás hacia adelante y en todas las direcciones imaginables, la página escrita. No hay, entonces, dos o más capas, distribuidas verticalmente, no hay "ascenso del alma hacia la belleza" ni al Ser (como en los místicos de otras tradiciones) sino un enjambre de letras, acentos, marcas y signos que entablan entre ellos relaciones infinitamente variadas y variables, según reglas y operaciones bien específicas. Desde los cálculos de la *guematria* mediante los cuales se ponen en relación palabras supuestamente distantes, hasta los acrónimos, las resonancias, las diversas vocalizaciones de la escritura consonántica, los procedimientos cabalísticos en y con la letra se ocupan de producir esa colisión de significantes que hace estallar el sentido único y da pie a una interminable proliferación y diseminación de sentidos posibles. Plano horizontal y –valga la paradoja– inmanente a la escritura misma (Handelman, 1982). La Cábala no nace del aire: surge en el siglo XII, época de persecuciones y expulsiones, como un modo de elaborar poéticamente esas circunstancias dramáticas, pero retoma los núcleos fuertes de lo judío formulados en el texto bíblico, y los lleva al extremo. La Cábala como un pensamiento del exilio[338] poetiza la idea fundante del judaísmo: la extranjería, la incompletud, la diseminación. Una relación con la tierra no fusional ni natural, sino vacilante, provisoria y legal. Un vínculo de no apropiación. Lo opuesto al paganismo circundante, que celebra la autoctonía, y a la idea misma de imperio que dominaba en la época del surgimiento de lo hebreo.

El "deslizamiento del significante sobre la pista del significado", la no coincidencia y la movilidad entre ambos son modos contem-

---

338 Así lo entienden los más importantes pensadores: Scholem, Elior, Moshe Idel, Andrés Claro...

poráneos de aludir a dicha condición exiliada y diaspórica. Si no hay un sentido único, si no hay tampoco un sentido constituido antes o por fuera del lenguaje, si el lenguaje no es expresión segunda de la pureza originaria del pensar, entonces toda ontología y toda metafísica quedan destruidas. Porque no hay nada detrás, antes ni más profundo; no hay jerarquía ontológica que distinga y separe el ser del aparecer (este siempre como una degradación de aquel), distinción imposible por la lengua misma, ya que en hebreo –recordemos– no hay verbo ser conjugado en presente, de modo que nada *es*. Para colmo: si no hay sentido ya fijo en el origen, no podrá haber dueño ni portavoz privilegiado, encarnación de la Palabra divina. El lenguaje no será la casa del ser sino el territorio de su dispersión, precarias cabañas en el desierto para sostener el tránsito y recibir la Ley[339].

En la Cábala no solo se trata del D'os del exilio sino de D'os *en* el exilio. Y, si D'os mismo es exiliado por definición[340] –no tiene un lugar propio, no es autóctono, no se identifica con lo natural–, ¿cómo no habrá de serlo el humano? En efecto, el único sitio donde ese D'os habita es la letra y los espacios entre ellas. Asombrosa construcción que, como digo, se vuelve metáfora precisa de la situación del pueblo. Pero no solo se lee eso en el momento de la escritura de los textos cabalísticos, debido a una situación histórica particular, sino que, para que ellos pudieran ser compuestos de ese modo, debían anclar en la estructura misma del texto cuya interpretación abordan. La Cábala es el paroxismo de la escritura hebrea y de su destrucción de todo mito de autoctonía, originariedad y completud.

La idea de exilio como condición constitutiva de lo humano ("a imagen y semejanza" de lo divino, en ese preciso sentido) es tam-

---

339   Nunca es ocioso recordar que para el judaísmo, la Ley se entrega y se recibe en el desierto, territorio donde la propiedad es imposible y el arraigo, impensable. De modo que es, por definición, no solo una ley del exilio sino una ley exiliada. O, más precisamente: la ley solo dice el exilio (del ser, de la naturaleza, de la madre...).
340   Es la idea cabalística del *Tzim tzum*: la autorretracción de D'os, su retiro al mínimo punto para dar lugar a la creación. Así, D'os se exilia del mundo para hacerlo posible.

bién cifra del descubrimiento de Freud, lo supiera él o no. Porque, también aquí, y más allá de su elaboración consciente, algo hablaba en él, algo –una narrativa y su estructura– se hacía decir a través de sus textos y sus palabras. Freud el extranjero, el exiliado, pensaba desde el interior de ese relato que lo constituía y lo albergaba, única "casa" permanente donde habita el judío. El judaísmo, se ha dicho, solo encuentra y reconoce raíces (*shorashim*) en la lengua: estructuras trilíteras que dan pie a innumerables combinaciones, conjugaciones y declinaciones, en una deriva consonántica que va recogiendo, en su derrotero, diversas vocales y va configurando así a su paso un mundo casi inabarcable de nombres, cosas, verbos, adjetivos y expresiones siempre plásticas y en movimiento. Tal plasticidad y movilidad de los sonidos, con sus juegos y variantes sin fin, afloran en el trabajo de un análisis y producen efectos significantes de los que el sujeto no cesa de asombrarse. El parentesco entre las operaciones de un análisis y las de la lengua hebrea son elocuentes: esa concepción de la palabra sin duda alentaba en el mundo psíquico de Freud. Si el inconsciente está estructurado como un lenguaje, la lectura del texto bíblico –ya sea con métodos talmúdicos o cabalísticos– pone en evidencia que esa escritura es el lenguaje del inconsciente[341].

La interrogación de las letras y los espacios de la Torá constituye la llamada Cábala especulativa, pero hay otro desarrollo, en cierta forma independiente, que se conoce como Cábala práctica. En ella, los rabinos realizaban ejercicios de observación fija de las formas de las letras, reiteración de ciertos sonidos y otras acciones que, a lo largo de prolongadas y sucesivas repeticiones, podían causar estados de iluminación "mística" y llevar a la comprensión repentina de pasajes especialmente complejos del texto bíblico. ¡Algo, en verdad, muy similar a la meditación! Por cierto, la repetición de sonidos, en cualquier cultura o práctica "religiosa" –lo que *grosso modo* podemos llamar *mantras*– tiene un propósito concreto: vaciar

---

341  Más que ilustrativo es el breve texto ya citado, "Transmisión y Talmud" (1983), de ¿Lacan? ¿Winter? Que la autoría quede incierta es de algún modo coherente con el contenido del texto.

de sentido eso que se dice o se canta. Algo semejante al laleo infantil (como muestra Roman Jakobson). Todos, de niños, hemos jugado con esa posibilidad: repetir una palabra o frase breve diez, veinte, cincuenta veces, hasta marearnos y ya no saber qué estamos diciendo. El efecto se experimenta como mágico: hablamos pero tenemos la sensación que no es nuestra boca la que profiere las palabras, como si alguien las hubiera puesto ahí y resonaran en nosotros sin nuestra intervención. Somos hablados, como poseídos; habitados por un decir del que no somos autores sino mediums.

Eso que habla nos "usa"[342] de caja de resonancia; el sonido se agita y nos agita, nos atraviesa y nos mueve. No pasa ya por la mente sino por el cuerpo, imponiéndole un ritmo y una cadencia particulares. El que reza todos los días se deja llevar, como en una danza, por un balanceo que acompasa los acentos de su lectura. Es casi imposible evitarlo: el texto es más música que letra, fraseo escandido por la respiración, melodía que hace del cuerpo su instrumento[343]. El sentido queda desplazado en favor de los sentidos. La lectura ritual de la Torá en la sinagoga es musical. En cada comunidad, según su origen –sefaradí, askenazí y todas las subdivisiones al interior de esos dos grandes grupos– y sus tradiciones milenarias, se lee –como ya señalamos– con una melodía específica, marcada por los *teamim* (acentos) que funcionan como signos de puntuación. Las pausas, los finales de versículo, los momentos en que la voz debe elevarse o bajarse, la prolongación de ciertas vocales se indican con esos signos que adornan y "coronan" las letras[344]. De modo que se lee –se reza, se estudia, se interpreta– con el cuerpo. Meschonnic ha pensado la cuestión con enorme lucidez: no se trata del "sentido" (semántico) sino del ritmo. La Torá no hace concepto, sino música. La gramática de la ley es la

---

342 Claro que no se trata de usar en el sentido de una acción voluntaria por parte de un otro que se aprovecha de nuestra inocencia.
343 Así lo reconoce rav Sacks cuando resalta, en muchos de sus comentarios bíblicos, la suprema importancia de la música en el judaísmo: los modos privilegiados de expresar la fe son el canto en la sinagoga y la lectura ritmada del texto.
344 Literalmente: hay múltiples relatos cabalísticos sobre "las coronas de las letras", dato que llama la atención sobre el hecho de que la realeza es de la escritura...

cadencia de los afectos y los cuerpos. Es el aire, la respiración –lo vivo en uno, dice Alberto Silva en sus prácticas de *zazen*–, el *ruaj* (aliento, soplo) lo que, reiterada y recurrentemente, nos atraviesa y nos abre a lo otro del sentido. Repetición que hace diferencia.

*Eso* que irrumpe en los espacios en blanco, en el *entre*, va tejiendo su propio dibujo. Es ahí donde aparecen y se producen conexiones inesperadas entre las palabras, vínculos inéditos entre textos y decires alejados en tiempo y espacio, constelaciones. No, en efecto, a nivel del sentido explícito, –del contenido manifiesto, diría Freud–, sino de lo que anida y habita en los pliegues. Observar sin intervenir. Atender sin forzar. Mantenerse lúcido y despierto sin enfatizar. Percibir sin juzgar. Flujo sin influjo. Curso sin discurso. Se trata de confiar, de dejar que *eso* hable y que articule a su alrededor –pero nunca centralizando, nunca privilegiando un sentido por sobre otros, nunca conduciendo lo vario a la unidad– las líneas y los decires que pululan en los textos. Esos espacios aparentemente vacíos, síncopa de la respiración, silencios que permiten el habla y la música, cortes y quebradas en la danza del lenguaje. La palabra corta y es cortada.

Moisés le pide a D'os "ver Su rostro": acuciado por el agotamiento y la duda, cansado de conducir por el páramo a una multitud díscola, necesita una garantía. El resto egipcio que pervive en él le hace reclamar la imagen, el saber verificable, la certeza. Necesita un conocimiento "científico" de la divinidad. Pero IHVH no podría nunca –ni aun a causa del amor que tiene por ese hombre– conceder tal pedido, porque si lo hiciera, no sería IHVH. De modo que le responde: "Mi rostro no podrás ver, verás Mi paso"[345]. Mi haber-pasado, mi marcha. El tiempo en movimiento, no la presencia asible y dominable. Lo incierto del futuro. La apertura al acto, la imposibilidad de estrujar entre tus manos la Ley, de apropiártela, de poseerla[346]. En suma, IHVH no hace sino confirmar y recordar al líder Su estructura misma, aquella que enuncia en Éx. 3, 14: *Ehié asher*

---

345 El texto hebreo dice, literalmente, "Mi gloria", de donde deducimos que la gloria de IHVH es su pasar.
346 También esta inasibilidad se manifiesta en las Tablas que se deslizan al suelo.

*Ehié*, Seré lo que Seré, puro desplazamiento, exilio y pasaje. Un dios que se deja aprehender no es IHVH sino un ídolo. Un Mesías que llega –como dice Yeshayahu Leibowitz: "...es falso; la esencia del Mesías es que siempre está por venir, por venir, por venir...".

De nuevo, lo que se plantea es una necesidad de distinción entre estructura y anécdota. La ultra modernidad, con su vértigo de cambios, privilegia lo anecdótico, al menos en algún sentido. Claro que hay influencia de los cambios en la subjetividad... pero habría que buscar y averiguar de qué orden son esos cambios[347]. Digamos: lo que persiste, a pesar de las diferencias aparentes, es la tendencia a "comprar" la cajita feliz, las ofertas de "pare de sufrir" y "tú puedes todo", que en cada época adquiere fórmulas peculiares pero en el fondo alude a lo mismo.

Las nuevas tecnologías, las "terapias" *ad hoc*, el deslumbramiento con las promesas de omnipotencia, vida casi eterna, autoengendramiento, diversas formas de "empoderamiento" son espejismos (y vale pensar el término), puramente imaginarios como, en efecto, la promesa de la serpiente. Nada de esto es nuevo: desde las viejas mitologías (griegas, babilonias, americanas o lo que fuere) esas promesas no cesan de circular y atraer a numeroso público. El psicoanálisis es –en tanto traducción y, a su modo, continuación de un pensamiento otro, el judío– profundamente antimítico. Freud viene al mundo a traer la peste, que es la noticia de la incompletud insoluble, la diferencia irreductible, la *Ichspaltung* que no podría jamás anularse, so pena de anular también al sujeto. El combate del psicoanálisis contra las neurociencias[348] (de esta época o de la de Freud) es el combate del monoteísmo contra el paganismo: no seréis como dioses, seréis humanos fallidos, seres en falta. El combate de la Ley contra la idolatría: el ídolo permite la ilusión de transparencia, de dominio de la imagen, de manipulación. La Ley –escritura de un dios sin imagen, exigencia de interpretación– es opaca, inaprehen-

---

347 Como reiteran incansablemente Lévi Strauss, Legendre y otros, la estructura es inmutable. Es en el marco de lo inmutable donde se inscriben las variables.
348 Batalla perdida, reconoce Lacan (2010): las neurociencias y la religión ocupan el mismo espacio de los discursos que triunfarán por sobre y contra el psicoanálisis.

sible, imposible de delimitar y contener en objeto alguno. De ahí que *la opacidad lo es del sujeto, y en tanto tal, es de estructura.*

Las opacidades se registran también en otras áreas: el arte (ya no "reflejar", espejar la realidad "tal cual es"), la literatura (con la muerte del autor, es decir, la puesta en escena de un sujeto que no sabe de sí ni tiene la idea previa de lo que quiere escribir, sino que se descubre en la escritura misma)... La cuestión de la opacidad va de la mano con el de la división y el doble: la alteridad en el sujeto mismo, ese "extranjero interior" como llamó Freud al síntoma.

## El juego de D'os

"Y en el séptimo día, D'os cesó de hacer; y vio D'os que lo creado era bueno, muy bueno". *Shabat*, no sustantivo sino verbo conjugado: literalmente, "cesó de hacer". Se sentó a mirar y a dejar que la vida creada siguiera recreándose y fructificando. ¿D'os medita?

"Andando el carro se acomodan los melones", decía el paisano, y con el paso del tiempo fui adoptando esa sabia máxima para mi pensamiento y mi escritura. ("Escribir es pensar", decía Fogwill). Observo a los meditantes y los orantes, rezo y medito, entre otras razones, para adquirir la disciplina de soltar y aprender a confiar, a esperar y permitir que las cosas y las ideas sucedan. También, para aceptar que lo que escribo no es lo que supongo que quiero escribir sino que lo que deseo se me revela (y, a veces, se rebela) en el curso de la escritura misma, de la lectura posterior –y de las lecturas de otros–, de la decantación que las noches y los sueños producen más allá de la labor consciente. Dejar que el inconsciente "trabaje" y escucharlo, hacerle lugar, es también la posibilidad de descubrir esas constelaciones que conectan ideas y palabras que he escrito sin saber cuán cerca estaban unas de otras, cuánto se atraían entre ellas, en qué danzas se emparejaban. Quizás, todo escritor y/o pensador es, a su modo, un cabalista.

Tal práctica permite, también, confiar en el lector. Sé que de a ratos las partes de mi texto se suceden "sin orden y sin concierto", en una suerte de acumulación que parece ilógica o que no expone los motivos por los que los fragmentos se aproximan. Montaje, *patchwork*, formas no previamente razonadas que, sin embargo, muestran –más allá o más acá de lo intencional– un tejido. Es, en cierta forma, una mesa de saldos y retazos pero también, como dicen los talmudistas, una "mesa tendida" a la que cada quien puede acercarse para tomar de allí lo que le apetece. Como en los sueños –y, claro, en el texto bíblico–, en la escritura funciona una lógica otra, hecha de condensaciones y desplazamientos, de reiteraciones y sorpresas, de apariciones de lo inesperado, de resonancias no buscadas… Esos nexos que el Talmud y la Cábala buscan explicitar pero, en el intento, lo que verdaderamente hacen es crearlos. Porque –una vez más– no se trata de descifrar lo que ya viene constituido sino jugar con la diseminación, poner las piezas en movimiento y observar sus choques y roces, hacer que las palabras y las letras y las frases se froten entre sí hasta que salte la chispa que encenderá lo nuevo e inaudito. No es la voluntad del autor sino el lenguaje –o mejor dicho, la lengua– lo que ordena (en el doble sentido del término). Los *links*, entonces, obedecen a la constitución de mi pensamiento diaspórico, a su devenir y sus avatares; son nexos singulares pero no arbitrarios. Corresponde a cada lector hacer lo propio, hacerlos propios, o usar las mismas piedritas para dibujar otros caminos.

# Bibliografía citada ■

ANÓNIMO (2006) *Tratado de los tres impostores: Moisés, Jesucristo, Mahoma*. El cuenco de plata, Buenos Aires.

ANSERMET, François (2015) *La fabrication des enfants*. Odile Jacob, Paris.

ARENDT, Hannah (1995) "La brecha entre el pasado y el futuro", en *De la historia a la acción*. Paidós, Barcelona.

BANON, David (1987) *La lecture infinie*. Éditions du Seuil, Paris.

BARING, Anne y CASHFORD, Jules (2014) *El mito de la diosa*. Siruela, Madrid.

BARRIONUEVO, Natalia (2014) Ponencia en 13° Symposium Asociación Psicoanalítica de Córdoba. "Enigmas en (del) cuerpo" 24/25 de octubre de 2014. Universidad Siglo XXI, Córdoba (Argentina). Panel III: "Cuerpo y Arte".

BARTHES, Roland (1987) *El susurro del lenguaje*. Paidós, Barcelona.

BATAILLE, George (1998) *Teoría de la religión*. Taurus, Madrid.

BELL, Catherine (1992) *Ritual Theory, Ritual Practice*. Oxford University Press, New York.

BELL, Catherine (1997) *Ritual: perspectives and dimensions*. Oxford University Press, New York.

BENASAYAG, Miguel y CHARLTON, Edith (1992) *Crítica de la felicidad*. Nueva Visión, Buenos Aires.

BENJAMIN, Walter (1990) *El origen del drama barroco alemán*. Taurus, Madrid.

BENJAMIN, Walter (1999) "Tesis o Fragmento IX, Tesis sobre filosofía de la historia", en *Ensayos escogidos*. Coyoacán, México.

BENJAMIN, Walter (2011) "El arte de narrar", en *Denkbilder. Epifanías en viajes*. El cuenco de plata, Buenos Aires.

BENVENISTE, Émile (1991) "Categorías de pensamiento y categorías de lengua", en *Problemas de lingüística general I*. Siglo XXI, México.

BENVENISTE, Émile (1983) *Vocabulario de las instituciones indoeuropeas*. Taurus, Madrid.

BLANCHOT, Maurice (2008) *La conversación infinita*. Arena, Madrid.

BLATT, Roberto (2017) *Biblia, Corán, Tanaj*. Turner, Madrid.

BOEHM, Omri (2007) *The binding of Isaac, A religious model of disobedience*. T&T. Clark, New York-London.

CARRERE, Emmanuel (2014) *El Reino*. Anagrama, Madrid.

CARRERE, Emmanuel (2015) *Limónov*. Anagrama, Madrid.

CLARO, Andrés (2009) *La Inquisición y la Cábala*. LOM, Sgo. de Chile, 2ª edición.

CLARO, Andrés (2012) *Las vasijas quebradas*. Universidad Diego Portales, Sgo. de Chile.

COLODENCO, Daniel (2006) *Génesis, el origen de las diferencias*. Lilmod, Buenos Aires.

COQUIO, Catherine (2005) "Violence Sacrificielle Et Violence Génocidaire", en *Quasimodo*, n° 8, p. 193-230.

CORDERO, Néstor Luis (2005) *Siendo, se es*. Biblos, Buenos Aires.

COSIN, Virginia (2011) *Partida de nacimiento*. Entropía, Buenos Aires.

COVER, Robert (1993) "Nomos and narrative", en *Narrative, violence and the law*, University of Michigan (versión en español: *Derecho, narración y violencia*, Gedisa, Barcelona 2002).

CROATTO, Severino (1985) "De la Creación al Sinaí. Periodización de la historia en el Pentateuco". *Revista bíblica*, Vol. 47, N°. 1-2, págs. 43-51.

CROATTO, Severino (1997) *Exilio y sobrevivencia*. Lumen, Buenos Aires.

CROATTO, Severino (1994) "Éxodo 1-15: algunas claves literarias y teológicas para entender el Pentateuco", en *Estudios Bíblicos*, vol. LII, cuad. 1-2, Centro de Estudios teológicos San Dámaso, Madrid.

CÚNEO, Pablo (2008) "La letra del pacto y el Nombre del Padre", inédito.

CÚNEO, Pablo (2017) "El verdadero Aleph de Borges", en: elsigma.com/literatura, 16/2/2017.

DE CERTEAU, Michel (2007) *Historia y psicoanálisis*. Universidad Iberoamericana, México.

DE CERTEAU, Michel (1993) *La escritura de la historia*. Universidad Iberoamericana, México, 2ª edición.

DELEUZE, Gilles (1996) "Nietzsche y San Pablo, Lawrence y Juan de Patmos", en *Crítica y clínica*. Anagrama, Barcelona.

DE MAISTRE, Joseph (2009) *Tratado sobre los sacrificios*. Sexto piso, Madrid.

DERRIDA, Jacques (1975) "La farmacia de Platón", en *La diseminación*. Fundamentos, Caracas.

DERRIDA, Jacques (1985) "Des Tours de Babel", en *Difference in Translation*. Ithaca-London, Cornell University Press.

DERRIDA, Jacques (1986) "El fin del libro y el comienzo de la escritura" en *De la gramatología*. Siglo XXI, México, 4° ed.

DERRIDA, Jacques (1989) *Márgenes de la filosofía*. Cátedra, Madrid.

DERRIDA, Jacques (1997) *Fuerza de ley*. Tecnos, Madrid.

DE ROMILLY, Jacqueline (2004) *La ley en la Grecia Clásica*. Biblos-Deseo de ley, Buenos Aires.

DOUGLAS, Mary (2006) *El Levítico como literatura*. Gedisa, Barcelona.

DOUGLAS, Mary (2007) *Pureza y peligro*. Nueva visión, Buenos Aires.

ELIADE, Mircea (2011) *El mito del eterno retorno*. Alianza, Madrid.

FERNÁNDEZ, Eric (2010) *Historias de Nueva York*. RBS, Madrid.

FOUCAULT, Michel (s/f) "El sexo como moral", en *Saber y verdad*, Ediciones de la Piqueta, Madrid.

FRAZER, James (2011 [1890]), *La rama dorada. Magia y religión* (nueva edición a partir de la versión original en 12 vols.). Fondo de Cultura Económica, México.

FREUD, Sigmund (1996 [1913]) "Tótem y tabú", *Obras Completas*, tomo 2, Biblioteca nueva, Madrid.

(2015 [1939]) *Moisés y la religión monoteísta*. Alianza, Madrid.

FUKS, Betty (2014) *O homem Moisés e a religião monoteísta*. Civilização brasileira, Rio de Janeiro.

GLASMAN, Claudio (2006), en AA.VV. *El padre que no cesa*, Letra viva, Buenos Aires.

GOUX, Jean-Joseph (1993) *El inconsciente freudiano y la revolución iconoclasta*. Letra viva, Buenos Aires.

GUYOMARD, Patrick (1997) *El goce de lo trágico*. Ediciones De la flor, Buenos Aires.

HADDAD, Gérard (1984) *Manger le livre*. Grasset, Paris.

HAIMOVICH, Edgardo (2003) "La cojera de la ley", en *Primer Coloquio Internacional Deseo de ley*, Biblos/Deseo de Ley, Buenos Aires, tomo II.

HANDELMAN, Susan (1982) *The slayers of Moses*. State University of New York Press, Albany.

HAVELOCK, Eric (2008) *La musa aprende a escribir*. Paidós, Barcelona.

HEIDEGGER, Martin (1996) *Caminos de bosque*. Madrid, Alianza.

HERNANDO, Almudena (2016) "Identidad, alteridad y arqueología", en *Revista Arkeogazte*, n° 6.

HORVILLEUR, Delphine (2015) *Comment les rabbins font les enfants*. Grasset, Paris.

HUBERT, Henri y MAUSS, Marcel (1899) "Essai sur la nature et la fonction sociale du sacrifice", en *Année Sociologique* t. II (versión en español: *Magia y sacrificio en la historia de las religiones*, Lautaro, Buenos Aires, 1946).

HUBERT, Henri y MAUSS, Marcel (2010) *Magia, mito y razón*. Las Cuarenta, Buenos Aires.

KANT, Emmanuel (1986 [1792/3]) *La religión dentro de los límites de la mera razón*. Trad. de F. Martínez Marzoa, Alianza, Madrid.

KANT, Emmanuel (2003 [1785]) *Fundamentación de la metafísica de las costumbres*. Encuentro, Madrid.

KIERKEGAARD, Soren (2003 [1843]) *Temor y temblor*. Losada, Buenos Aires.

KRESZES, David (2004) "Presentación", en Kozicki, Enrique, *Hamlet, el padre y la ley*. Gorla, Buenos Aires.

KRESZES, David (2006), en AA.VV., *El padre que no cesa*. Letra Viva, Buenos Aires.

KRISTEVA, Julia (1995) *Historias de amor*. Siglo XXI, México, 5ª edición.

LACAN, Jacques (1983) *Lacan oral: Hamlet: un caso clínico: el discurso de Baltimore: transmisión y Talmud*. Xavier Bóveda Ediciones, Buenos Aires.

LACAN, Jacques (1999) *Seminario V, Las formaciones del inconsciente*. Paidós, Buenos Aires.

LACAN, Jacques (2010) *El triunfo de la religión*. Paidós, Buenos Aires.

LE BRETON, David (2007) *Adiós al cuerpo*. La cifra, México.

LEGENDRE, Pierre (1981) "Les juifs se livrent à des interprétations insensées", en *La psychanalyse est-elle une histoire juive?* Colloque de Montpellier, Seuil, pp. 93-113.

LEGENDRE, Pierre (1990) "L'attaque nazi contre le principe de filiation", en *Filiation, Leçons IV*, suite 2, Fayard, Paris.

LEGENDRE, Pierre (1993) *Les enfants du Texte*. Fayard, Paris.

LEGENDRE, Pierre (1994) *El crimen del cabo Lortie. Tratado sobre el padre*. Siglo XXI, México.

LEGENDRE, Pierre (1996) *El inestimable objeto de la transmisión*. Siglo XXI, México.

LEGENDRE, Pierre (1998) "La Brèche. Remarques sur la dimension institutionnelle de la Shoah", en *Rechts Historisches Journal*, Germany, N° 17.

LEGENDRE, Pierre (2001) *De la société comme Texte*. Fayard, Paris.

LEGENDRE, Pierre (2008) *La fábrica del hombre occidental*. Amorrortu, Buenos Aires.

LEGENDRE, Pierre (2008b) *Lo que Occidente no ve de Occidente*. Amorrortu, Buenos Aires.

LEGENDRE, Pierre (2016) *L'animal humain et les suites de sa blessure*. Fayard.

LEMÉRER, Brigitte (1999) *Los dos Moisés de Freud (1914-1939). Serie Freud y Moisés: escrituras del padre I*. Del Serbal, Barcelona.

LE POULICHET, Sylvie (1996) *La obra del tiempo en psicoanálisis*. Amorrortu, Buenos Aires.

LEVINAS, Emmanuel (2001) "Algunas reflexiones sobre la filosofía del hitlerismo". Universidad Autónoma de Madrid, Madrid.

LEVINAS, Emmanuel (s/f) "Para con el otro", en *Cuatro lecturas talmúdicas*. Riopiedras, Madrid.

LORAUX, Nicole (2004) *Madres en duelo*. Abada, Madrid.

LUTEREAU, Luciano (2015) "Las diversas formas del padre", *El psicoanalista lector*, Rosario 12/psicología, 23 de febrero [http://elpsicoanalistalector.blogspot.com/2015/02/luciano-lutereaulas-diversas-formas-del.html].

MAURETTE, Pablo (2015) *El sentido olvidado*. Mardulce, Buenos Aires.

MESCHONNIC, Henri (2002) *Au commencement*. Desclée de Brouwer, Paris.

MESCHONNIC, Henri (2004) *Un coup de Bible dans la philosophie*. Bayard, Paris.

MESCHONNIC, Henri (2009) *Ética y política del traducir*. Leviatán, Buenos Aires.

METZ, Johann (1997) *Zum Begriff der neuen politischen Theologie*. Mainz, Grünewald.

MILNER, Jean-Claude (2007) *Las inclinaciones criminales de la Europa democrática*. Manantial, Buenos Aires.

MOREAU, Pierre-François (2014) *Spinoza. Filosofía, física y ateísmo*. A. Machado Libros, Madrid.

NIETZSCHE, Friedrich (1984 [1882]) *La gaya ciencia*. Sarpe, Madrid.

NIETZSCHE, Friedrich (1990 [1887]) *La genealogía de la moral*, Alianza, Madrid.

NIETZSCHE, Friedrich (2003 [1874]) *Sobre la utilidad y el perjuicio de la historia para la vida, II Intempestiva*, Biblioteca nueva, Madrid.

ONG, Walter (2006) *Oralidad y escritura*. Fondo de Cultura Económica, Buenos Aires.

OUAKNIN, Mark Alain (1999) *El libro quemado: filosofía del Talmud*. Riopiedras ediciones, Zaragoza.

OZ, Amos y OZ-SALZBERGER, Fania (2014) *Los judíos y las palabras*. Siruela, Madrid.

PADEL, Ruth (1997) *A quien un dios quiere destruir, antes lo enloquece*. Manantial, Buenos Aires.

PANOFSKY, Erwin (1999) *La perspectiva como forma simbólica*. Tusquets, Madrid.

POMMIER, Gerard (1996) *Nacimiento y renacimiento de la escritura*. Nueva visión, Buenos Aires.

POMMIER, Gerard (2014) "Apocalypsis now!", en: Zafiropoulos, M., *Du Père mort au déclin du père*, PUF, Paris.

QUIGNARD, Pascal (2017) *El origen de la danza*. Interzona, Buenos Aires.

RABINOVICH, Norberto (2005) *El Nombre del Padre*. Psicolibro ediciones, Buenos Aires, 2ª edición.

RABINOVICH, Silvana (2005) "Gestos de la letra: aproximación a la lectura y escritura en la tradición judía. Acta Poética": Disponible en: [http://www.redalyc.org/articulo.oa?id=358045863005].

RABINOVICH, Solal (2000) *Escrituras del asesinato*. Del Serbal, Barcelona.

RAJEL, Elior (2008) *Misticismo judío*. Lilmod, Buenos Aires.

RECALCATI, Massimo (2014) *El complejo de Telémaco*. Anagrama, Barcelona.

REYES MATE, Manuel (2012) "El antisemitismo en Rosenzweig, Sartre y Adorno", en *Constelaciones, Revista de teoría crítica*, N° 4, diciembre.

RITVO, Juan (2004) *Del padre, políticas de su genealogía*. Letra Viva, Buenos Aires.

RITVO, Juan (2005) "El padre humillado", en *Del padre. Políticas de su genealogía*. Letra viva, Buenos Aires.

RITVO, Juan (2015) *Retórica conjetural o el nacimiento del sujeto*. Nube negra, Rosario.

ROGOZINSKI, Jacob (1999) *Le don de la loi*. PUF, Paris.

ROZITCHNER, León (2008) "Edipo judío y Edipo cristiano", en Kazi, G., y Ajerez, M., *Salud Mental*. Ediciones Madres de Plaza de Mayo, Buenos Aires.

ROZITCHNER, León (2015) *Génesis, la plenitud de la materialidad histórica*. Ediciones biblioteca Nacional, Buenos Aires.

ROZITCHNER, León (2011) *Materialismo ensoñado*. Tinta Limón, Buenos Aires.

SACKS, Jonathan (2015) "Telling the story", *Covenant and conversation*, Parashat Bo, 24/1/15, [www.jonathansacks.org].

SAFOUAN, Moustapha (1995) *La palabra o la muerte*. De la flor, Buenos Aires.

SCHOFFER KRAUT, Daniel (2008) *La función paterna en la clínica freudiana*. Lugar Editorial, Buenos Aires.

SCHOLEM, Gershom (1999) "El nombre de Dios y la teoría lingüística de la Cábala", en AA.VV., *Cábala y deconstrucción*. Azul, México.

SILVA, Alberto (2012) *Zen, ruta hacia Occidente*. Bajo la Luna, Buenos Aires.

SIPERMAN, Arnoldo (2008) *La ley romana y el mundo moderno: juristas, científicos y una historia de la verdad*. Biblos/Deseo de Ley, Buenos Aires.

SPERLING, Diana (2007) *Genealogía del odio*. Altamira, Buenos Aires, 2ª edición.

SPERLING, Diana (2008) *Filosofía de cámara*. Ediciones Mármol Izquierdo, Buenos Aires.

SPINOZA, Baruj (1986 [1665]) *Tratado teológico-político*. Trad. A. Domínguez, Alianza, Madrid.

STAROBINSKI, Jean (1996) *Las palabras bajo las palabras*. Gedisa, Barcelona.

THONIS, Luis (2016) *Micoficciones*. Editores argentinos, Buenos Aires.

TOPUZIAN, Marcelo (2014) *Muerte y resurrección del autor*. Universidad Nacional del Litoral, Santa Fe.

TRIGANO, Shmuel (1999) "La différence sans hiérarchie", *Revue Etudes*, julio-agosto.

TURNER, Victor (2009) *The ritual process: structure and anti-structure*. Aldine Transaction, EE.UU.

VAN GENNEP, Arnold (1986) *Los ritos de paso*, Taurus, Madrid.

VAROUFAKIS, Yanis (2018) "Síntomas del totalitarismo liberal", en *Revista ñ*, 12/5/18.

VERNANT, Jean-Pierre (2002) "Tensiones y ambigüedades en la tragedia griega", en *Mito y tragedia en la Grecia Antigua*. Vol. I, Paidós, Barcelona.

WECHSLER, Elina y SCHOFFER KRAUT, Daniel (1993) *La metáfora milenaria. Una lectura psicoanalítica de la Biblia*. Paidós, Buenos Aires.

YERUSHALMI, Yosef Hayim (1989) "Reflexiones sobre el olvido", en AA. VV., *Usos del olvido*, Nueva Visión, Buenos Aires.

ZARADER, Marlène (1990) *La dette impensé*. Éditions du Seuil, Paris.

_____ FINIS.

Compuesta y diseñada en Suipacha, Provincia de Buenos Aires, por Gerardo Miño, esta edición se terminó de imprimir en agosto de 2018 en los talleres de Imprenta Dorrego, ubicados en Av. Dorrego 1102, Ciudad Autónoma de Buenos Aires, Argentina.

www.ingramcontent.com/pod-product-compliance
Lightning Source LLC
Chambersburg PA
CBHW032147080426
42735CB00008B/618